»In diesem Buch wagt Markus Krall den Schritt vom Kritiker des Finanzsystems zum Futurologen. Dieser Schritt ist gelungen. Die Stimme von Markus Krall ist angesichts der vielen Jubelperspektiven, die wir sonst zur ›schönen neuen Welt‹ hören, ein dringend notwendiges Korrektiv. Faszinierende Einblicke in die Welt von morgen – und den riskanten Weg dorthin.«

PROF. DR. MAX OTTE

»Läuft doch. Wirtschaft ist derzeit kein Thema in Deutschland – läuft doch. Markus Krall zeigt, warum es gerade ausläuft. Eine klare, verständliche und weitsichtige Analyse.«

ROLAND TICHY

»Dass alles nur noch schlimmer wird, wenn man offensichtliche Herausforderungen nicht aktiv löst, ist eine Binsenweisheit. Markus Krall überträgt diese Erkenntnis in eine neue Dimension, indem er einen äußerst kritischen, aber fairen und ausgewogenen Blick auf Politik, Gesellschaft und Unternehmen wirft. Er zeigt auf, wie das Ignorieren von immer größer werdenden Veränderungen die Existenz einer bislang anerkanntermaßen erfolgreichen Volkswirtschaft auf's Spiel setzen kann. Dabei ist Markus Krall in seinem neuen Werk reifer geworden, vielschichtiger und perspektivreicher. Und: kritisch, aber im Ergebnis optimistisch!«

PROF. DR. PETER RUSSO

»Nach seinem Bestseller ›Der Draghi-Crash‹ lokalisiert Dr. Markus Krall weitere Gefahrenquellen für die freiheitliche Gesellschaftsordnung. Seine Befürchtungen können Niemanden kalt lassen. Ein dringender Weckruf fünf Minuten vor zwölf«.

ANDREAS MARQUART, VORSTAND DES LUDWIG VON MISES INSTITUTS

»Da wir uns in Deutschland seit Jahrzehnten auf der ›schiefen Ebene‹ befinden und man manchmal den Eindruck hat, dass ›sechs Panzer‹ genügen, allem ein Ende zu bereiten, fällt die Kaskade von Urteilen ungemein harsch aus. Aber darin liegt schon ein Großteil des Wertes. So liest es sich kurz vor dem großen Knall, vor allem, wenn man sich in jeder Hinsicht übernommen hatte.«

WILLY WIMMER

»Und wieder einmal spießt Markus Krall mit spitzer Feder Fehlentwicklungen in unserer selbstzufriedenen und reformunwilligen Gesellschaft und unserem hartnäckig Fakten leugnenden politischen System auf! Krall ist nicht nur ein Meister seines Fachs, sondern auch ein Meister des Worts. Die Lektüre seines neuen Buches wäre die köstlichste Unterhaltung, wenn der Inhalt nicht so alarmierend wäre.«

KLAUS-PETER WILLSCH, MITGLIED DES DEUTSCHEN BUNDESTAGES

Für meine Kinder und Enkel

Damit auch sie eine Zukunft in Freiheit erleben.

Und für meine Frau, damit ich auch noch eine Zukunft habe.

Markus Krall

WENN SCHWARZE SCHWÄNE JUNGE KRIEGEN

Warum wir unsere Gesellschaft
neu organisieren müssen

FBV

Bibliografische Information der Deutschen Nationalbibliothek
Die Deutsche Nationalbibliothek verzeichnet diese Publikation in der Deutschen Nationalbibliografie. Detaillierte bibliografische Daten sind im Internet über http://dnb.d-nb.de abrufbar.

Für Fragen und Anregungen:
info@finanzbuchverlag.de

3. Auflage 2019 (Sonderausgabe)

Nymphenburger Straße 86
D-80636 München
Tel.: 089 651285-0
Fax: 089 652096

Redaktion: Dr. Annalisa Viviani
Korrektorat: Dr. Manuela Kahle
Umschlaggestaltung: Laura Osswald
Umschlagabbildung: Shutterstock.com/Stephen Rees; iStock.com/Denisfilm
Abbildung Seite 154: Karte designed by Freepik
Satz: Carsten Klein, Torgau
Druck: GGP Media GmbH, Pößneck
Printed in Germany

ISBN Print 978-3-95972-229-2
ISBN E-Book (PDF) 978-3-96092-274-2
ISBN E-Book (EPUB, Mobi) 978-3-96092-275-9

Inhalt

»Es gibt mehr Ding' im Himmel und auf Erden,
als Eure Schulweisheit sich träumt, Horatio.«

SHAKESPEARE, *HAMLET*, 1. AKT, 5. SZENE, HAMLET ZU HORATIO

Vorwort zur Sonderausgabe

Liebe Leser, liebe Kunden und Geschäftspartner der SOLIT Gruppe,

anlässlich dieses Sonderdrucks von »Wenn schwarze Schwäne Junge kriegen« für die Partner und Freunde des Edelmetallhandelshauses der SOLIT Gruppe stellt sich die Frage: Was haben meine Thesen zum gehäuften Auftreten »schwarzer Schwäne« als extreme wirtschaftliche und politische Ereignisse mit Gold und Silber als Investments zu tun? Die Antwort ist so simpel wie offensichtlich: Gold und Silber waren in der Vergangenheit Garanten des Werterhalts in turbulenten Zeiten. Sie dienen seit über 5.000 Jahren als Zahlungsmittel.

Das monetäre Ungleichgewicht, das die EZB durch ihre falsche Geld- und Zinspolitik geschaffen hat und das nunmehr auf Entladung drängt, hat seine historische Ursache in der irrtümlichen Vorstellung, dass einer Währung kein Wertgarant zugrunde liegen müsste oder dass beliebig wachsende Schulden als Deckung ein ebensolcher Wertgarant sein könnten wie Edelmetalle. Aber Schulden sind kein Gold, sie sind im besten Fall Katzengold.

Der eigentlich Begünstigte dieser falschen Idee einer beliebig vermehrbaren Währung ist der ausgreifende, überbordende, bevormundende Staat. Brauchte er 1914 das Gold der Zentralbank zur Finanzierung des Krieges, so benötigt die politische Klasse heute die Kontrolle über eine beliebig vermehrbare Währung für die Befüllung immer neuer Töpfe zum Wählerkauf und zur temporären Verschleierung wirtschaftlicher Krisen, die diese Politik im Laufe der Zeit selbst vorbereitet und ausgelöst hat. Noch heute erinnert der Slogan von der angeblich unbegrenzten »Feuerkraft« der Zentralbank an die martialische und kriegslüsterne Gedankenwelt der Politik, die den Goldstandard 1914 ausgehebelt hat.

Diese Illusionswelt kommt nun an ihre Grenzen. Die Aushöhlung der Substanz des Euro durch die zerstörerische Wirkung der Geldpolitik auf die Gesundheit des Bankensystems, die gleichzeitig stattfindende Unterminierung der freien Marktwirtschaft durch den Staatsinterventionismus bei Mieten, Energie, Bankenregulierung, Mindestlohn, Bürokratiekosten und unzähligen anderen Aspekten unserer Wirtschaft, sie alle summieren sich auch zu einer Serie von untereinander verknüpften wirtschaftlichen und politischen Krisen. Der schwarze Schwan bekommt Junge, weil die Politik sie züchtet.

Das wird auch die Rolle der Edelmetalle als Zahlungsmittel wieder neu definieren. In der Krise stellen sie einen gewissen Schutz dar – quasi eine Versicherungspolice für extreme Szenarien – nach der Krise stellen sie mit einer gewissen Wahrscheinlichkeit die Basis eines neuen – alten – Geldsystems dar in Form der Wiederherstellung des Goldstandards.

Wer sich schützen will, sollte sich allerdings nicht auf Zertifikate verlassen. Sie haben immer eine Gegenpartei, also auch ein Ausfallrisiko des Garantiegebers. Was man anfassen und im eigenen Tresor lagern kann, allein das zählt in dieser Versicherungskategorie.

Der Goldstandard ist nach dem von Hayek entworfenen Konzept des Wettbewerbs mehrerer Währungen die beste Lösung für eine langfristig stabile Währung, weil er der Politik die Mittel der Geldpolitik quasi aus der Hand schlägt. Und wo die Politik keine Handhabe hat, da kann sie es auch nicht falsch machen. In diesem Sinne wünsche ich allen Kunden und Geschäftspartnern der SOLIT Gruppe viel Lesevergnügen, neue und interessante ökonomische Einblicke und einen geschärften Blick für die wirtschaftlichen und politischen Veränderungsprozesse, die mein Buch »Wenn schwarze Schwäne Junge kriegen« beschreibt.

Frankfurt, den 13.12.2018
Markus Krall

Prolog

»Im Glauben zu handeln, dass wir über das Wissen verfügen, welches uns in die Lage versetzt, die gesellschaftlichen Prozesse nach unserem Gutdünken zu formen, Wissen, das wir in Wahrheit nicht besitzen, lässt uns wahrscheinlich viel Schaden anrichten.«

Friedrich August von Hayek

Die Zukunft ist auch nicht mehr das, was sie einmal war. Was wie ein Oxymoron klingt, ist die Folge einer mentalen Dissonanz. Die Zukunft von gestern ist heute. Und weil wir gestern schon nicht sehr gut in der Lage waren, ihr Aussehen vorherzusagen, muss das Heute von den damaligen Prognosen abweichen. Entwicklungen, die niemand erwartet hatte, sind über uns hinweggerollt. Entwicklungen, die erwartet wurden, sind nicht eingetreten. Ein von Enttäuschung geprägter Satz, der neulich viral gegangen ist (übrigens ein Begriff, der noch vor 20 Jahren in keiner Prognose der Zukunft vorkam) war: »Sie haben uns fliegende Autos versprochen und alles, was wir bekommen haben, war ein iPhone.« Es entbehrt nicht einer gewissen Ironie, dass fliegende Autos quasi gerade um die Ecke kommen. Wir nennen sie nur nicht Autos, sondern Personendrohnen.

Wenn wir jetzt die Zukunft prognostizieren wollen, ist unser Ausgangspunkt natürlich ein anderer als 1970. Aber während wir glauben, wir könnten jetzt weiter und klarer sehen, weil wir auf einem höheren Hügel stehen als 1970, tun wir es einfach nicht. Wir geben uns nur der Illusion hin, dass wir das könnten.

Wenn Sie heute eine Zeitung aufschlagen, scheint es völlig klar zu sein, wohin die Reise geht: Der Klimawandel ist eine Realität, aber unsere Eliten managen das mit Windturbinen und Solarzellen. Die

Banken sind in einem furchtbaren Zustand, aber unsere Eliten haben sie in ruhigere Gewässer reguliert. Die Digitalisierung wird viel ändern, aber unsere Politiker stellen sicher, dass das alles glatt abläuft, am besten mit einem bedingungslosen Grundeinkommen für jedermann. Wir finanzieren das mit einer Maschinensteuer. Quantencomputer sind etwas Esoterisches, aber sie werden die Maschine, die unsere elektronischen Spielzeuge jedes Jahr verbessert, noch für eine Weile am Laufen halten. Roboter werden bald allgegenwärtig sein, aber einige von ihnen werden sexy sein und versprechen Heilung für all die vereinsamten Menschen, die an ihren elektronischen Schnullern festgewachsen sind, wo sie die Realität gegen die Virtualität sozialer Medien eingetauscht haben. Macht euch also keine Sorgen.

Der Terror breitet sich aus, aber wir haben die globale Überwachung, um ihn unter Kontrolle zu halten, so wie wir das mit der Cyberkriminalität auch machen. Eine echte militärische Bedrohung kommt nur noch aus Nordkorea, aber wir halten ihnen den Revolver unserer nuklearen Abschreckung an die Schläfe. Die Einwanderung ist nicht außer Kontrolle, weil wir uns entschlossen haben, sie zu adoptieren. Alles wird gut.

Träumen Sie weiter!

Unsere Wahrnehmung ist komplett in einer Illusion linearer Trends ersoffen, die uns nicht die Macht der exponentiellen Verläufe der wichtigsten Entwicklungen, insbesondere der technologischen Entwicklung, erkennen lässt. Auch verfügen wir nicht über die Vorstellungskraft, die Folgen der gegenseitigen Beeinflussung von Trends zu verstehen. Uns fehlt außerdem offensichtlich jedes Sensorium für Ungleichgewichte, die unter der Wasseroberfläche lauern wie ein Krokodil in einem sumpfigen Tümpel.

Weil unsere politischen Eliten es hassen, wenn sich die Bürger um etwas Sorgen machen (per Definition lässt es sie dumm und unfähig aussehen), versuchen sie, alles zu glätten, was nach Unbequemlichkeit oder *Volatilität* aussieht. Keine hässlichen Bilder, bitte! Der Wohlfahrtsstaat kümmert sich um eure Sorgen von der Wiege bis zur Bahre und auch noch bis ins Grab hinein! So wird den Menschen eine generelle Abneigung gegen Risiken antrainiert. Risiko wird als etwas Archaisches wahrgenommen, ein Relikt aus einer dunklen Zeit, als die Menschen noch Opfer von Hunger, Krieg, Krankheiten und Plagen wurden.

In unseren zivilisierten technologiebeherrschten Gesellschaften sind die individuellen Risiken in der Tat viel kleiner, als sie es je gewesen sind, weil unser Wohlstandsniveau und die uns verfügbaren Ressourcen im Vergleich mit jeder anderen Generation der Menschheitsgeschichte unvergleichlich größer sind. Risiko und Volatilität finden ihren Ausdruck eher in der Frage, ob das Wirtschaftswachstum 1 Prozent oder 2 Prozent betragen wird und ob wir uns daher den 70-Zoll QLED-Monitor schon im Oktober kaufen können oder ob wir bis Weihnachten warten müssen.

Trotzdem hassen die Politiker jede Art von Volatilität und versuchen, sie mit Geld zu überkleistern, üblicherweise mit geliehenem Geld oder – wenn das nicht verfügbar ist – mit frisch gedrucktem Geld. Volatilität kann man aber nicht mit Geldausgeben abschaffen, man kann sie höchstens unter den Teppich kehren. Man kann sie in ein Behältnis sperren, aus dem sie irgendwann entkommt, so wie einst die schleimigen Geister in dem Kinofilm *Ghost Busters*.

In der Geschichte gibt es zahllose Beispiele für die Versuche, Volatilität zu unterdrücken, die nur zu ihrer Ansammlung und späteren geballten Entladung geführt haben. Das größte Experiment dieser Art war die Sowjetunion. Sie protzte mit ihrer vermeintlichen Stärke, die sie in der Überlegenheit der Planwirtschaft sah, weil diese keine Konjunkturzyklen erzeugte, keine Finanzkrisen, nur das gleichmäßige Wachstum. Angetrieben wurde sie im Maschinenraum von *Gosplan's* Fünfjahresplänen, die den Wohlstand der Genossen von einem großen Sprung zum nächsten beförderten.

Wir alle wissen, wie das endete. Die innerhalb von 70 Jahren angesammelte Volatilität hatte Ungleichgewichte erzeugt, die so groß waren, dass eines der größten, nuklear bewaffneten und scheinbar unbesiegbaren Imperien innerhalb von Monaten im Mülleimer der Geschichte endete, nachdem der aufgestaute Druck sich seinen Weg nach draußen gesucht hatte und entwichen war. Dabei gibt es Lehrbeispiele ganz praktischer Art, an denen man das hätte studieren können.

In der großen Wildnis Nordamerikas waren Buschfeuer ein normaler Vorgang für Tausende, ja wahrscheinlich Millionen von Jahren. Sie kamen regelmäßig vor, jedes Jahr. Sie wurden ausgelöst durch Blitzeinschläge, heißes Wetter und Dürre. Das war ein normaler Vorgang, und die Natur konnte offensichtlich damit klarkommen. Irgendwann vor nicht allzu langer Zeit hat sich die Natur dieses Phänomens aber verändert. Buschfeuer wurden groß, sehr groß. Sie wurden sogar so groß, dass man sie aus dem Weltraum ohne optische Instrumente sehen konnte. Warum? In den 1930er-Jahren führten die zunehmende Besiedlung und die mit ihr verbundene teure Infrastruktur zu der Meinung, dass Buschfeuer keine gute Sache seien, sondern ein unerwünschter Vorgang, den man verhindern sollte.

Mit der Einführung von Flugzeugen, die in der Lage waren, Brände früh zu entdecken und zu löschen, war es möglich geworden, sie zu unterdrücken, während sie noch klein waren. Die Volatilität war gesteuert und unterworfen worden, beherrscht mit den Mitteln genialer menschlicher Technik. So jedenfalls sah es aus.

Im Lauf der Jahre sammelten sich dann totes Holz und Reisig an, die normalerweise bei den regelmäßigen Buschbränden verbrannt wären. Die Akkumulationsrate lag dabei über der Rate der natürlichen Verrottung, weil das Klima sehr trocken ist. Diese Ansammlung von trockenem, leicht entzündlichem Holz war das Ungleichgewicht, das sich unterhalb der Wahrnehmung aufstaute. Irgendwann erreichte die Menge eine kritische Masse, und es bedurfte nur noch eines Blitzeinschlags oder einer weggeworfenen Flasche, die als Brennglas fungierte, um ein Buschfeuer von ungeheurer Größe und Gewalt zu entfachen, das sich durch Wälder, Dörfer und Felder fraß, Flüsse und Straßen übersprang und auf seinem Weg alles in Asche verwandelte. Die angesammelte Volatilität war gewaltsam entfesselt worden.

Unsere Gesellschaft hat zahllose Mittel und Wege gefunden, die Volatilität in dem falschen Glauben zu unterdrücken, dass man das straflos tun könnte, und dass sie dann geht, ohne Rache zu nehmen. Wir setzen *keynesianische*, schuldenfinanzierte Ausgabenpolitik ein, um den Konjunkturzyklus zu glätten und um Pleiten und Arbeitslosigkeit zu vermeiden, wir öffnen den Geldhahn der allmächtigen Zentralbanken, um die Finanzmärkte zu stabilisieren und um Crashs und das Platzen von spekulativen Blasen zu verhindern, wir hindern Unternehmen daran, im Lauf des Konjunkturzyklus Leute wieder zu entlassen, die sie zuvor eingestellt haben, und schützen so ihre Angestellten vor den Folgen des Strukturwandels. Wir haben sogar die freie Rede und politische Ideen reguliert in dem Irrglauben, etwas zu verbieten, das wir als Hassrede oder Falschnachrichten einstufen, und provozieren so erst den Hass, den wir vorgeblich zähmen wollten.

Alle diese Maßnahmen funktionieren für eine Weile. Das Ungleichgewicht wächst. Es erreicht einen kritischen Punkt und kritischen Druck. Dann bricht plötzlich das Gefäß, und die Volatilität wird freigesetzt wie die Energie in einer Explosion. Die Auswirkungen auf das Wohlergehen der Menschen sind dann weitreichender und schlimmer als der erhaltene Nutzen durch die Risikounterdrückung, der über die Zeit verteilt gewonnen wurde. Die Explosion, die *Diskontinuität*, wird dann durch zwei Effekte verstärkt: Sie erzeugt eine enorme Orientierungslosigkeit, da es für die Menschen viel schwieriger ist, sich auf plötzliche extreme Veränderungen einzustellen. Menschen, die nicht mehr darin geübt sind, mit den Auswirkungen von Volatilität umzugehen, weil man diese jahrelang von ihnen ferngehalten hat, sind psychologisch und in Bezug auf ihr Können und Wissen nicht mehr darauf vorbereitet.

Und es gibt noch eine weitere Gefahr: Weil wir so viele unterschiedliche Arten der Volatilität über so viele Jahrzehnte unterdrückt haben, entsteht das Risiko der Korrelation, also die Möglichkeit, dass mehrere große Ungleichgewichte ihren Bruchpunkt gleichzeitig erreichen. Dies kann zufällig geschehen oder durch gegenseitige kausale Verstärkung. Eine große Diskontinuität löst die nächste aus. Eine Kettenreaktion kommt in Gang, mit der die Gesellschaft nicht mehr umgehen kann. Ihre erprobten und bewährten Instrumente versagen, ihre inneren Funktionsprozesse kommen knirschend zum Stillstand.

An diesem Punkt wird eine revolutionäre Veränderung mit Händen greifbar.

Im Risikomanagement kann man Risikoarten nach ihrem Verhalten in Kategorien einteilen. Eine der dabei möglichen Dimensionen ist die Skala zwischen glatten oder granularen und verklumpten Risiken. *Glatte Risiken* haben eine messbare tägliche Volatilität, aus der wir eine Verteilung ihrer Ergebnisse ableiten und die wir mit klassischen Methoden der Risikomessung und Risikosteuerung bewältigen können. Beispiele für dieses Verhalten finden wir vor allem in sehr effizienten Finanzmärkten. Das bedeutet nicht, dass die Verteilungen, die ihr Verhalten beschreiben, keine extremen Ränder haben und somit keine extremen Ereignisse möglich wären, wenngleich diese unwahrscheinlich sind. Aber es bedeutet, dass die Marktteilnehmer im Großen und Ganzen die Risiken verstehen, die sie eingehen. Daraus abgeleitet können sie ermitteln, wie viel Pufferkapital sie brauchen, um zu überleben, wenn sich Extremereignisse mit kleiner Wahrscheinlichkeit materialisieren.

Die Arten glatter Volatilität haben ihre Ursache sehr oft im evolutionären Prinzip, mit dem die Natur Lernprozesse organisiert. Sie regiert Ökosysteme, Märkte oder ganz allgemein Systeme mit Agenten oder Teilnehmern, die ihre Fähigkeiten für ihr Überleben im Lauf der Zeit verbessern müssen. Das tun sie in einem evolutionären Prozess mit der heuristischen Methode von Versuch und Irrtum. Diese Lernmethode, die auf der Basis von Erfolg und Misserfolg beruht, bringt die Agenten zeitweilig auf den falschen Weg. In der Natur ist das dann eine evolutionäre Sackgasse, und sie führt zum Aussterben einer Art. Es ist dies die Folge ihrer Unfähigkeit, das zu leisten, was Darwin als »Überleben des Stärksten« beschrieben hat, was aber in der Realität ein Überleben des am besten an seine Umwelt Angepassten bedeutet. Im wirtschaftlichen Kontext bedeutet Irrtum, dass falsche Pläne durch den Wettbewerb im Markt aussortiert werden. Am besten angepasst bedeutet, dass die kosteneffizientesten, fähigsten Unternehmen, die Dinge produzieren, die die Kunden wollen und für die sie zu zahlen bereit sind, sich durchsetzen und überleben. Man nennt das wirtschaftlichen Erfolg.

Die Tatsache, dass ineffiziente, unproduktive Unternehmen, die nicht das herstellen, was die Kunden wollen, pleitegehen, ist die Quelle vieler Arten von Volatilität, die wir im Wirtschaftsleben beobachten können. Der Bankrott selbst erzeugt enorme Volatilität für die Einkommen der Geschäftsinhaber und ihrer Angestellten, die davon betroffen sind. Unterschiedliche Grade wirtschaftlichen Erfolgs oder auch nur die Wahrnehmung von Varianzen führen zur Volatilität von Aktienkursen. Falsche Wahrnehmung von Wachstum, Marktnachfrage und Trends können zu Überinvestitionen führen, die Wellen von Pleiten, Zahlungsausfällen und Konjunkturzyklen auslösen. Überinvestitionen sind eine spezielle Art von falschem Plan, der vom evolutionären Wettbewerb aussortiert wird.

Zugleich sind Versuch und Irrtum aber die einzige Methode für die Marktteilnehmer, die Agenten des Ökosystems – und damit für die ganze Gesellschaft – zu lernen. Lernen bedeutet Fortschritt, insbesondere technischen Fortschritt, und führt damit zu Wachstum und künftigem Wohlstand. Der gleiche Mechanismus, der die biologische Evolution, die Menschheit und die Gesellschaft vorantreibt, erzeugt die Volatilität, die wir als glatte Form des Risikos beobachten.

Klumpige Risiken auf der anderen Seite sind sehr schwer zu verstehen und zu messen. In der Natur sehen wir sie in Form von Erdbeben und Vulkanausbrüchen, jedenfalls wenn man sie auf einem individuellen Niveau betrachtet. Sieht man sich viele Vulkane und Erdbebengebiete an, so können wir aber eine geglättete Verteilung dieser Ereignisse ableiten und Aussagen über die Wahrscheinlichkeiten innerhalb eines definierten Zeitraums machen. Das macht zum Beispiel die Rückversicherungsindustrie mit allen Arten von Katastrophenrisiken.

Zwischen glatten und verklumpten Risiken gibt es eine gleitende Skala von Zwischenzuständen. Umso effizienter ein Markt, umso häufiger ein Naturereignis, desto mehr Daten können wir im Lauf der Zeit sammeln, desto glatter wird unsere Risikoverteilung und desto besser also unsere Fähigkeit, das Risiko zu messen. Ein Vulkan, der jeden Tag ausbricht, wie das zum Beispiel der Stromboli auf der gleichnamigen Insel nördlich von Sizilien tut, stellt in der Regel keine wirkliche Gefahr dar, weil er seine Energie kontinuierlich auf geringem Niveau abgibt. Alles, was wir vermeiden sollten, um damit klarzukommen, ist, einen 3 x 3 x 3 Kilometer großen Betonblock darauf zu pflanzen, weil wir keine täglichen Vulkanausbrüche mögen.

Um das Argument vom Kopf auf die Füße zu stellen bedeutet dies, dass wir Risiken klumpiger machen können, indem wir die Markteffizienz, die Frequenz der Transaktionen und die Messung der daraus folgenden Daten vermindern. Und das ist genau das, was wir andauernd machen. Das erzeugt gewaltige Ungleichgewichte, die nach Entladung drängen. Und diese Entladung bekommen wir dann in Form der Diskontinuität. Wir können daher Diskontinuität gleichsetzen mit dem Ereignis des Eintretens eines sehr großen verklumpten Risikos.

Nicht alle Diskontinuitätsrisiken sind menschengemacht in diesem Sinne, wie wir in Kapitel 2 dieses Buches feststellen werden. Dies betrifft das Beispiel der Diskontinuität durch Quantencomputer. Obwohl sie natürlich eine menschliche Erfindung sind, entsteht die Diskontinuität nicht primär durch die Unterdrückung von Volatilität. Sie ist ein verklumptes Risiko aufgrund der besonderen Natur dieser Technologie. Die Rechenleistung von Quantencomputern verhält sich zur Rechenleistung klassischer Mikrochip-Transistor-betriebener Rechner wie die Nuklearenergie zur chemischen Energie. Um Ihnen eine Vorstellung davon zu vermitteln: Die Masse an Materie, die bei einer 20-Kilotonnen-Nuklearexplosion in Energie umgewandelt wird, beträgt gerade mal 2 Gramm. 20 000 Tonnen chemischer Sprengstoff sind 20 Milliarden Gramm. Das Energieverhältnis beträgt also 1 zu 10 Milliarden. Aber bei Quantenrechnern ist das Verhältnis noch viel extremer, und wir haben keine Ahnung, wo das aufhört.

Betrachten wir den Umstand, dass glatte und verklumpte Risiken miteinander verbunden sind, und berücksichtigen wir, dass die Unterdrückung von Volatilität glatte in verklumpte Risiken transformiert und – indem das passiert – existenzielle Bedrohungen heraufbeschworen werden, so müssen wir uns fragen, ob wir Risiken als Gesellschaft richtig managen. Die Antwort darauf ist Nein.

Gesellschaft und Politik müssen eine andere Herangehensweise dafür finden, wie wir Risiken verstehen und mit ihnen umgehen. Risikomanagement für unsere heutige Politikergeneration ist Volatilitäts-Mikromanagement, idealerweise seine Unterdrückung. Das muss sich in Zukunft grundlegend ändern, wenn wir eine Gesellschaft errichten wollen, die in den kommenden Umwälzungen überleben und gedeihen soll. Hört auf, Risiken zu verklumpten Risiken zu machen, tut eher das Gegenteil! Und lernt, große, sehr große Diskontinuitätsrisiken zu identifizieren und wie man intelligent mit ihnen umgeht!

Dieses Buch will eine intellektuelle Brücke bauen zwischen dem Status quo der Unterdrückung glatter, granularer Risiken und dem, was wir für die Zukunft brauchen, wenn wir katastrophale Diskontinuitäten vermeiden wollen. Dabei werden wir mehrere Diskontinuitätsrisiken aus den Bereichen Wirtschaft, Technologie, Politik und Geostrategie näher beleuchten.

Ich werde versuchen, aus einigen Beispielen allgemeine Einsichten abzuleiten, die die gemeinsamen Mechanismen beschreiben, denen diese Diskontinuitäten unterliegen. Dies umfasst den gemeinsamen Mechanismus von Versuch und Irrtum als Quelle der Volatilität, seine Übersetzung in wahrgenommenes Risiko, die Art und Weise, wie die Gesellschaft dieses Risiko steuert oder fehlsteuert, die Instrumente und Mittel der Volatilitätsunterdrückung und wie diese Unterdrückung in die Akkumulation großer Ungleichgewichte mündet. Schließlich frage ich nach dem Auslöser, der das Ungleichgewicht zur Entladung bringt.

Alle sozialen Systeme – Wirtschaft, Technologie, Ökologie, Unternehmen, die Systeme innerer und äußerer Sicherheit – sind kybernetische Systeme, die von der Evolution regiert werden. Sie sind zugleich

Subsysteme eines größeren globalen Ökosystems. Alle diese Systeme einschließlich der begrenzten Subsysteme entwickeln sich im Lauf der Zeit mithilfe von Versuch und Irrtum. Der künstliche Stillstand, den wir unseren eigenen sozioökonomischen Teilsystemen aufzwingen, führt dazu, dass wir kollektiv hinter die globale Lernkurve zurückfallen.

Stillstand bedeutet deshalb Rückschritt, weil alle anderen sich nach vorne bewegen. Die daraus entstehende Spannung erzeugt die Ungleichgewichte, die nach Entladung und Neujustierung verlangen. Die Größe der damit einhergehenden Krise hängt von der Größe und der Dauer der vorangegangenen Intervention zur Risikounterdrückung ab, weil diese den Verlust an evolutionärer Entwicklung unserer sozioökonomischen Systeme verursacht hat.

Am Ende jedes Beispielkapitels werden drei Perspektiven aufgezeigt: Was bedeutet dieses konkrete Problem für die Verantwortlichen in der Politik und den Regierungen, was für die Unternehmen und was für die Bürger in ihrer Eigenschaft als Arbeitnehmer, Steuerzahler, Konsumenten, Sparer und Investoren?

Die Handlungsoptionen zum Umgang mit den disruptiven Entwicklungen, die wir in der Phase der Anpassung an das globale Lernniveau des größeren Ökosystems zur Verfügung haben, variieren für diese einzelnen Stakeholder in unterschiedlicher Weise. Während Konsumenten und Unternehmen sich über die mikroökonomischen Wirkungen auf ihr Vermögen, ihre Wettbewerbsfähigkeit und ihr Überleben im Markt in einer Zukunft nach der Krise Gedanken machen müssen, gelten für Regierungen und Politik ganz andere Lehren: a) Wie managen wir die Krise? und b) Wie ändern wir künftig unsere Politik, um die künstliche Ansammlung von Ungleichgewichten zu vermeiden?

Das zweite Element ist in der Tat von überragender Bedeutung, weil es dabei im Kern darum geht, wie wir unsere Gesellschaft organisieren sollten. Wie sollte unser Wirtschaftssystem aussehen? Wie sollte unser demokratischer Willensbildungsprozess aussehen?

Wir werden feststellen, dass es um die wirklich fundamentalen Annahmen unserer verfassungsmäßigen Ordnung geht. Und diese Annahmen stehen jetzt infrage.

Einführung

»Unser Schicksal liegt nicht in den Sternen, sondern in uns selbst.«

William Shakespeare, *Hamlet*, 3. Akt., 1. Szene

»Wir leben in einem Zeitalter disruptiver Veränderung.« Das ist ein Allgemeinplatz, der schon seit Jahrhunderten wahr ist, beginnend mit der Renaissance, die die Menschen aus dem intellektuellen, hermetisch abgeriegelten Raum des Mittelalters befreit hat, weiterführend mit dem Zeitalter der Entdeckungen, der ersten wissenschaftlichen Revolution, die der industriellen Revolution, der Mechanisierung, vorausging und die uns durch mehrere *Kondratieff-Zyklen* begleitet hat: Dampf, Chemie, Elektrizität, Mobilität, Luft- und Raumfahrt, Telekommunikation und jetzt Digitalisierung, Gentechnik und die kommerzielle Eroberung des Weltraums. Die Beobachtung disruptiver Veränderung kann man daher getrost als »No-Brainer« bezeichnen.

Aber dieses Buch soll sich nicht mit der neuen industriellen Revolution auseinandersetzen. Das tun schon gefühlte zig Millionen Bücher mit unterschiedlichem Qualitätsniveau. Die technologischen Veränderungen unserer Zeit leisten aber einen Beitrag zu einer neuen Art von Veränderung, vor der wir stehen. Die Wirkung der Technologie wird populärwissenschaftlich beschrieben als »Zeitalter der Disruption«, »Zeitalter der Innovation« oder die Ankunft der »Singularität«, der technischen Konversion von Mensch und Maschine.

Diese Veränderungen passieren, aber wir übersehen wichtige Puzzlesteine des Gesamtbildes, wenn wir glauben, wir müssten nur ihren Trendlinien folgen, um zu verstehen, wohin für uns als Gesellschaft, Land, Zivilisation und – in der Tat – Menschheit die Reise geht. In diesem Bild trägt Technologie zur Veränderung bei, aber sie ist nur einer von mehreren Faktoren.

Womit wir uns wirklich auseinandersetzen müssen, ist das Zusammenspiel technologischer, sozialer, infrastruktureller, psychologischer, kultureller und politischer Kräfte, die aufgrund ihrer Wechselwirkungen plötzliche Sprünge und Veränderungen *kataklysmischen Ausmaßes* verursachen.

Entwicklungen brechen aus ihren Trendlinien aus, Ereignisse verhalten sich wie Quantensprünge, verändern ihren Aggregatzustand in extrem kurzer Zeit, scheinbar unvorhersehbar, chaotisch. Verborgene Strömungen unter der Oberfläche bahnen sich ihren Weg nach oben und erzeugen Momente der Krise und der totalen Desorientierung für die Entscheidungsträger-»Eliten«: Manager, Akademiker, politische Führer, aber auch die Bürger.

Denken Sie nicht, dass die globale Finanzkrise und die Eurokrise dafür die perfekten Beispiele gewesen wären. Auf uns kommen noch massivere, unvorhergesehene Veränderungen zu. Wir stehen vor einem völlig neuen Biest, das uns den Teppich unter den Füßen wegziehen wird. Wir stehen vor der Diskontinuität, vor einem *schwarzen Schwan*, einem Ereignis ganz neuer Art: einem Vogel, der aus dem Genlabor fehlgeleiteter Politik entkommen ist und den wir daher selbst herangezüchtet haben.

Diskontinuität wird unsere Schulweisheit infrage stellen. Sie passt nicht in unsere etablierten Erklärungsmuster. Sie schaltet unsere Fähigkeit aus, die Probleme und Situationen mit der Kraft unseres Intellekts in den Griff zu bekommen, weil wir kein Modell haben, das es uns erlaubt, dem Ganzen einen Sinn zu verleihen, während es passiert. Mit dem Eintreten einer Diskontinuität endet das Gleichgewicht des Status quo, und in der Regel sind dann mehrere neue Gleichgewichtsergebnisse denkbar. Es hängt dann von unseren Handlungen oder auch von purem Glück ab, welches neue Gleichgewicht sich einstellen wird. Die Realität verhält sich wie eine Kugel, die auf der Spitze eines Berges balanciert, der von mehreren Tälern umgeben ist. Wir wissen, dass die Kugel einen seiner Abhänge hinunterrollen wird in eines der umgebenden Täler, aber wir können nicht voraussehen, welches Tal das sein wird.

Ein Beispiel hierfür wird in Kapitel 1 dargelegt: Die aktuelle Geldpolitik wird entweder zu Deflation, zu Hyperinflation oder zu beiden in unterschiedlicher Reihenfolge führen. Wir wissen, dass dies der mathematische und logische Lösungsraum ist, wenn die angesammelten Ungleichgewichte einmal freigesetzt werden. Aber wir können nicht mit Sicherheit sagen, welches Szenario eintreten wird, weil dies von politischen Aktionen und Reaktionen anderer Teilnehmer am System, wie zum Beispiel Politik, Bürger und Unternehmen, abhängt. Aber beide Informationen, das Ergebnis und die Reihenfolge der Ereignisse, sind kritisch für das individuelle wie auch für das gesellschaftliche ökonomische Überleben.

Die Diskontinuität beendet daher unsere Fähigkeit zur Durchdringung und wirft uns auf das Prinzip von Versuch und Irrtum in einer brutalen, keine Fehler verzeihenden Art zurück. Das macht sie mit dem Einzelnen und mit der Gesellschaft als Ganzem.

Diskontinuität kombiniert eine Situation der maximalen Fehlerrate mit der Situation, dass Fehler maximale Kosten nach sich ziehen.

Wir finden Beispiele von Diskontinuitäten in der Geschichte, sie sind nicht grundsätzlich neu. Das reicht vom Beginn des Ersten Weltkriegs (wie in Christopher Clarks Buch so treffend beschrieben als der Marsch von Schlafwandlern in die Katastrophe[1]), über die plötzlichen wirtschaftlichen Abstürze 1929 und 2007, die Ölkrisen von 1973 und 1979 mit ihren ausgelösten Stagflationen bis zum Kollaps der Sowjetunion. Diesen Ereignissen war gemeinsam, dass sie sich wie ein überdehntes Gummiband verhielten, das über einen längeren Zeitraum langsam bis an sein strukturelles Limit gedehnt wurde. Dann, ganz plötzlich, reißt das Gummiband in einer Millisekunde und schnalzt zurück.

Der Unterschied zwischen den oben genannten Beispielen und der heutigen Situation ist die Dichte der Diskontinuitäten, die sich aus den akkumulierten Ungleichgewichten ergeben. Diese wurzeln in der Koinzidenz technologischer und sozialer Veränderungen mit unserer, *Governance*-bedingt fehlenden Fähigkeit, diese Ungleichgewichte rechtzeitig zu adressieren.

Die Ungleichgewichte sind auf zwei Hauptursachen zurückzuführen: langfristige technologische und soziale Trends und Phänomene wie zum Beispiel *Moores Gesetz*, demografischer Niedergang und ökonomisches Missmanagement. Da sie in Wechselwirkung stehen, wird ihre kombinierte Wirkung kataklysmisch sein.

Teilweise resultiert das Missmanagement aus der Verschlechterung der Governance, die wir uns als Gesellschaft gegeben haben. Das reicht von unserem politischen System über unser entgleisendes Rechtssystem bis zu unserem wirtschaftlichen Regelwerk. Es betrifft auch die Tatsache, dass unser Erziehungssystem immer mehr verfällt und die nachfolgende Generation nicht mehr die Chance hat, die Fähigkeiten zu erwerben, die sie braucht, um die Herausforderungen der Zukunft zu meistern.

Wir sind gerade jetzt, wo diese vermehrt auftreten werden, nicht gut darin, mit Ereignissen nach dem Muster »schwarzer Schwäne« umzugehen. Die Seltenheit des schwarzen Schwans wird abgelöst von seiner Allgegenwart. Der schwarze Schwan bekommt Junge.

Wichtige Lektionen, die frühere Generationen bereits aus historischen Ereignissen gelernt hatten, scheinen wieder vergessen worden zu sein, weil die Erinnerung an vergangene Fehlschläge und die Folgen schlechter Governance verblasst sind. Gleichzeitig erreichen aber sehr viele Entwicklungen den Punkt ihrer maximalen Instabilität.

Werden wir also wieder zu hilflosen Opfern von Kräften außerhalb unserer Kontrolle, ja sogar unseres Verständnisses? Wirft uns die bevorstehende Phase der Diskontinuität zurück in die Zeit, als die Menschen das »Schicksal«, die »Hand Gottes« oder einfach die unmessbare Unsicherheit hinnehmen mussten?

Ich glaube, dass die Antwort darauf Nein lautet. Wir müssen uns aber mit einem sehr viel systematischeren Rüstzeug bewaffnen, um Diskontinuitäten zu entdecken, zu identifizieren, zu analysieren und zu verstehen. Wir müssen zivilisatorische Techniken neu erlernen, die es uns erlauben, Ungleichgewichte regelmäßiger auszugleichen, anstatt sie aufzusparen für den großen Knall. Und wir müssen verstehen, dass kollektive Anstrengungen, diese Diskontinuitäten zu steuern, auch kollektive Instrumente erfordern, die auf der Interaktion der Individuen beruhen. Automatische und sich selbst stabilisierende kybernetische Feedbackschleifen, die auf der Weisheit vieler beruhen, werden uns weiterführen. Wir sollten uns nicht auf die Weisheit selbst ernannter Genies verlassen.

Es herrscht kein Mangel an Leuten, die solche Genialität für sich beanspruchen. Politische »Führer« unterschiedlicher Couleur, Vertreter der Planwirtschaft und Anhänger der bürokratischen Weisheit sind die falschen Propheten eines angeblich überlegenen Wissens. Sie bitten die Menschen um ein Mandat, das sie niemals werden ausfüllen können. Sie werden die Dinge nur schlimmer machen, nicht besser. Sie sind es in der Tat, deren Einfluss gerade erst die Ungleichgewichte geschaffen hat, die uns demnächst mit erstklassigen Beispielen von Diskontinuitäten versorgen werden.

Das bedeutet: Wir brauchen Stabilität durch Märkte, regelbasierte Governance und die Bereitschaft, zentrale Planung in praktisch allen Angelegenheiten über Bord zu werfen. Das ist das Rezept für eine Zukunft, in der wir unsere Fähigkeit zurückerobern werden, die Herren unseres Schicksals zu sein.

Auf den folgenden Seiten werde ich die Leser anhand mehrerer Beispiele mit dem Konzept der Diskontinuität vertraut machen. Dabei wird herauszuarbeiten sein, warum dezentrale Entscheidungsprozesse eine vielversprechendere und erfolgreichere Strategie für unser Überleben darstellen als die zentrale Planung, die Bürokratie und die angenommene Weisheit von Politikern. Ich werde auch versuchen, die Wirkung dieser Diskontinuitäten auf die politischen und wirtschaftlichen Eliten in Perspektive zu setzen. Diese Diskontinuitäten werden die Entscheidungsgrundlagen der Bürger, Unternehmen und Regierungen verändern.

In diesem Buch werden wir mehrere Beispiele von Diskontinuitäten betrachten, um uns ein Bild ihrer vielfältigen Erscheinungsformen, ihrer gegenseitigen Beeinflussung, ihrer Schnittmengen und ihrer Entfaltung zu machen. Das wird es uns erlauben, einige Hypothesen aufzustellen, um die folgenden Fragen zu beantworten:

- Wie sollten wir unsere Gesellschaft organisieren, um Resilienz zu gewinnen? Die Antwort darauf ist: durch Märkte.
- Sind Diskontinuitäten das Ergebnis von Entwicklungen, die wir nicht vermeiden können und die die Gesellschaft wie ein Fluch treffen? Die Antwort darauf ist Nein.
- Können wir einige der Diskontinuitäten vermeiden, die sich bereits am Horizont abzeichnen? Die Antwort ist »unwahrscheinlich«, aber wir können uns vorbereiten, um besser zu überleben.

Als Beispiele habe ich einige potenzielle Diskontinuitäten ausgewählt, von denen ich glaube, dass sie in absehbarer Zeit eintreten werden. Diese Liste hat nicht den Anspruch »MECE«,[2] also vollständig und schnittmengenfrei zu sein. Sie ist in ihrer Zusammensetzung eher bestimmt durch die persönliche Perspektive einer interdisziplinär betrachteten Welt mit einem Fokus auf Wirtschaft, Politik und Technologie sowie deren wechselseitige Beeinflussung. Auf den folgenden Seiten werden wir uns mit den Diskontinuitäten befassen, die uns wahrscheinlich bald unmittelbar betreffen:

- die bevorstehende Zerstörung der Währungsordnung, die durch den Kollaps des Euro ausgelöst wird;
- der Kollaps der Privatsphäre und Geheimhaltung, einschließlich der Privatsphäre von Regierungen, ausgelöst durch die Ankunft des Quantencomputers;
- das Ende der parlamentarischen Parteiendemokratie aufgrund eines durchgängigen Elitenversagens;
- das Ende des Unternehmens, wie wir es bisher kannten, das sich aus der beschleunigten Wirkung der technologischen Revolution auf die Umwelt ergibt. Dies definiert ein neues »Unternehmen der Zukunft«.

- Der umfassende bewaffnete und potenziell nukleare Konflikt zwischen Europa und dem Islam, der von einer wiedererstarkten Türkei angeführt werden wird, die im Tandem mit der internationalen Muslimbruderschaft agiert.

Auf Grundlage dieser Beispiele wird verdeutlicht, wie die künftige Arbeitsteilung zwischen dezentralen Entscheidungsmechanismen (Märkten) und zentralen Entscheidungsmechanismen (Staat, Regierung) aussehen muss. Dies wird uns zu alten und bewährten Konzepten über die Definition der Arbeitsteilung von Markt und Staat zurückführen. Für die Anhänger der *Österreichischen Schule* wird das Ergebnis aber keine Überraschung sein.

Wir werden also zunächst die anstehende Währungsdiskontinuität untersuchen. Ein Versagen der Governance und der verantwortlichen Eliten in Form einer fehlgeleiteten Geldpolitik wird eine wirtschaftliche Störung und eine Veränderung des monetären Regimes auslösen, wie wir sie seit 1929 nicht erlebt haben (Kapitel 1, »Der Währungskollaps«). Neue Technologien in Form der Blockchain und der Kryptowährungen werden dann möglicherweise das Vakuum füllen, aber die wirklich revolutionäre Entwicklung wird sein, dass die Politik die Illusion aufgeben muss, sie könnte die Gelddruckmaschine für politische Zwecke auf ewige Zeiten anwerfen. Wenn das eintritt, werden wir einen Paradigmenwechsel hinsichtlich der Frage erleben, was eine Währung überhaupt ist.

Die nächste Perspektive wird sich auf eine spezielle Technologie konzentrieren (Kapitel 2, »Die Zukunft des Unternehmens I – Technogeddon oder: das Quantencomputer-Dilemma«). Wir werden uns ansehen, was es bedeutet, wenn die Technologie des Quantencomputers die Verdoppelungszeit der Rechenleistung nach Moores Gesetz verkürzt – erst auf Monate, dann auf Tage, dann auf Stunden – und uns so mit einem Niveau an Rechenleistung versorgt, das Verschlüsselung und IT-Sicherheit wirkungslos für unsere gesamte konventionelle globale IT-Infrastruktur macht – jedenfalls für eine gewisse Zeitdauer.

Während dieser Übergangsphase wird es das Privileg des Vorreiters der Quantencomputertechnologie sein, Zugriff und Kontrolle über alle mit dem Netz verbundenen IT-Systeme der Welt zu erlangen. Dies könnte zur größten Umverteilung von Geld und Macht in der Geschichte der Menschheit führen. Es wird auch unser Verständnis von künstlicher Intelligenz neu definieren.

In Kapitel 3 (»Das Ende der Parteiendemokratie«) werden wir die Diskontinuität des parlamentarischen Parteiensystems untersuchen, die durch das umfassende Versagen unserer politischen und juristischen Eliten ausgelöst werden wird. Sie wird unser in Europa dominierendes und scheinbar unverwundbares politisches System aus den Angeln heben. Wir werden herausfinden, dass dieses System eben nicht das Ende der Geschichte ist, noch viel weniger, dass es alternativlos ist und dass es Alternativen gibt, deren Anspruch auf Legitimität mindestens so groß ist wie der unseres gegenwärtigen Systems. Mehrere Szenarien evolutionärer und revolutionärer Entwicklung werden vorgestellt, die sich mit der Frage auseinandersetzen, was dieses System ersetzen wird: eine neue, wiedererstarkte Ordnung der Freiheit oder ein Abgleiten in ein autoritäres System oder eine paradoxe Mischung aus beiden?

Kapitel 4 (»Die Zukunft des Unternehmens II – die neue kreative Zerstörung und das Ende der Firma, wie wir sie kennen«) handelt von der sozialen Diskontinuität, die – wie die Geschichte gezeigt hat – die unausweichliche Begleiterin industrieller Revolutionen ist. Eine Kernfrage ist dabei die Geschwindigkeit der Veränderung, weil die »unternehmerische Diskontinuität« das unausweichliche Ergebnis der parallel verlaufenden und sie antreibenden technischen Revolution ist. Es wird die schiere Geschwindigkeit der Umweltveränderungen sein, die aus ihrer Gleichzeitigkeit entsteht und die die Unternehmen in ihren aktuellen Strukturen überfordert.

Es wird sich dann die Frage stellen, wie die einzelnen Diskontinuitäten und Nichtlinearitäten die Bühne für die Zukunft einer ganz neuen Art von Unternehmen bereiten. Manager sollen dadurch eine Vorstellung davon bekommen, wie die Kräfte der Veränderung neue

Bedingungen dafür definieren, wie Unternehmen arbeiten, aussehen und Chancen erzeugen, die den Wohlstand der Menschen während und nach der Umwälzung bereitstellen werden. Es wird in der Tat TEOTFAWKI[3] sein: das Ende des Unternehmens, wie wir es kennen.

Kapitel 5 (»Das geostrategische Vakuum«) wird sich mit den Folgen des Machtvakuums befassen, das sich aus Europas geopolitischem und militärischem Versagen ergibt. Es wird auch die Kräfte beleuchten, die das Vakuum füllen werden. In dieser Diskontinuität können wir die Folgen der demografischen Divergenz zwischen Europa und seiner Peripherie betrachten. Hinzu kommen das Versagen der Elite bei der Erkennung von Risiken, beim Lesen der Absichten der geopolitischen Gegner und der Verlust der Zielvorstellungen einer ganzen Zivilisation. Wir werden sehen, dass unsere Neigung, Konflikte zu »managen«, statt den Versuch der Lösung zu unternehmen und ihre zugrunde liegenden Ursachen anzugehen, ein klassisches Beispiel unterdrückter Volatilität darstellt. Sie führt zu einer Diskontinuität mit dem Namen Krieg.

In Kapitel 6 (»Die Ordnung der Freiheit oder der Tod der Zivilisation«) werden wir darüber diskutieren, was auf die Aushöhlung der Werte unserer westlichen Gesellschaften folgt und die Frage aufwerfen, ob eine Gesellschaft, deren Werte nicht mehr in der christlich-jüdisch inspirierten Aufklärung verwurzelt sind, in einer Welt zunehmender Komplexität und Diskontinuität überleben kann. Es ist meine Hypothese, dass der Mangel an Glauben an diese Werte, der die westliche Gesellschaft befallen hat, nicht ohne Folgen bleiben kann. Er unterminiert die Grundlagen einer stabilen Zivilisation und vermindert unsere Widerstandsfähigkeit gegen die Widrigkeiten und Herausforderungen des Lebens. Diese Herausforderungen sind Manifestationen der Volatilität, die sich aus Versuch und Irrtum ergeben, also aus der lebenslang notwendigen Lernerfahrung sowohl für das Individuum als auch für die Gesellschaft. Die Abkehr von den Werten ist einer der Haupttreiber unserer Bereitschaft, kurzfristige Schmerzen der Volatilität abzuschaffen und dafür die Gefährdung der langfristigen Stabilität durch massive Diskontinuitäten in Kauf zu nehmen.

Meine Argumentation wird darauf hinauslaufen, dass eine Ordnung der Freiheit, wurzelnd in einem spirituellen Wertegerüst, die Gesellschaft besser in die Lage versetzt, mit den anstehenden revolutionären Veränderungen zurechtzukommen. Wir müssen uns entscheiden zwischen einer Ordnung der wertegebundenen Freiheit und dem Ende der westlichen Zivilisation.

In Kapitel 7 (»Rückblick im Jahr 2035 – zwei Szenarien«) werde ich einen Blick in die Zukunft wagen: Kann man etwas formulieren, von dem klar ist, dass man es eigentlich nicht wissen kann, wenn man sich über die ungeheure Komplexität im Klaren ist? Kein Individuum und keine Bürokratie kann sie erfassen. Es geht dabei um einen Blick in die Zukunft und ihre Beschreibung, als würden wir von dort aus zurückschauen.

Aber obwohl wir wissen, dass das unmöglich ist, ist es wohl möglich, zwei Szenarien einer möglichen, denkbaren Zukunft zu skizzieren, deren Eintreten im Wesentlichen von einer großen Entscheidung abhängt, die wir als Gesellschaft treffen müssen: Wollen wir darauf vertrauen, dass die dezentrale Organisation des Marktes das beste kollektive Entscheidungssystem ist, das die Menschheit bisher als Ergebnis eines evolutionären Prozesses entwickelt hat? Oder denken wir, dass bürokratische Institutionen, betrieben von einer kleinen Zahl von Menschen die besseren Entscheidungen für die Allokation der Ressourcen treffen können?

Erforschen wir mithilfe des Marktes das unbekannte Land, das sich bisher immer als der beste Ort für den Menschen erwiesen hat? Oder gehen wir in die Dystopie der bürokratischen Tyrannei, die uns Utopia verspricht, aber ohne Ausnahme in der Geschichte die Hölle auf Erden geliefert hat?

KAPITEL 1

Der Währungskollaps

»Das also war des Pudels Kern.«

JOHANN WOLFGANG VON GOETHE, *FAUST I*, VERS 1323

Viel wurde geschrieben und diskutiert über die Probleme, die sich aus dem geldpolitischen Dilemma ergeben, in dem die Zentralbanken global wie zwischen *Skylla und Charybdis* seit zehn Jahren gefangen sind. Nach der US-Hypothekenkrise und dem nachfolgenden Kollaps von Lehman Brothers im Jahr 2008 haben die Zentralbanken in allen großen Wirtschaftsblöcken, den Vereinigten Staaten, der Europäischen Union, Japan und China die gleiche Politik verfolgt: Zuerst wurden die Zinsen gesenkt, und billige Liquidität wurde für die Banken bereitgestellt. Mit »Forward Guidance« wurde den Investoren signalisiert, dass sie auf lange Zeit keine steigenden Zinsen zu erwarten hatten. Damit formte man die Erwartungen, die normalerweise von den Märkten geformt werden. Als die Eurokrise begann, kippte diese Politik in eine massive monetäre Expansion um, die gekennzeichnet war von negativen Zinsen und dem sogenannten *Quantitative Easing* insbesondere durch die Europäische Zentralbank (EZB). Im Zuge dessen hat die EZB eine Bilanz von über 4000 Milliarden Euro aufgetürmt. Mehr als 2,4 Billionen Euro davon bestanden aus dem Ankauf von Anleihen der Mitgliedstaaten der Eurozone, ihrer Banken, Unternehmen und Verbriefungen.

Der offizielle Grund für die Maßnahmen war die Abwehr angeblich drohender deflationärer Gefahr, die ihren Ausdruck in einer vorübergehenden negativen Entwicklung der Konsumgüterpreise fand. Die Inflationsrate war für wenige Tage unter 0 Prozent gefallen, wobei die Kerninflationsrate unbeirrt bei 1 Prozent verharrte.

Der wahre Grund hatte natürlich damit ganz offensichtlich gar nichts zu tun.

Es war bekannt, dass die negative Veränderung des Konsumgüterpreisindex das Ergebnis fallender Ölpreise war, die sich aber im Rahmen der üblichen Volatilität dieses Rohstoffs bewegten. Diese kurzfristigen Entwicklungen sind häufig, und aus gutem Grund haben sie in der Vergangenheit nicht als gute Wegweiser für die Geldpolitik gedient. Das galt jedenfalls für die Zentralbanken, die stabiles Geld, stabile Preise und eine langfristige wirtschaftliche Perspektive in den Mittelpunkt ihrer Überlegungen gestellt haben.

Worum es wirklich ging, war die schlichte Umverteilung des Gelds von Europas Sparern an Europas überschuldete Regierungen. Konkret ging es dabei um Griechenland, Zypern, Italien, Frankreich, Spanien, Portugal und Belgien. Sie waren es, die der Präsident der EZB und die Mehrheit des Zentralbankrats im Sinn hatten. Das sollte auch keine Überraschung sein. Der Umstand, dass die Governance des EZB-Rats der Regel »Ein Land – eine Stimme« folgt, stellt sowohl die demokratische Kontrolle als auch die Unabhängigkeit der Geldpolitik auf den Kopf. Die eine Stimme, die beispielsweise Zypern repräsentiert, das nur etwas über 1 120 000 Einwohner hat, hat das gleiche Gewicht wie die Stimme, die Deutschland mit über 82 Millionen Bürgern vertritt.

Auf diese Weise wurde die Geldpolitik skrupellos und illegal für die Umverteilung von etwa einer Billion Euro zum Vorteil der verschwendungssüchtigen und korrupten Regierungen missbraucht in der Hoffnung, dass diese entgegen jeder vernünftigen Erwartung dieses Geschenk als Anreiz verstehen würden, ihre Ausgaben zu drosseln und ihre verschwenderische Politik zu beenden. Natürlich passierte nichts dergleichen. Die Defizite wurden weiterhin angehäuft, und nach 10 Jahren ultralockerer Geldpolitik ist der Sumpf der Schulden tiefer als je zuvor.

Die Architekten dieser Politik in der Europäischen Zentralbank beschäftigen Hunderte von Menschen mit einem Universitätsabschluss in Wirtschaftswissenschaften. Sie folgen der führenden Schule ihrer Disziplin, dem Keynesianismus, in seinen unterschiedlichen Geschmäckern, Varianten und changierenden Farben. Der Keynesianismus und sein makroökonomisches Rahmenwerk stellen das ideologische Gerüst für all die Politiker zur Verfügung, die auf der Suche nach Argumenten das Ausgeben von mehr Geld befürworten, weil sie damit Stimmen kaufen können. Er betrachtet die Wirtschaft, indem er ihre Teilnehmer in stark aggregierte Gruppen einteilt, als da wären »der Staat«, »die Konsumenten«, »der Unternehmenssektor« usw. Er benutzt ein System von Kreislaufdarstellungen, bei denen Güter und Geld zwischen diesen Aggregaten hin und her fließen und so das Gesamtverhalten des Systems determinieren. Daher der Begriff »Makroökonomie«, die sich mit Aggregaten befasst, im Gegensatz zur »Mikroökonomie«, die sich mit dem Verhalten der einzelnen ökonomischen Agenten und den Anreizen, denen sie unterliegen, befasst.

Dieser Ansatz kreiert wirtschaftliche Modelle die, was keine Überraschung ist, den Anspruch erheben, das Verhalten der aggregierten Einheiten erklären zu können. Das Problem dabei ist aber, dass diese Modelle überhaupt nichts erklären. Die wahren Antriebe wirtschaftlichen Verhaltens sind Millionen Individuen, die riesige Mengen an Informationen sammeln und verarbeiten und die Bedürfnisse und Neigungen entwickeln. Nutzenfunktionen und aus ihnen resultierende Handlungsweisen können aus dem keynesianischen Ansatz nicht abgeleitet werden.

Die wirtschaftswissenschaftliche Akademikerindustrie ist damit beschäftigt, die Beobachtungen der Vergangenheit mit frischen, neuen Ideen und Erklärungsansätzen für das Verhalten dieser Aggregate erklären zu wollen. Und das Ganze nur, um beim nächsten Zyklus der Ereignisse festzustellen, dass die ex-post, also im Nachhinein gemachten Beobachtungen das ganze schöne Modell wieder über den Haufen werfen. Diese Modelle versagen komplett, wenn sie künftige Ereignisse, Verhaltensmuster oder Entwicklungen erklären sollen.

Der ultimative Test eines wissenschaftlichen Erklärungsmodells ist seine Fähigkeit zur Reproduktion von Ergebnissen. Das passiert in der modernen Wirtschaftswissenschaft nur zufallsbedingt. Der Kreislauf der Güter und der entgegengesetzt fließende Kreislauf des Geldes in den keynesianischen Modellen hat mit den realen Bedingungen unserer Wirtschaft etwa so viel zu tun, wie eine Uhr mit der Zeit: Sie können es messen und beschreiben, aber sie sind niemals in der Lage, das Phänomen zu erklären.

Diese Niederlage hält aber die Verkünder dieses Aberglaubens nicht davon ab, für sich die eine und einzige Wahrheit in der Wirtschaftswissenschaft zu beanspruchen. Mit dem Fortschreiten der Jahre (und der Vergrößerung der Datenozeane) werden unzählige Komplikationen in ihre Modelle eingebaut. Ermöglicht wird das durch die immer weiter steigende Rechenleistung unserer Computer, die es erlauben, ein scheinbar unbegrenztes Maß an Komplexität zu handhaben. Damit versucht man, die Abweichungen der Realität vom Modell weg zu erklären. Die Wirtschaftswissenschaft unserer Tage verhält sich wie die offizielle Astronomie der frühen Renaissance, als die Machthaber nicht in der Lage waren, das heliozentrische Modell der Welt zu akzeptieren. Stattdessen erfand man immer neue Komplikationen, die man Epizyklen nannte, um zu beweisen, dass die Erde im Mittelpunkt des Universums stand und dass die Sonne um sie kreiste, wie auch alle anderen Himmelskörper das tun sollten.

Die *keynesianische Schule* der Wirtschaftswissenschaft ist mit der Macht auf die gleiche Weise verheiratet, wie das geozentrische Modell des Universums dies vor 400 Jahren gewesen ist. Beide dienen bzw. dienten als Instrument des Machterhalts. Im 17. Jahrhundert formte die Religion die Basis, heute dient diese Erklärung der Welt den Regierungen und Bürokraten als Rechtfertigung, unser Leben zu managen, und zwar in einer Weise, die die Volatilität abschafft.

Der Grund dafür ist einfach der, dass die Leute das Risiko hassen. Sie wissen und sie akzeptieren es nicht, dass Volatilität das notwendige Nebenprodukt der Veränderung ist, die man Fortschritt nennt. Fortschritt ist die Ansammlung von Information und Wissen, auch Lernen genannt. Fortschritt erfolgt durch Versuch und Irrtum. Irrtum bedeutet Verluste. Verluste sind unangenehm, und sie sind schlecht für die Wiederwahl in unserer heutigen Parteiendemokratie.

Der Keynesianismus wurde mit der erklärten Absicht in die Welt gesetzt, die Volatilität der Konjunkturzyklen zu glätten, indem man beanspruchte, den Heiligen Gral für ihre Erklärung gefunden zu haben. Dieser Heilige Gral ist die Nachfrage. In Wahrheit ist die Nachfrage aber nicht der Heilige Gral, sondern bestenfalls eine Heilige Kuh. Nachfrageschwankungen sind nicht die Ursache, sondern die Wirkung der ihnen zugrunde liegenden mikroökonomischen Verhaltensänderungen und individuellen Entscheidungen, die ihre Wurzeln in der besten Maschine zur Beherrschung der Komplexität auf dem Planeten haben. Das ist der Markt.

In der Nachfrage hat der Keynesianismus die Erklärung für so ziemlich alles gefunden. Und in der Wirtschaftswissenschaft gilt, was für die meisten anderen Aspekte der Realität überhaupt gilt: dass jede komplizierte Frage eine einfache Antwort hat, die ... falsch ist.

Jedes Problem in der Wirtschaft wird einer abwärts gerichteten Fluktuation der Nachfrage zugeordnet. Die Industrie investiert nicht genug: Die Investitionsnachfrage geht zurück. Die Konsumenten haben kein Vertrauen: Die Konsumnachfrage lässt nach. Der Staat möchte seine Finanzen in Ordnung bringen (Scherz!): Die öffentliche Nachfrage sinkt. Da Industrie und Konsumenten nicht zur Nachfrage gezwungen werden können (solange man nicht zu einer kompletten Planwirtschaft übergeht, bei der die Nachfrage niemals knapp ist, das Angebot aber dafür umso knapper), übernimmt der Staat die Rolle als ewiger Nachfragepuffer. Jedes Mal, wenn die Nachfrage außerhalb des staatlichen Sektors sinkt, wird sich ein »Spezialist« finden, der nach »Maßnahmen« ruft. Die Regierung häuft Schulden an, um mit neuen Ausgabenprogrammen Nachfrage zu erzeugen. Üblicherweise werden dabei die lautesten Stimmen im Nest der Lobbyisten am meisten bedacht.

Wenn die vorübergehende »Nachfrageschwäche« bei Investitionen oder Konsum wieder nachlässt, bleibt uns das von der Bürokratie angelegte Ausgabenprogramm natürlich erhalten. Im Lauf der Zeit wächst so der Anteil des Staates an der Wirtschaft, und es wächst die öffentliche Schuldenquote. Die Industrie genießt natürlich die zusätzliche Nachfrage des Staates, spült es ihr doch Gewinne in die Kassen, für die sie keine strukturellen Veränderungen durchlaufen musste. Schlechte Investitionen, die nicht auf die wirkliche Nachfragestruktur der Wirtschaft ausgerichtet sind, sammeln sich an und erzeugen ein Ungleichgewicht, das die keynesianischen Supermodelle natürlich nicht entdecken können, weil sie mit Informationen über relative Knappheiten, wie sie von den Preisen in den Märkten signalisiert werden, nichts anfangen können.

Auf diese Weise hat der Keynesianismus das perfekte Instrument für die Regierenden geschaffen, eine ultimative populistische Politik zu betreiben, die den Namen »Konsumterror« verdient hat. So wird man von einer ökonomisch nicht gut informierten und hinters Licht geführten Wählerschaft immer wieder gewählt, während sich die Kosten im Verborgenen auftürmen.

Hier endet die Geschichte aber noch nicht. Weil auch die Ausgabenwut des Staates ihre Grenzen hat, die in seiner mangelnden Fähigkeit begründet sind, seine Zins- und Tilgungsleistungen auf die Schulden zu erbringen, haben die Ingenieure der Nachfrage ein zweites Ventil geschaffen, mit dem sie ihre Manipulation betreiben können: die Geldpolitik.

Sie dient zwei Zwecken: die Zinssätze künstlich niedrig zu halten, um den Politikern mehr Spielraum bei ihrer schuldenfinanzierten Ausgabenpolitik zu geben und Investitionen für die Industrie attraktiv zu machen, die unter normalen Umständen nicht attraktiv wären. Umso niedriger die Zinsen und damit auch die Kapitalkosten, desto mehr sehen individuelle Investitionen attraktiv aus. Das sollte die Investitionsnachfrage nach oben treiben, und das, dem wird jeder zustimmen, klingt nach einer guten Sache.

Das Problem ist aber: Es ist keine gute Sache, weil es der Industrie Anreize gibt, das Geld in schlechte Investitionen zu kanalisieren.

Es sammeln sich immer mehr Investitionen an, die einer Mindestrendite nicht genügen. Diese Mindestrendite ist aber notwendig, um Produktivität und Effizienz zu steigern. Der Sinn der Kapitalkosten, der sich Keynesianern nicht erschließt, weil sie das nur als kapitalistisches Profitdenken einordnen können, liegt genau darin: Produktivitätsfortschritt durch Konzentration auf die guten Investitionen, nicht Scheinblüte durch Subvention schlechter Investitionen.

Unternehmen investieren dann in schlechte Ideen und veraltete Ausrüstung. Sie geben sich weniger Mühe bei der Einschätzung der Konsumentenbedürfnisse. Diese Investitionen sind vergeudet. Sie bremsen den Produktivitätsfortschritt, der die einzige wahre Quelle des Wirtschaftswachstums ist. Wäre es anders, hätte ein keynesianisches Ausgabenprogramm die Menschheit von der Steinzeit nach Star Treck katapultieren können, wenn es nur groß genug gewesen wäre. Ich fürchte, dass das niemals passieren wird.

Da wir dieser falschen Politik schon viel zu lange nachlaufen, haben wir eine riesige Menge an Wohlstand, Chancen und langfristigem Wachstum vergeudet.

Aber das ist nicht einmal das größte Problem. Das wirklich große Problem sind die angesammelten Ungleichgewichte in der Wirtschaft, die aus der jahrzehntelangen Unterdrückung der wirtschaftlichen Volatilität erwachsen sind. Das Gummiband ist jetzt bis an seine Belastungsgrenze gestreckt. Und es wird mit einer wahrhaft gargantuesken Diskontinuität zurückschnalzen. Das trifft leider auf alle großen Währungsräume und ihre wirtschaftlichen Räume zu: den US-Dollar, den Renminbi und den Euro. Die Details unterscheiden sich, und die Wirkung wird sich leicht unterscheiden, aber die kommende Anpassung wird die globale Wirtschaft treffen, wie nichts seit den 1930er-Jahren. Wir werden dieses Phänomen am Beispiel des Euro untersuchen, weil der Euro eigentlich gar keine richtige Währung ist, sondern die Illusion einer Währung. Seine inneren Funktionsmechanismen erzeugen Ungleichgewichte schon aufgrund ihrer Konstruktion. Keine andere Währung kann von sich behaupten, eine derart geschickt konstruierte atomare Zeitbombe mit mehreren

Zündern und eingebauten Abwehrmechanismen gegen ihre Entschärfung zu sein.

Diese Ungleichgewichte erzeugen eine besondere Form der wirtschaftlichen Volatilität, die man wiederum mit fiskalischen und geldpolitischen Mitteln in der Eurozone unterdrückt hat. Als man die Eurozone Ende der 1990er-Jahre etablierte, war es bereits klar, dass ihre Mitgliedstaaten sich in der Vergangenheit wirtschaftlich niemals synchron entwickelt hatten. Das galt weder für die Wirtschaftspolitik noch für die Inflation, das Wachstum, die fiskalische Disziplin und letztlich für die Wettbewerbsfähigkeit, von entkoppelten Konjunkturzyklen ganz zu schweigen. Im Binnenmarkt, der in den 1980er-Jahren etabliert wurde, einem Freihandelsmodell folgte und im Wesentlichen von der britischen Regierung unter Margaret Thatcher federführend gestaltet worden war, war das natürliche Ventil zum Ausgleich der resultierenden wirtschaftlichen Spannungen der freie Wechselkurs. Er war leicht verzerrt von der wirtschaftlich törichten Idee fixer Wechselkurse innerhalb eines vordefinierten Korridors (man nannte das »die Schlange im Tunnel«), aber die Märkte erzwangen ohnehin regelmäßige Anpassungen dieses Korridors. Es war also eher eine Schaufensterdekoration als alles andere.

Selbst vor der Einführung des Euro hatten die Politiker Kosten und Nutzen von festen im Vergleich zu flexiblen Wechselkursen falsch eingeschätzt. Wechselkursschwankungen wurden als Hindernis bei der wirtschaftlichen Integration und der Organisation grenzüberschreitender Produktions- und Lieferketten betrachtet, weil die Unternehmen das Währungsrisiko managen mussten, was Kosten erzeugte. Das und die Bequemlichkeit für Reisende und Touristen, die nun nicht mehr an den Grenzen Geld wechseln mussten, wurden als sichtbarste Vorteile der Euro-Einführung angepriesen.

Der andere große Vorteil war symbolischer Natur. Die einheitliche Währung sollte die Quelle sein, aus der die Vereinigung Europas in einer »immer engeren Union« mit dem Ziel der »Vereinigten Staaten von Europa« hervorsprudeln würde. Es war ein Chor von fast religiöser Inbrunst. Und wie jede Religion so hat auch diese ihre wahren Gläubigen und Zeloten.

Und auch ihre Ketzer.

Liberale Denker wie Ralf Dahrendorf und andere hatten drastische Warnungen vor diesen falschen Wahrnehmungen und Trugbildern ausgesprochen. Sie beschrieben den Euro nicht als Quelle der Konvergenz und Einheit, sondern vielmehr als Quelle von Zwietracht und Unfrieden zwischen den europäischen Nationen. Heute wird im Rückblick klar, dass sie von Anfang an recht hatten. Die nächsten Jahre werden zeigen, wie extrem klarsichtig ihre Diagnose war.

Vor der Einführung des Euro bewerteten Märkte und Ratingagenturen die Qualität von Staatsschulden auf dem europäischen Kontinent höchst unterschiedlich. Während man im Süden Europas immer auf die Monetarisierung der Staatsschulden gesetzt hat, damit die Politiker über ihre Verhältnisse leben und dann das Geld über die versteckte Steuer der Inflation eintreiben konnten, herrschte im Norden die Überzeugung vor, dass Inflation eine Form schwerer sozialer Ungerechtigkeit ist, weil sie immer vom kleinen Mann bezahlt werden muss. Man war außerdem überzeugt, dass sie nicht unter Kontrolle gehalten werden könne, wenn sie für die Staatsfinanzierung missbraucht werde.

Mit einem riesigen regelgebundenen Vertragswerk namens »Maastrichter Vertrag«, auf dem Deutschland bestanden hatte, wurde der Versuch unternommen, den südlichen Ländern Ausgabendisziplin einzutrichtern und so zu verhindern, dass die Eurozone in einen inflationären Währungsraum verwandelt würde. Es wurde ein Rettungsverbot vereinbart, das es für illegal erklärte, dass bankrotte Regierungen in der Eurozone mit dem Geld anderer Länder oder durch Gelddrucken gerettet werden.

Mit dem Näherrücken der Einführung des Euro antizipierten die Marktteilnehmer aber, völlig rational, dass das ganze Vertragswerk nur eines war, nämlich Papier. Sie haben nie an die Gutenachtgeschichte vom Rettungsverbot geglaubt. Stattdessen sind sie davon ausgegangen, dass Deutschland der ultimative Garantiegeber des neuen Systems sein würde. Dieser Glaube erwies sich als ebenso weitsichtig wie die Prognose der Liberalen über die vom Euro verursachte Zwietracht. Hätten die Märkte auf Maastricht vertraut, hätten sie nämlich die Inflationserwartung, die bis dato in die Kurse der Anleihen eingespeist worden war gegen eine Ausfallwahrscheinlichkeit ausgetauscht. Die Ausfallwahrscheinlichkeit ist das Ergebnis der kommenden Unfähigkeit, die Pleite mit Gelddrucken zu verhindern in Verbindung mit dem Rettungsverbot.

Nichts dergleichen passierte natürlich. Die Märkte verzeichneten eine Konvergenz der Zinssätze im gesamten Gebiet der neuen Währungszone auf das Niveau Deutschlands. Jeder war als Schuldner jetzt so gut wie Deutschland.

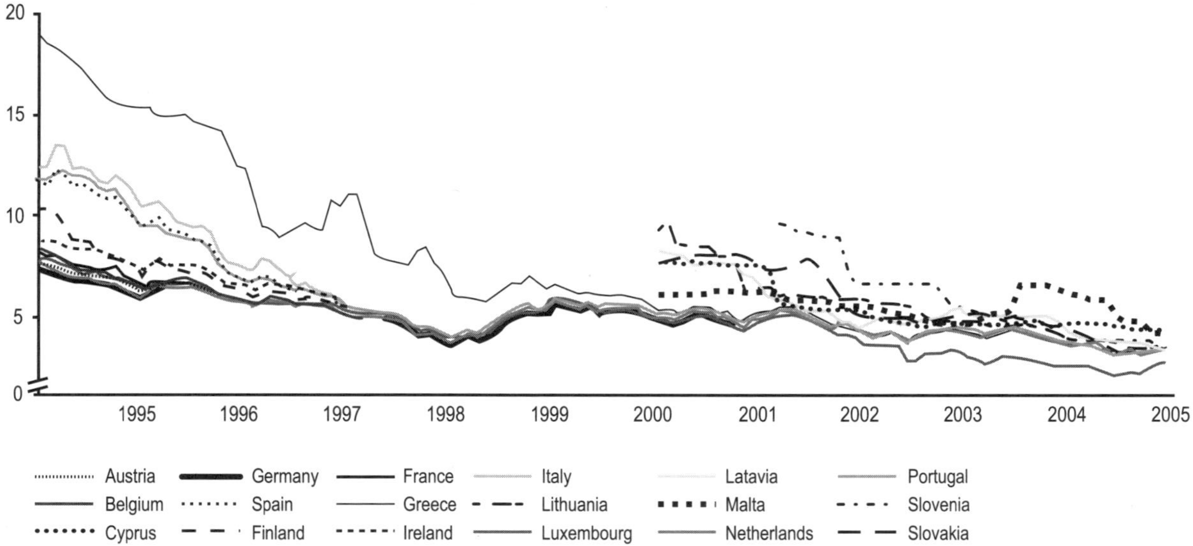

Konvergenz der Zinssätze mit der Einführung des Euro. Quelle: Europäische Zentralbank

Darin können wir bereits das Muster der kurzfristigen Unterdrückung der Volatilität erkennen. Es führte zu einem verklumpten Ausfallrisiko, ein klassisches Risiko der Diskontinuität in zwei Schritten: Zuerst wurden die Inflationsvolatilität und die mit ihr verknüpfte Wechselkursvolatilität in ein nationales Staatspleitenrisiko umgewandelt, das per se schon verklumpter ist als das ursprüngliche Risiko. Dann wurde das Ausfallrisiko der Länder aggregiert, was die einzelne Staatspleite seltener macht, aber auf längere Sicht die Wahrscheinlichkeit ihres Eintretens erhöht und dies mit einem wesentlich größeren Schaden ausstattet, weil es sich dann nicht mehr um eine einzelne Staatspleite handelt, sondern um die Pleite ganz Europas. Wie wir gleich sehen werden, wird das Ergebnis die größte ökonomische Diskontinuität in der modernen Geschichte sein.

Die Eurozone südlich der Alpen ging auf eine Shopping- und Ausgabentour. Der Anreiz niedriger Zinssätze war sehr viel stärker als die Regeln, deren Durchsetzungsmechanismen es erfordert hätten, dass die Sünder sich selbst bestraften. Es hätte von Anfang an klar sein müssen – und für einige war es das auch – dass das ein Rohrkrepierer war. Die Italiener sind einfach nicht so masochistisch veranlagt wie die Deutschen ... sie gerne hätten. Die unterschreiben kein Urteil, das sie selbst bestraft, wenn sie das verhindern können, indem sie einfach Nein sagen.

Als dann eine sozialdemokratisch geführte deutsche Bundesregierung die 3-Prozent-Grenze bei der Neuverschuldung verletzte, wenn auch nur um ein paar Zehntel Prozent, ohne dass die vom Maastrichter Vertrag geforderten Strafen angewendet worden wären, waren alle Schleusen offen. Neue Schulden und Schuldenstände in Griechenland, Italien, Frankreich, Spanien, Portugal, Belgien, Malta und Zypern kannten nur noch eine Richtung: nach oben. Die folgende Tabelle illustriert das:

DEFIZIT (-) UND ÜBERSCHUSS (+) EUROPÄISCHER STAATEN UND GESAMTSCHULDEN ENDE 2017 IN % DES BIP

Land\Jahr	2006	2007	2008	2009	2010	2011	2012	2013	2014	2015	2016	2017	Mittel
Griechenland	-5,9	-6,7	-10,2	-15,1	-11,2	-10,3	-8,9	-13,2	-3,6	-5,7	0,6	0,8	-7,5
Irland	2,8	0,3	-7,0	-13,8	-32,1	-12,7	-8,0	-6,1	-3,6	-1,9	-0,5	-0,3	-6,9
Spanien	2,2	1,9	-4,4	-11,0	-9,4	-9,6	-10,5	-7,0	-6,0	-5,3	-4,5	-3,1	-5,6
Portugal	-4,3	-3,0	-3,8	-9,8	-11,2	-7,4	-5,7	-4,8	-7,2	-4,4	-2,0	-3,0	-5,6
Vereinigtes Königreich	-2,8	-2,6	-5,2	-10,1	-9,4	-7,5	-8,2	-5,4	-5,4	-4,3	-3,0	-1,9	-5,5
Frankreich	-2,4	-2,6	-3,3	-7,2	-6,9	-5,2	-5,0	-4,1	-3,9	-3,6	-3,4	-2,6	-4,2
Slowenien	-1,2	-0,1	-1,4	-5,8	-5,6	-6,7	-4,0	-14,7	-5,5	-2,9	-1,9	0,0	-4,2
Kroatien	-3,4	-2,4	-2,8	-6,0	-6,5	-7,8	-5,2	-5,3	-5,1	-3,4	-0,9	0,8	-4,0
Polen	-3,6	-1,9	-3,6	-7,3	-7,3	-4,8	-3,7	-4,1	-3,6	-2,6	-2,3	-1,7	-3,9
Ungarn	-9,3	-5,0	-3,7	-4,5	-4,5	-5,4	-2,4	-2,6	-2,6	-1,9	-1,7	-2,0	-3,8
Rumänien	-2,1	-2,7	-5,4	-9,2	-6,9	-5,4	-3,7	-2,1	-1,3	-0,8	-3,0	-2,9	-3,8
Slowakei	-3,6	-1,9	-2,4	-7,8	-7,5	-4,3	-4,3	-2,7	-2,7	-2,7	-2,2	-1,0	-3,6
Italien	-3,5	-1,5	-2,6	-5,2	-4,2	-3,7	-2,9	-2,9	-3,0	-2,6	-2,5	-2,3	-3,1
Litauen	-0,3	-0,8	-3,1	-9,1	-6,9	-8,9	-3,1	-2,6	-0,6	-0,2	0,3	0,5	-2,9
Lettland	-0,5	-0,5	-4,2	-9,1	-8,7	-4,3	-1,2	-1,2	-1,5	-1,4	0,1	-0,5	-2,8
Zypern	-1,0	3,2	0,9	-5,4	-4,7	-5,7	-5,6	-5,1	-9,0	-1,3	0,3	1,8	-2,6
Belgien	0,2	0,1	-1,1	-5,4	-4,0	-4,1	-4,2	-3,1	-3,1	-2,5	-2,5	-1,0	-2,6
Österreich	-2,5	-1,4	-1,5	-5,3	-4,4	-2,6	-2,2	-2,0	-2,7	-1,0	-1,6	-0,7	-2,3
Niederlande	0,2	0,2	0,2	-5,4	-5,0	-4,3	-3,9	-2,4	-2,3	-2,1	0,4	1,1	-1,9
Tschechische Republik	-2,2	-0,7	-2,0	-5,5	-4,2	-2,7	-3,9	-1,2	-2,1	-0,6	0,7	1,6	-1,9
Malta	-2,5	-2,1	-4,2	-3,2	-2,4	-2,4	-3,5	-2,4	-1,8	-1,1	1,0	3,9	-1,7
Bulgarien	1,8	1,1	1,6	-4,1	-3,1	-2,0	-0,3	-0,4	-5,5	-1,6	0,2	0,9	-1,0
Deutschland	-1,7	0,2	-0,2	-3,2	-4,2	-1,0	0,0	-0,1	0,5	0,8	1,0	1,3	-0,6
Finnland	3,9	5,1	4,2	-2,5	-2,6	-1,0	-2,2	-2,6	-3,2	-2,8	-1,8	-0,6	-0,5
Dänemark	5,0	5,0	3,2	-2,8	-2,7	-2,1	-3,5	-1,2	1,1	-1,5	-0,4	1,0	0,1
Estland	2,9	2,7	-2,7	-2,2	0,2	1,2	-0,3	-0,2	0,7	0,1	-0,3	-0,3	0,2
Schweden	2,2	3,4	1,9	-0,7	0,0	-0,2	-1,0	-1,4	-1,6	0,2	1,2	1,3	0,4
Luxemburg	1,9	4,2	3,3	-0,7	-0,7	0,5	0,3	1,0	1,3	1,4	1,6	1,5	1,3

<= -9%   <= -6% bis -9%   <= -3% bis -6%   <= -2% bis -3%   <= 0% bis -2%   > 0%

Neuverschuldung und Schuldenstände der Eurozonenländer 2006–2017. Quelle: Eurostat, Europäische Kommission

Das erste Jahrzehnt des Euro war eine riesige Konsumorgie in Südeuropa. Die Staatsausgaben schossen nach oben. Die Sozialausgaben taten das gleiche. Die künstlich befeuerte Nachfrage stieg und mit ihr die Löhne und die Produktionskosten. Die Produktivität stagnierte, und die Wettbewerbsfähigkeit ging den Bach hinunter.

Gleichzeitig hatte Deutschland, nach einer Dekade zu hoher Ausgaben und dem Verlust seiner Wettbewerbsfähigkeit im Zuge der Wiedervereinigung, einen Gang zurückgeschaltet und fuhr jetzt in die entgegengesetzte Richtung: Die Löhne wurden unter Kontrolle gebracht durch eine Vereinbarung zwischen Gewerkschaften und Industrie, um langfristig die Wettbewerbsfähigkeit wiederherzustellen und um die astronomisch hohe Arbeitslosigkeit zu bekämpfen. Damit stieg auch die Produktivität wieder an.

Da in Südeuropa die Nachfrage über der Produktion lag, wurde die Lücke mit Exporten aus Deutschland gefüllt. Die Handelsbilanzen gerieten zugunsten Deutschlands ins Ungleichgewicht, und das im Süden resultierende Handelsbilanzdefizit wurde durch deutsche Kapitalexporte finanziert. Auf diese Weise bezahlten deutsche Sparer und Investoren für eine nicht nachhaltige Konsumparty an den Stränden des Mittelmeeres, die aus Sicht der deutschen Industrie ein einziges riesiges keynesianisches Nachfrageprogramm war.

In einer normalen Welt wäre dieses Ungleichgewicht durch einen flexiblen Wechselkurs ausgeglichen worden. Die Deutsche Mark hätte aufgewertet, die Lira, der Franc, die Drachme und die Pesete hätten abgewertet werden müssen. So wären die Wettbewerbspositionen ins Gleichgewicht zurückgebracht worden. Die Exporte aus Deutschland hätten sich vermindert, die Importe nach Deutschland wären gestiegen. Das Ganze wäre allerdings für den Süden mit Kosten verbunden gewesen: Der inflationäre Druck gestiegener Importpreise und die Verschlechterung der »Terms of Trade« hätte die Kaufkraft der Konsumenten in diesen Ländern gemindert. Diesen Preis wollten ihre Regierungen aber nicht zahlen.

Die Anpassung der Wechselkurse war genau die Art von Volatilität, die der Euro ja abschaffen sollte. Und wie wir gleich sehen werden, liefert uns dieser Umstand ein Lehrbuchbeispiel dafür, wie angesammelte Volatilität eine Diskontinuität erzeugt.

Über fast zehn Jahre konnte sich das Ungleichgewicht aufstauen. Deutsche Investoren finanzierten begeistert die Party und füllten ihre Bücher mit den Schuldverschreibungen der südlichen Länder. In den Augen der Ratingagenturen waren diese ja ebenso gut wie die deutschen *AAA-Papiere*. So sammelten sich fast 1800 Milliarden Euro Forderungen an die Südländer in den Büchern der deutschen Investoren an.

Wie wir wiederholt an den in diesem Buch untersuchten Beispielen feststellen können, lassen sich die aufgestauten Ungleichgewichte nicht sanft abwickeln. Sie verhalten sich explosiv, und wie jede Bombe haben sie einen eingebauten Zünder. Oft haben sie sogar mehrere Zünder, manche gut sichtbar, manche verborgen. Das macht es so schwierig, die ihnen innewohnende Dynamik und den Zeitpunkt ihrer Detonation zu verstehen.

Der Zünder, der die erste Eurokrise ausgelöst hat, war die Finanzkrise, die selbst das Ergebnis der Entladung eines großen Ungleichgewichts aufgrund angesammelter Volatilität war: die US-Hypothekenblase. Über diese spezielle Diskontinuität gibt es schon eine ganze Reihe von Büchern.[4] Für unsere Zwecke reicht es nachzuvollziehen, dass das Ende der Hypothekenblase den Risikoappetit, die Risikoaversion und die Risikoeinschätzung der Marktteilnehmer in Bezug auf Wertpapiere und reale Vermögenswerte global massiv verändert hat.

Das fiel zusammen mit der Nachricht, dass Griechenland seine Schuldenstatistiken unter Verletzung der Verträge gefälscht hatte. Damit hatte man nicht nur den wahren Schuldenstand und die Verletzung des Maastricht-Vertrags verschleiert, sondern auch die Bücher gegenüber den Ratingagenturen geschönt. Die Agenturen Moody's, Standard & Poor's und Fitch, die zusammen 95 Prozent des Ratingmarkts kontrollieren, hatten ohnehin schon einen Reputationsschaden erlitten, weil sie die Risiken der Verbriefungen schlechter Hypothekenkredite in den USA falsch eingeschätzt hatten. Dieses

Mal wollten sie es daher richtig machen. Also stuften sie Griechenland korrekterweise herunter – und nicht nur dieses Land. Sie setzten gleich eine Reihe von Ländern der Eurozone auf die »Watchlist«, verpassten ihnen einen »negativen Ausblick« oder gleich ein schlechteres Rating.

Das Ergebnis war ein kompletter Zusammenbruch des Vertrauens in die Kreditwürdigkeit der südlichen Eurozonenländer. Die Zinssätze schossen nach oben, die Regierungen sahen sich einer Kreditverknappung gegenüber und waren nicht mehr in der Lage, neue Schuldverschreibungen zur Ablösung fälliger Verbindlichkeiten bzw. auslaufender Anleihen am Markt zu platzieren.

Die drohende serienmäßige Staatspleite in der Eurozone war damit unmittelbar. Und wie es halt immer so passiert, wenn ein politisches Projekt vor dem Offenbarungseid steht (in diesem Fall der Euro, der einen Zahlungsausfall der Hälfte seiner Mitglieder auf Euro-denominierte Anleihen wohl nicht überlebt hätte), ging die Herrschaft des Rechts über Bord, und zwar radikal. Das passierte in zwei Wellen, und es war die zweite Welle, die ein neues Ungleichgewicht aufgestaut hat, das das direkte Resultat der unterdrückten Volatilität ist. Aber dieses Mal war es größer und lebensbedrohlicher für die wirtschaftliche Existenz Europas und sogar für seine politische Stabilität. Die folgende Grafik illustriert, wie die Märkte das falsche Vertrauen in den Maastricht-Vertrag als Mythos entzauberten:

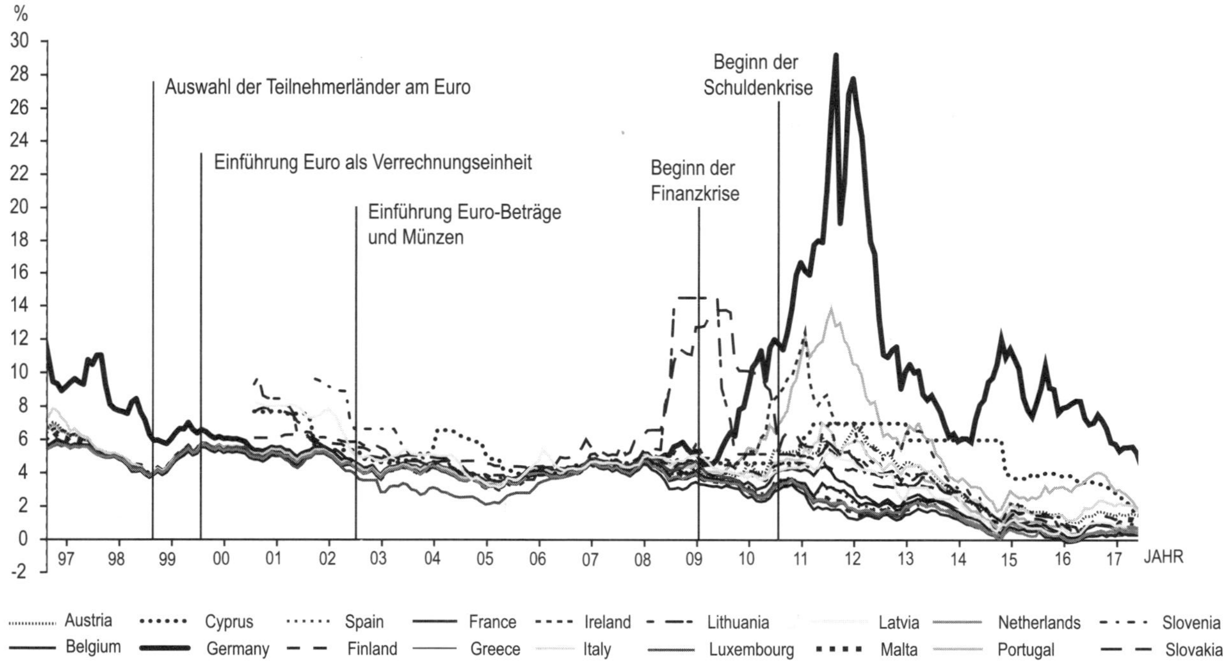

Meilensteine der Krise und ihr Niederschlag in den Zinsdifferenzen der Eurozone. Quelle: Europäische Zentralbank

Die erste Welle des Abschieds von der Herrschaft des Rechts war der Bruch des Rettungsverbots des Maastrichter Vertrags. Die Mitgliedstaaten der Eurozone installierten einen Fonds, zunächst als provisorisches Vehikel. Die deutsche Bundesregierung unter Kanzlerin Merkel schwor dem Volk und dem Parlament, dass dies unter keinen Umständen eine dauerhafte Institution werden würde. Finanzminister Schäuble verbürgte sich persönlich dafür. Kurz danach schuf man dann genau diese dauerhafte Institution unter dem Namen Europäischer Stabilitätsmechanismus ESM. Cash und Garantien der Mitgliedstaaten ermöglichen es diesem Fonds, wie der Internationale Währungsfonds zu agieren und seinen Mitgliedern im Fall einer drohenden Staatspleite zu helfen. Deutschland allein haftet dabei mit bis zu 190 Milliarden Euro.

Angesichts seiner limitierten Größe und Feuerkraft kann dieser Fonds aber dennoch nur kleine und mittelgroße Länder wie Griechenland, Portugal, Zypern und Irland retten. Würde Italien an seine Pforten klopfen, wären seine Reserven innerhalb von Tagen erschöpft. Der Grund dafür ist ganz einfach: Deutschland (als Hauptgarantiegeber) ist groß, aber sicher nicht groß genug, um Italien zu retten und seine Schulden zu übernehmen, ohne selbst insolvent zu werden. Die Rettungseuphorie hat ihre natürlichen Grenzen.

Es gab noch einen weiteren Teilnehmer an diesem Spiel, der dem festen Glauben an die eigene unbegrenzte finanzielle Feuerkraft verfallen war: die Europäische Zentralbank, angeführt von Mario Draghi, der einem Rat vorsteht, in dem jedes Land, groß oder klein, genau eine Stimme hat. Der Rat beansprucht für sich vollständige Unabhängigkeit von politischer Einmischung und folgt damit der Konstruktion der sehr erfolgreichen Bundesbank, die eine 40-jährige Geschichte guten Geldes vorzuweisen hatte. Das war zum Teil das Ergebnis ihrer Unabhängigkeit, aber mehr noch war es die Folge einer Stabilitätskultur, eines Satzes von Werten, denen die Mitglieder des Bundesbankrates mit quasi religiöser Begeisterung anhingen und die eine große Glaubwürdigkeit schufen. Dieses Vertrauenskonto wurde über viele Jahre antiinflationärer Politik und politischer Unabhängigkeit angespart.

Der EZB-Rat, obwohl mit dem Anspruch ausgestattet, in dieser Tradition zu handeln, ist in Wahrheit weder unabhängig noch hat er eine Stabilitätskultur. Er ist ganz im Gegenteil der Spielplatz nationaler Eigenoptimierung. Allein schon der Umstand, dass jedes Land einen Vertreter in diesem Rat hat, macht eines deutlich: Diese Männer und Frauen sind keine Versammlung »alter weiser Männer«, sie sind die Repräsentanten ihrer Heimatländer und damit auch ihrer nationalen Interessen. Die Konstruktion des Rates deckt den Anspruch auf Unabhängigkeit im besten Fall als Fiktion auf, im schlimmsten Fall als schlichte Lüge. Auf Grundlage dieses eingebauten Governance-Versagens können die Handlungsweisen des EZB-Rats analysiert, verstanden und prognostiziert werden.

In Wahrheit wurde die EZB und ihre Fähigkeit, Geld zu drucken, von einer Stimmenmehrheit im Rat gekidnappt. Diese Stimmenmehrheit steht aber nur für eine Minderheit der Kapitalanteile und der Haftungsmasse der teilnehmenden Länder. Diese Fraktion hat wissentlich und willentlich die EZB umgebaut in ein Vehikel zum Transfer von Geld und Wohlstand von Nordeuropa nach Südeuropa. Gleichzeitig wurden Risiken vom Süden nach Norden übertragen, der nach dem Zusammenbruch dieses Pyramidenschemas mit einer unbezahlbaren Rechnung sitzen gelassen werden wird.

Da die Märkte sehr wohl verstanden hatten, dass der ESM in keiner Weise ausreichend sein würde, ein Land wie Italien oder gar Frankreich zu retten, testeten sie in den Jahren 2011/2012 die Stabilität der Eurozone aufs Neue. Das führte dann zu Mario Draghis berühmtem Spruch, die EZB werde tun »was immer nötig sei«, um den Euro zu retten.

Diese Politik wurde auch umgesetzt, aber natürlich nicht offiziell unter der Flagge der Eurorettung, weil Mario Draghi genau weiß, dass die Rettung des Euro gar nicht das Mandat der EZB ist. Stattdessen hat man die Maßnahmen, die dann folgten, als solche verkleidet, die dem Ziel dienten, »stabiles Geld bereitzustellen«. Stabilität wurde dabei willkürlich definiert als »Inflationsrate nah, aber unter 2 Prozent«.

Als die Inflationsrate, gemessen an der Kerninflation, im Jahre 2014 stabile 1 Prozent betrug, wartete der EZB-Rat auf eine Gelegenheit zur massiven Intervention in den Anleihemärkten mit der Absicht, die »Marktsätze« für die überschuldeten Euroländer ebenso massiv zu reduzieren. Diese Gelegenheit bot sich in Form einer kurzzeitigen Fluktuation des Konsumentenpreisindex, dessen jährliche Veränderungsrate als Ergebnis fallender Rohölpreise für wenige Wochen die Nulllinie unterschritt. Damit signalisierte er fallende Preise.

Kein Wirtschaftswissenschaftler, der im Vollbesitz seiner Sinne ist, würde dieses Signal als klare und eindeutige Gefahr einer deflationären Abwärtsspirale interpretieren. Unter Missachtung der positiven und stabilen Kerninflationsrate wurde ein Vorgang, der nur wenige Wochen dauerte und dessen Ausschlag dem Messfehler der für seine Ermittlung angewendeten statistischen Methoden entsprach, zum Anlass genommen, durch großflächigen Ankauf von Anleihen am Markt das größte Programm ultralockerer Geldpolitik in der Geschichte der Menschheit loszutreten.

Angeführt von Mario Draghi und assistiert vom keynesianisch orientierten Chefvolkswirt der EZB, Peter Praet, kaufte die Zentralbank über 2,2 Billionen, also 2200 Milliarden Euro Staatsschulden, Unternehmensanleihen und verbriefte Schulden auf. Das blähte die EZB-Bilanz mit Vermögenswerten zweifelhafter Qualität auf das mehr als doppelte Volumen auf. Im Vergleich zum Volumen vor der Krise (2006) bedeutete das sogar eine Vervierfachung.

Die EZB gab sich nicht mal Mühe, ihr Hauptmotiv zu verschleiern, nämlich Zeit zu kaufen für die Politik, damit diese irgendwie ihre Haushalte in Italien und den anderen südlichen Ländern in Ordnung bringt. Abgesehen davon, dass Zeit kaufen für Politiker nirgendwo im Mandat der EZB zu finden ist, zeigt dies ein komplettes Missverständnis über die Natur und Rolle der Wirtschaftswissenschaften in dieser Institution.

Die Wirtschaftswissenschaft wird als Wissenschaft der Töpfe, nicht der Anreize betrachtet. In Wahrheit ist es aber genau umgekehrt. Eine der wichtigsten Erkenntnisse der Ökonomie ist: Man bekommt das, wofür man bezahlt hat! Wenn man den Leuten Anreize gibt, Schulden aufzutürmen, indem man die Schulden billiger macht, dann werden sie genau das tun. Und Europa hat diesen Anreiz bekommen. Nach einigen Jahren des wilden Zusammenkaufens der Staatsanleihen ist der Schuldenstand der südlichen Länder signifikant höher, und zwar sowohl in absoluten Zahlen als auch relativ zum Bruttosozialprodukt.

Die Zinsstrukturkurve wurde buchstäblich entlang der Nulllinie festgenagelt und zwar über das gesamte Laufzeitband. Es zeigte sich folgendes Bild: Für Tagesgeld ist der Zins mit -0,4 Prozent negativ. Dann führt er die Nulllinie entlang über das komplette Laufzeitband und erreicht ein paar Basispunkte für zehnjährige Bundesanleihen.[5]

Diese künstlich gedrückte Zinsstrukturkurve hat natürlich mit der wirtschaftlichen Realität nichts mehr zu tun. Gleichzeitig hat sie profunde Konsequenzen für das Kredit-Ökosystem, das wir als kommerzielles Bankensystem bezeichnen. Wie wir sehen werden, sind Geldsystem und Bankensystem siamesische Zwillinge. Es ergeben sich gravierende Folgen für die zwei Hauptsäulen der Bankenstabilität, nämliche ihre Profitabilität und ihre Risikostruktur bzw. Bilanzqualität. Indem wir die Wirkung der bei null flachgedrückten Zinskurve auf diese beiden Säulen analysieren, können wir Schlüsse ziehen, wie sie wirken und ab welchem Zeitpunkt die beiden Effekte anfangen, sich gegenseitig zu beeinflussen. Sie werden dann Ereignisse in kurzer Abfolge auslösen, die zu einem totalen Kontrollverlust der Geld- wie auch der Fiskalpolitik führen werden.

Was sind nun diese beiden Effekte der Nullzinspolitik?

- Die erste Auswirkung betrifft die Erträge, die durch die künstlich verflachte Zinsstrukturkurve erodiert werden.
- Die zweite Auswirkung ist eine Ansammlung von Risiken in den Kreditportfolien der Banken, deren Qualität sich dadurch massiv verschlechtert. Sie wird durch die künstliche Absenkung der Unternehmenspleiten verursacht.

Betrachten wir zuerst Wirkung Nummer 1, die Erträge. Die Erträge der kommerziellen Banken werden durch Form und Höhe der Zinsstrukturkurve wesentlich bestimmt. Um das zu verstehen, müssen wir uns das Geschäftsmodell einer kommerziellen Bank ansehen. Es besteht im Prinzip aus zwei Aktivitäten: Spareinlagen hereinnehmen und Kredite ausreichen. Indem Banken das tun, erbringen sie mehrere kritische makroökonomische Transformationsleistungen:

1. Kurzfristige Einlagen werden in mittel- und langfristige Kredite umgewandelt. Das nennt man Fristentransformation.
2. Für Investitionen verfügbare Spargelder werden in Verwendungen gesteuert, die einem vorab definierten Niveau von Risikoappetit und Risikoaversion entsprechen (Risikotransformation).
3. Die Informationslücke zwischen Sparern und Investoren wird überbrückt (Informationstransformation).

Gleichzeitig führt der Prozess der Hereinnahme von Spareinlagen und des Herausreichens von Krediten zur Schaffung von neuem Geld, dem sogenannten Giralgeld oder Bankengeld. Es unterscheidet sich vom Zentralbankgeld. Diese Giralgeldschöpfung ist für unser Geldsystem von absolut kritischer Bedeutung, weil sie eine viel höhere Wirkung auf die Geldversorgung bzw. die Geldmenge hat als die Zentralbank, wenn sie Geld »druckt«. Nur 10 Prozent der gesamten Geldmenge ist Zentralbankgeld, wohingegen 90 Prozent der iterativ im System zirkulierenden Mittel Giralgeld sind, das von den Banken kreiert wird.

Was bedeutet Giralgeldschöpfung?[6] Es bedeutet, dass jeder Kredit, den eine Bank ausreicht, die Geldmenge um die Kreditsumme erhöht. Am Anfang stellt die Zentralbank das Zentralbankgeld als Startpunkt zur Verfügung. Es wird in einem Kreislauf von Einlagen, Kredit, Wiedereinlagen und erneuter Kreditvergabe theoretisch unbegrenzt oft recycelt.

Stellen Sie sich als Ausgangspunkt vor, Kunde A hat ein Bankkonto, auf dem sich 1 Million Euro befinden. Die Bank hat, weil der Kunde das eingezahlt hat, 1 Million Euro in bar im Tresor liegen. Auf

Ihrer Bilanz finden wir das Vermögen, das im Tresor liegt, und die Verbindlichkeit von 1 Million gegenüber dem Kunden auf der Passivseite. Damit ist die Bilanz ausgeglichen. Die 1 Million Euro, die Kunde A auf seinem Konto liegen hat, ist zweifelsohne Geld, und zwar weil es alle Funktionen von Geld erfüllt. Man kann es ausgeben, es ist leicht transferierbar, es ist teilbar, es erfüllt eine Wertaufbewahrungsfunktion (wenn wir zum Zweck dieser Erklärung von der Inflation abstrahieren, die aber das Zentralbankgeld in gleicher Weise betrifft). Kurzum: Der Kunde kann mit diesem Konto das Gleiche tun, als wenn er das Geld zuhause oder in einem Tresor lagern würde. Es ist also ohne Zweifel Geld.

Jetzt verleiht die Bank die 1 Million Euro an einen Kunden B. Die Bank überweist das Geld auf ein Konto des Kunden B. Was sehen wir nun? Kunde B schuldet der Bank 1 Million Euro, und er hat gleichzeitig einen Betrag von 1 Million Euro auf seinem Konto. Wir haben jetzt also zwei Kunden, die beide jeweils 1 Million Euro auf ihrem Konto haben. In beiden Fällen handelt es sich um Geld. Der einfache Vorgang von Kreditvergabe und Wiedereinlage hat die Geldmenge in unserem System verdoppelt.

Es handelt sich dabei aber eben nicht um Zentralbankgeld. Die Entstehung von Giralgeld oder Bankengeld ist ein integraler Bestandteil des Bankengeschäftsmodells. Dieser Vorgang kann theoretisch beliebig oft wiederholt werden. Ein Dollar, ein Pfund oder ein Euro Zentralbankgeld kann so eine unbegrenzte Giralgeldmenge schaffen. Es gibt aber eine ganz praktische Grenze, und die liegt in der Fähigkeit der Bank, Kredite zu vergeben, die wiederum durch ihre begrenzte Fähigkeit, Risiken zu tragen, limitiert wird.

In der Geldtheorie unterscheidet man daher bezüglich der Geldmenge auch nach dem Ursprung ihrer Herstellung. Der geniale Bankier John Pierpoint Morgan, Gründer der nach ihm benannten Bank JP Morgan pflegte daher zu sagen: »Gold ist Geld. Alles andere ist Kredit.«[7]

Da die Giralgeldschöpfung das Zentralbankgeld viele Male recycelt, übersteigt die Giralgeldmenge die Zentralbankgeldmenge auch um ein Vielfaches. Sie wird durch die Fähigkeit der Banken, Kredite zu vergeben, begrenzt. Die Verbindung dieser Begrenzung zur Risikotragfähigkeit führt uns direkt zum Eigenkapital der Banken, weil das Eigenkapital auf der Bilanz die Risikotragfähigkeit bestimmt.

Es ist die Gesamtgeldmenge, bestehend aus Zentralbankgeld und Giralgeld, die sich im Umlauf befindet und die einen wesentlichen Einfluss auf inflationären oder deflationären Druck hat. Dies ergibt sich aus dem Mengenverhältnis von Geld und Gütern. Dieser Zusammenhang ist nicht vollkommen starr,[8] jedoch konnte Milton Friedman ihn theoretisch begründen und empirisch belegen.[9]

Das ist der Grund, warum Bankenkrisen eine schockartige deflationäre Depression auslösen können. Die Verluste aus notleidend werdenden Krediten reduzieren das Eigenkapital, damit die Risikotragfähigkeit und die Fähigkeit, neue Kredite zu vergeben. Dies führt zu einer Verminderung des Angebots an Giralgeld, was wiederum die Gesamtgeldmenge reduziert. Die schrumpfende Geldmenge führt zu fallenden Preisen und Unternehmenserträgen, löst weitere Unternehmenspleiten aus, die wiederum zu Verlusten an Eigenkapital der Kredit gebenden Banken führen. Die in einem Teufelskreislauf schrumpfende Geldmenge bringt die Wirtschaft zum Kollabieren. Das ist das Szenario von 1929.

Die Trennung von Zentralbankgeld und Giralgeld ist der Schlüssel zum Verständnis der sich entfaltenden Dynamik. Wir können derzeit die massive Schaffung von Zentralbankgeld durch die EZB beobachten. Sie wurde bewerkstelligt durch das Anleihenankaufprogramm. Aufgrund einer unausweichlichen Bilanzmechanik muss sie aber am Ende zu einem Zusammenbruch der Giralgeldmenge führen, weil der Vorgang die Fähigkeit der Banken unterminiert, Kredite zu vergeben und so Giralgeld zu schaffen.

Wie genau wird nun die Ertragskraft der Banken ausgehöhlt? 80 Prozent der Erträge der Banken stammen aus den drei Komponenten der Zinsmargen: die Sparmarge, die Transformationsmarge und die Kreditmarge.

NORMALE ZINSKURVE

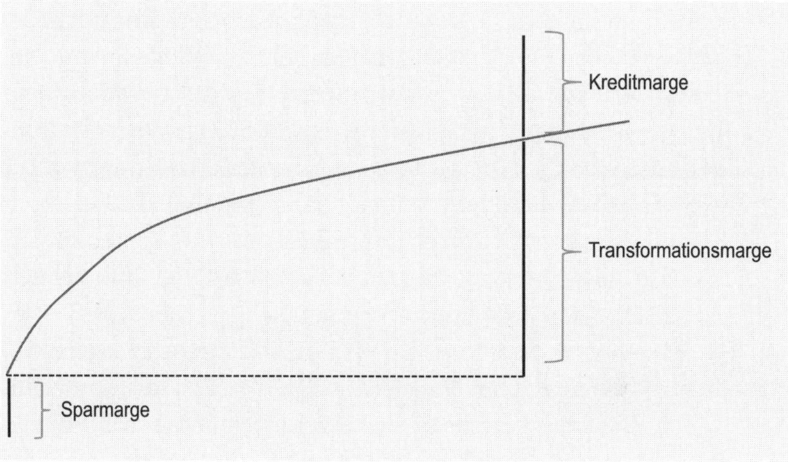

Die Wirkung der Zinskurve auf die Ertragsmarge der Banken. Quelle: Markus Krall: »Gefangen zwischen Aufsicht und Geldpolitik«. In: *Die Bank*, März 2015

Woher kommen die drei unterschiedlichen Margen?

1. Die *Sparmarge* ergibt sich aus der Differenz zwischen dem Tagesgeldsatz, den die Bank durch Anlage mit einer Laufzeit von einem Tag am Kapitalmarkt erzielen kann und dem Sparzins, den sie dem Sparer für seine Einlage bezahlt. Zahlt die Bank zum Beispiel dem Sparer 1 Prozent Zins auf sein Sparkonto, erhält aber 2 Prozent am Tagesgeldmarkt, erzielt sie einen Gewinn von 2 Prozent minus 1 Prozent, also 1 Prozent.
2. Die *Fristentransformationsmarge* resultiert daraus, dass die Bank langfristige Kredite mit kurzfristigen Verbindlichkeiten in Form von Spareinlagen finanziert. Ist der 10-Jahreszins zum Beispiel 5 Prozent, und wir finanzieren ihn mit kurzfristigem Tagesgeld zu 2 Prozent (der oben in 1. verwendete Tagesgeldsatz), dann verdienen wir daran 5 Prozent minus 2 Prozent, also 3 Prozent Zinsmargengewinn pro Jahr. Es ist offensichtlich, dass die Ausnutzung dieser Differenz mit einem Zinsänderungsrisiko

verbunden ist. Wenn aus irgendeinem Grund (Inflation, Inflationserwartungen, Zentralbankmaßnahmen, schrumpfendes Sparangebot etc.) die kurzfristigen Zinsen steigen, wird die Transformationsmarge erst schrumpfen und dann schließlich negativ werden, wenn der kurzfristige Zins die 5 Prozent unseres Beispiels übersteigt. Dieses Risiko misst man mit Marktrisikomodellen, die versuchen, die Wahrscheinlichkeit eines solchen Szenarios zu erfassen, zu messen und die Kosten für die Bank auszurechnen, falls das passiert. Bei einer hinreichend steilen Zinskurve ist dieses Risiko aber viel kleiner als bei einer flachen Kurve, weil in diesem ersten Fall der größte Teil des Risikos durch Erträge abgedeckt wird, die Zinsen also absolut viel mehr steigen müssten, bevor Verluste einsetzen. Die Bank braucht dann sehr viel weniger Kapital, um sich gegen solche ungünstigen Szenarien zu versichern.

3. Die *Kreditmarge* ist der Preis, den die Bank zusätzlich zum Marktzinssatz bei der Kreditvergabe erhält. Sie dient dazu, die Verwaltungskosten der Kreditvergabe, die Risikokosten (erwartete Verluste und die Kosten des als Puffer gegen unerwartete Verluste dienenden Eigenkapitals) und – falls die Marktbedingungen das erlauben – für die Strukturierung des Kredits einen zusätzlichen Profit zu erzielen. Je nachdem, in welchem Kundensegment der Kredit vergeben wird (z. B. Konsumentenkredite, Unternehmens-Investitionskredite, Betriebsmittelkredite, Baufinanzierungen) und abhängig von der Besicherung kann diese Marge von einigen Basispunkten bis zu einigen Prozentpunkten hoch sein.[10]

Was passiert, wenn wir eine kommerzielle Bank oder Sparkasse in eine Umwelt verpflanzen, in der die Zinsen null oder sogar negativ sind und die Kurve über das gesamte Laufzeitenband flach entlang der Nulllinie verläuft? Das können wir an der folgenden Abbildung leicht erkennen.

KÜNSTLICH VERFLACHTE ZINSKURVE

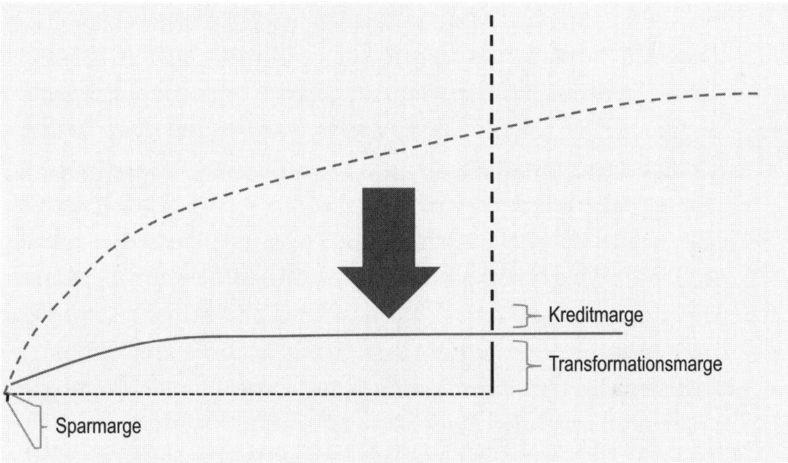

Zinsmargen in einem Nullzinsumfeld mit flacher Strukturkurve.
Quelle: Markus Krall: »Die Banken in der Falle zwischen Geldpolitik und Aufsicht«.
In: *Die Bank*, März 2015

Wir können leicht erkennen, dass alle drei Margen signifikant reduziert werden. Das passiert entweder als direktes Ergebnis der Form der Zinskurve oder durch ökonomische Sekundäreffekte. Lassen Sie uns die drei Margenkomponenten nacheinander betrachten:

1. *Die Zinsmarge* wird negativ vor Kosten, weil die Zentralbank eine negative Einlagenrate für Banken eingeführt hat, die ihre Liquidität auf Zentralbankkonten halten. Banken können diesen Strafzins nicht vermeiden, weil sie durch regulatorische Vorgaben gezwungen sind, Liquidität entweder in Form von Bargeld oder Einlagen bei der Zentralbank vorzuhalten. Die Bargeldhaltung ist aber mit hohen Kosten für Tresore, Transport, Lagerung und Handling verbunden. Alternativ können die Banken Staatsanleihen als Liquiditätssurrogat halten. Das sind sie natürlich nur im juristischen Sinne, denn in der wirtschaftlichen Realität der Kapitalmärkte tragen sie nicht nur ein erhebliches Kreditaus-

fallrisiko, sondern tendieren dazu, illiquide, also unverkäuflich zu werden, wenn extremer Stress eintritt. Das konnten wir im Zuge der Eurokrise und der Finanzkrise mehrfach beobachten.

2. *Die Transformationsmarge* sinkt auf fast null, weil die Zinsdifferenz zwischen kurzem und langem Ende kaum mehr existent ist. Aber auch diese theoretisch noch mögliche Marge von wenigen Basispunkten ist nach Risikokosten negativ, weil die Verlustwahrscheinlichkeit schon bei kleinsten Zinsschwankungen so hoch ist, dass die Banken sie im Zweifel nicht finanzieren können. Sie können diese Marge also nicht nutzen, ohne erhebliche Mengen an knappem Kapital als Sicherheitspuffer bereitzustellen. Das bedeutet: Auch diese Marge ist null oder negativ unter Berücksichtigung der Kapitalkosten.
3. *Die Kreditmarge* sieht zunächst so aus, als wäre sie nicht betroffen, aber das ist ein Trugschluss. Da die Banken angesichts ihrer rigiden Kostenstrukturen die verlorenen Margen im Spargeschäft und bei der Fristentransformation auszugleichen versuchen, drängen sie verstärkt ins Kreditgeschäft und werben aggressiv um Kunden. Dort trifft das gestiegene Angebot auf eine rigide Nachfrage und auf eine segmentierte Realität: Die Nachfrage nach Krediten verhält sich umgekehrt proportional zur Kreditwürdigkeit. Oder: Je schlechter die Kreditwürdigkeit, desto mehr Kredite fragt der Kunde nach. Gute Kreditkunden mit niedrigem Risiko vermindern sogar ihre Kreditnachfrage, weil sie die Einsparungen aufgrund niedriger Zinsen in ihre Eigenkapitaldecke kanalisieren. Schlechte Kreditkunden mit hohem Ausfallrisiko hingegen überleben überhaupt nur als Ergebnis der Nullzinspolitik, die ihnen die Geldpolitik zum Geschenk macht. Sie können ihre sich verschlechternde Performance hinter künstlich verzerrten Finanzkennzahlen, wie sie in internen Bankratings zur Kreditrisikomessung verwendet werden und billiger Liquidität verstecken.
4. Im Aggregat sinken die Kreditmargen. Die Banken finden falschen Trost in der fehlgeleiteten Überzeugung, dass sie immer

noch auskömmliche risikoadjustierte Margen bekommen. Die fallende Zahl der Unternehmenspleiten, die aus der indirekten Subvention des Nullzinses für schlechte Unternehmen resultiert, spiegelt ihnen ein niedrigeres Kreditrisiko vor. So fallen die Erträge und gleichzeitig schleichen sich schlechte Risiken ins Kreditportfolio der Banken.

Den Verlust ihrer Ertragsbasis, den die Kreditwirtschaft in den letzten zehn Jahren erlitten hat, konnte sie durch drei Buchhaltungsfaktoren – man könnte sie Tricks nennen – in ihren Gewinn- und Verlustrechnungen verbergen. Diese Tricks konsumierten aber Ertragsreserven oder wiesen Erträge fälschlicherweise als operativ aus, obwohl sie außerordentlicher Natur waren.

Was waren das für Reserven, die man ausgeschöpft hat, um den Moment der Wahrheit nach hinten zu verschieben, und durch deren Erschöpfung dieses Phänomen nun sichtbar wird?

1. Das erste Element sind Erträge aus *Zinspositionsnahme*, also ein Spekulationsgewinn. Wenn man einen zehnjährigen Kredit mit Tagesgeld oder Spareinlagen refinanziert, dann führt ein Sinken des kurzfristigen Zinses zu einem Anstieg der Gesamtmarge über die Fristentransformation, ebenso wie ein Anstieg diesen mindern würde, wie wir in der oben dargelegten Erläuterung des Zinsänderungsrisikos gesehen haben. Genau das passierte auch. Lang laufende Kredite wurden vor Jahren mit Spareinlagen finanziert. Während die kurzfristigen Zinsen von 2 Prozent auf 1 Prozent und dann auf 0 Prozent sanken, stieg die implizite Fristentransformation dieser Kredite entsprechend an. Diese Art *Windfallprofit* bringt jedoch zwei Probleme mit sich: Man kann sie nur einmal vereinnahmen, und sie erhöhen das Zinsänderungsrisiko des Portfolios, führen also zu massiven Verlusten, wenn die Zinsen einmal wieder ansteigen. Wären sie korrekt verbucht worden, hätte man sie jedenfalls nicht in den operativen Margen gesehen, sondern beim Spe-

kulationsgewinn. In jedem Fall verzerren sie die Cost-Income-Ratio.

2. Die zweite Ertragsreserve, die die Banken über lange Zeit ausschöpften, ist mit der *Laufzeitenstruktur* ihres Kreditportfolios verbunden. Die durchschnittliche Laufzeitenstruktur eines kommerziellen Kreditbuchs beträgt 7 bis 8 Jahre, viele Kredite laufen 10 oder sogar 15 Jahre mit fester Zinsbindung. Ein Kredit, einmal bei seiner Vergabe eingebucht, erzeugt stabile Margen über seine gesamte Laufzeit bzw. Zinsbindungsdauer. Jedes Jahr führten fallende Margen daher nur im Neugeschäft dazu, dass eine Zeitscheibe des Kreditbuchs mit Krediten zu niedrigerer Marge ersetzt wurde. Es dauert daher Jahre, bis sich die schlechten Margen durch das ganze Buch gefressen haben und es in vollem Umfang in der Gewinn- und Verlustrechnung sichtbar wird. Allerdings dauert auch der Weg zurück viele Jahre, wenn und falls sich die Margensituation im Neugeschäft irgendwann verbessert. Die Bank schleppt das Niedrigmargen-Geschäft teilweise über 10 Jahre mit sich herum.
3. Drittens haben die Banken in großem Stil *Rückstellungen* für Drohverluste aus Kreditrisiken aufgelöst. Nach Angaben der Bundesbank passierte dies in Deutschland in der Größenordnung von 1 Prozent der Bilanzsumme der Banken.[11] Das entspricht, je nach Risikostruktur des internen Ratings, 3 Prozent bis 5 Prozent der risikogewichteten Aktiva. Wenn eine Bank ihre Kapitalquote auf die risikogewichteten Aktiva daher in Umsetzung der neuen aufsichtlichen Kapitalanforderungen von 8 Prozent auf 12 Prozent erhöht hat, dann dürfen wir annehmen, dass sie das in der Regel komplett aus aufgelösten Rückstellungen finanziert hat. Sie hat also nur einen Puffer in einen anderen umgebucht mit dem Erfolg, dass Verluste künftig direkt ins Eigenkapital schneiden. Das ist ein Paradebeispiel dafür, wie unsere allwissende Bankaufsicht die Illusion der Stabilität nährt, indem sie behauptet, unser Banksystem sei heute viel besser kapitalisiert als vor der Krise. Das ist selbst kapitaltechnisch eine Fata Morgana.

Jetzt stehen wir vor der Situation, dass alle drei Ertragsreservetöpfe aufgebraucht sind und die weitere Reduzierung der Margen nicht weiter verborgen werden kann. Die ausgewiesenen Erträge werden ab jetzt etwa mit 10 Prozent pro Jahr fallen. Die Zahlen unten zeigen, dass diese Tatsache seit einigen Monaten mit voller Wucht in die Erfolgsrechnung der Institute durchschlägt.

Dass wir die Abrisskante der geleerten Töpfe gerade erreicht haben, ergibt sich auch aus dem Bericht der Bundesbank zur Ertragslage der Banken, der gerade jetzt, während ich diese Zeilen schreibe, veröffentlicht worden ist. Von Anfang 2016 bis Ende 2017 sind demnach die Erträge der Banken in Deutschland allein um 10 Milliarden Euro auf 85 Milliarden Euro gefallen. Das war nach Auskunft des Reports zur Gänze auf den Zinsmargenverfall zurückzuführen.

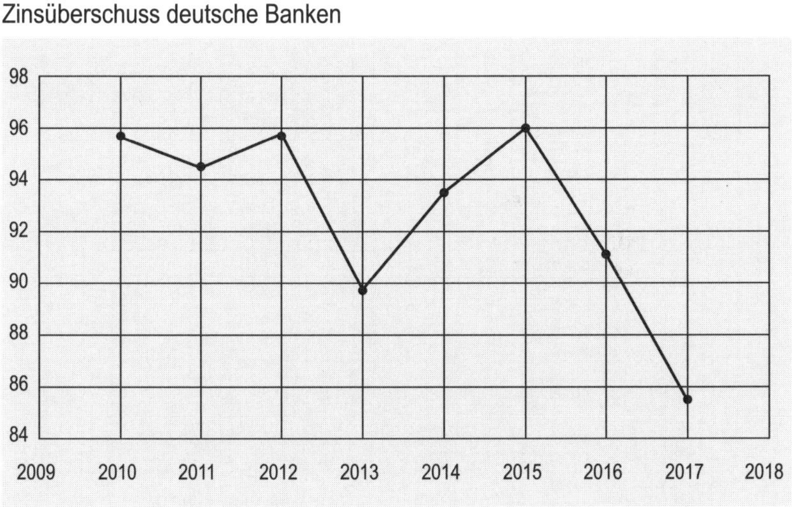

Entwicklung der aggregierten Zinsmargen im deutschen Bankensystem (Mrd. Euro). Quelle: Deutsche Bundesbank

In den nächsten Jahren werden wir beobachten können, wie die Cost-Income-Ratio, also das Verhältnis von Kosten zu Erträgen im europäischen Bankensystem steil ansteigt. Betrachten wir uns die

Verteilung am Beispiel des deutschen Bankensystems, können wir bereits eine Tafel mit Perzentilen ableiten, die uns prognostiziert, wann wie viele Banken die Cost-Income-Ratio von 100 Prozent überschritten haben werden und damit operativ in der Verlustzone sind, also ihr Eigenkapitel verbrauchen.

Während ich diese Zeilen schreibe, strömen weitere Daten des Ertragsverfalls im Firmenkundengeschäft der deutschen Banken herein.[12] Man kann nun nicht mehr sagen, es sei nur eine Theorie. Es ist derzeit eine Entwicklung zu beobachten nach dem Drehbuch des Draghi-Crashs vom Juni 2017.[13]

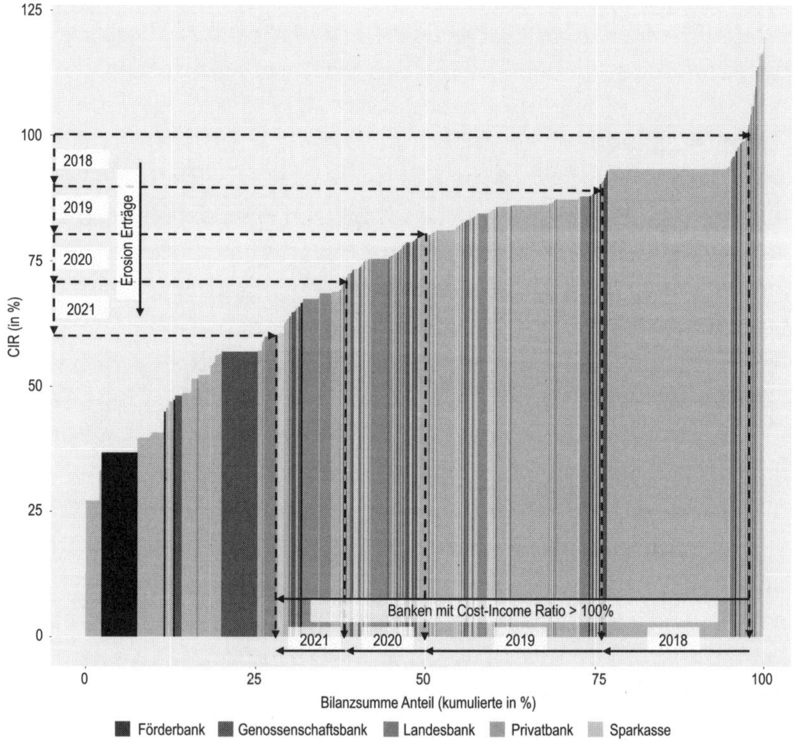

»Rotverschiebung«: Wann welche Banken sich in die operative Verlustzone begeben. Quelle: Bilanzzahlen 2016 – 2017, Orbis Bank Datenbank, Projektion eigene Berechnungen mit Annahme Ertragserosion 10 Prozent pro Jahr

Die Akkumulation dieser Verluste wird die Eigenkapitalbasis des gesamten Systems mit sich beschleunigender Rate erodieren, wenn mehr und mehr Banken in die Verlustzone geraten und die, die sich bereits darin befinden, tiefer in die roten Zahlen rutschen. Die damit folgende Erosion der Kapitalbasis wird dann die Fähigkeit der Banken zur Neuvergabe von Krediten unterminieren, weil jeder neue Kredit zusätzliche Risikotragfähigkeit in Form von Kapital erfordert. So wie die Fähigkeit zur Kreditvergabe heruntergedrückt wird, so sinkt auch die Schöpfung von Giralgeld, die dann schließlich zur Schrumpfung von Giralgeld umkippt.

Das führt im ersten Schritt zu einer Stagnation der Gesamtgeldmenge und kurze Zeit später zu ihrer aktiven Kontraktion. Die Knappheit des Kreditangebots in Verbindung mit der schrumpfenden Geldmenge und dem daraus entstehenden Preisdruck auf Assets bildet die Grundlage für den perfekten Sturm eines depressiven Deflationsszenarios.

Lassen Sie uns jetzt einen näheren Blick auf die Verschlechterung des Kreditportfolios werfen. Die Ertragserosion und ihre Wirkung auf die Gewinn- und Verlustrechnung der Banken ist nicht der einzige Effekt der bei null flachgedrückten Zinskurve. Eine weitere Folge betrifft die Qualität des Kreditbuchs und damit die Qualität der Bilanz der Bank. Dieser Effekt wird ausgelöst durch die Reduktion der Unternehmenspleiten, die eine Folge der versteckten Subventionen in Form von Zinsersparnissen für eigentlich ineffiziente und unproduktive Unternehmen ist. Zinszahlungen müssen diese Unternehmen praktisch nicht mehr leisten.

Im Grunde ist das ein Lehrbuchbeispiel für unterdrückte Volatilität. Die verborgene Subvention des Nullzinses hält diese Unternehmen am Leben, die unter normalen Umständen von den Marktkräften aussortiert worden wären. Mit anderen Worten: Sie wären der kreativen Zerstörung zum Opfer gefallen.

Die empirische Erfahrung hat gezeigt, dass unter nicht verzerrten Marktbedingungen in entwickelten Volkswirtschaften im langjährigen Durchschnitt 1,5 Prozent bis 2 Prozent der Unternehmen pro Jahr pleitegehen. Ihr Ende ist die notwendige Voraussetzung für langfristige wirtschaftliche Gesundheit und Wachstum, weil nur Produktivitätsfortschritt das langfristige Wachstum durch Anhebung des Gleichgewichtspfads sicherstellt. Nachfrageschwankungen können kein Wachstum über das Vollbeschäftigungs- bzw. Vollauslastungsniveau der Volkswirtschaft hinaus erzeugen. Technischer Fortschritt, Innovation und Verbesserung der Arbeitsteilung und Produktionsorganisation sind dafür vonnöten.

Damit diese Mechanismen aber funktionieren können, müssen ineffiziente und unproduktive Unternehmen von den Marktkräften aussortiert werden, sodass die in ihnen in Form von Kapital, Humankapital und Arbeitskraft gebundenen Ressourcen und Produktionsmittel freigesetzt und für eine Reallokation in effizientere Unternehmen verfügbar gemacht werden. Das passiert ganz von alleine, weil ihre mangelnde Produktivität sich in höhere Preise, schlechtere Qualität und damit Unfähigkeit im Wettbewerb zu bestehen, übersetzt. Ihr Kapitalertrag sinkt unter ihre Kapitalkosten, ihre Fähigkeit, Zins und Tilgung auf ihre Schulden zu leisten, erodiert. An einem bestimmten Punkt kommen sie mit ihren Schuldverpflichtungen in Verzug, was dann zum Konkurs führt. Angestellte und Eigentümer suchen sich dann neue Jobs. Die finden sie in der Regel bei Unternehmen, die produktiver arbeiten. Die Produktionsmittel werden verkauft und finden bessere Verwendung aus dem gleichen Grund.[14]

Was passiert stattdessen, wenn Unternehmen durch einen versteckten Zufluss von Geld subventioniert werden und dies in Form von Nullzinsen geschieht? Diese Nullzinsen sind nicht null, weil das Kapitalmarktgleichgewicht Investitionsnachfrage nach Kapital und Sparangebot ausbalanciert hätte. Sie sind das Ergebnis massiven Gelddruckens und der Intervention der Zentralbank. Damit stellen sie eine direkte Subvention dar. Diese Subvention verschiebt den Punkt der Pleite künstlich weit nach hinten, viel weiter, als es ohne die Intervention der Zentralbank geschehen wäre.

Das zu erwartende Ergebnis ist eine Reduktion der Pleitenrate über die Zeit. Unternehmen, die normalerweise aus dem Markt entfernt worden wären, setzen ihre unproduktive, ineffiziente, nutzlose und Ressourcen vergeudende Existenz fort. Im Lauf der Zeit sammeln sich mehr und mehr Unternehmen im Wirtschaftsleben an, deren Produktivität nicht ausreicht, um ihre Kapitalkosten zu echten Marktsätzen zu decken. Seit der Einführung der lockeren und ultralockeren Geldpolitik der EZB zu Beginn der Finanzkrise 2007/2008 gehen fallende Zinsen und fallende Konkursraten Hand in Hand, wie die folgenden beiden Datenreihen zeigen.

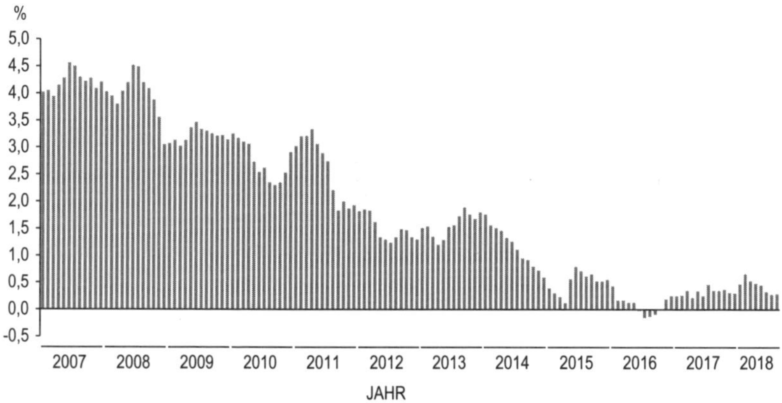

Zinssätze für zehnjährige deutsche Staatsanleihen. Quelle: Europäische Zentralbank

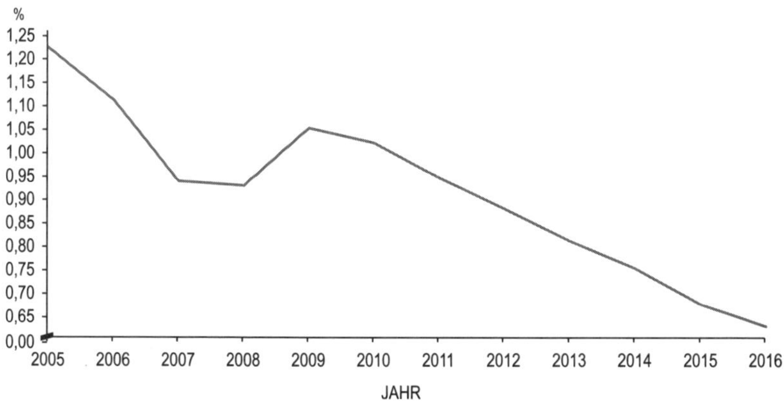

Ausfallraten von Unternehmen in Deutschland 2005 – 2016.
Quelle: Statistisches Bundesamt

Die akkumulierte Differenz zwischen dem langfristigen Durchschnitt von 1,5 Prozent – 2 Prozent und der tatsächlichen Ausfallrate von zuletzt nur noch einem halben Prozent repräsentiert eine wachsende Zahl von »lebenden Toten«. Unternehmen, deren Pleite nur aufgeschoben, aber nicht aufgehoben ist. Basierend auf den Zahlen der letzten 10 Jahre müssen wir schlussfolgern, dass mittlerweile mindestens 9 Prozent bis 12 Prozent aller Unternehmen in Europa als Zombieunternehmen in diesem Sinne betrachtet werden müssen. Wird ihnen die verdeckte Subvention irgendwann entzogen oder trifft ein anderer Schock die Wirtschaft, dann werden diese fragilen Gebilde umfallen wie die Dominosteine. Innerhalb kurzer Frist werden die aufgesparten Pleiten einer ganzen Dekade nachgeholt und treffen die Wirtschaft und die Kreditbücher der Banken mit voller Wucht.

Was wird die Wirkung auf die Banken sein? Es ist klar, dass die Kreditwirtschaft auf diesen Schock in keiner Weise vorbereitet ist. Reserven für die Drohverluste wurden im Lauf der Zeit verkonsumiert, weil die fallenden Ausfallraten die Banken dazu verleitet haben, sie zugunsten einer kurzfristigen Stabilisierung der Gewinn- und Verlustrechnungen aufzulösen. Die daraus resultierenden Buchgewinne sind nur heiße Luft. Die risikoadjustierte Preissetzung bei Krediten wurde ebenfalls nach unten getrieben, weil man die niedrigeren Ausfälle für das »neue Normal« gehalten hat und noch hält. Die internen Ratingverfahren wurden entsprechend neu justiert. Ihre sogenannte Zentraltendenz, die die durchschnittliche Ausfallrate über das gesamte intern mit Ratings versehene Portfolio wiedergeben soll, wurde auch nach unten angepasst. Das wiederum führt dazu, dass jedes einzelne Kundenrating über das komplette, intern mit Ausfallwahrscheinlichkeiten bewertete Portfolio ein niedrigeres Risiko anzeigt, als tatsächlich vorhanden ist. Das spiegelt zwar einen künstlichen Trend wider, aber nicht das reale zugrunde liegende Risiko.

Auch die einzelnen Faktoren, die vor 15 bis 20 Jahren in die internen Ratingsysteme eingebaut wurden, unterstellen eine normale Zinswelt. Sie funktionieren in der neuen Umwelt nicht. Die Finanzkennzahlen, die praktisch Teil jedes in Betrieb befindlichen internen Ratings sind, werden durch den Nullzins systematisch verzerrt. Das fängt an mit der Zins-Tilgungsdeckung, die in einer Welt der Nullzinsen inhaltlich überhaupt keinen Sinn mehr ergibt. Es setzt sich fort mit den Liquiditätskennzahlen, die durch billige Linien verfälscht werden. Diese Linien kosten praktisch nichts, solange man sie nicht zieht. Und es geht weiter bis zu den Profitabilitäts- und Cashflow-Kennzahlen, die ausnahmslos durch die nicht mehr abfließenden Zinszahlungen zu optimistisch aussehen. Die eine Kennzahl, die noch vergleichsweise stabil in ihrer Aussagekraft geblieben ist, ist die Eigenkapitalquote. Sie hat sich im Durchschnitt der schlechten Unternehmen abgesenkt, weil Fremdkapital so billig ist.

Damit finden sich im gesamten Kreditportfolio Ratings, die in der Summe viel zu optimistisch sind, um es vorsichtig auszudrücken. Nicht nur die künftig ausfallenden Zombieunternehmen werden ihre Wirkung auf die Bilanz entfalten, indem sie das Eigenkapital und die verbliebenen Rückstellungen für Kreditverluste der Banken verbrennen, sobald die Ausfallrate sich an ihr langjähriges Mittel wieder angleicht, auch das nicht ausfallende Portfolio wird eine substanzielle Verschlechterung seiner Ratings sehen, wobei die durchschnittliche Verschlechterung mindestens eine Verdoppelung, wahrscheinlich eine Vervierfachung der Ausfallraten anzeigen wird. Das wiederum wird eine Erhöhung des für die Erfüllung der aufsichtlichen Mindestkapitalauflagen notwendigen Kapitalpuffer um mindestens 100 Prozent zur Folge haben, und das zu einem Zeitpunkt, wo die Menge des verfügbaren Kapitals zusammenbricht.[15]

Die Frage ist nun: Welches Ereignis wird diese Kaskade verzögerter Unternehmenspleiten auslösen, sodass der Nachholeffekt in relativ kurzer Zeit stattfindet? Hier gibt es wahrscheinlich mehrere Zünder. Der offensichtlichste ist die Entfernung der versteckten Subvention durch den Nullzins. Eine Zinswende auf den Anleihemärkten im Falle eines Rückzugs der Zentralbank von ihrer interventionistischen Politik würde zu schnell steigenden Kosten der Verschuldung führen und wäre für die Zombieunternehmen eine nicht zu bewältigende Herausforderung, weil ihr Cashflow für die Bedienung höherer Zinszahlungen schlicht nicht ausreichend ist. Dazu kommt, dass die zurückgehende Konjunktur auch den Absatz dieser Unternehmen einbrechen lassen würde, was ihren Kollaps dann beschleunigen würde.

Ein anderes Szenario ist wahrscheinlicher: Die Erosion des Eigenkapitals im Bankensystem, die durch Verluste aus dem Abbau der Margenerträge verursacht wird, entfaltet die gleiche Wirkung. Dieser Effekt führt bereits zu erheblichen Verlusten für die europäischen Banken, die durch Ausbeutung von Ertragsreserven und anderen Bilanzierungstricks nicht mehr ausgeglichen werden können. Wenn dieser Effekt seine volle Wirkung entfaltet, wird dies zu einer Kreditverknappung führen, die mit hoher Wahrscheinlichkeit die Zombieunternehmen zuerst treffen wird. Sie werden entweder eine Liquiditätsverknappung erleben oder sie müssen höhere Zinsen auf ihre Schulden zahlen. Beides überleben sie nicht.

Eine dritte mögliche Route, auf der sich die Krise entfalten kann, ist ein Verlust des Vertrauens der Kapitalmärkte, wenn die Investoren erst einmal realisieren, auf welch dünnem Eis sich die gewaltigen Blasen bei Aktien, Immobilien und Kreditmärkten bewegen. Ihr Platzen könnte jederzeit erfolgen. Erste Erschütterungen haben die Märkte auch bereits erreicht, als der Dow Jones im Februar 2018 1600 Punkte an einem einzigen Handelstag einbüßte. Während die Zentralbanken alles in ihrer Macht Stehende tun werden, um eine solche Kernschmelze zu verhindern, indem sie direkt und indirekt intervenieren, ist ihre Fähigkeit, das erfolgreich zu tun, zunehmend limitiert. Das Kartenhaus, das sie in den Kapitalmärkten errichtet haben, wird sich als nicht haltbar erweisen.

Jeder Bewertungsmaßstab, den man in den Kapitalmärkten an Aktien und Anleihen anlegen kann, ist von den künstlich niedrigen Zinsen abhängig.[16] Eine längere Periode niedriger, insbesondere künstlich herabgedrückter Zinssätze ist der klassische Treiber von Bewertungsblasen. Da Bewertungsmodelle, wie zum Beispiel das Dividenden-Diskontmodell für Aktienkurse, den Zins als Opportunitätskostengröße einer Investition als exogenen Faktor brauchen, können sie keinerlei Preissignale mehr interpretieren, sobald sich das Preisniveau von der ökonomischen Wirklichkeit abtrennt.

Obwohl steigende Zinsen die typische und sprichwörtliche Nadel sind, die Blasen zum Platzen bringt (so war es zum Beispiel bei der US-Immobilienblase 2006/07), sind sie keineswegs der einzige Weg, der dorthin führt. Ein plötzlicher Vertrauensverlust in die Gesamtbewertung des Marktes bei einer wachsenden Zahl von Marktteilnehmern (wie es 1929 beim US-Aktienmarkt der Fall war), eine umfassende Neuausrichtung der internationalen Kapitalströme als Ergebnis einer Rekalibrierung der Portfolien internationaler Investoren (wie bei der Asienkrise 1997) oder der hoch korrelierte Notverkauf, ausgelöst durch algorithmische Handelsprogramme (wie im Oktober 1987 und zuletzt im Februar 2018 an der New York Stock Exchange geschehen) ergänzen, aber vervollständigen diese Liste nicht.

Während Anzahl und Größe der Nullzins-induzierten Vermögensblasen weiterwachsen und die globale Schuldenspirale sich weiterdreht (die globale Verschuldung hat sich seit der Finanzkrise von 2007 verdoppelt[17]), steigt die Wahrscheinlichkeit für das Platzen einer großen Blase weiter an. Wenn die Marktteilnehmer große Verluste einfahren, ist eine Flucht in die Sicherheit die logische Konsequenz. Im Jahr 2008 konnten wir sehen, wie die Investoren zuerst die Bankaktien auf den Markt kippten, dann die Aktien aller anderen Finanzdienstleister, dann Aktien überhaupt. Zuerst kauften sie AAA-bewertete Anleihen, kletterten dann das Laufzeitenband hinab, wobei sie zuerst die Langläufer veräußerten, dann die mittleren Laufzeiten, am Ende auch die Kurzläufer. Gleichzeitig flüchteten sie aus dem Interbanken-Geldmarkt, den Geldmarktfonds, und strömten in die Liquidität, die knapper und knapper wurde, insbesondere für die Teilnehmer (wie die Banken), die auf liquide Geldmärkte angewiesen waren.

Die Marktpanik entfernt die Marktliquidität, die eine Grundvoraussetzung für Risikosteuerung durch Diversifikation ist. Es ist etwa so wie der Übergang von Wasser zu Eis. Wenn das passiert, richten die Investoren unvermittelt ihre Aufmerksamkeit auf die verborgenen Risiken im System. Was sie dann vorfinden, ist ein Bankensystem in der Eurozone, das von einem Jahrzehnt der Margenerosion und Verschlechterung der Qualität des Kreditbuchs von innen ausgehöhlt wurde. Das Loch, das die Geldpolitik in die bei Weitem größte Vermögensklasse gefressen hat, nämlich den klassischen Bankkredit, ist so groß, dass das komplette Eigenkapital aller Banken des Kontinents da hineinpasst. Den Investoren wird aufgehen, dass das Banksystem selbst bankrott ist.

Die Frage ist nicht, ob, sondern wann und wie diese Bankenkrise an die Oberfläche kommt. Wenn das passiert, wird es eine deflationäre Spirale in Gang setzen, Banken werden in Serie umfallen, Sparer verlieren ihr Geld, und die Regierungen Europas werden nicht über die Mittel verfügen, die Banken zu retten, weil die EZB als »letzter Notnagel« ausfällt. Die Eurozone steht dann vor der Wahl zwischen dem illegalen Drucken mehrerer Billionen[18] Euro, um die Banken damit zu retten, oder der Notwendigkeit, den Euro aufzulösen, damit jedes Land seine Banken mithilfe der eigenen nationalen Notenbank selbst retten kann.

Dieses Geld wird nicht für den Kauf von Vermögenswerten ausgegeben werden, nicht mal von so zweifelhaften, wie die EZB sie seit dem Beginn ihres »Quantitative-Easing«-Programms vor vier Jahren erwirbt. Stattdessen kauft man pleitegegangene Banken und wertlose verbriefte Zombiekredite ein, die niemals wieder performant werden. Die über Jahrzehnte aufgestaute, unterdrückte wirtschaftliche Volatilität und ihre Kosten werden als gigantische Rechnung präsentiert werden. Diese Rechnung hat die Form eines U-förmigen Deflations-Hyperinflationsszenarios.

Zuerst werden die zusammenbrechenden Banken die Kreditversorgung und die Geldbasis zum Kollabieren bringen. Das wird zunächst zu einer Deflation führen. Sie wird nur wenige Wochen oder Monate anhalten. Die Druckerpresse wird angeworfen werden, um tote Banken zu retten, und die Volkswirtschaften werden mit Liquidität geflutet werden. Allerdings wird dieses Mal das wegfallende Giralgeld der Banken durch das Drucken von Zentralbankgeld überkompensiert werden. Dafür gibt es nur ein Ventil: Hyperinflation.

Fassen wir zusammen: Um Volatilität zu unterdrücken, haben wir die Geldpolitik über jetzt zwei Jahrzehnte benutzt, kurzfristige Entwicklungen auszugleichen. Das haben wir in den Kapitalmärkten getan, und auch in der Realwirtschaft bezogen auf den Konjunkturzyklus, um die Anpassung zu verhindern, die nach 2007/08 hätte erfolgen müssen, insbesondere in der nachfolgenden Eurokrise. Wir haben die Wechselkursvolatilität unterdrückt, die die einzelnen Länder auf quasi natürliche Weise gegen eine Reihe von Ungleichgewichten beschützt hat. Das haben wir getan, indem wir eine Einheitswährung eingeführt haben, die weder einen idealen Währungsraum abdeckte noch mit der Nüchternheit guter Governance und zielgerichteter Anreize versehen wurde.

Diese Unterdrückung der Volatilität führt jetzt zu einer großen Diskontinuität, möglicherweise die größte wirtschaftliche Anpassung in der Geschichte der Menschheit. Dieses Ereignis wird unser gegenwärtiges Geldsystem beenden. Es könnte ersetzt werden durch neue nationale Währungen, durch Blockchain-betriebene Währungen mit oder ohne Vermögensstock wie Gold oder Wertpapiere, ja sogar von Bitcoin oder einer anderen Kryptowährung, die schon existiert.

Diese Diskontinuität wird die Europäische Union gleich mit abschaffen und ihre Institutionen obsolet machen. Das gilt insbesondere im Szenario eines Kollapses des Euro. Es gibt wenig Hoffnung, dass dieser Zusammenbruch in einer vernünftigen Art und Weise politisch gesteuert werden könnte. Es wird eher chaotisch werden. Nationale Kapitalverkehrskontrollen, wie wir sie schon probehalber in Griechenland und Zypern gesehen haben, werden zum Einsatz kommen, um die einsetzende Kapitalflucht zu verhindern und die politische Kontrolle zurückzugewinnen. Diese Kapitalkontrollen gehen einher mit Staatspleiten auf ausstehende Euro-denominierte Anleihen und das Eintreten von Transferrisiken, weil der grenzüberschreitende Zahlungsverkehr zumindest zeitweise blockiert werden wird. Die Erfahrung zeigt, dass Transferrisiko und Staatspleite extrem hoch miteinander korrelieren.

Die komplizierten und ausgefeilten industriellen Lieferketten Europas würden in diesem Fall über Nacht zum Stillstand kommen, wenn Kapitalkontrollen von Politikern in Panik aus der Mottenkiste geholt werden sollten. Automobilbau, Maschinenbau, pharmazeutische und chemische Industrie, Luft- und Raumfahrttechnik und andere Produktionsindustrien würden zu einem knirschenden Produktionsstopp kommen. Man kann die gegenseitigen Schuldzuweisungen für dieses Desaster bereits als Echo in der Politik hören: die ausgabenwütigen und undisziplinierten Italiener, die geizigen und machtversessenen Deutschen. Diese Schuldzuweisungen werden nicht dabei helfen, das Problem zu lösen. Können unsere politischen Eliten das bewältigen? Ihre bisherige Performance erlaubt Zweifel daran.

Was bedeutet das für Unternehmen?

Unternehmen müssen Vorsorge dagegen treffen, dass eine Währungs-Diskontinuität sie in ihrer Funktionsfähigkeit beeinträchtigt. Dafür benötigen sie Notfallpläne und eine ausreichende Infrastruktur. Das Szenario betrifft einerseits die operativen Produktionsprozesse, andererseits auch ihre Finanz- und Treasury-Funktionen.

Beginnt man mit der Treasury-Funktion, so ist der Erhalt der Liquidität die vorrangigste Sorge: Die Aussicht, dass Banken wie Dominosteine fallen könnten, macht es erforderlich, die Liquiditätsreserven außerhalb des Bankensystems zu managen, weil erstens die Industrie nicht von der Einlagengarantie, die es auf nationalem Level in Europa gibt, geschützt wird, und zweitens die dafür notwendigen Beträge für die Sicherstellung des Betriebs im Falle einer derartigen Stresslage sehr groß sind. Das Anlegen von Bargeldreserven ist keine Option für die Schaffung einer derartigen Reserveliquidität, weil die Kosten für Lagerung, Handling, Sicherung und Logistik prohibitiv sind.

Die Alternative dazu ist, eine Bank ohne Geschäftszweck auf der Aktivseite ihrer Bilanz zu etablieren. Ihr einziger Zweck ist die Verwaltung und Verwahrung der Liquiditätsreserven des Unternehmens. Diese kann sie als Bank direkt bei ihrer nationalen Zentralbank deponieren, im Falle Deutschlands also bei der Deutschen Bundesbank. Dieses Modell wurde von einigen großen Industrieunternehmen bereits implementiert im Zuge der Krise von 2008 nach dem Zusammenbruch der Bank Lehman Brothers.

Das zweite Element ist die Sicherung der Lieferketten: Zunächst ist es elementar, die Lieferketten über Grenzen hinweg in allen Details zu verstehen und zu dokumentieren. Es genügt nicht, die direkten Lieferanten zu erfassen, auch Subunternehmer und ihre Zulieferer für die komplette Lieferkette müssen durchdrungen werden. Insbesondere gilt das für kritische Teile der Produktion. In einem zweiten Schritt müssen Cash-Reserven in den Ländern allokiert werden, in denen sich die wichtigsten Lieferanten befinden.

Das dritte Element ist das Kosten- und Cashflow-Management: Das Diskontinuitätsszenario ist vor allem auch ein Nachfragekollaps, weil sinkende Kredite und schrumpfende Geldbasis deflationären Druck erzeugen. Viele Kunden werden nicht mehr da sein, weil sie schlicht pleite sein werden. Die Übrigen werden jeden Cent dreimal umdrehen. Es gibt kaum Maßnahmen, die den Umsatzeinbruch kurzfristig kompensieren könnten. Daher ist Kostenvariabilität von großer Bedeutung. Umso höher der Anteil variabler Kosten, desto widerstandsfähiger wird das Unternehmen bei extremen Stressszenarien sein. Diese Variabilität kann auch noch erhöht werden, wenn die Stressphase bereits eingetreten ist, weil Unternehmen mit hoher Resilienz und starker Bilanz als Kunden, Arbeitgeber und Investoren massiv an Attraktivität gewinnen. Die starke Bilanz, die Liquiditätsversicherung einer eigenen Captive-Bank und resiliente Prozesse verschaffen genau dann einen Verhandlungsvorteil mit Kunden, Lieferanten und Gewerkschaften, wenn man ihn am dringendsten braucht.

Was bedeutet das für Politik und Regierungen?

Die kommende Währungsdiskontinuität stellt der Politik zwei fundamentale Fragen:

1. Wie können wir lernen, die inhärente Volatilität eines Wirtschaftssystems, das auf Fortschritt, damit auf Lernen durch Versuch und Irrtum, basiert, nicht mehr zu unterdrücken, da wir wissen, dass diese Volatilität das Ergebnis einer tiefen Verknüpfung von Volatilität und Fortschritt ist?
2. Wie kann sich die Fiskal- und Geldpolitik auf den kommenden Sturm vorbereiten? Was ist erforderlich, um das Geldsystem und das Bankensystem zu stabilisieren? Wie sollte das Geldsystem in Zukunft aussehen, um die Fehler der Vergangenheit zu vermeiden?

Frage 1 ist verknüpft mit der Zukunft unseres politischen Systems der Parteiendemokratie. Politiker, die ihr Leben und ihre Karriere der Politik verschrieben haben, werden in ihrer Handlungsweise vor allem von dem Wunsch angetrieben, möglichst oft wiedergewählt zu werden. Sie werden also immer dazu tendieren, harte Entscheidungen, die kurzfristig schmerzhaft sind, zu vermeiden. Die Kosten der kurzfristigen kleinen Schmerzen sind für die politische Klasse viel höher als die Kosten sehr großer langfristiger Schmerzen. Für die Gesellschaft als Ganzes verhält es sich aber gerade genau umgekehrt. Das ist ein Interessengegensatz zwischen Gesellschaft und Politik.

Die Interessen von Politik und Volk sind also nicht die gleichen. Die Väter unserer modernen demokratischen Verfassungen waren sich dessen durchaus bewusst. Aus diesem Grund haben sie keine Verfassung geschrieben mit nur einem Paragrafen, in dem steht, dass die Mehrheit das Sagen hat. Ende der Durchsage. Nein, so ist es nicht. Stattdessen haben sie ein umfangreiches, jedoch nicht vollständiges Regelwerk geschaffen, das der Macht der Mehrheit in der Gesellschaft Grenzen setzt. Sie haben an die Möglichkeit einer Tyrannei der Mehrheit über die Minderheit gedacht, wenn die Mehrheit auf Ausbeutung aus ist. Durch die Kombination einer regelbasierten Verfassung und der Gewaltenteilung in exekutive, legislative und judikative Gewalten der Regierung haben sie ein System von »Checks and Balances« geschaffen, das der westlichen Gesellschaft im Großen und Ganzen sehr gute Dienste geleistet hat.

Die langfristige Tendenz zur Wählerbestechung mit Wahlgeschenken und Umverteilung hat jedoch im Lauf der Zeit zu einer immer höheren Verschuldung geführt. Die generelle Aversion auch gegen nur vorübergehende Unbequemlichkeiten wie Arbeitslosigkeit, Konjunkturzyklen und alle Arten wirtschaftlicher Volatilität hat es ermöglicht, dass sich politische Strömungen durchsetzen konnten, die diese Volatilität unterdrücken möchten. Die verfassungsmäßige Ordnung stellt dafür auch kein wesentliches Hindernis dar, weil diese spezifische Gefahr bei den Entscheidungsträgern noch nicht auf dem Radarschirm war, als sie die Verfassungstexte entworfen haben. Bis 1945 waren Schuldenkrisen üblicherweise das Ergebnis von Kriegen, und nicht von Politikversagen in Friedenszeiten. Da Wähler indirekt über die Ausgaben entscheiden und auch Empfänger dieser Ausgaben sind, liegt eigentlich ein inhärenter Interessenkonflikt vor. Die regelbasierten Verfassungen müssen erweitert werden, um dieses Problem zu adressieren. Kapitel 3 (»Das Ende der Parteiendemokratie«) wird versuchen, mehr Licht in diese Angelegenheit zu bringen.

Die Wähler möchten die Folgen kurzfristiger Volatilität für sich selbst vermeiden. Sie wollen sich nicht an Veränderungen anpassen müssen, und sie mögen die Folgen der von Versuch und Irrtum erzeugten Volatilität nicht. Mit anderen Worten: Sie wollen nicht lernen. Politiker wollen wiedergewählt werden, weil nicht wiedergewählt zu werden auch eine Volatilität für ihr persönliches Einkommen, ihre Macht und ihren Wohlstand bedeutet. Deshalb bedienen sie diese Nachfrage.

Die Kernfrage ist also: Wie müssen wir unser Regierungssystem organisieren, um diesen Interessenkonflikt zu bewältigen? Wenn jeder rational handelt und die Gesellschaft genau deswegen in einer suboptimalen Situation endet, dann wird die Frage der Regierungsform plötzlich relevant. Wir müssen darüber diskutieren, welche Änderungen und Ergänzungen unsere Verfassungen benötigen, um dieses Problem zu lösen und den zugrunde liegenden Interessenkonflikt zu entschärfen.

Frage 2 handelt von den unmittelbar notwendigen Entscheidungen im Sinne eines Risikomanagements der politischen Entscheidungsträger, um die Auswirkungen der unvermeidlichen Krise auf das Wohlergehen der Bürger und die Stabilität der demokratischen Regierungsform zu beherrschen. Dafür muss uns zunächst klar sein, dass die politischen Optionen je nach Timing sehr unterschiedlich sein werden. Akzeptieren wir die Notwendigkeit und handeln jetzt? Oder warten wir, bis die Krise in vollem Gang ist, und versuchen dann, die Kontrolle wiederzugewinnen, die wir an das Chaos abgetreten haben?

Die Einsichten, die wir in die Ungleichgewichte, die resultierende Instabilität und die drohende Diskontinuität haben, erlauben es uns, eine Strategie für das Szenario des Handelns zum jetzigen Zeitpunkt zu entwerfen und damit den Schaden zu begrenzen. Sie besteht aus mehreren Elementen:

a) Stärkung der Kapitalbasis und damit der Widerstandsfähigkeit des Bankensystems gegen Verluste;
b) Reduzierung der Restrukturierungskosten durch Begrenzung von Abfindungszahlungen im Bankensystem (Finanzdienstleister-Restrukturierungsgesetz). Damit kann die Resilienz des Systems durch Kostenreduktion deutlich erhöht werden;
c) sofortige Abschaffung der negativen Einlagenstrafzinsen für Banken bei der EZB;
d) massive Reduktion der kostenintensiven Regulierung, da 75 Prozent davon ihre mangelnde Effektivität bereits unter Beweis stellen konnten, wenn es darum geht, systemische Risiken zu entdecken und einzugrenzen.

Im Detail:

a) Stärkung der Eigenkapitalbasis des Bankensystems in der Größenordnung der voraussichtlichen Verluste vor Eintritt der Krise ist ein Muss. Das erfordert ca. 1000 bis 1500 Milliarden Euro. Warum ist es billiger, das zu tun, bevor die Verluste und die Bankenkrise eingesetzt haben? Weil eine Bank, deren Kapital verbraucht ist, den zwei- bis dreifachen Betrag der Kapitallücke benötigt, um das Vertrauen der Marktteilnehmer wieder zu gewinnen. Dieser teure Multiplikator kann vermieden werden, wenn man handelt, bevor die Krise einsetzt.

b) Ermöglichung eines massiven Kosteneinsparprogramms in der europäischen Kreditwirtschaft. Banken haben das wiederholt versucht und sind gescheitert. Banken müssen aber ihre Profitabilität wiederherstellen, wenn sie Eigenkapital am Markt anziehen sollen, um ihre Kapitalbasis für Krisenzeiten zu stärken. Um eine nachhaltige Profitabilität zu erreichen, ist eine Kostensenkung von ca. 50 Prozent erforderlich. Etwa 30 bis 40 Prozent davon erfordert eine Reduktion über die Kostenarten hinweg, also die Geschäftsprozess-bezogenen Kosten von Arbeit, Büroraum und IT. Die übrigen Kosteneinsparungen können durch Zurückfahren der nicht mehr tragbaren regulatorischen Belastung erzielt werden.

   Es ist jedoch im gegenwärtigen System der arbeitsrechtlichen Regulierung nicht möglich, Kosteneinsparungen in dem Umfang zu realisieren, der für eine Wiedergewinnung der langfristigen finanziellen Gesundheit des Kreditwesens notwendig wäre. Die Kosten um 1 Euro zu reduzieren, erfordert einen kurzfristigen Restrukturierungsaufwand in Form von Rückstellungen für Abfindungen etc. von 2 Euro, der einen unmittelbaren Effekt auf die Gewinn- und Verlustrechnung hat. Das führt zu einer sofortigen Erosion des Eigenkapitals.

   Nehmen wir das Beispiel einer Bank mit Erträgen von 10 Milliarden Euro und Kosten von 10 Milliarden Euro. Ihre Cost-Income-Ratio beträgt also 100 Prozent. Diese Bank soll ein Buchkapital von 20 Milliarden Euro haben, das als wirtschaftlicher und regulatorischer Kapitalstock zur Abdeckung eines Kreditportfolios von 400 Milliarden Euro dienen soll. Die risikoadjustierten Aktiva sollen 200 Milliarden Euro betragen, was eine Kapitalquote von 10 Prozent impliziert.

Jetzt will die Bank ihre Kosten um 50 Prozent reduzieren, um ihre Profitabilität nachhaltig wiederherzustellen und damit auch ihre langfristige finanzielle Gesundheit. Sie muss also 5 Milliarden Euro Kosten pro Jahr einsparen. Die dafür erforderliche Restrukturierungsrückstellung beträgt aber 10 Milliarden Euro, die Hälfte des Eigenkapitals. Die Maßnahme halbiert also das Eigenkapital. Es ist leicht einzusehen, warum die Bank das nicht machen kann: Die 50-prozentige Reduktion ihres Kapitals würde eine Reduktion der risikoadjustierten Aktiva um 50 Prozent nach sich ziehen, was wiederum die Erträge halbiert. Die Alternative wäre, dass die Aufsicht die Bank schließt.

Was für diese einzelne Bank zutrifft, gilt auch für die Kreditwirtschaft als Ganzes. Die Banken sitzen in einer Falle untragbarer Kosten, die durch die Arbeitsmarktregulierung und die Kapitalregulierung perpetuiert wird.

Ohne eine politische Maßnahme wird es aus dieser Catch-22-Situation keinen Ausweg geben. Dafür muss man die Restrukturierungskosten um 90 Prozent senken. Das muss durch weitreichende Reformen des Arbeitsrechts passieren, die es ermöglichen, die Kosten für Personal zu reduzieren, ohne Abfindungen zahlen zu müssen, die die Mittel der Banken übersteigen.

c) Der negative Strafzins für Einlagen bei der Zentralbank sollte sofort abgeschafft werden. Der Grund dafür ist sehr einfach: Im Gegensatz zur Wahrnehmung der Zentralbank gibt dieser Strafzins den Banken keinerlei zusätzlichen Anreiz zur Kreditvergabe über das hinaus, was sie ohnehin schon tun, um ihre Ertragslage durch Kreditmargen zur Deckung von fixen Kosten zu verbessern. Es ist dies das Ergebnis des Verlusts der Spar- und der Transformationsmarge. Die Kosten dieses Strafzinses summieren sich für die Banken der Eurozone auf mehrere Milliarden Euro pro Jahr auf. Er trägt so zur Erosion der Kapitalbasis des Systems und zum Aufbau deflationären Drucks bei.

d) Die Kosten der Regulierung sollten um 75 Prozent oder mehr reduziert werden. Seit 2008 haben Politik und Aufsicht den Finanzsektor mit einer riesigen Regulierungswelle überflutet. Dazu gehören alle möglichen Berichtspflichten, Richtlinien, Verbote, Gebote und operative Gängelei. Diese Regulierungen haben weitestgehend versagt, Stabilität und Transparenz zu liefern, die sie aber eigentlich liefern sollten. Sie sind ineffektiv, ineffizient, teuer und erzeugen nur eine fehlgeleitete und unbegründete Wahrnehmung von Stabilität, Sicherheit und Risikokontrolle.

Im Schnitt verbrauchen sie 15 Prozent der Erträge einer typischen europäischen Bank, und gemeinsam mit der oben beschriebenen Ertragserosion sind sie hauptverantwortlich für die erodierende Profitabilität des Sektors. Da die Banken die 100 Prozent Cost-Income-Ratio überschreiten werden, ist die regulatorische Last schlicht und einfach unbezahlbar für die Kreditwirtschaft als Ganzes. Dieser bürokratische Wildwuchs muss mit grobem Gerät ausgejätet werden, und das ist die schnellste und billigste Maßnahme, um dem taumelnden System wieder mehr Stabilität zu verleihen.

Was bedeutet es für den Bürger (Konsumenten, Wähler, Steuerzahler)?

Wenn die Würfel einmal gefallen sein werden und die Ereignisse auf politische, wirtschaftliche und soziale Weggabelungen treffen, die dann den weiteren Verlauf und das Endergebnis der monetären Diskontinuität bestimmen, dann kann man eine Sache als sicher betrachten: Es wird der sprichwörtliche kleine Mann sein, der die Rechnung bezahlt.

Sein Arbeitsplatz, seine Ersparnisse, seine Versicherungspolicen, seine Investitionen und seine Immobilie stehen alle im Risiko. Für das Bürgertum als Ganzes gibt es wenig Raum, dem zu entkommen. Der Grund ist einfach, dass, wenn jeder die Maßnahmen ergreift, die er zum Schutz seines Vermögens ergreifen müsste, die resultierende Fluchtbewegung Richtung Ausgang den sofortigen Kollaps des Systems zur Folge hätte. Für den wachsamen einzelnen Bürger hingegen ist es sehr wohl möglich, sein Vermögen zumindest in gewissem Umfang zu schützen.

Das »Geheimrezept« heißt Diversifikation. Bringen Sie Ihr Vermögen aus der Eurozone heraus in andere Währungsräume und investieren Sie dort in Vermögenswerte hoher Qualität mit wenig oder gar keinem Schuldenhebel. Diese Währungsräume sind der US-Dollar, der Kanada-Dollar, das britische Pfund, der Schweizer Franken, der Australische Dollar, der Singapur-Dollar und die norwegische Krone. Investieren Sie in Aktien mit geringer Verschuldung des Unternehmens, geringer Zyklizität und Investment-Grade Rating. Packen Sie einen Großteil des Portfolios in kurz laufende Staatsanleihen dieser Länder. Halten Sie Liquidität in Höhe von 3 bis 6 Monaten ihres Eigenbedarfs als Reserve vor und investieren Sie 5 Prozent bis 10 Prozent Ihres liquiden Vermögens in Gold oder Silber als Krisenrückversicherung und deponieren Sie es außerhalb der Eurozone, also in der Schweiz oder in Großbritannien. Wenn Sie Immobilien besitzen, dann stellen Sie möglichst sicher, dass Sie einen stabilen Cashflow haben, der Zins und Tilgung der Hypotheken abdeckt. So vermeiden Sie das Risiko der Illiquidität und damit den Verlust von Immobilienvermögen durch Versteigerung während der wirtschaftlichen Diskontinuität.

KAPITEL 2

Die Zukunft des Unternehmens I – Technogeddon oder: das Quantencomputer-Dilemma

»Wenn man nicht über die Quantentheorie entsetzt ist, kann man sie unmöglich verstanden haben.«

NIELS BOHR[19]

Es ist mittlerweile allgemein akzeptiert und anerkannt, dass die digitale Revolution nicht nur unser tägliches Leben verändert hat, sondern auch eine globale wechselseitig verknüpfte Infrastruktur aus Bandbreite, Rechenkapazität, Datenspeicherung und Anwendungen[20] geschaffen hat, die so eng verwoben ist, dass ihre Fähigkeit zum Funktionieren direkt von der Konnektivität jeder ihrer Komponenten mit dem Netzwerk als Ganzem abhängt. Alle wesentlichen Leistungsindikatoren der Informationstechnik sind exponentiell verlaufenden Trendlinien nach dem Muster von Moores Gesetz gefolgt, das eine Verdoppelung der Leistung von Computerchips durch immer größere Verdichtung von Transistoren auf den Chips ca. alle 18 Monate postuliert.

Ray Kurzweil, einer der originellsten und produktivsten Denker mit einer bemerkenswerten nachgewiesenen Treffsicherheit seiner Prognosen, demonstrierte bereits in seinem 1999 erschienenen Buch *Homo S@piens*, dass Moores Gesetz sich nicht auf die Zahl der

Transistoren auf einem Mikrochip beschränkt. Dort gilt es seit der Erfindung des Chips in den späten 1960er-Jahren. Seine Anwendbarkeit lässt sich über einen viel längeren Zeitraum nachweisen und auch für eine Reihe anderer Technologien und ihrer Benchmark-Leistungsmerkmale.

Seit dem Jahr 1900 funktioniert Moores Gesetz für Rechengeräte über eine ganze Reihe von Technologien hinweg. Es begann mit mechanischen Geräten, ging dann über zu Relais, Vakuumröhren und über den Transistor schließlich zum Mikrochip. Der gemeinsame Nenner all dieser Technologien, den Kurzweil zugrunde legte, war die Frage, wie viel Rechenkapazität, ausgedrückt in Kalkulationen pro Sekunde, man für 1000 Dollar zu konstanten Preisen, also inflationsbereinigt kaufen kann.

Er wies nach, dass die Zeit, die man brauchte, um die Zahl der Rechenoperationen zu einem gegebenen Preis zu verdoppeln, im Lauf der Zeit abnahm. Betrug sie um 1900 noch drei Jahre, hat sie sich zwischenzeitlich auf 18 Monate verkürzt. Was wir also vor uns sehen, ist ein sich beschleunigender exponentieller Trendverlauf.

Analoge Beobachtungen können wir bei anderen technologischen Leistungskennzahlen machen, die Speicherkapazität, Schreib- und Lesegeschwindigkeit von Datenspeichern, Informationstransfer (Bandbreite) gemessen in Megabit pro Sekunde durch unterschiedliche Medien (Kabel, Glasfaser, Radio G3, G4 und G5), Auflösung von Displays usw. messen. Das betrifft auch die Biowissenschaften, Genetik, Neurowissenschaften, die Interaktion zwischen der Informationstechnologie und den Biowissenschaften und die bereits im Anfangsstadium existente Schnittstelle zwischen Maschine und Gehirn.[21]

Eine der bemerkenswertesten Tatsachen war dabei der exponentielle Verlauf der Entwicklung, wenn man sich die Zahl der Transistoren auf einem Mikrochip zwischen 1971 und 2017 ansieht. Sie explodierte regelrecht von 2400 auf über 20 Milliarden.

Anzahl Transistoren pro Chip (Milliarden)

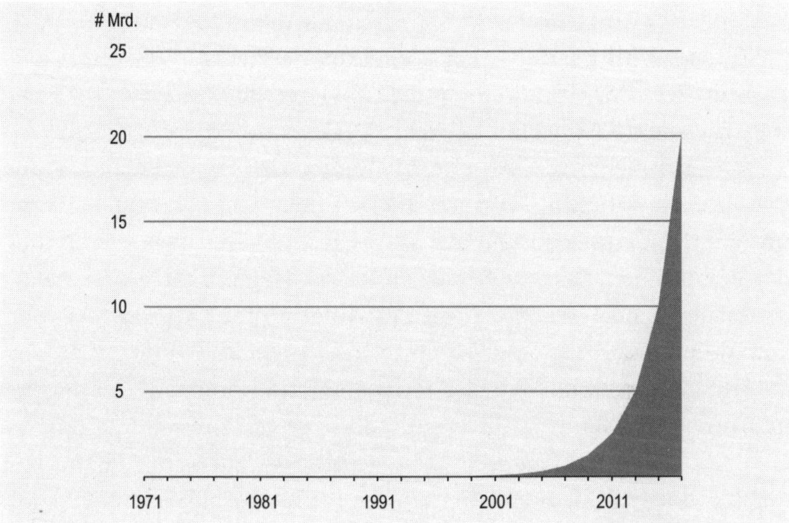

Entwicklung der Rechenleistung: Anzahl der Transistoren auf einem Mikrochip.
Quelle: IBM

Jedes Mal, wenn eine Technologie ihre physikalischen Grenzen erreicht hatte, wurde sie durch eine neue Technologie ersetzt, die das Rennen um die sich verdoppelnde Leistung entlang der langfristigen Trendlinie am Laufen hielt. Basierend auf dieser Beobachtung, der wechselseitigen Beeinflussung der beteiligten Technologien und ihrer exponentiell wachsenden Fähigkeit, immer komplexere Aufgaben ausführen zu können, zog Kurzweil die Schlussfolgerung, dass wir auf einen Punkt zusteuern, den er Singularität nannte. Hinter diesem Punkt optimiert Technologie sich selbst in immer kürzeren Zyklen ohne menschliche Intervention. Diese Entwicklung würde die Regeln der Gesellschaft, der Wirtschaft, ja sogar der biologischen Evolution selbst, in einer völlig neuen und nicht vorhersehbaren Weise verändern.

Obwohl der technische Fortschritt auf kurze Sicht linear zu verlaufen scheint, hat seine in Wahrheit exponentielle Natur extreme

Implikationen auf mittlere und lange Sicht. Wir können auch beobachten, dass einzelne Entwicklungslinien dieser technischen Revolution sogar auf kurze Zeithorizonte exponentielles Potenzial haben. Es sind diese Entwicklungen und ihre Wechselwirkungen, von denen wir eine andere Art technologischer Diskontinuität erwarten dürfen.

Unter diesen Entwicklungen befinden sich die Kryptologie und der Quantencomputer. Die künstliche Intelligenz (KI) fällt auch darunter. Sie ist eine kritische disruptive Technologie, aber wir können davon ausgehen, dass ihr Bedarf an Rechenkapazität so groß ist, dass ihr tatsächliches Eintreffen mit der Ankunft der Quantencomputer koinzidieren wird.

Um die Auswirkung dieser Technologie zu verstehen, müssen wir uns mit ihrer Natur, ihren Details und einigen ihrer Funktionsmechanismen vertraut machen. Dabei werden wir zuerst das Phänomen der Cyberkriminalität beleuchten, weil uns das klarmachen wird, dass unsere allgemeine Wahrnehmung der Stabilität und Sicherheit des Ökosystems namens World Wide Web als Chimäre demaskiert wird. Das gilt umso mehr, wenn wir anfangen, die Macht und die Grenzen einiger ihrer Schlüsseltechnologien zu hinterfragen.

Wenn wir uns vor unseren Heimcomputern, Laptops, den Systemen in den Unternehmen, in denen wir arbeiten, unseren Smartphones oder der Elektronik unseres Autos durch den Cyberspace bewegen, dann betreten wir in Wahrheit eine Welt, die viel weniger zivilisiert, regelbasiert und sicher ist, als wir das gerne glauben möchten.

In Wahrheit ist der Cyberspace die neue Bühne in einem Rüstungswettlauf mit dem Ziel der Weltherrschaft. Dieses Wettrüsten wird zurzeit zwischen Unternehmen, Regierungen, Geheimdiensten, Hackern (im Staatsdienst oder auch freie anarchische Agenten), Cyberkriminellen und der Software-Industrie ausgetragen.

Wir können einen evolutionären Prozess in Aktion beobachten und das Ökosystem, das das World Wide Web und seine Enden verbindet, spielt dabei eine ambivalente Rolle. Diese duale Natur resultiert aus der gegenseitigen Beeinflussung zwischen den Teilnehmern und dem Ökosystem. Dies ist so, weil das Ökosystem, in dem sich die Spieler bewegen, durch ihre Aktionen permanent verändert wird. Gleichzeitig definiert der ständig im Übergang begriffene Zustand des Ökosystems aber die Regeln und Beschränkungen, unter denen die Teilnehmer operieren.

Diese wechselseitige Abhängigkeit zwischen den Teilnehmern am Ökosystem und dem Ökosystem selbst gilt auch für biologische Systeme. Wir können das zum Beispiel sehen, wenn ein Raubtier in eine Gegend einwandert, in der es vorher nicht heimisch war. Es wird das System verändern und ein neues Gleichgewicht herstellen. Manchmal kann diese Störung aber auch das ganze System zerstören, anstatt es umzuwandeln. Das nennen wir dann eine ökologische Katastrophe. Sie ist umso wahrscheinlicher, je ausgefeilter und balancierter das vorhergehende System gestaltet war, weil in einem solchen System sehr viele Spezies in ökologischen Nischen angesiedelt sind und dabei einen extrem hohen Grad an Spezialisierung entwickelt haben. Superspezialisierung reduziert aber die individuelle Fähigkeit, eine neue Nische einzunehmen, wenn das System geschockt oder umgewandelt wird.

Die meisten komplexen Ökosysteme überleben und stabilisieren sich durch kybernetische Feedbackschleifen.[22] [23] Sie agieren durch automatische Anpassung und sind Stabilisatoren in Bezug auf die Änderungen von externen Parametern.

Die meisten Systeme verlassen sich auch auf ein gewisses Mindestset von Stabilität erzeugenden Komponenten, um ihr fortgesetztes Funktionieren sicherzustellen. Auch das globale Ökosystem World Wide Web hat solche Komponenten. Eine davon ist die Fähigkeit, einzelne Systeme vor unbefugtem, mit Schadensabsicht versuchten Zugriff zu schützen, und zwar mittels Verschlüsselung (Kryptografie).

Diese Komponenten sind kritisch für das Überleben eines jeden großen IT-Systems, egal ob das nun Kern-Bankensysteme für den Zahlungsverkehr, die Kontoführung oder die Kundendaten sind. Das können große Datenspeicher von Regierungen, Behörden oder Unternehmen sein oder Kontrollsysteme großer Industrieanlagen wie zum Beispiel Kraftwerke, Pipelines, Stromnetze, Chemiefabriken, Lieferketten usw.

Je größer ein System, desto höher ist sein darin für den Eigentümer enthaltener wirtschaftlicher Nutzen. Und je wertvoller ein System ist, desto attraktiver wird es als Angriffsziel in einer feindlichen Umwelt, in der es operiert.

Nicht autorisierter Systemzugriff kann unterschiedliche Formen annehmen, je nachdem, welche Absicht dem Zugriff zugrunde liegt. Das kann zum Beispiel eine Störung der Verbindung zwischen dem System und seinen Kunden sein. Die häufigste Form dieser Art ist ein sogenannter »Denial of Service«-Angriff auf eine Webseite. Ein Hacker nutzt dafür Computer in einem Netzwerk. Sie werden mit Hilfsprogrammen »infiziert«, die dann alle zur gleichen Zeit Anfragen an den Server der Webseite schicken, bis die große Zahl der Aufrufe die Kapazität des Servers überschreitet und er seine Dienste abschaltet.

Eine andere Möglichkeit ist der Diebstahl von Daten, manchmal mit und manchmal ohne Löschung der angegriffenen Datenbank. Da Daten das neue Öl des Informationszeitalters sind, ist dies das Gegenstück zum Stehlen eines Öltankers in der realen Welt. Die Art der Daten reicht dabei von *Datenseen* mit Kundendaten bis zu Geheiminformationen im Zuge industrieller oder militärischer Spionage.

Eine dritte Möglichkeit ist es, in ein System einzudringen und es zu verschlüsseln, um damit dem rechtmäßigen Eigentümer den Zugang zu verwehren, was zu einer Störung der Geschäftsabläufe von Unternehmen oder der Verwaltungsprozesse in Behörden führt, die auf diese Daten angewiesen sind. Diese Art von Angriff ist üblicherweise verbunden mit der Erpressung von Lösegeld zur Freigabe der Daten. Eine weitere Form ist die Übernahme von Programmen und Betriebssystemen und ihre Verwendung zur Durchführung von Operationen mit unterschiedlichsten Zielsetzungen. Das kann der Transfer von Geld sein, die Löschung von Kredit- oder Steuerakten, die Deckung von Geldwäsche oder der Zugriff auf geheime Daten über dritte Parteien oder Personen, um sie für Erpressung oder Betrug zu benutzen.

Sich Zugriff auf industrielle Kontrollsysteme zu verschaffen kann einer Reihe von illegalen, militärischen oder anderen Zwecken dienen. Der berühmteste Fall hierzu war die Stuxnet-Attacke,[24] bei der eine Software eingesetzt wurde, um das iranische Atomprogramm anzugreifen. Das Programm wurde vermutlich in das System, das vom World Wide Web physisch abgekoppelt war, mithilfe eines USB-Sticks eingeschmuggelt. Das Programm übernahm die Systemkontrolle und beschleunigte die Uran-Anreicherungszentrifugen (sie trennen das spaltbare Uran-235 vom nicht spaltbaren Uran-238) bis zu ihrer Überlastung und zerstörte so große Teile der unterirdischen Nuklearanlage. Man braucht nicht viel Fantasie, um sich vorzustellen, was passiert, wenn dieses zerstörerische Potenzial von nicht autorisierten Personen eingesetzt werden kann, um Wasserversorgungssysteme, Atomkraftwerke oder Chemiefabriken unter ihre Kontrolle zu bringen.

Das gerade hereinbrechende Zeitalter des »Internets der Dinge«, das eine neue Allgegenwart vernetzter Geräte von der Produktion über Konsumgüter, Häuser und Autos erzeugt, schafft so natürlich auch eine neue Art von Verwundbarkeit. In ein paar Jahren wird es möglich sein, einen Menschen in seinem eigenen selbstfahrenden Auto zu entführen oder ihn mit einem programmierten Unfall zu töten, sein Haus zu verriegeln, um ihn auszusperren, sein »intelligentes Zuhause« zu manipulieren, um ihn zu überwachen, und zwar nicht durch den Staat, sondern durch die Mafia, sein Konto zu leeren, indem man in seinem Namen nutzlose Dinge bestellt, seine Karriere zu ruinieren, indem man Fehler in seine Arbeitsergebnisse auf seinem Computer einbaut, oder ihn ins Gefängnis zu bringen, indem man illegale Inhalte auf seinen Computer lädt.[25]

Die eine Technologie, die zwischen Ihnen, der Gesellschaft und einem solchen Technogeddon steht, heißt Kryptologie, die Leere von der Ver- und Entschlüsselung.

Kryptologie nimmt Daten und »verrührt« sie auf eine spezielle Art und Weise (Scrambling), und zwar so, dass kein Leser sie ohne den Schlüssel lesen kann oder Sinn in ihnen erkennt. Sie beruht auf mathematischen Prinzipien, Einsichten und Algorithmen, die äußerst schwierig zu durchdringen sind. Deshalb fragt Sie Ihr Smartphone, Ihr Laptop oder Ihr iPad nach einem Passwort oder Ihrem Fingerabdruck (der nur ein etwas komplexeres Passwort ist, mit dem Vorteil, dass man ihn nicht vergessen kann, solange man sich nicht den Finger abschneidet, und den andere nicht herausfinden können), bevor das Gerät es ihnen gestattet, es zu benutzen. Das Passwort dient als Schlüssel, der den Algorithmus funktionsfähig macht, der die verschlüsselten Daten wieder entschlüsselt, das Verrühren also rückgängig macht und sie so wieder in lesbare Form bringt.

Wenn Sie eine Geldüberweisung online durchführen, benötigen Sie einen Nutzernamen, ein Passwort und einen TAN-Code, um die Operation abzuschließen. Hinter dieser komfortablen Nutzerschnittstelle ist jedoch die geheimnisvolle Welt der Ver- und Entschlüsselung und der mit ihnen befassten mathematischen Algorithmen tätig. Hochkomplex, nicht sehr transparent für den Nutzer und – leider – auch verwundbar für die Angriffe intelligenter, kreativer Hacker.

Wenn Sie also hoffen, dass Sie nicht autorisierten Personen den Zugang zu Ihrem Haus, Ihrem Auto, Ihrem Telefon, Ihrem Bankkonto, Ihren privaten Daten, E-Mails, Bildern, Ihrer Internet-Nutzungshistorie, Ihrer medizinischen Akte, Ihren Finanzdaten, Kreditkartenauszügen, der Telefonnummer Ihrer Frau oder Ihrer Geliebten, Ihrer SMS mit ihr, dem Alarmsystem und den Überwachungskameras an Ihrem Wohnsitz innerhalb und außerhalb Ihres Hauses verweigern können, dann sollten Sie besser hoffen, dass der kryptografische Schutz, in den sie verpackt sind, etwas taugt.

Das ist eine Hoffnung, die von Geheimdiensten, dem Verteidigungsministerium und allen anderen Ämtern, den Banken, den Versicherungen, den Krankenhäusern, Wohltätigkeitsorganisationen, den Wirtschaftsprüfern und Steuerberatern, den Anwälten und Notaren, der Straßen-und-Plätze-Überwachung, der Flugkontrolle, der Polizei, ja sogar der Mafia geteilt wird. Einige dieser Institutionen hoffen gleichzeitig, die Verschlüsselung anderer Leute überwinden zu können. Es ist also alles eine Frage der Perspektive.

Die Stabilität des ganzen Systems ist offensichtlich abhängig von einer der Öffentlichkeit kaum bekannten Unterabteilung der Mathematik. Bevor Sie jetzt voreilige Schlüsse ziehen und einfach sagen, dann verschlüsseln wir halt alles, sollten Sie einen kurzen Blick in die Geschichte werfen. Verschlüsselung wird seit mehreren Tausend Jahren benutzt, und zwar mit einem zunehmenden Grad an Raffinesse, um staatliche und militärische Geheimnisse zu schützen. Und genauso lange läuft schon der Gegenangriff der Entschlüsselung und Entzifferung, um diese Verteidigungslinie zu korrumpieren.

Bei Wikipedia findet man eine ziemlich übersichtliche und kurze Geschichte der Kryptografie. Eines der ältesten verschlüsselten Dokumente fand man unter Tontafeln im Zweistromland. Es wurde auf ca. 1500 vor unserer Zeitrechnung datiert. Um 600 v. Chr. machten hebräische Gelehrte Texte mit dem Austausch von Buchstaben unlesbar für den nicht Eingeweihten. Die ersten mathematisch hergeleiteten Verschlüsselungsmethoden finden sich bei Griechen und Römern, so zum Beispiel das sogenannte Polybius-Quadrat und Cäsars Chiffre.

Die ersten wirklich mathematisch-kryptografischen Methoden, die einen Schlüssel erforderlich machten, wurden von arabischen Mathematikern entwickelt. Wikipedia beschreibt diesen Durchbruch wie folgt:

> *Die Erfindung der Frequenz-Analysetechnik zur Entschlüsselung von monoalphabetischen Substitutions-Chiffren durch Al-Kindi, einen arabischen Mathematiker um 800 AD erwies sich als größter einzelner Durchbruch der Kryptologie bis zum zweiten Weltkrieg. Al-Kindi schrieb ein Buch über Kryptografie mit dem Titel ›Risalah fi Istikhraj al Mu´amma‹ (›Manuskript zur Entschlüsselung kryptografischer Botschaften‹), in dem er die ersten krypto-analytischen Techniken beschrieb, einschließlich einiger polyalphabetischer Chiffren, die Klassifikation von Chiffren, die arabische Phonetik und Syntax sowie, besonders bedeutsam, die erste Beschreibung der Frequenzanalyse.*[26]

Der nächste große Schritt wurde erst im Zweiten Weltkrieg in Deutschland getan mit der Erfindung der Enigma, einer Rotor-Schlüsselmaschine, die zur Verschlüsselung des Nachrichtenverkehrs der Wehrmacht verwendet wurde. Das Ringen um Verschlüsselung und Entschlüsselung zwischen Deutschland und den Alliierten im Zweiten Weltkrieg, in dem Großbritannien bekanntlich mithilfe eines bahnbrechende Methoden entwickelnden Teams von Mathematikern in Bletchley Park gewann, war wahrscheinlich eine der geheimen Schlachten, die diesen Krieg entschieden haben.

Die Kryptologie hat in ihrer historischen Nähe zum Militär eine weitere Eigenart dieser Profession übernommen: Sie ist voller Söldner. Kryptografie wird für die Entschlüsselung verschlüsselter Daten ebenso häufig eingesetzt, wie sie verwendet wird, um immer schwieriger zu brechende Verschlüsselungsalgorithmen zu entwickeln.

Es gibt aber einen großen Unterschied zwischen diesen historischen Beispielen und der heutigen Situation: Die Kontrolle über die gesamte existierende Informationsbasis und die mit ihr verbundene Macht war bisher noch nie in ein global vernetztes System eingebracht worden, so wie das heute der Fall ist. Eine Technologie, die alle Verschlüsselungsmethoden, Instrumente, Programme und Algorithmen, die wir heute verwenden, obsolet macht, würde daher der Schlüssel für praktisch grenzenlose und nicht kontrollierbare Macht sein.

Warum? Weil eine Person oder Organisation, die über eine solche Technologie verfügt, jedes System auf dem Planeten ohne Hindernis betreten, Kontrolle darüber übernehmen, es lesen, überschreiben, den Datenzugriff global monopolisieren und den rechtmäßigen Eigentümern nach Gutdünken Zugang gewähren oder verweigern könnte. Das beträfe alle Datenverarbeitungs-, Datenspeicherungs- und administrativen Systeme weltweit.

Wenn wir also verstehen wollen, wie stabil oder wie empfänglich für eine große Diskontinuität das System ist, dann müssen wir ein klein wenig Aufmerksamkeit auf die wichtigsten Konzepte der Kryptografie richten und die Technologien verstehen, die unsere gegenwärtigen State-of-the-Art-Instrumente der Verschlüsselung an ihre Grenzen bringen werden.

Diese Technologien sind künstliche Intelligenz und Quantencomputer. Beide sind verbunden, weil es unwahrscheinlich ist, dass eine wirklich mächtige künstliche Intelligenz ohne die Rechenleistung des Quantencomputers und seiner fast unbegrenzten Rechenkraft geschaffen werden kann.

Auf den nächsten Seiten werden Sie daher eine kurze Einführung in die Kryptografie und ihre Konzepte finden. Es wird insbesondere um die folgenden Konzepte gehen: Was ist Verschlüsselung mit einem Privatschlüssel? Was heißt das in Abgrenzung zum sogenannten privaten und öffentlichen Schlüsselkonzept? Was ist eine Hash-Verschlüsselung? Obwohl all diese Konzepte mathematischer Natur sind, werden wir dabei nicht auf Formeln zurückgreifen müssen, um die zugrunde liegenden Ideen nachvollziehen zu können.

Wenn wir diese Konzepte durchdrungen haben, machen wir einen großen Sprung und diskutieren das Verhältnis zwischen »roher Gewalt« der Rechenleistung und Entschlüsselung. Das wird uns helfen zu verstehen, was es wirklich bedeutet, wenn die Technologie des Quantencomputers diese Bühne betritt. Es wird dann klar werden, dass wir über eine Diskontinuität sprechen, bei der es um die Neuverteilung der Macht auf diesem Planeten geht und die nicht mehr weit in der Zukunft liegen dürfte.

Der private Schlüssel

Das Konzept des privaten Schlüssels ist relativ einfach. Ein Text oder Dokument wird »verrührt« und für Dritte unlesbar gemacht. Dafür wird ein Algorithmus benutzt, der dieses »Scrambling« in Abhängigkeit von der Gestalt des verwendeten Schlüssels durchführt. Der gleiche Schlüssel wird für Verschlüsselung und Entschlüsselung benutzt. Wie die obigen Wikipedia-Beispiele gezeigt haben, wird diese Technik seit Jahrhunderten verwendet. Es gibt aber ein kleines praktisches Problem bei dieser Methode: Nehmen Sie an, Sie wollten eine geheime Information von Person A an Person B senden. Sie verschlüsseln die Geheiminformation und erzeugen den »verrührten« Text, senden diesen dann an Person B. Sie machen das, weil Sie befürchten, der Text könnte auf dem Weg abgefangen werden und die Information in die falschen Hände geraten. Wenn er dann bei Person B ankommt, möchten Sie natürlich scherstellen, dass B ihn auch lesen kann.

Das Problem: Sie können den Schlüssel nicht zusammen mit dem Dokument an B senden. Wenn Sie das tun, wird ein potenzieller Gegner, der beides zusammen abfängt, in der Lage sein, das Dokument mithilfe des Schlüssels zu entschlüsseln und den Originaltext zu lesen. Sie könnten natürlich im Voraus den Schlüssel mit B vereinbaren, wenn Sie ihn treffen, aber vielleicht haben Sie das nicht getan, weil Sie nicht erwartet haben, dass eine geheime Kommunikation erforderlich sein würde. Alternativ könnten Sie ihm den Schlüssel separat senden, auf einer anderen Route, aber auch dann besteht ein Abfangrisiko. Das gilt insbesondere im Zeitalter des Internets. Eine E-Mail mit der verschlüsselten Nachricht zu schicken und dann eine zweite E-Mail mit dem Schlüssel macht nicht wirklich viel Sinn.

Obwohl also die Methode Privatschlüssel einfach und sicher aussieht, hat sie ihre praktischen und anwendungsbezogenen Grenzen. Aus diesem Grund wurde eine andere Verschlüsselungstechnik entwickelt, die das Problem des Schlüssels auf eine höchst elegante Art und Weise gelöst hat: die »privater Schlüssel – öffentlicher Schlüssel«-Methode.

Der private und der öffentliche Schlüssel

Diese Technologie wurde in den 1970er-Jahren entwickelt, um das oben beschriebene Problem des Schlüsselaustauschs zwischen den involvierten Parteien zu umgehen. Dieses Konzept basiert auf zwei Schlüsseln, die in einer mathematischen Beziehung zueinander stehen. Beide Schlüssel werden mit dem gleichen algorithmischen Prozess erzeugt. Der sogenannte öffentliche Schlüssel dient nur der Verschlüsselung. Er ist nicht geheim und wird verwendet, um die Daten zu »verrühren«. Er ist jedoch nicht in der Lage, den verschlüsselten Text wieder zu entschlüsseln und in ein lesbares Format zurückzuübertragen.

Die Aufgabe der Entschlüsselung wird von dem privaten Schlüssel durchgeführt, der aus dem gleichen Quellprozess stammt. Dabei wird zuerst der private Schlüssel generiert, der dann dazu dient, den öffentlichen Schlüssel herzustellen. Man kann leicht einsehen, warum dieses Vorgehen das Passwortproblem und seine Verwaltung deutlich vereinfacht: Da der öffentliche Schlüssel nicht in der Lage ist, die Verschlüsselung rückgängig zu machen, muss man ihn nicht geheim halten, daher auch der Name »öffentlicher« Schlüssel.

Jeder kann den Text in seine verschlüsselte Version umwandeln, aber der öffentliche Schlüssel hat etwas gemeinsam mit dem sogenannten *Hash-Algorithmus*: Er ist eine Einbahnstraße. Der Unterschied zum Hash ist: Bei der Verschlüsselung mit dem öffentlichen Schlüssel geht keine Information verloren, es gibt also im Prinzip einen Weg zurück, nämlich eben den privaten Schlüssel. Der Empfänger der Information ist auch der Inhaber des privaten Schlüssels, den er geheim halten muss, um den Zugang zur Information vor unbefugtem Zugriff zu schützen. Um dieses System wirklich sicher zu machen, ist es zwingend, dass man den privaten Schlüssel nicht aus dem öffentlichen Schlüssel herleiten kann. Leider gibt es derzeit noch kein Verfahren, mit dem dies mit absoluter Sicherheit garantiert werden kann.

Stattdessen konstruiert man die Sicherheit mithilfe eines Verfahrens, bei dem ein mathematisches Problem zum Einsatz kommt, das extrem schwierig zu lösen ist und gigantische Rechenkapazitäten benötigt. Das mathematische Problem, das dabei verwendet wird, nennt sich Primzahlen-Faktorisierung.

Der öffentliche Schlüssel ist das Produkt aus zwei extrem großen Primzahlen p_1 und p_2. Der private Schlüssel setzt die beiden Primzahlen separat ein. Faktorisierung ist der Prozess, der es möglich macht, die Primzahlen p1 und p2 aus dem vorliegenden Produkt p1 x p2 herauslesen zu können. Selbst nach heutigem Standard benötigt man für diese Berechnung eine Rechenkapazität, die nicht verfügbar ist, selbst wenn man Millionen Rechenoperationen pro Sekunde durchführen kann. Was bedeutet das? Nehmen wir zum Beispiel die Zahl 255 255. Diese Zahl ist das Produkt aus 6 Primzahlen: 3 x 5 x 7 x 11 x 13 x 17 entspricht 255 255.

Es ist leicht, diese Berechnung durchzuführen: Die Zahl der Primzahlen, die wir miteinander multipliziert haben, ist klein, und die Primzahlen selbst sind auch klein. Außerdem habe ich gemogelt, weil ich zuerst die Primzahlen genommen und sie dann multipliziert habe, statt die Zahl 255 255 zu nehmen und dann zu fragen, aus welchen Primzahlfaktoren sie sich zusammensetzt.

Aber was passiert, wenn wir uns eine extrem große Zahl ansehen? Sagen wir zum Beispiel 809^20+3 445 584 275 221 209? Um die Primzahlfaktoren dieses numerologischen Leviathans herauszufinden, müssen wir ihn zuerst durch kleine und dann immer größere Primzahlen dividieren, dürfen auf dem Weg zu größeren Zahlen keine einzige Primzahl vergessen und sehen dann nach jeder Division, ob sich ein ganzzahliges Ergebnis ergibt. Hat man die erste ganzzahlige Ergebniszahl bei der Division durch eine Primzahl gefunden, so speichert man sie ab und fährt dann mit ihr fort, indem man sie auch durch die ganze Primzahlenreihe dividiert, allerdings beginnend mit der letzten erfolgreich verwendeten Primzahl. Die zuvor verwendeten können wir ausschließen, weil sie sonst im ersten Lauf mit der größeren Ausgangszahl schon funktioniert hätten. Man setzt diesen Prozess fort, bis nur noch Primzahlen übrig sind. Nimmt man eine sehr große Ausgangszahl, dann ist der Prozess rechenintensiv, um es mal extrem vorsichtig auszudrücken. Die Zahl der Operationen zur Ausführung dieser Arbeit bei sehr großen Zahlen liegt jenseits dessen, was Menschen leisten können, es ist etwas, worin der Computer den Menschen schon lange schlägt. Aber bei sehr großen Zahlen scheitern auch unsere schnellsten Rechner in dem Sinne, dass sie ein paar Tausend Jahre bräuchten, um die Primzahl-Faktorisierung durchzuführen.

Die ständig wachsende Rechenleistung der Computer, mittlerweile gemessen in MIPS, also Millionen Instruktionen pro Sekunde, hat eine Art Rüstungswettlauf in Gang gesetzt: Die Primfaktoren, die man für die Verschlüsselung einsetzt, wurden immer größer, um sicherzustellen, dass das System den Rechenkapazitäten der Codebrecher immer einen Schritt voraus ist. Das ist das Konzept, das man »Rechnen mit roher Gewalt« nennt.

Es ist klar, dass dieser Rüstungswettlauf dadurch entschieden wird, diese »rohe Gewalt« der Rechenleistung billig verfügbar zu machen. Und genau an dieser Stelle wird der Quantencomputer zum Problem für die derzeit verwendete Verschlüsselungstechnologie.

Hash-Verschlüsselung

Hash-Verschlüsselung ist ein etwas kontraintuitives Konzept, weil es eine reine Einbahnstraße ist. Es wurden eine ganze Reihe von Hash-Algorithmen entwickelt. Die beiden gebräuchlichsten sind der SHA-256[27] und der RIPEMD-160[28]. Beide erlangten eine gewisse Berühmtheit, weil sie im Bitcoin-Zahlungsverkehrs-Verifikationsprotokoll eingesetzt werden.[29]

Der verwendete Algorithmus nimmt eine beliebige Reihe von Zeichen (den zu verschlüsselnden Text) und wandelt ihn in einen alphanumerischen String vordefinierter Länge um. Dieser Vorgang kann nicht rückgängig gemacht werden. Es gibt keinen Schlüssel oder Algorithmus, der den ursprünglichen Text wiederherstellen und lesbar machen kann. Diese Einbahnstraße ist die Folge von Informationsreduktion im Verschlüsselungsprozess. Ein Teil der zu verschlüsselnden Information wird in einem der Schritte der Verschlüsselung entfernt. Es ist also klar, dass er nicht rückgängig gemacht werden kann: Die dafür notwendige Information ist im Ergebnis-String einfach nicht mehr vorhanden (unter String ist eine spezifische, einmalige Zeichenkette zu verstehen).

Dennoch kann man zeigen, dass jeder Text nur einen individuell zuzuordnenden Output-String hat, weil die Zahl der möglichen Variationen des Strings extrem groß ist (größer als die Zahl der Atome im Universum).

Für was um alles in der Welt soll das gut sein, wenn man es nicht rückgängig machen kann? Sind die verschlüsselten Daten dann nicht für immer verloren? Nun, das ist dann nicht der Fall, wenn der ursprüngliche Datensatz nicht an einem anderen Ort abrufbereit gespeichert wäre. Der Hash-String dient dann als Verifikationsprotokoll. Wie funktioniert das? Lassen sie uns annehmen, ein Notar soll die Gültigkeit einer Transaktion beglaubigen. Er soll einem Klienten gegenüber einer dritten Partei bestätigen, dass eine Transaktion durchgeführt wurde. Wenn er diesem Dritten das entsprechende Dokument zusendet, stellt sich die Frage, wie für diesen Dritten bewiesen werden kann, dass das Dokument echt ist.

Mit einer Hash-Verschlüsselung ist das relativ einfach: Der Notar produziert ein Dokument mit seinem elektronischen Siegel (das theoretisch gefälscht werden könnte) und transferiert das Dokument an seinen Klienten, der es dann dem Dritten zukommen lässt. Der Notar nimmt das Dokument, produziert daraus einen Hash-String mit einem öffentlich verfügbaren Hash-Algorithmus und veröffentlicht den Hash-String im Internet. Mit diesem String kann niemand auf der Welt irgendetwas anfangen, außer dem Dritten, dem die Transaktion bestätigt werden soll, also dem Empfänger des mit dem Siegel versehenen Dokuments. Er wird das Dokument nehmen und mit dem gleichen öffentlichen Hash-Algorithmus verschlüsseln. Dann vergleicht er das Ergebnis mit dem vom Notar veröffentlichten String. Wenn beide identisch sind, ist das Dokument echt, wenn nicht, handelt es sich um eine Fälschung.

In einer Welt der Quantencomputer können Hash-Algorithmen sehr nützlich sein. Da sie nicht reversibel sind, kann keine noch so große Rechenkapazität oder »rohe Gewalt« sie zurück in den Ausgangstext übersetzen. Sie sind »quantensicher«. Die Verfügbarkeit publizierter Hash-Strings kann daher die sichere Verifikation von ursprünglichen Inhalten einer Datenbank, aus der der String abgeleitet wurde, gewährleisten.

Wenn die publizierte Datenbank global verteilt ist, wie das zum Beispiel bei der Bitcoin-Währung der Fall ist, oder für spätere Verifikationszwecke ausgedruckt wird, ist es sehr viel schwieriger oder sogar unmöglich, sie auf eine Weise zu manipulieren, die später nicht entdeckt werden kann. Das Verifikationsprotokoll bietet eine gewisse Sicherheit gegen rückwirkende Datenmanipulation und genau dafür wird es bei der Bitcoin-Währung auch eingesetzt. Das Bitcoin-Blockchain-Protokoll nimmt die Information jedes Quellkontos, aus dem Geld heraus transferiert wird und fügt die Transaktionsinformation als Hash-String in das Zielkonto des Geldtransfers ein. So erzeugt es eine Kette von durch Hash-Strings verbundenen Transaktionsprotokollen, daher auch der Name: Blockchain.

Das heißt, es ist nicht möglich, alte Transaktionen zu manipulieren, auch nicht in Zukunft, und das ermöglicht es dem System, diese alte retrograde Information quasi einzufrieren. Wenn der erste Quantencomputer online geht, wird das Bitcoin-System eingefroren und erst wieder aktiviert, wenn eine ebenso mächtige Verschlüsselung mit Quantencomputer verfügbar ist, die das System in der neuen Umwelt sicher macht. Das ist zwar ein kritisches Element, aber es kann nur erfolgreich umgesetzt werden, wenn die Systemadministratoren sich dessen überhaupt bewusst sind, dass ein solcher Quantenrechner online ist.

Betrachten wir nun die Komponenten der anstehenden Cyber-Diskontinuität.

Der Quantencomputer

Seit dem Jahr 1900 erleben wir einen beschleunigten Anstieg der verfügbaren Rechenkapazität. Alle ein bis zwei Jahre verdoppelt sich die Zahl der Operationen, die wir für einen gegebenen Geldbetrag kaufen können. Die Formel ist jetzt allgemein bekannt als Moores

Gesetz. Ray Kurzweil konnte zeigen, dass diese Entwicklung zwei Gesetzmäßigkeiten folgt: Sie greift über die Grenzen einzelner Technologien hinaus und sie gilt seit über 100 Jahren mit einem praktisch ununterbrochenen Fortschritt, dessen Beschleunigung sich noch selbst beschleunigt.[30]

Schauen wir uns zuerst Kurzweils erste Beobachtung an: Im Jahr 1900 gab es keine integrierten Schaltkreise. Automatisierte Berechnungen wurden auf mechanischer Basis durchgeführt, und das war der offensichtliche Grund dafür, dass der Fortschritt langsam vonstattenging. Rechenkapazität war nach heutigen Maßstäben sehr teuer. Die Verdoppelungszeit der Anzahl von Rechenoperationen pro Sekunde, die man für 1000 US-Dollar kaufen konnte, betrug damals noch ca. drei Jahre. Bemerkenswert ist, dass die Technik in den 1960er-Jahren immer noch im Einsatz war. Ich habe noch eine Kindheitserinnerung an die Kassenhilfe im Lebensmittelladen unseres kleinen Ortes und wie sie eine mechanische Maschine für das Zusammenrechnen der Beträge benutzte. Die Maschine hatte einen Hebel an der Seite: Um die Addition durchzuführen, musste er mit einem kräftigen Ruck nach unten bewegt werden, was die Zahnräder der Maschine in Gang brachte. Eine mechanische Glocke zeigte die erfolgreiche Addition an, nachdem die Räder sich zur Durchführung der Operation bewegt hatten.[31]

Man kann leicht verstehen, wo die natürlichen Grenzen dieser Technik liegen und warum sie schnell erreicht sind. Sie wurde durch die elektromechanischen Relais ersetzt. Sie enthielten kleine Elektromagnete, die als Null-Eins-Träger fungierten. Ein deutscher Erfinder, Konrad Zuse, baute mit dieser Technologie den ersten programmierbaren Computer, den Zuse-1 oder Z-1. Dann kamen die Vakuumröhren, die auf bewegliche Teile verzichteten. Sie wurden in den 1940er-Jahren durch die Transistoren abgelöst, die in gewisser Weise einen Quantensprung darstellten. Sie waren viel kleiner als Röhren oder Relais, robuster, ohne bewegliche Teile oder die Notwendigkeit eines schwierig herzustellenden und aufrechtzuerhaltenden Vakuums. Der Transistor basierte auf der Erfindung von Halbleitern, also

Materialien, die in Abhängigkeit von äußeren Bedingungen Strom leiten oder nicht leiten. Diese äußere Bedingung ist in der Regel der Einfluss eines elektromagnetischen Feldes. Basierend auf dieser Eigenschaft wird es möglich, den Fluss von Strom durch eine Leitung vom Stromfluss durch eine andere Leitung abhängig zu machen. Das ist die Grundlage der Logikgatter.

Dann, in den 1960ern, wurden die Transistoren auf integrierte Schaltkreise gepackt, in immer kleineren Versionen und in immer größerer Anzahl. Die dafür eingesetzte Technik nennt man Fotolithografie. Chemikalien werden auf eine Schicht kristallinen Silikons aufgebracht, und Licht wird verwendet, um chemische Reaktionen auszulösen, was im Prinzip dazu führt, dass auf der Silikonfläche ein fotografisches Bild entsteht. Dieses Bild hat mehrere Schichten mit unterschiedlichen Materialien, deren Kombination und Abfolge die Struktur des Transistors auf der bearbeiteten Oberfläche herausarbeitet.

Man kann sich schnell ein Bild davon machen, warum das immer dichtere Packen von Transistoren auf der Oberfläche des Chips die Rechenleistung erhöht: Die Zahl der Transistoren, die die Basisoperationen durchführen, wächst. Zugleich reduziert ihre abnehmende Größe die Zeit, die die elektrischen Impulse zwischen den Transistoren benötigen, ebenso wie die Schaltzeit der einzelnen Transistoren. Das Produkt aus beiden Wirkungen steigert die Rechenleistung deutlich. Im Lauf der Zeit haben es die Ingenieure geschafft, zuerst Tausende, dann Millionen und schließlich Milliarden von Transistoren auf einer winzigen Oberfläche zu konzentrieren.

Um das mithilfe von fotolithografischen Verfahren leisten zu können, musste das Licht durch immer kürzere elektromagnetische Wellen ersetzt werden, von sichtbarem Licht zu Ultraviolett und zu Röntgenstrahlen. Die heutigen Transistoren auf Mikrochips sind so klein, dass man sie auch mit starken Lichtmikroskopen nicht mehr sehen kann. Sie messen nur noch wenige Atomabstände.

Diese Technologie ist das Herzstück der heute stattfindenden digitalen Revolution. Sie hat die Verdopplungszeit der Rechenleistung zu festem Preis auf nur noch knapp über ein Jahr reduziert. Sieht man sich aber die Größe der elektronischen Komponenten auf den Mikrochips an, so wird klar, dass diese Technik an ihr Limit kommt. Es gibt noch ein paar Möglichkeiten, sie auszureizen, wie dreidimensionale Chips, aber die Hitzeerzeugung des Chips und die Komplexität der Schaltungen setzen auch dieser Option Grenzen.

Es trifft sich also gut, dass gerade jetzt eine neue Technologie heranreift, um die Bühne des Fortschritts der Rechenleistung zu betreten. Diese Technologie nennt man Quantencomputing. Quantenrechner basieren auf den seltsamen und unserer Intuition widersprechenden Gesetzen der Welt atomarer und subatomarer Partikel. Um eine Vorstellung davon zu bekommen, was das bedeutet, ist es erstens notwendig zu verstehen, dass die Ingenieurskunst zum Bau von Maschinen, die solche Eigenschaften nutzen können, die Fähigkeit voraussetzt, extrem kleine Dinge zu manipulieren, und zweitens eine Idee von den Eigenschaften dieser Partikel zu gewinnen, die sie so speziell machen, dass die Fähigkeit sie zu manipulieren das Tor zu einer ganz neuen Dimension der Rechenleistung aufschlägt. Das eröffnet die Möglichkeit, Daten in bisher unvorstellbarer Weise und Geschwindigkeit zu verarbeiten.

Ohne dabei die seltsame Welt quantentheoretischer Modelle betreten zu wollen, können wir sagen, dass die – bisher theoretische – gewaltige Fähigkeit des Quantenrechners auf der stochastischen, also zufallsgetriebenen Natur des Verhaltens von Quantenteilchen beruht. Diese extrem kleinen Partikel haben eine andere Art der physikalischen Existenz, als es unserer täglichen Erfahrungswelt entspricht. Das betrifft Ursache und Wirkung, ja und nein oder sich an einem Ort zu befinden oder auch nicht zu befinden. Diese Teilchen benehmen sich wie Geister, haben keinen definierten Ort im Raum, den sie einnehmen, nur eine Wahrscheinlichkeitsverteilung ihrer möglichen Aufenthaltsorte – bis jemand hinschaut!

Versuchen Sie nicht, das mit Ihrem gesunden Menschenverstand zu erfassen. Das wird nicht funktionieren. Aber das brauchen Sie auch nicht. Alles, was Sie zunächst wissen müssen, ist, dass es diese Eigenschaften sind, die eine Rechenmaschine möglich machen, die alles schlägt, was in Ihrer Vorstellungskraft Platz hat. Wenn es uns gelingt, viele Quantenpartikel einzufangen, in einen Käfig zu sperren und sie darin beobachten zu können, dann funktioniert es. Ein einzelnes Quantenpartikel, das wir für Rechenzwecke einsetzen können, nennen wir Quantenbit oder QuBit. Solange wir es nicht beobachten, also eine Messung an ihm durchführen, kann es eine unbegrenzt große Anzahl von Zuständen gleichzeitig einnehmen.[32]

Wenn wir es beobachten, dann verschwindet die Wellenfunktion seiner Wahrscheinlichkeitsverteilung und das Partikel nimmt einen festen Ort ein, als würde es sich aus einem Nebel herauskristallisieren.

Aber es gibt ein Problem: Es ist sehr schwierig, ein Quantenpartikel in einen Käfig zu sperren, und es dort zu beobachten, ist extrem schwierig. Die Systeme, über die wir bisher verfügen, sind nicht sehr stabil. Also müssen wir Technologien entwickeln, die ein QuBit für eine ausreichend lange Zeit festhalten, und zwar nicht nur eines, sondern möglichst viele. Erst das parallele Arbeiten vieler QuBits erzeugt die Rechenkapazität, die wir bisher nur theoretisch kennen.

Die Anzahl der Operationen, die ein System aus mehreren QuBits leisten kann, wird durch die Formel 2^(Anzahl QuBits) ausgedrückt. Rechenkundige Leser werden sofort erkennen, dass diese Funktion exponentiell verläuft. Wenn wir stabile QuBits hinzufügen, wächst die Rechenleistung nicht linear, sondern superexponentiell, weil der Exponent wächst und nicht die Basis des Terms.

Wir erleben im Moment einen Wettlauf zum Bau der ersten funktionsfähigen Quantenrechner durch private und staatliche Sponsoren gleichermaßen. IBM hat 2016 ein noch krudes Gerät online gestellt, jeder kann über das Internet darauf zugreifen. Es ist noch nicht sehr stabil und hat noch zu wenige QuBits (fünf an der Zahl), um schon einen großen Unterschied auszumachen. Bereits 2017 kündigte das Unternehmen an, die Zahl der QuBits auf 20 zu erhöhen und an 60 zu arbeiten. Die Schritte könnten also durchaus sehr schnell auf die kritische Menge an QuBits zulaufen.[33]

Man darf wohl annehmen, dass die NSA substanzielle Summen in diese Technologie investiert, um ihren Vorsprung bei der globalen Überwachung aufrechtzuerhalten. Die Fähigkeit, Dateien zu entschlüsseln und Zugriff auf Geräte wie Laptops, Smartphones und andere Endgeräte zu haben, ist dafür der Schlüssel.

Es wäre auch eine Riesenüberraschung, wenn China, Russland und andere aufstrebende Nationen nicht auch an dieser Technologie arbeiteten, die einen strategischen Vorteil von historischen Ausmaßen ermöglicht.

Über Google wurde kürzlich berichtet, dass es einen Quantenrechner entwickle, der führend sei, aber wenig Details sind bekannt. Das Bemerkenswerte an den Anstrengungen Googles ist, dass diese Firma keine Hardware, sondern nur Software und Datenmanagement produziert. Dennoch investiert sie große Summen in eine spezielle Hardware, weil sie Durchbruchcharakter hat. Datensammler wie Google haben dabei in diesem Rüstungswettlauf viel zu gewinnen und auch viel zu verlieren. Wenn sie nur zweiter Sieger sind, könnten sie vielleicht von einem neuen Wettbewerber einfach ausradiert werden.

Das Hauptproblem scheint zu sein, die QuBits für einen Zeitraum stabil genug zu halten, um komplexe algorithmische Prozesse durchführen zu können. Instabile QuBits führen eine Fehlerquelle in das System ein, die das Ergebnis invalidieren können. Die Erfahrung zeigt, dass solche technischen Probleme früher oder später überwunden werden, wenn die Basistechnologie vorhanden ist. Manchmal passiert das durch geduldiges schrittweises Verbessern traditioneller Techniken, wie zum Beispiel das Einfangen eines QuBits in einem magnetischen Feld, manchmal aber auch mit einer neuen Technologie aus einer gänzlich unerwarteten Ecke, an die niemand außer dem Erfinder gedacht hat. Was wird passieren, wenn unsere Fähigkeit, eine wachsende Anzahl von QuBits effizienter zu handhaben, im Lauf der Zeit wächst? Die IBM-Maschine hat gezeigt, dass es möglich ist, wenigsten 5 QuBits halbwegs stabil zu halten. Nehmen wir nun an, dass es uns gelingt, die Zahl der QuBits, die wir verwenden, um 10 Prozent pro Jahr zu steigern. Das ist angesichts der letzten Entwicklungen bei IBM eine extrem konservative Annahme. Wie übersetzt sich das in Rechenleistung ab 2017? Die nachfolgende Tabelle vermittelt eine Vorstellung davon:

QuBits	Jahr	Produkt
1,2		2^QuBit
		16,00
5	2017	32,00
6	2019	64,00
7	2021	147,03
9	2023	398,93
10	2025	1.321,54
12	2027	5.562,82
15	2029	31.214,31
18	2031	247.300,22
21	2033	2.963.939,97
26	2035	58.377.203,26
31	2037	2.086.853.403,30
37	2039	152.542.314.058,32
45	2041	26.306.822.615.013,70
53	2043	12.708.142.488.861.100,00
64	2045	21.129.951.042.357.000.000,00
77	2047	154.838.226.731.302.000.000.000,00
92	2049	6.727.501.863.830.900.000.000.000.000,00
111	2051	2.474.141.831.142.100.000.000.000.000.000.000,00
133	2053	11.806.182.996.548.900.000.000.000.000.000.000.000.000,00
160	2055	1.220.482.095.341.460.000.000.000.000.000.000.000.000.000.000.000,00
192	2057	5.056.356.601.733.350.000.000.000.000.000.000.000.000.000.000.000.000.000.000,00
230	2059	1.756.326.419.296.230.000.000.000.000.000.000.000.000.000.000.000.000.000.000.000.000.000.000,00
276	2061	124.029.867.866.669.000.000.000.000.000.000.000.000.000.000.000.000.000.000.000.000.000.000.000.000.000.000.000,00
331	2063	5.155.034.038.234.090.000.000.000.000.000.000.000.000.000.000.000.000.000.000.000.000.000.000.000.000.000.000.000.000.000.000.000.000,00

Rechenoperationen in Abhängigkeit von der Anzahl stabiler QuBits. Quelle: Eigene Berechnungen

Bei 331 QuBits, die wir dann 2063 erreichen würden, hätten wir eine parallele Rechenleistung von 5.155 x 10^96 Operationen. Die von Astronomen geschätzte Anzahl der Atome im Universum ist mit 10^78 signifikant kleiner.

Addiert man 20 Prozent mehr QuBits über zwei weitere Jahre, so springt die Zahl der Rechenoperationen um eine Billion Mal eine Million und macht selbst diese riesige Rechenkapazität zum Zwerg. Das ist selbst dann noch der Fall, wenn man leistungsreduzierende Effekte wie Quantenkorrelation herausrechnet[34].

Eine dieser Überraschungstechnologien könnte aus dem Bereich biologischer Quanteneffekte kommen. Das ist ein extrem neues Forschungsgebiet. Seine wesentliche Neuerung besteht in der Entdeckung, dass biologische Systeme in der Lage sind, quantenmechanische Effekte bei Zimmertemperatur und in der wässrigen Umgebung lebender Organismen zu nutzen. Die bisher beobachteten Phänomene reichten von einem Quantentunneleffekt, ohne den die Fotosynthese nicht funktionieren würde, bis zur Fähigkeit von Vögeln, das Magnetfeld der Erde mithilfe von Quanteneffekten zu messen. Da sich diese Forschungen in einem sehr frühen Stadium befinden, wäre es voreilig zu behaupten, dass aus dieser Ecke ein Durchbruch für das Thema Quantenrechner kommen müsse. Es ist aber bemerkenswert, dass ein solcher Mechanismus als Erklärungsansatz vorgeschlagen wurde, um die Fähigkeit des Gehirns zum Bewusstsein zu erklären, weil dieses nicht durch einfache Algorithmen möglich sei, wie Roger Penrose in seinem Buch *The Emperor's New Mind*[35] ausführlich dargelegt hat.

Wie wir gesehen haben, ist unsere Fähigkeit zur Erzeugung und Stabilisierung von QuBits für einen kritischen Zeitraum das entscheidende Element für die Rechenkapazität künftiger Quantenrechner.

Durch Extrapolation der aktuellen Entwicklungen erscheint es möglich oder sogar wahrscheinlich, dass irgendwann zwischen 2020 und 2030 ein Durchbruch erfolgen wird, der diese Technik einen Reifegrad erreichen lässt, der zu einem Überholen der Leistungsfähigkeit der aktuellen Technik führt. Dann wird es sehr schnell gehen.

Das wiederum würde bedeuten, dass irgendwann in der nächsten Dekade ein Spieler das Feld im Kampf um die globale Rechendominanz betritt, der sein Ziel erreicht und die Konkurrenz auf die Plätze verweist. Diese Person oder Institution wird Fähigkeiten erwerben, die man nur als bemerkenswert bezeichnen kann.

Datenzugriff und Kontrolle erfolgen in der global vernetzten Ökonomie nicht physikalisch. Es gibt mit Ausnahme ganz weniger kritischer Systeme, wie zum Beispiel Atomkraftwerken, keinen Stecker, den man ziehen kann, um die Vielzahl der Datensysteme vom weltweiten Netzwerk zu trennen. Der Zugriff wird gewährt oder verweigert, basierend auf Datenverschlüsselung. Jedes Mal, wenn Sie auf ein wichtiges System zugreifen, wie Ihren eigenen Computer, Ihr Smartphone oder Dienste wie Internet-Banking und andere Arten von Services, werden Sie nach Benutzernamen und Passwort gefragt. Dieses Passwort ist Teil eines Verschlüsselungssystems, das einem der oben beschriebenen Modelle folgt, in der Regel ein Algorithmus basierend auf öffentlichem und privatem Schlüssel. Nur das hält die Leute vom Zugriff auf Daten ab, für deren Lese-, Schreib- oder Änderungszugriff sie nicht autorisiert sind.

Das Niveau des Schutzes, den wir genießen können, hängt also von der Fähigkeit der Verschlüsselungssysteme ab, die Tür so fest zu verschließen, dass das mathematische Problem des Schlosses die Fähigkeit des Angreifers übersteigt, es mit numerischer Feuerkraft aufzubrechen. Was aber wird passieren, wenn ein Teilnehmer über das weltweite Netz mit allen anderen verbunden ist, der einen voll skalierbaren Quantenrechner sein Eigen nennt und der damit praktisch den Übergang von konventionellem zu atomarem Sprengstoff geschafft hat?

Kurzum: Er wird in der Lage sein, alle unten aufgelisteten Dinge zu tun und noch viele weitere, die meiner Fantasie entgangen sind:

- Er bekommt Lese- und Schreibzugriff auf alle mit dem World Wide Web global verbundenen Systeme. Das schließt auch Dinge ein wie Ihren Computer, Ihr Telefon, Ihren Fernseher, die geheimen und die öffentlichen Daten Ihrer Regierung, die Systeme der Banken, Ihr Konto, Ihre Wertpapiere, Ihre Sparpläne, die Systeme der Versicherungsunternehmen, Industrieunternehmen, Krankenhäuser, Polizei, Geheimdienste, Militär, Forschungslabore, Telefonnetzwerke (Kabel und Mobil), Cloud-Dienste usw. usw. Möchten Sie fortfahren?

- Der Schreibzugriff schließt die Fähigkeit des Quantencomputers ein, zuerst den kryptografischen Schutz zu brechen und dann einen eigenen an seiner Stelle zu installieren, sodass Ihnen und jedem anderen auf dem Planeten der Zugang zu den eigenen Daten verweigert werden kann, egal wo diese Daten gespeichert sind.
- Die volle Kontrolle über Ihre Daten zu erlangen beinhaltet die Möglichkeit kompletter Überwachung Ihres Aufenthaltsorts über Ihr Smartphone, die Möglichkeit, Ihnen den Zugang zu Ihrem Haus oder Apartment zu gewähren oder zu versperren, wenn Ihr Zuhause mit Dingen wie einem elektronischen Schlüssel gesichert ist. Zugriff auf Ihre Webcam und Ihre Alarmanlage hat er ohnehin. Da das für die meisten Regierungsgebäude und Anlagen der Fall ist, kann ein Quantenhacker auch die Staatsangestellten, Beamten und Politiker von ihrem Arbeitsplatz aussperren. Die Polizei betrifft das natürlich auch.
- Der Angreifer kann die Kontrolle über diese Systeme auch übernehmen und gleichzeitig sicherstellen, dass niemand jemals mitbekommt, was passiert. Er kann Trojaner und Malware in jeder Ecke des World Wide Web und in jedem proprietären System seiner Wahl installieren. Es könnte lange dauern, bis irgendjemand mitbekommt, was sich unter der Oberfläche abspielt.

Es ist natürlich möglich und zu hoffen, dass die erste Person oder Institution, die in diesem technologischen Wettlauf die Oberhand gewinnt, wohlwollend und nicht kriminell ist und nur das Beste für die Menschheit will. Aber darauf würde ich keine Wette abschließen. In der Vergangenheit waren es leider oft die mit den vermeintlich besten Absichten, die durch ihre schiere Konzentration von Macht Unheil über ganze Nationen und Kontinente gebracht haben. Die Macht und die Hybris, das Leben der Menschen durch Zentralisierung der Entscheidungen zu verbessern und sie unter eine sozialistische Vormundschaft zu stellen, sind der Quell des Machtmissbrauchs.

Der Erste zu sein, der die Verfügungsgewalt über einen hochperformanten Quantenrechner hat, bedeutet in unserer hochvernetzten Welt, das zu haben, was der absoluten Macht am nächsten kommt.

Für eine Welt, die das gesamte Management ihres täglichen Lebens, von privaten Notebooks über die Kommunikation mit Familie und Freunden, bis hin zu Dienstleistungen des Staates einschließlich der öffentlichen und der nationalen Sicherheit den Rechnern im weltweiten Netz anvertraut hat, ist das ein ziemliches Risiko.

Es ist, kurz gesagt, das Rezept für eine globale Tyrannei. Zwei Fragen ergeben sich aus diesem Szenario:

1. Warum sind wir so verwundbar? Was ist der Grund für unsere fehlende Vorbereitung auf einen disruptiven Vorgang dieser Art, obwohl jeder die ganze Zeit über Hacking, Cyberkriminalität, Überwachung und Datensicherheit redet?
2. Was können wir tun, um unsere Verwundbarkeit in sozialen, wirtschaftlichen, politischen und militärischen Fragen zu reduzieren?

1. *Warum sind wir so verwundbar?*

Meine Hypothese ist, dass wir nicht daran gewöhnt sind, in Systemen zu denken. Wir konzentrieren uns stattdessen auf die kleinen Sonderausstattungen und Anwendungen auf unseren neuesten Spielzeugen und erfreuen uns an ihrer Funktionalität. Wir glauben, ihr reibungsloses Arbeiten und die Ausführung ihrer Aufgaben, die wir ihnen übertragen, sei gleichzeitig ein Maß ihrer Sicherheit, Verlässlichkeit und ihres eingebauten Schutzes der Privatsphäre. Wir hinterfragen die Grundannahmen hinter diesen Glaubenssätzen nicht. Und wir führen nicht zuletzt keine ernsthafte Debatte über die Lebensfähigkeit und Haftung unserer digitalen Produkte. Produkthaftung ist aber einer der Ecksteine einer funktionierenden Marktwirtschaft. Was bedeutet das in diesem Zusammenhang?

Ein Markt, der diesen Namen auch verdient, unterstellt, dass die Menschen alles handeln oder tauschen können, was sie wollen, und zwar zu den Bedingungen, auf die sie sich freiwillig verständigen. Die Annahme in diesem Anspruch ist, dass beide Seiten wissen, was sie tun. In moderner Sprache: Beide Seiten haben Transparenz über die Folgen ihres Handels, es gibt keine Informationsasymmetrie. Eine der Errungenschaften der modernen Marktwirtschaft im technologischen Zeitalter ist, dass entweder die Marktteilnehmer oder der Staat erfolgreich Bedingungen geschaffen haben, die diese Annahme der Informationssymmetrie real gemacht haben. Das ist gewissermaßen Teil des Spielfelds, genauso wie Eigentumsrechte und die Herrschaft des Rechts, die die Beziehungen, Rechte und Grenzen der Marktteilnehmer regeln.

Wenn vor 5000 Jahren zwei Jäger und Sammler eine Steinaxt gegen 15 Pfeilspitzen aus Feuerstein getauscht haben, dann hatten beide volle Transparenz über diesen Handel, weil sie beide das technische Knowhow hatten, die Qualität und Einsatzfähigkeit dieser Handelsprodukte einzuschätzen. Indem der Fortschritt der Arbeitsteilung es den Menschen ermöglichte, immer kompliziertere Produkte herzustellen, wurde es für die Käufer dieser Produkte immer schwieriger, ihre Qualität noch angemessen bewerten zu können. Wie würden Sie die Präzision eines Uhrwerks, die Haltbarkeit einer Kutsche oder eines Schiffs oder die Benutzbarkeit einer Landkarte bewerten, wenn Sie nicht den Beruf ausüben, der diese Dinge herstellt? Das gilt noch mehr für Autos, Schreibmaschinen, Staubsauger, Maschinen, Werkzeuge oder einen Fernseher.

Die institutionelle Innovation, die dieses Problem löste, war die Herstellergarantie oder Verkäufergarantie. Eine Garantie braucht einen legalen Rahmen, um sie operational zu machen, und die Gesetzgeber des 18. und 19. Jahrhunderts stellten ihn zur Verfügung, weil ihnen klar war, dass sie damit den Handel befeuern und die Kosten durch Betrug senken konnten. Die Garantie setzt einen gewissen Standard, der ein Mindestmaß an Sicherheit für den Käufer oder Konsumenten herstellt. Zusätzlich vermochten die Unternehmen Marken zu entwickeln, die das Vertrauen in ihre Produkte stärkten. Eine Marke ist im Grunde so etwas wie ein angespartes Vertrauenskonto bei den Konsumenten in ihre Produkte. Diese Vertrauenssparbüchse braucht sehr lange, bis sie gut gefüllt ist, und ist extrem schnell wieder leer, wenn eine Marke ihre Kunden enttäuscht. Durch die Verbindung von Garantie und Marke war es möglich, die Informationsasymmetrie zwischen dem Käufer und dem Kunden deutlich zu reduzieren und die Funktion des Marktes zu stärken. Deswegen sind diese Konzepte so erfolgreich.

Sieht man sich die digitale Welt an, so wird schnell klar, warum das legale und institutionelle Rahmenwerk des Konsumentenschutzes aus Garantie und Marke nicht ausreicht, das Machtungleichgewicht zwischen den beiden Marktseiten in die Balance zu bringen. Die Verkäufer haben gegenüber ihren Kunden einen riesigen Informationsvorsprung. Eine Garantie für Ihr Smartphone ist eine schöne Sache, und die haben Sie auch. Aber sie deckt nur seine Funktionsfähigkeit unter bestimmten definierten Bedingungen ab, wie zum Beispiel installierte Software, nicht gehackte Systeme, Nichteinmischung von Fremdsoftware usw. Sie schützt Sie nicht vor Malware oder vor dem Missbrauch durch den Produzenten, wenn er Ihre Privatsphäre verletzt, oder Ihre Verwundbarkeit durch Hackerangriffe Dritter. Sie schützt Sie auch nicht davor, dass der Anbieter des Produkts, das Sie gerade gekauft haben, Sie ausspioniert. Die verborgenen Funktionalitäten, die Ihre Privatsphäre beeinträchtigen, verbergen sich in der technischen Komplexität des Produkts und juristisch in der Komplexität der »Terms of service« (TOS), die die vertragliche Grundlage Ihres Kaufs von Software oder Online-Diensten darstellen.[36]

Die »Terms of service«, lange Ansammlungen von juristischen Paragrafen, denen Sie durch Anklicken zustimmen müssen, bevor

Sie den Dienst in Anspruch nehmen können, zementieren die Asymmetrie Ihres Informationsstands. Abgesehen davon, dass diese Geschäftsbedingungen ohne juristische Ausbildung hinsichtlich ihrer Implikationen nicht verstanden werden können, werden sie regelmäßig geändert und die Änderungen dem Konsumenten in der gleichen Weise wie die ursprüngliche Version aufgezwungen oder untergeschoben. Diese Änderungen sind natürlich in aller Regel zum Vorteil des Anbieters und zum Nachteil des Kunden, für den es auch schon nach menschlichem Ermessen gar nicht möglich ist, die Menge der »Terms of service«-Texte in der ihm zur Verfügung stehenden Lebenszeit zu lesen.

Falls es Sie tröstet: 99 Prozent der Unternehmenslenker, Manager von Banken, Versicherungen oder Industrie befinden sich in der gleichen Lage. Sie haben schon lange den Überblick verloren über die Komplexität des juristischen und technologischen Spinnennetzes, in dem sie sich verfangen haben.

Diese Kritik klingt zwar ziemlich kleinlich, aber sie hat tiefgreifende Auswirkungen auf das Funktionieren des Marktes für digitale Produkte. Nicht nur erzeugt sie eine Informationsasymmetrie, die den Kunden mit einem immer größeren Nachteil belastet, sie überträgt auch das Risiko des technischen Versagens auf den Konsumenten. Es ist am Ende das Ungleichgewicht von Risikoübernahme und Risikotragen, das die Marktkräfte außer Kraft setzt.

Was macht die Politik mit dem Problem? Anstatt ihre Anstrengungen darauf zu richten, Marktinstitutionen zu entwickeln, die die bestehenden Garantie- und Markenkonzepte klassischer Technikprodukte auf die neue Welt der Software-Applikationen und Netzdienste übertragen, lässt sie sich alle Arten von Regulierungen, Verboten, willkürlichen Beschränkungen und bürokratischen Hindernisse einfallen, die absolut nichts dazu beitragen, die Transparenz zu erhöhen oder ein ebenes Spielfeld für beide Seiten der Markttransaktionen zu erzeugen. Die so entstehenden Bürokratiekosten geben den großen Anbietern sogar noch Vorteile, weil die Leviathans des Internets sie einfach in noch mehr und noch komplexere Geschäftsbedingungen gießen, die ihre Kunden in einen noch größeren Informationsnachteil versetzen. So kann man Marktinstitutionen nicht aufbauen.

Dieses Versagen hat einen verborgenen Faden zu dem »Technogeddon«, das aufgrund eines plötzlichen Sprungs in der Rechenleistung durch die Ankunft des Quantencomputers ausgelöst werden kann: Der Vorteil des ersten Nutzers eines hoch leistungsfähigen Quantenrechners ist der Ausdruck einer ultimativen Machtasymmetrie, die die Marktkräfte in Gänze aushebeln könnte.

Zudem besteht das Risiko des technischen Versagens, wobei die Kosten seiner Auswirkungen auf den Konsumenten abgewälzt werden, der keine Möglichkeit hat, dieses Risiko zu managen, es sei denn, er verabschiedet sich komplett aus dem Technotopia des allgegenwärtigen Netzes. In unserer Welt der kommunikationsbasierten Arbeit und Freizeit ist das gleichbedeutend mit einem Verlassen des wirtschaftlichen Systems insgesamt. Für den wahrheitssuchenden Philosophen gab es ja zu allen Zeiten das Leben des Eremiten, für die Gesellschaft als Ganzes war das aber nie eine Option. Es sieht also ganz danach aus, als müssten wir uns nach anderen Optionen umsehen.

2. *Wie können wir unsere Verwundbarkeit reduzieren?*

Um es gleich vorwegzunehmen: Ich habe keine technologische Silberkugel für dieses Dilemma. Nimmt man aber an, dass die Bedrohung real ist und einer technischen Lösung bedarf, dann liegt die Lösung wahrscheinlich im Ökonomischen, konkret im Schaffen von Anreizen, eine Lösung zu finden.

Wie auch schon im Fall des Währungskollapses glaube ich, dass die drei Teilnehmer unseres sozioökonomischen Gemeinwesens – die Unternehmen, die Politik und die Bürger – etwas etablieren können, das man als drei Verteidigungslinien bezeichnen könnte. Was bedeutet dieses Problem also für die Beteiligten?

Was bedeutet »Technogeddon« für Unternehmen?

Für Unternehmen sind zwei sehr unterschiedliche Schlussfolgerungen zu ziehen. Eine bezieht sich auf Unternehmen, die solche Produkte und Dienstleistungen erbringen, deren Produktionsprozesse für diesen Vorgang besonders verwundbar sind. Die andere Gruppe von Schlussfolgerungen bezieht sich auf Unternehmen, die als User und Kunden Web-basierte Dienstleistungen wie zum Beispiel Software online oder Cloud-Computing in Anspruch nehmen.

Die Anbieter befinden sich in einer schwierigen Lage. Technisch ist es gegenwärtig nicht möglich, ihre Systeme vor einem Quantenrechner-Angriff zu schützen. Sie können zwar ihre Risikokosten auf die Kunden abwälzen, aber sie können nicht den möglichen Kollaps ihres Geschäftsmodells verhindern, falls ein Angreifer unbegrenzten Zugriff erhält und Kontrolle bzw. quasi Vormundschaft über ihre und ihrer Kunden Daten und Systeme erlangt.

In Hinblick auf ihre Denkweise aber benötigen sie keinen Quantensprung, um über mögliche Vorbereitungen nachzudenken. Sie müssen nur ihr Wissen, dass es sehr wahrscheinlich ist, erfolgreich von einem Hacker angegriffen zu werden, zu der Erkenntnis weiterentwickeln, dass dieses Ereignis sicher ist. Dann kann man einige kritische Schlussfolgerungen ziehen: Neben dem Versuch, mathematische Konzepte und darauf beruhend Software zu entwickeln, um sich zu schützen, gibt es noch zwei weitere Optionen: die Dienste im Fall eines Angriffs kurzfristig abschalten und herunterfahren und somit auch vom Netz trennen (falls sie den Angriff bemerken) und die Datenintegrität »post-Ereignis« sicherstellen.

Für die Sicherung der Datenintegrität gibt es mehrere Möglichkeiten: die physikalisch vom Netz getrennte Lagerung regelmäßig erstellter Backups und Erhöhung der Update-Frequenz, um möglichst wenige Transaktionsdaten, die zwischen zwei Updates fallen, zu verlieren.

Die andere Option ist die Benutzung der Blockchain-Technologie, die für die Bitcoin entwickelt worden ist. Das ist idealerweise eine Ergänzung, kein Ersatz für die physisch entkoppelten Backup-Speicher. Was kann man mit diesem Blockchain-Ansatz erreichen? Die Blockchain benutzt die Hash-Algorithmen zur Herstellung einer Einweg-Verschlüsselung. Dieser Algorithmus übersetzt jede Datei in eine spezifische einmalige Zeichenkette, den String, der später für die Prüfung der Integrität einer Datenbank verwendet werden kann. Wenn Sie den Verdacht haben, dass eine Datei durch Hacking korrumpiert wurde, müssen Sie diese nur durch den Hash-Prozess schicken und mit dem zuvor verschlüsselten Original vergleichen. Wenn die Strings identisch sind, ist die Datei nicht korrumpiert. Wenn sie abweicht, wurde die Datei manipuliert und ist nicht mehr verlässlich.

Beide Optionen können den Anbieter nicht vor dem Angriff als solchem schützen, aber sie erzeugen eine Art Kastell mit Zugbrücke, um die Daten zu schützen, die die Kunden dem Unternehmen anvertraut haben.

Was sind nun die Optionen für die Unternehmen, die solche Dienste nutzen und ihre kritischen Daten auf externen Systemen lagern? Bedauerlicherweise sind auch ihre Möglichkeiten limitiert. Der Kostendruck des Wettbewerbs bringt sie zu den kostengünstigsten Cloud-Anbietern, die nicht notwendigerweise diejenigen sind, die die höchsten Investitionen in den Schutz ihrer Kunden bzw. deren Daten tätigen, vor allem wenn diese Bedrohungen noch nicht auf ihrem Radarschirm sind. Den Kunden bleibt vor allem, ihren Anbietern Druck zu machen, um sie vor diesen Bedrohungen zu schützen. Größe spielt dabei eine erhebliche Rolle. Große Cloud-Anbieter haben mehr Mittel zur Verfügung und investieren in Teams mit der Aufgabe, künftige Bedrohungen zu »erfinden« und zu analysieren.

Ist es eine Alternative, die eigene Hardware zu behalten und ein eigenes Backup-System wie das oben beschriebene zu installieren? Wahrscheinlich nicht. Diese Option ist a) viel zu kostspielig. Sie führt damit zu einem substanziellen Wettbewerbsnachteil. Sie ist b) auch nicht sehr effizient und effektiv: 99,99 Prozent aller Unternehmen sind schlicht zu klein, um die Skaleneffekte zu realisieren, die sie brauchen, um sich selbst gegen schon existente Bedrohungen zu schützen, von künftigen ganz zu schweigen.

Für einige Industrien ist es möglich, Notpläne zu entwickeln, die ein Überleben für eine begrenzte Zeit auch im Falle einer extrem großen IT-Diskontinuität sicherstellen. Jedoch muss man sich darüber im Klaren sein, dass die schnell voranschreitende Digitalisierung, die jede Industrie durchdringt, dieses Fenster immer kleiner macht.

Was bedeutet »Technogeddon« für Politik und Regierungen?

Die Politik hat zwei Optionen: Sie kann versuchen, das Problem wegzuregulieren. Das wird mit einiger Sicherheit scheitern, wie das immer so läuft, wenn die Politik glaubt, ein Problem nach der Devise lösen zu können, dass der Staat es besser wisse.

Oder sie kann versuchen, Marktbedingungen in einer solchen Weise zu unterstützen, dass die Anreize zur Entwicklung von Schutzmechanismen mithilfe des Wettbewerbs und der Marktkräfte maximiert werden. Die Geschichte hat gezeigt, dass dies immer dann der beste Weg war, wenn ein Problem zu schwierig ist, um von einem Einzelnen gelöst zu werden. Die Weisheit einer kleinen Zahl von Menschen wird dann ersetzt durch die Weisheit und die Genialität einer großen Anzahl von Menschen, die alle nach der besten Lösung suchen.

Zum Beispiel könnte der Staat – im Einklang mit seiner Kernaufgabe der Produktion innerer und äußerer Sicherheit – einen Multimillionen-Preis für neue mathematische Forschung ausschreiben, um grundsätzlich neue und bessere Verschlüsselungsverfahren zu entwickeln. Es ist dann offen, ob das zum Ergebnis führt, aber die Ausgabe wird ja auch nur im Erfolgsfall fällig.

Wie das Beispiel der Produktgarantie gezeigt hat, kann ein solcher Marktmechanismus für komplexe Produkte am ehesten über das Konzept der Haftung implementiert werden. Wer ein Produkt verkauft, sollte dafür Sorge tragen und verantwortlich sein, dass es immer wie versprochen funktioniert. Wenn das Produkt dieses Versprechen nicht erfüllt, dann können zwei Arten von Schaden entstehen, für die die Haftung einsetzt: der direkte Schaden, der durch den Preis für ein schadhaftes Produkt entsteht, und der indirekte Schaden für Konsumenten, Unternehmen und Behörden, weil das Produkt nicht so gearbeitet hat, wie es sollte oder – noch schlimmer – das andere Eigentum des Kunden zerstört hat, indem es ihm den Datenzugriff nicht mehr gewährt oder die Daten zerstört oder ihn ausspioniert, aussperrt oder sogar tötet.

Märkte arbeiten immer in einem gesetzlichen Rahmen. Märkte für einfache Güter erfordern vor allem Eigentumsrechte, Märkte für komplexere physische Güter erfordern Garantiestrukturen, und Märkte für komplexe virtuelle Produkte bedürfen sauber definierter Haftungsregeln, Transparenz und eines ebenen Spielfelds zwischen Anbietern und Kunden. Die enorme Komplexität der »Terms of service« und die Größe der Informationsüberlastung, die dem Kunden mit ihnen aufgebürdet werden, zerstören dieses gleichmäßige Spielfeld. Während die Anbieter globale Organisationen mit der finanziellen Feuerkraft sind, Heerscharen von Anwälten zu beschäftigen, können sie eine Art »juristischer Arbitrage« ausnutzen. Es ist ein Mythos, dass nur internationale Kooperation und Regulierung das Problem dieser juristischen Arbitrage lösen könnten. Dieser Mythos wurde von Politikern in die Welt gesetzt, die ihre Unfähigkeit und ihren Unwillen verbergen wollen, zu handeln und das Problem so anzugehen, dass zu seiner Lösung Marktkräfte genutzt und nicht ausgeschaltet werden. Es ist einfach nur eine faule Ausrede. Man kann natürlich Unternehmen dazu bringen, die lokalen Marktregeln einzuhalten, wenn sie lokale Märkte bedienen. Dafür braucht es nur saubere und im Einklang mit den Eigentumsrechten stehende Haftungsregeln.

Wenn wir diese einfache Einsicht mit der Beobachtung vergleichen, wie die Politik mit dieser Art von Problemen umgeht, dann können wir die wahre Ursache des Verhaltens schnell erkennen: Unsere Regierungen trauen den Marktkräften einfach nicht. Sie vertrauen auf bürokratische Einmischung, Regulierung und Compliance. Die bürokratische

Herangehensweise ist in der Tat ein Ansatz, der nicht auf Ebene des Nationalstaates umgesetzt werden kann. Mit ihm braucht man »internationale Koordination und Kooperation« um »regulatorische Arbitrage« zu verhindern. Diese nutzt Unterschiede in der nationalen Regulierung aus und platziert die Teile ihrer Wertschöpfungskette jeweils in die nationalen Rechtsräume mit dem leichtesten, billigsten regulatorischen Regime. Das Problem dabei ist: Egal, wie viel Zeit, Mühe und Geld die Regierungen in ein scheinbar arbitragefestes internationales Aufsichtsregime stecken, die Bürokraten laufen immer zehn Schritte hinter ihren besser bezahlten, besser ausgestatteten und besser informierten Jura-Abteilungen der globalen Unternehmen her.

Der Unwille der Politik, marktorientierte Lösungen anzunehmen, indem sie lokal agieren, begründet die Logik des Haase-und-Igel-Spiels. Die Regierung rennt immer schneller, und die Unternehmensigel warten immer schon am Torpfosten auf sie, wenn sie ankommen. Der Nachteil ihres Scheiterns wird dann auf Konsumenten und Kunden abgewälzt.

Was bedeutet »Technogeddon« für den Bürger (Konsumenten, Wähler, Steuerzahler)?

Das Erste, was dem Konsumenten weiterhilft, ist die Aufgabe der falschen Annahmen, die unseren täglichen Entscheidungen zum Thema Software, Internet und Cloud-Dienste zugrunde liegen. Die erste falsche Annahme ist, dass diese Dienstleistungen kein Sicherheitsproblem haben. Die zweite falsche Annahme folgt aus der ersten, nämlich dass die Integrität und Geheimhaltung unserer Daten, unsere Privatsphäre, die Verlässlichkeit der täglichen Dienstleistungen, angefangen beim Banking bis zu andern Online-Diensten, etwas anderes seien als eine Chimäre.

Wir müssen davon ausgehen, dass Dritte unsere Daten stehlen oder löschen können, dass sie sie manipulieren und verändern können, dass sie die Dienste, die wir auf unseren Computern nutzen, manipulieren können, ja sogar, dass sie unsere Identität stehlen und unseren Namen für kriminelle Akte missbrauchen können. Das ist nichts, was die Menschen hören wollen, aber es bringt nichts, sich dem zu verschließen. Daraus ergeben sich ein paar recht klare Konsequenzen:

a) Vertrauen Sie Ihrem Computer keine Daten an, deren Veröffentlichung für Sie eine persönliche Katastrophe wäre. Im Prinzip sind sie nämlich öffentlich.
b) Bewahren Sie physische Backups ihrer wichtigsten Daten getrennt vom Netz und von Geräten auf, die mit dem Netz verbunden sind oder sein könnten.
c) Vernetzen Sie nicht ihr gesamtes Vermögen mit einem einzigen Bankkonto, insbesondere nicht mit Internetzugang. Limitieren Sie Ihr potenzielles Verlustvolumen durch Aufteilung ihres Vermögens auf mehrere Konten.
d) Betrachten Sie soziale Medien als gigantisches Planeten-großes schwarzes Brett ohne jede Privatsphäre. Was Sie dort posten, kann irgendwann jeder lesen, entweder durch einen Unfall oder durch Absicht.
e) Rüsten Sie Ihren Computer und andere mit dem Netz verbundene Geräte mit Schutzsoftware aus, um die häufigsten und täglichen Bedrohungen zu blockieren. Gehen Sie aber nicht davon aus, dass sie Sie vor der Diskontinuität des Quantenrechners schützen.

Insgesamt sind Ihre Optionen als Konsument leider ziemlich begrenzt.

KAPITEL 3

Das Ende der Parteiendemokratie

»Nur die Lüge braucht die Stütze der Staatsgewalt. Die Wahrheit kann von alleine aufrecht stehen.«

THOMAS JEFFERSON

Entwickelte Länder sind fast ausnahmslos Demokratien. Das stimmt sogar dann, wenn man den Fall Chinas bedenkt, denn das chinesische autoritäre Modell wird wahrscheinlich bald an Grenzen stoßen, weil es einen gewissen Grad wirtschaftlicher Reife erreicht haben wird, von dem ab weiteres Wachstum durch Innovation aufgrund der permanenten Einmischung der Regierung in die wirtschaftlichen Entscheidungen von Unternehmen und Bürgern behindert wird. Überwachungs- und Polizeistaaten können auf Dauer keinen wirtschaftlichen und technischen Fortschritt hervorbringen.

Das chinesische System ist aber nicht das einzige, das demnächst vor der Wand steht. Die westliche Parteiendemokratie streitet sich mit ihm darum, wer zuerst gehen muss. Wir sind mit der Überzeugung aufgewachsen, dass wir die einzig wahre Form der Demokratie haben, uns am Endpunkt einer gesellschaftlichen Evolution befinden, die die Menschheit in Tausenden von Jahren durchlaufen hat. Wir sind in dem Glauben aufgewachsen, dass Demokratie von Natur aus stabil ist. Man betrachtet sie als eine Art Stadium höchster Entropie, wie eine Kugel, die einen Hügel hinabrollt und dann am niedrigsten Punkt des Tals zur Ruhe kommt.

Dieses Bild ist leider aus vielen Gründen unzutreffend. In Wahrheit balanciert die Kugel auf der Spitze eines Berges, verlangt permanente Betreuung, Rekalibrierung und Anstrengung, um dort zu bleiben. Die Freiheit ist kein müheloses Geschenk. Unsere allgemeine Wahrnehmung in der Sache ist der Ausdruck intellektueller Faulheit und Arroganz: Wir nehmen die Freiheiten, die unsere Generation nicht erarbeitet hat, einfach als gegeben an. Noch viel weniger verschwenden wir viele Gedanken darauf, warum sie denn funktioniert, wo sie nicht funktioniert und was ihre Grenzen, Annahmen und Bedrohungen sind.

Unsere momentane Form der Parteiendemokratie hat uns für einige Jahrzehnte durchaus gute Dienste erwiesen, im Fall der Vereinigten Staaten sogar für über 200 Jahre. Aber jetzt ist sie reif für Veränderung. Unsere heutige Form der Parteiendemokratie leistet sich innere Widersprüche, Dysfunktionalitäten und adverse Selektionsprozesse, die das Potenzial haben, sie zu zerstören – und das wird auch unvermeidlich passieren. Die Kernfrage ist nur: Wird sie ersetzt durch eine neue, stärkere Form der Demokratie, eine Republik der Freiheit, oder wird sie verdrängt von der Tyrannei, bevor die Menschen die Grundsätze darüber, wie man eine erfolgreiche demokratische Gesellschaft aufbaut, neu erlernen und die Tyrannei dann in einer blutigen Revolution stürzen?

Wie Thomas Jefferson schon so treffend formulierte: »Der Baum der Freiheit muss von Zeit zu Zeit mit dem Blut der Patrioten und der Tyrannen begossen werden. Dies ist sein natürlicher Dünger.«[37]

Die Freiheit wird permanent erodiert. Und die westliche Parteiendemokratie ist den Pfad der Zerstörung paradoxerweise im Namen der Freiheit bzw. ihrer Übersteigerung und damit ihrer Perversion hinabgeschritten. Wenn die wesentliche Zielsetzung der Demokratie, nämliche der Erhalt der Freiheit ihrer Völker, substanziell erodiert wird, dann stellt sich die Frage nach dem Zweck des Ganzen.

Dieser Punkt ist für die meisten westeuropäischen Länder längst erreicht, was aus einem Elitenversagen dahingehend resultiert, die Prinzipien von Demokratie und Freiheit in der Praxis richtig umzusetzen. Man hört ständig Lippenbekenntnisse zur Demokratie, und einige ihrer Kernprozesse, wie zum Beispiel Wahlen, sind noch einigermaßen intakt. Aber das umgebende Ökosystem, die demokratische Kultur, die Herrschaft des Rechts, die Vielfalt und Unabhängigkeit der Medien, die Heiligkeit der Privatsphäre, die ökonomische Freiheit, der Schutz vor willkürlicher Enteignung und selbst die Freiheit von Zensur und das Recht auf Leben hat man in den dem Namen nach demokratischen Ländern bis zur Unkenntlichkeit verbogen.

Um zu verstehen, wie dies geschehen konnte, müssen wir die zerstörerischen Kräfte, Trends und politischen Absichten einzeln analysieren. Das deutsche Sprichwort »Viele Hunde sind des Hasen Tod« ist hier besonders zutreffend, in der Arena der Parteipolitik, die unsere Freiheit auffrisst, um egoistischen und korrupten Zielen, ideologischen Utopien und dem Wählerkauf auf Kosten Dritter zu frönen. Ökonomische Ignoranz, ein Geist der Knechtschaft unter den »Untertanen des Staates«, die Wahrnehmung der Politik als Gelegenheit zur Bereicherung, anstatt als Dienst am Souverän, und die fehlgeleitete Idee, dass man Freiheit gegen Sicherheit eintauschen könnte, tragen zu dieser beklagenswerten Entwicklung bei.

Wir stehen also vor einem vielschichtigen, vielgesichtigen und allumfassenden Elitenversagen. Die Mehrheit dieser Gruppe hat den Dienst an ihrer Aufgabe durch einen hedonistischen, karrieristischen Lebensstil ersetzt.

Kein Staat, egal ob Diktatur oder Demokratie, kann ohne eine anständige, funktionsfähige Elite auf Dauer existieren.

Ohne Anspruch, dass die hier aufgelisteten Problemfelder unser Dilemma erschöpfend beschreiben, möchte ich auf einige Entwicklungen hinweisen. Den heutigen kontinentalen westeuropäischen Demokratien, die alle nach 1945 etabliert worden sind, fehlt die Tradition, die Denkschule, die Bereitschaft der Menschen, für ihre Freiheiten aufzustehen. Das sind Charakteristika der angelsächsischen Demokratien, die auf dem Kontinent unterentwickelt sind. Es handelt sich um folgende Entwicklungen:

- die feindliche Übernahme der Parteien durch minderbegabte Karrieristen und Rentenjäger,
- die Vergiftung der Gesellschaft durch das Erbe der 68er-Revolte, die Frankfurter Schule und der Verlust kultureller Identität und Orientierung,
- der Verlust der persönlichen Autonomie,
- die Erosion der Eigentumsrechte und der Freiheit zu handeln,
- der Untergang der traditionellen Familie,
- die Revolution der Fähigkeiten und die Rigidität des Arbeitsmarktes,
- die Entkoppelung der Entscheidungskompetenz von der Kontrolle durch den Souverän in der EU,
- der Tod der freien Presse und der Medien,
- die Etablierung des Überwachungsstaates,
- das Versagen politischer Investitions-Schemata,
- der Kontrollverlust bei Grenzen und Einwanderung,
- die Wirtschaftswissenschaft als Wissenschaft der Töpfe.

Was aus alldem fast zwingend folgen wird, ist die Revolution der gebrochenen Versprechen und das Ende der Parteiendemokratie. Diese Revolution der gebrochenen Versprechen wird der Höhepunkt und das Ergebnis all dieser interagierenden Kräfte und ihrer schädlichen Effekte sein.

Lassen Sie uns diese Entwicklungen eine nach der anderen ansehen.

Die feindliche Übernahme der Parteien durch minderbegabte Karrieristen und Rentenjäger

Nach dem Zweiten Weltkrieg war Kontinentaleuropa eine Art politische Tabula rasa. Frankreich errichtete seine Vorkriegsrepublik unter General de Gaulle neu, Italien und Deutschland bekamen eine von den USA vorgeprägte Form der Demokratie, die sich im Wesentlichen auf Parteien stützte, weil diese die westlichen und transatlantischen Werte und Interessen besser in die von ihnen gebildeten Regierungen weiterleiten konnte. Das hat gut funktioniert, solange der Kalte Krieg eine gewisse Bevormundung der NATO-Alliierten durch die USA rechtfertigen konnte.

Mit der Auflösung der Sowjetunion (übrigens eines der bemerkenswertesten historischen Beispiele, wie die Unterdrückung von Risiko und Volatilität die Fähigkeit eines Landes untergräbt, sich an Veränderungen seiner Umwelt anzupassen und wie so sein System zum Kollaps und in das evolutionäre Scheitern geführt wird) und mit der deutschen Wiedervereinigung und dem Entstehen der Europäischen Union schrumpfte diese Rechtfertigung zusammen.

In dieser Situation kommt das strukturelle Versagen des parteiendemokratischen Systems an die Oberfläche. Die großen Parteien in Europas demokratisch verfassten Staaten hatten es sich in aller Stille in einem System permanenten Machterhalts bequem gemacht und dabei ein Transfersystem zu ihren Gunsten etabliert. Der deutsche Bundeskanzler Helmut Kohl, der »Vater der Wiedervereinigung« (eine nicht zu schmälernde historische Leistung) prägte mit dem Begriff »Bimbes« eine geradezu sprichwörtliche korrupte Symbiose von Parteipolitik, Geld, nepotistischer Pöstchenwirtschaft und reziproker Loyalität zum Boss.

Bis etwa 1990 versorgte das Wahlverhalten der Bürger die großen Parteien links und rechts der Mitte in Europa mit relativ stabilen Wahlergebnissen. Seitdem sind sie aber ins Rutschen geraten und wurden im Lauf der Jahre immer volatiler und fragmentierter. Das führte dazu, dass die Abgeordneten in den Parlamenten sich ihrer Wiederwahl in den Wahlbezirken immer weniger sicher sein konnten, was wiederum dazu führte, dass die vorteilhafte Platzierung auf den Wahllisten ihrer Parteien immer wichtiger wurde. Da die Parteiführung das Privileg genießt, diese Listen und die Rangplätze der Kandidaten darauf vorzuschlagen, und es so gut wie unmöglich ist, die Platzierung einzelner Kandidaten auf der Liste zu ändern, legte dieses Vorschlagsrecht die politischen Karrierechancen der Abgeordneten praktisch ganz in die Hände der Parteiführung.

Hinzu kommt, dass die als Diäten bezeichnete Entschädigungszahlung für den Einkommensverlust, den Abgeordnete erleiden, wenn sie ihren Beruf für die Politik aufgeben, für alle gleich ist. Sie ist eigentlich nicht als Entschädigungszahlung angelegt, liegt aber zugleich über dem Durchschnittseinkommen der Bürger. Das macht den Job in der Politik vor allem für solche Menschen ökonomisch attraktiv, deren Einkommen »im richtigen Leben« unter diesem Niveau liegt, und unattraktiv für alle, deren Einkommen darüber liegt.

Da Qualifikation, Intellekt und Erfolg in einer freien Marktwirtschaft zum Einkommen positiv korreliert sind, führt diese in der Politik gängige Bezahlungsstruktur zu einer *adversen Selektion,* die die intellektuellen Eliten vom politischen Entscheidungsprozess ausschließt. Es gibt auch Ausnahmen, aber im Großen und Ganzen haben ökonomische Anreizstrukturen ihre vorhersehbare Wirkung.

Die Mischung aus der Menschen, die außerhalb der Politik niemals dieses Einkommen erzielt hätten, und Listenkandidaten, die durch die Parteiführung in einem ultimativen Karrieremechanismus ausgewählt werden, ist ein Zwei-Komponenten-Gift, das am Ende die Gewaltenteilung unterminiert, die Legislative kastriert, der Exekutive zu viel Macht gibt und die Herrschaft des Rechts erodiert, wie wir das auch in den letzten beiden Jahrzehnten in Europa beobachten konnten.

Das Ergebnis ist, dass wir im Parlament ein Ersticken der Debatte erleben, inkompetente Mitglieder, die keine Ahnung haben, was sie gerade entscheiden und, am Ende der Entwicklung, die Degeneration des Parlaments in einen Verein von Abnickern erleben müssen. Das wird noch verstärkt durch ein Phänomen, das die Regierungen regelrecht gezüchtet haben und das ich als »Gesetzgebung im Krisenmodus« bezeichnen möchte. Es ist nämlich nicht so, dass die Regierungen vor der Krise als solcher die größte Angst hätten, ganz im Gegenteil: Solange sie für die Krise einen Sündenbock parat haben, verschafft ihnen die Krise in Wahrheit eine weitere Gelegenheit, die Menschen vor Volatilität und Risiko in Schutz zu nehmen und die Gesellschaft einen Schritt tiefer in die vom Sozialismus inspirierte bürokratische Herrschaft zu führen. Langfristig spielt das der politischen Klasse in die Hände. Die einzelnen Stadien der Finanz- und der Eurokrise sprechen eigentlich Bände über diese Entwicklung.

Die fiskalische Verantwortungslosigkeit der griechischen Politik war beispielsweise lange vor der Krise bereits Diskussionsgegenstand unter informierten Akademikern, insbesondere denjenigen, die der österreichischen Schule nahestehen. Von den politischen Entscheidungsträgern hingegen wurde sie in den Jahren, nachdem das Land dem Euro beigetreten war, komplett ignoriert. Als die Märkte die Finanzierung abschnitten und daher der Bankrott des Landes unmittelbar bevorstand, handelten die Regierungen Europas sehr schnell und erzwangen im Notfallmodus eine Gesetzgebung, die die Parlamente jeder Möglichkeit einer angemessenen Debatte beraubte. Abgeordnete hatten keine Chance, die Details und Auswirkungen dessen abzuschätzen, dem sie zustimmen sollten. Nachdem man ihnen nur Stunden vor der Abstimmung Hunderte Seiten komplexer juristischer Texte zugeschickt hatte, war es physisch unmöglich, das vorher zu lesen, geschweige denn, es zu verstehen. Als eine kleine Minderheit von Abgeordneten dagegen vor dem Bundesverfassungsgericht klagte, musste der Abstimmungsprozess gemäß parlamentarischen Gepflogenheiten neu aufgesetzt werden. Wie sich herausstellte völlig ohne Schaden für die beteiligten Länder, Griechenland eingeschlossen.

Als ein deutscher TV-Reporter mehrere Abgeordnete in Berlin fragte, ob ihnen die Größe der Haftungssumme für Deutschland bekannt war, die sich aus dem griechischen Rettungspaket ergab, war nicht ein Einziger in der Lage, die korrekte Antwort zu geben.

Der damalige deutsche Finanzminister Schäuble erzählte der Öffentlichkeit, dass die Krise eine gute Sache sei, weil sie es der Politik ermögliche, große Sprünge in Richtung auf eine immer engere politische Union in Europa zu machen. Er zog noch nicht mal in Erwägung zu hinterfragen, ob das etwas war, was seine Landsleute außerhalb der politischen Blase in Berlin wollten, von den Präferenzen der Menschen in Frankreich, Italien oder Spanien ganz abgesehen.

Was er damit in Wahrheit sagte war: »Wir brauchen den Notstand, damit wir Notstandsgesetzgebung betreiben können. Nur dann ist der Bürger so in Angst, dass er das durchgehen lässt.«

Diese Art Notstandsgesetzgebung, die eine ordentliche Debatte und den demokratischen Prozess obstruiert, ist nur möglich in einem Parlament von Abnickern, das seine Zusammensetzung dem Prozess der adversen Selektion verdankt. Sie ist die Folge der Bezahlung unabhängig vom vorherigen Gehalt und des Listenprinzips mit der Parteiführung am Hebel.

Dieser Qualitätsverlust erfolgt nicht, ohne dass der Wähler das mitbekommt. Es führt unvermeidlich zu einer Vertrauenskrise und dem Gefühl, nicht mehr von den Politikern vertreten zu sein. Man fasst dieses Phänomen gerne unter dem Begriff »Politikverdrossenheit« zusammen. In Wahrheit ist dieser Begriff irreführend und lenkt von der Verantwortung der politischen Klasse ab. Die Öffentlichkeit ist nicht politikverdrossen, sie ist politikerverdrossen. Das ist sie deshalb, weil die Politiker in ihren Augen nur noch vorgeben, den Wähler zu vertreten. Das macht die Wahlergebnisse natürlich noch volatiler und die Abhängigkeit der Abgeordneten von den Parteibossen noch stärker.

Das zweite Opfer dieses jahrzehntelangen Rutschens nach unten ist die Wahlbeteiligung. Die Menschen glauben nicht mehr daran, dass ihre Stimme noch etwas ändert angesichts der niedrigen Qualität der Debatte und des Unwillens ihrer Abgeordneten, bei kontroversen Fragen Rückgrat zu zeigen. Wenn Notstandsgesetze ohne echte Debatte abgenickt werden, dann unterminiert das den Respekt für die Institution sehr schnell.

Wie verstärkt das die Neigung der Gesellschaft, Volatilität zu unterdrücken und so zur Ansammlung von Ungleichgewichten beizutragen, die der Samen für große Diskontinuitäten sind? Das ist ganz einfach: Das resultierende politische System ist eines der Bevormundung von der Wiege bis zur Bahre. Es verlängert sein eigenes Leben, indem es die Wähler mit Subventionen, sozialen Wohltaten und anderen bürokratisch verteilten Bonbons überschüttet. Die meisten dieser Wohltaten sind dazu gedacht, die Menschen vor der unvermeidlichen Wirkung wirtschaftlicher Veränderungen zu schützen. Das ist die Maschinerie, die gleich mehrere Diskontinuitäten füttert.

Diese Situation gibt den Politikern Anreize, ihren politischen Zeithorizont auf die nächste Wahl zu verkürzen und jeden Schmerz für den Wähler zu vermeiden, jedenfalls in der laufenden Legislaturperiode. Sie werden versuchen, Konjunkturabschwünge zu verhindern, keine Diskussion über die langfristige Stabilität des von der Hand in den Mund lebenden Rentensystems zu führen, die Menschen von jeder Unbequemlichkeit zu isolieren und sie von der Wiege bis zur Bahre mit der sozialen Gießkanne zu beglücken. Sie werden Industrien so regulieren, dass existierende Strukturen erhalten werden, Innovation bekämpfen und sich mit den neuen Maschinenstürmern gemein machen, wenn sie Chemie, Gentechnik, globale Internetdienste, Kernenergie, Kohle und was sonst noch alles zum Teufelswerk erklären.

Während sie diesem Pfad kurzfristiger Schmerzvermeidung folgen, sammeln sie die Ungleichgewichte an, über die wir in diesem Buch sprechen. Das alleine wird die Parteiendemokratie noch nicht zum Einsturz bringen, aber es leistet einen großen Beitrag zu ihrem Untergang in der kommenden Umwälzung. Diese Form der Verirrung und Abweichung vom demokratischen Ideal auf den Müllhaufen der Geschichte zu expedieren wäre nur dann wirklich bedauerlich, wenn es von einem noch weniger demokratischen System abgelöst würde. Das gilt es zu verhindern.

Winston Churchills Satz, dass »Demokratie die schlechteste Regierungsform ist, außer allen anderen«, ist immer noch wahr. Und um jedem Missverständnis vorzubeugen: Hier geht es nicht darum, die Demokratie zu ersetzen. Es geht darum, die undemokratischen Elemente unseres Status quo zu verstehen und sie durch eine demokratischere Ordnung zu ersetzen, nicht durch eine weniger demokratische.

Die Vergiftung der Gesellschaft durch das Erbe der 68er-Revolte, die Frankfurter Schule und der Verlust von kultureller Identität und Orientierung

Was macht Gesellschaften und Länder erfolgreich? Warum fand die technische Revolution in all ihren Phasen in Europa und Nordamerika statt? Was trennt die westliche Zivilisation vom Rest der Welt und hat sie so erfolgreich gemacht? Und warum konnten einige Gesellschaften – wie die chinesische und die Länder Südostasiens – eine so brillante Aufholjagd hinlegen, während andere – wie Afrika und die islamische Welt – dabei komplett gescheitert sind? Zieht man das Öleinkommen von der arabischen Welt ab, dann ist diese im Schnitt auf dem Niveau von Somalia. Warum sprintet Chile von einem ökonomischen Erfolg zum anderen, während Argentinien gleich daneben sich nur im Dämmerlicht alten wirtschaftlichen Glanzes sonnen kann?

Es gibt zwei Denkschulen, die gegeneinander gerichtete Erklärungen liefern. Nur eine von ihnen besteht allerdings den Test des gesunden Menschenverstands und der empirischen Evidenz. Die andere, die dabei versagt, ist die sozialistische Ideologie: In ihrem kruden Weltbild kann der Wohlstand des einen nur entstehen, wenn jemand anders ausgebeutet wird. Wenn das nicht der Arbeiter durch den Fabrikbesitzer ist, dann muss es der arme Kerl in Afrika sein, der von den bösen Imperialisten ausgebeutet wird. Für diese Menschen ist die Wirtschaft ein Nullsummenspiel. Da fragt man sich, wie der ganze Wohlstand auf dem Planeten in den letzten 200 Jahren geschaffen worden ist, wenn alles gestohlen wurde.

Das Witzige an dieser permanenten Besessenheit, irgendeine Ausbeutung zu finden, die die linken Gutmenschen dann anprangern können, ist doch, dass Ausbeutung wirklich existiert. Man findet sie vor allem in Ländern ohne funktionierende Märkte. Die meisten dieser Länder sind sozialistische Tyranneien, die vorgeben, das Paradies auf Erden zu schaffen, in Wahrheit aber nur eine Hölle aus Sklaverei,

Elend und Massenausbeutung durch die bürokratische verteilende Klasse hervorbringen.

Der verrottete Kern dieses Systems ist die Abwesenheit der Freiheit. So wurde Zimbabwe vom Brotkorb Afrikas in ein elendes Höllenloch verwandelt, so wurde Venezuela, das Land mit den größten Ölreserven der Welt, zu Südamerikas Armenhaus. Und so wird es auch der verfaulte und korrupte African National Congress ANC schaffen, Südafrika vom reichsten Land Afrikas in den Mülleimer des Kontinents umzuwandeln, bevor das Jahr 2025 herum ist.

Der alternative Erklärungsansatz ist, dass solche Länder, die Wohlstand, technischen Fortschritt und Wohlfahrt für ihre Bürger schaffen, auf institutionellen Grundlagen errichtet sind, die es den Märkten erlauben, ihr Wunder zu vollbringen. Man kann diese institutionellen Grundlagen auch Werte nennen. Gesellschaften haben Werte, die ihre Mitglieder bei ihren Handlungen und ihrem Verhalten anleiten. Die Quelle, aus denen diese erfolgreichen Werte hervorsprudeln, heißt Freiheit.

Freiheit ist zuerst und vor allem das Recht jedes Menschen, für sich zu entscheiden, was gut für ihn ist, und zwar ohne unangemessene Einmischung durch andere, insbesondere dann, wenn diese anderen sich Staat nennen. Die Autonomie der Person, der freie Wille, ist es, was Menschen von Tieren und Maschinen unterscheidet. Es ist das Geschenk, das uns erst menschlich macht. Ohne dieses Geschenk sind wir kleine Zahnrädchen in einer Maschine namens Staat, Ameisen in einer Insektenkolonie. Und es ist kein Zufall, dass die sozialistischen Planer Ameisenstaaten als Rollenmodelle ihrer Vision erkennen.

Die Freiheit hat mehrere kritische Komponenten. Sie sind die Grundlage der Institutionen, die Gesellschaften erfolgreich machen, indem sie ihren einzelnen Mitgliedern die Möglichkeit geben, in der Gestaltung ihres eigenen Lebens erfolgreich zu sein. Das ist der Grund, warum die Autoren der US-amerikanischen Verfassung das Recht jedes Menschen auf Streben nach Glück so klar betont haben. Diese Komponenten sind:

- persönliche Autonomie,
- Eigentumsrechte,
- Familie,
- Freiheit zu handeln,
- die Herrschaft des Rechts.

Demokratie ist keine dieser konstituierenden Teile, aber sie ist das bisher beste System zu ihrer Verwirklichung, insbesondere zur Sicherung der Herrschaft des Rechts. Warum ist das so? Weil die Herrschaft des Rechts das Verhältnis zwischen den Menschen und ihrer Regierung definiert. Beide sind auf zwei kritische Weisen verbunden, die man wie folgt zusammenfassen kann:

1. Es kann nur zwei Formen der Beziehung zwischen dem Recht und der Regierung geben: Entweder steht die Regierung über dem Gesetz oder sie steht unter dem Gesetz. Steht die Regierung über dem Gesetz, dann nennt man das Tyrannei.
2. Es kann nur zwei Formen der Beziehung zwischen dem Volk und der Regierung geben: Entweder hat die Regierung Angst vor dem Volk oder das Volk hat Angst vor der Regierung. Wenn die Menschen Angst vor der Regierung haben, nennt man das Tyrannei.

Verbindet man diese beiden Beziehungen mit dem Begriff Tyrannei, dann wird klar, dass die Menschen ohne die Herrschaft des Rechts allen Grund haben, Angst vor ihrer Regierung zu haben. Das Gesetz dient dem Menschen, niemandem sonst.

Indem wir das Gesetz über die Regierung stellen, stellen wir das Volk über die Regierung. Nur so können die Dinge in einer Ordnung der Freiheit geregelt sein. Demokratie entspringt dieser Ordnung. Aber nicht jede Art von Demokratie ist dafür qualifiziert, weil in Abhängigkeit von ihrer Gestaltung im Detail Gesellschaften eine unterschiedliche Neigung entwickeln, in die Tyrannei zurückzufallen und die Herrschaft des Rechts abzuschaffen. Das passiert in der Regel dann, wenn die Eliten einer Nation durch ihre Macht, das Geld anderer auszugeben, korrumpiert werden. Es ist dabei egal, ob sie das »im Namen des Volkes« oder im Namen einer fehlerhaft definierten »Gerechtigkeit« oder »Fairness« tun. Das gilt auch dann, wenn eine Mehrheit denkt, sie habe das Mandat, die Minderheit durch Enteignung auszubeuten.

Die Herrschaft des Rechts ist in weiten Teilen ein Kampf der Logik gegen etwas, das nur die subjektive Wahrnehmung von Gerechtigkeit ist.

Die politische Linke wird heute weitgehend durch die Erben der Frankfurter Schule[38] repräsentiert. Diese Schule folgt einem Zweig des Marxismus, der in den 1920er-Jahren in Deutschland entwickelt wurde. Seine Umsetzung erfolgte aber erst mit der 1968er-Revolte und dem von ihr verkündeten »Marsch durch die Institutionen«. Diese Schule hat vor langer Zeit verstanden, dass die marxistisch-kommunistische Ideologie, auch kurz Sozialismus genannt, keine Chance hat, Freiheit und Marktwirtschaft in direkter Auseinandersetzung zu verdrängen, weil der Kapitalismus den Menschen ein sehr viel besseres Leben bieten kann als der Sozialismus.

Der große Antagonismus zwischen den beiden Systemen im 20. Jahrhundert hat dies sogar den Anhängern des Sozialismus selbst klargemacht. Die Gründer der Frankfurter Schule erkannten dies bereits in den 20er-Jahren des 20. Jahrhunderts. Sie hatten die enorme Steigerung des Wohlstands unter dem wirtschaftlich liberalen Regime der Vorkriegsära 1871–1914 selbst erlebt und wussten, dass sich das Leben der großen Masse der Bürger in dieser Zeit dramatisch verbessert hatte trotz der damals noch bestehenden großen Lücke zum Lebensstandard im 21. Jahrhundert.

Getrieben von ihrer Ideologie erdachten sie daher ein anderes Konzept, um den finalen Sieg des Kommunismus über die Freiheit zu ermöglichen.[39] Um das zu erreichen muss die Gesellschaft von innen unterminiert werden. Das von der Frankfurter Schule entwickelte Konzept war in gewisser Weise der Vorläufer des »Marsches durch die Institutionen«. Das Ziel war und ist es, das System zum

Verrotten zu bringen, indem man die Grundlagen, auf denen es ruht, zerstört. Das geschieht, indem man die prinzipiellen Ideen hinter diesen Grundlagen pervertiert: Die Herrschaft des Rechts wird durch das leere Wort von der Gerechtigkeit angegriffen. Dieser Begriff klingt für das ungeübte Ohr ganz famos, aber in Wahrheit ist es eine Worthülse, die nur im Kontext, in dem sie benutzt wird, Bedeutung erlangen kann. Die Herrschaft des Rechts erzeugt Gerechtigkeit, indem sie jeden Menschen vor dem Gesetz gleich behandelt, die Linke möchte aber zusätzliche Bedeutungen mit diesem Begriff verknüpfen, um ihn am Ende aus der Wirklichkeit heraus zu manipulieren. In diesem Sinne wird der Begriff Gerechtigkeit zur Lüge.

Der populärste Missbrauch des Begriffs Gerechtigkeit geschieht in Verbindung mit dem Wort »sozial«. »Soziale Gerechtigkeit« ist die allergrößte Worthülse. Seit ihrer Erfindung durch die marxistischen Ideologen in den 1840er-Jahren hat sie sich erfolgreich geweigert, sich mit irgendeinem Sinn füllen zu lassen, der das Attribut wissenschaftlich oder logisch verdient hätte. Ein stümperhafter Versuch dahingehend wurde von Lenin unternommen, der postulierte, soziale Gerechtigkeit sei erreicht, wenn »jeder nach seinen Fähigkeiten« Güter produziert und diese »jedem nach seinen Bedürfnissen« zugeteilt würden.[40]

Dieser Satz ist aber nur eine hohle Phrase, die der Willkür und der bürokratischen Tyrannei die Tür öffnen soll. Wie erkennt man denn die »Fähigkeiten« in einem Gemeinwesen, in dem nicht der Markt (also die Bedürfnisse anderer Menschen), sondern ein Rudel Apparatschiks die Kriterien dafür definieren? Und was sind die »Bedürfnisse« einer Person? Ist der, der am lautesten »Hier!« schreit, auch der mit den größten Bedürfnissen? Oder ist es das Mitglied der distributiven Klasse, der bürokratischen Nomenklatura? Oder ist es das hungrige Kind, dessen Eltern man durch Kollektivierung ihres Hofes daran gehindert hat, die Familie durch ihrer Hände Arbeit ernähren zu können?

Diese logische Leere hält die Befürworter der »sozialen Gerechtigkeit« nicht davon ab, die einzigen Institutionen anzugreifen, die Gerechtigkeit in dieser Welt herzustellen in der Lage sind: die Gleichheit aller vor dem Gesetz und der Respekt für das Individuum als freie Person, der daraus zwingend folgt.

Diese Definition der Gerechtigkeit ist jedoch eine, die man selten aus dem Munde eines Politikers aus den Reihen der karrieristischen Parteiendemokratie hört. Stattdessen geht die ganze Redezeit an diejenigen, die ständig ihre Art deformierter Gerechtigkeit im Munde führen und die dabei einzelne Interessengruppen, gut organisierte Lobbyisten, gewaltsame »Aktivisten« und die Professionellen der Mitleidsindustrie mit immer neuen Transfers, Subventionen, Wohltaten, Ansprüchen und korrupter Beute versorgen.

Das Mittel, um die Gerechtigkeit als Gleichheit vor dem Gesetz zu erodieren, das dabei bevorzugt zum Einsatz kommt, wurde auch von den Nazis in Deutschland in den 1930er-Jahren angewandt. Es nutzt den Umstand aus, dass sich das legale System über einen langen Zeitraum in einem evolutionären Prozess entwickeln muss. Diese Entwicklung läuft seit Tausenden von Jahren, seit der ersten Erwähnung eines juristischen Berufs. Das *Gilgamesch-Epos*, geschrieben im Mesopotamien, dem heutigen Irak, vor etwa 3800 Jahren, weiß bereits von der Existenz von Rechtsanwälten. Aber erst im Oströmischen Reich wurde der erfolgreiche Versuch unternommen, das Gesetz, so wie wir es heute kennen, zu kodifizieren und dabei in Paragrafen mit klar definierten Sachverhalten und Tatbeständen sowie mit den sich daraus ergebenden Konsequenzen zu organisieren.

Die Einführung juristischer Systeme ist ebenfalls Gegenstand evolutionärer Prozesse, also von Versuch und Irrtum geprägt. Sie reflektieren eine individuelle und soziale Realität, bringen beide in Einklang und ermöglichen es den Menschen, erfolgreiche Gesellschaften zu errichten, indem sich ihre Mitglieder auf einen gemeinsamen Kanon von Regeln verständigen. Deshalb wird im Gesetz die Normalität des Lebens reflektiert und nicht der extreme Ausnahmetatbestand.

Die Nazis, die sich aus gutem Grund »nationale *Sozialisten*« nannten, verachteten wie die Kommunisten die Vorstellung, dass auch sie selbst an ein übergeordnetes Recht gebunden sein sollten. So wie die Kommunisten, die das Wohl der Partei zum finalen Schiedsrichter über alles, was gerecht sein sollte, erhoben, fanden die Nazis im »Führer«, ersatzweise das »gesunde Volksempfinden« und »Gerechtigkeitsgefühl«, die ultimative Quelle ihrer Vorstellung von Gerechtigkeit.[41] Ziel war natürlich nicht die Herrschaft des Rechts, sondern seine Durchlöcherung und seine Ersetzung durch die Willkür.

Als die Nazis in Deutschland die Macht ergriffen, einem Land mit großer Liebe zu Ordnung, Autorität und Konsistenz, konnten sie das juristische Rahmenwerk, das sie vom alten Reich und von der Weimarer Republik geerbt hatten, nicht einfach annullieren. Stattdessen mussten sie es aushöhlen. Wie funktionierte das in der Praxis?

Zum Beispiel durch Definitionen. Was machte jemanden zum Deutschen? Für die Nazis seine Blutlinie. Im zweiten Schritt wurde festgelegt, dass Bürgerrechte von der deutschen Reichsregierung nur an Deutsche vergeben werden konnten, und schon waren die Juden ausgeschlossen und genossen keine Bürgerrechte mehr. Danach konnte man ihnen den rechtlichen Schutz Schritt für Schritt entziehen. Die Infamie war in den sogenannten Nürnberger Rassengesetzen aber schon 1935 in dem Sinne angelegt, dass die Entmenschlichung der als »nicht-arisch« definierten Minderheiten vorbereitet worden war.[42]

Ein anderes Beispiel: Es war üblich, die Rechte behinderter Menschen zu entwerten, indem man sie als antisoziale Elemente, die »das Geld der Volksgemeinschaft nutzlos verschwenden« brandmarkte. Man entzog ihnen den Schutz des Gesetzes, was am Ende in ihre Ermordung im Zuge des euphemistisch sogenannten Euthanasieprogramms führte.[43]

Es ist übrigens wahrhaft bemerkenswert, wie diese hohlen Argumente[44] heute in der Diskussion um die legale Abtreibung behinderter ungeborener Kinder ihren Widerhall finden und zur Begründung dafür herangezogen wurden, ihre Tötung bis zum Zeitpunkt der Geburt zu legalisieren.

Am Ende war in Nazi-Deutschland natürlich niemand mehr vom Gesetz geschützt. Jeder lebte unter der tyrannischen Bedrohung, getötet zu werden oder im KZ zu landen, nur abhängig von der willkürlichen Entscheidung einer diktatorischen Maschinerie, die jeder rechtlichen Kontrolle und Verantwortung entzogen war.

Es gab damals bekannte Nazi-Juristen, die die Aushöhlung des Rechts mithilfe einer »Gerechtigkeit nach Volksempfinden« ganz offen als Instrument zur Unterwerfung des Rechts unter den Willen des »Führers« propagierten. Jeder, der willens und in der Lage war zu hören, wusste es. Auch hier zeigt sich, dass der Begriff Gerechtigkeit, aus dem Zusammenhang der Herrschaft des Rechts gerissen, nur noch eine Worthülse war.

Die sozialistische Art mit dem Recht umzugehen, bedient sich der gleichen Taktiken. Das ist kein Zufall. Beide Formen des Sozialismus, des internationalen sowie des nationalen, speisen sich intellektuell aus der gleichen Quelle. Viele perfekt angepasste Nazis wurden nach dem Zusammenbruch ihres Systems 1945 zu perfekt angepassten Sozialisten in beiden deutschen Staaten.

Die *Frankfurter Schule* sieht aber nicht nur die Aushebelung von Ausnahmetatbeständen als Instrument zur Unterwerfung des Rechts unter die Partei. Für sie geht es dabei um mehr. Wenn die revolutionären Eliten – so der Anspruch dieser Schule – nicht schon die Macht in einer kommunistischen Revolution an sich gerissen haben, so dient der Angriff auf die Herrschaft des Rechts vor allem der Erosion der Institutionen und dem Zerstören des liberalen Systems. Zerstöre die Herrschaft des Rechts, und das freiheitliche kapitalistische System wird nicht mehr funktionieren. Es wird nicht mehr in der Lage sein, seine Bürger vor Kriminalität, Betrug und willkürlicher Enteignung zu schützen.

Das führt zur Zerstörung des Eigentums, das im Zentrum einer erfolgreichen Marktwirtschaft und liberalen Ordnung steht. Wenn man dann einmal bewiesen hat, dass das System zerstört ist, kann man mit dem Finger darauf zeigen, den Kapitalismus zum Schuldigen erklären, seine Managerklasse als schuldig, dekadent und gierig brandmarken, ihr vorwerfen, dass sie sich ohne angemessene Leistung bereichert und zur Revolution aufstacheln, bei der die Massen das System umstürzen. In dem sich dann entfaltenden Chaos werden diejenigen die größte Chance zur Machtergreifung haben, die die geringsten Skrupel haben, Gewalt anzuwenden. Nach aller historischen Erfahrung sind das die Sozialisten.

Das ist die theoretische Grundlage der Handlungsweise der Adepten der Frankfurter Schule. Dies muss man sich vergegenwärtigen, wenn man ihre Aktionen und die jüngsten politischen Entwicklungen beleuchten will, insbesondere wenn man sich ansieht, wie sie aktiv die Grundlagen der westlichen Gesellschaften untergraben, Grundlagen, die auf den Werten beruhen, die uns in der Vergangenheit zum Erfolg verholfen haben. Diese Werte sind persönliche Autonomie, Eigentum, Freiheit zu handeln und die traditionelle Familie.

Diese Säulen werden von zwei Seiten attackiert: Mit den Mitteln der Propaganda bzw. der Verführung der Menschen, diese Werte und die mit ihnen verbundenen Rechte nicht nur aufzugeben, sondern sie zu verachten. Anschließend werden mit den Mitteln der legalen Diskriminierung durch Subvention, Besteuerung oder Quotenregelungen die wirtschaftlichen Entscheidungen der Menschen in einer solchen Weise verzerrt, dass sie nicht mehr ihren eigenen wirklichen Interessen folgen. Indem die Politik dies erreicht, wird eine der wichtigsten Wahrheiten der Marktwirtschaft unterminiert, nämlich dass die Menschen, indem sie ihren eigenen Vorteil suchen, zugleich am besten dem Allgemeinwohl dienen. Wenn das nicht mehr gilt, können die Sozialisten anfangen, das System und seine Eliten korrupt zu nennen.

Die persönliche Autonomie

Sie ist intrinsisch mit dem freien Willen verbunden. Der freie Wille definiert uns als Wesen, die sich ihrer selbst bewusst sind. Seit die Evolution den Menschen mit seiner Fähigkeit zu Bewusstsein hervorgebracht hat, können wir postulieren, dass der freie Wille, die Fähigkeit zu erkennen und anzustreben, was am besten für uns ist, der Ausdruck einer natürlichen Ordnung der Dinge ist.

Wenn Freiheit die natürliche Ordnung der Dinge ist, dann können wir schlussfolgern – und das tut die liberale Denkschule –, dass alle unsere Institutionen, der Staat, das Gesetz, unsere Traditionen und Regeln in einer solchen Weise gestaltet werden sollten, dass sie den Grad der individuellen Freiheit maximieren. Die Grenzen der individuellen Freiheit werden nur durch das Recht anderer Individuen gezogen, die gleiche Freiheit zu genießen, und zwar ohne dass Dritte sich darin einmischen. Deshalb kann man persönliche Autonomie mit dem Recht gleichsetzen, von anderen in Ruhe gelassen zu werden.

Jede Beeinträchtigung dieser Autonomie kann nur gerechtfertigt werden durch Maßnahmen, die diese Autonomie in einem größeren Rahmen verteidigen. Die Pflicht des Bürgers, Steuern zu zahlen, kann zum Beispiel nur gerechtfertigt werden, wenn der Staat als Gegenleistung seine Pflichten erfüllt, die Herrschaft des Rechts zu garantieren, das Individuum gegen äußere Angreifer (Verteidigung) und auch gegen Kriminelle (durch Polizei und Gerichte) zu schützen. Sie kann niemals gerechtfertigt werden auf Grundlage des Willens zu einem sozialen Ingenieurswesen, einem politischen großen Plan, dem Errichten von Regimen oder zu korrupten Ausgabenprogrammen.

Diese üblen Beispiele stehen aber für den aktuellen Zustand der westlichen Demokratien. Die Regierungen haben die Kontrolle über unsere Grenzen verloren – und damit über unsere innere wie äußere Sicherheit. Sozialer Gestaltungswille, Manipulation der Informationsquellen, der Gedanken und der politischen Debatte der Bürger sind zugleich Werkzeuge in den Händen des Staates.

Was sagt uns das, wenn die deutsche Bundeskanzlerin Merkel eine Abteilung für »Nudging« im Kanzleramt in Berlin einrichtet?[45] Nudging ist die Wissenschaft der Manipulation durch unterbewusste Signale, die die Menschen dazu bringt, »wünschenswertere Entscheidungen« zu treffen. »Wünschenswert für wen?«, müssen wir da fragen. Für die, die da »genudged« werden? Wohl eher nicht, denn die individuelle Nutzenfunktion ist ein integraler Bestandteil der menschlichen

Persönlichkeit. Ihn zu manipulieren oder auch nur den Versuch zu unternehmen, ist ein Angriff auf die menschliche Würde. Solche freiheitsfeindliche, als Wissenschaft verpackte Ideologie bekommt neuerdings schon den Wirtschafts-Nobelpreis zugesprochen.[46]

Dass Regierungen den Versuch unternehmen, die Menschen zum Treffen von Entscheidungen zu manipulieren, die nicht ihrem eigenen Willen und Nutzen, sondern dem anderer dienen, darf als erstklassiges Beispiel der sozialistischen Attacke auf die persönliche Autonomie betrachtet werden.

Dies offenbart einen Wesenszug des Giftgebräus der Frankfurter Schule gegen die freie Gesellschaft. Indem man die Trennlinie, die das Allerheiligste der persönlichen Autonomie definiert, überschreitet, greift man das an, was unsere Menschenwürde begründet, die Essenz dessen, was uns zu Menschen macht.

Nudging ist dafür nicht das einzige Beispiel. Es passiert jetzt auch in Kinderkrippen, Kindergärten, Schulen, Universitäten, und die Beispiele offener und versteckter Manipulation sind Legion. Die Indoktrination ist so konstruiert, dass sie uns glauben machen soll, der Staat habe das Recht, uns zu erziehen, zu nudgen und am Ende unseren Verstand zu manipulieren. Alles im Sinne des Gemeinwohls, oder nicht?

Wie ist es dazu gekommen? Es ist wieder der Marsch durch die Institutionen, den die kommunistischen Apparatschiks der 68er vorangetrieben haben. Sie haben Schulen, Universitäten, Behörden und Medien infiltriert. Es war eine feindliche Übernahme von innen, der wir 50 Jahre lang zusehen durften.

Mittlerweile haben sich die Menschen an die sozialistische Bevormundung von der Geburt bis an ihr Lebensende gewöhnt. Sie bemerken die permanente Manipulation, Propaganda, das Nudging, die Gedankenkontrolle, die Verbiegung der Sprache in Orwell'scher Größenordnung, der sie und ihre Kinder überall ausgesetzt sind, nicht mehr. Antiliberale Einstellungen werden dadurch in die Welt gesetzt. In den meisten westlichen Gesellschaften stimmen die Menschen Aussagen wie den folgenden mehrheitlich zu:

- »Der Sozialismus ist eine gute Sache, die bisher nur nie ordentlich umgesetzt worden ist.«[47]
- »Der Kapitalismus ist verantwortlich für die Ungleichheit der Einkommen, die Umweltprobleme und den Krieg.«

Die Indoktrination sickert ganz langsam ein. Anstatt ihren Geist für kontroverse Debatten zu schärfen (die wurde mit der politischen Korrektheit so gut wie illegal gemacht), geben die Menschen ihr Hirn an Süchte hin, die die Römer treffend als »panem et circenses«, als Brot und Spiele, bezeichnet haben. Wo verbringt der Durchschnittsbürger mehr Zeit? Vor dem Fernseher beim Betrachten von Fußballspielen oder anspruchslosen, das Gehirn erweichenden Unterhaltungssendungen? Oder beim Trainieren seiner Fähigkeit zum kritischen Denken, indem er sich aus einer Vielzahl von Quellen und Nachrichten über den Zustand der Welt aus unterschiedlichen Blickwinkeln informiert? Sie kennen die Antwort.

Eigentumsrechte und die Freiheit zu handeln

Eigentumsrechte sind ein fundamentaler und unverzichtbarer Ausdruck der persönlichen Autonomie. Sie befähigen einen Menschen, Herr seiner selbst zu sein. Eine Gesellschaft, die das Eigentum für illegal erklärt, begründet damit die Abhängigkeit jedes Menschen von einer verteilenden Klasse, die versuchen wird, den Einfluss, den sie ausübt, so zu hebeln, dass sie absolute Kontrolle über das Leben der Menschen erlangt.

Keinen Zugriff auf die befreienden Möglichkeiten des privaten Eigentums an Produktionsmitteln zu haben institutionalisiert die Abhängigkeit von den Entscheidungen anderer. Es spielt dabei keine Rolle, ob diese anderen beanspruchen, für »die Massen«, »das Volk«, »den Staat«, »die Regierung« oder sonst etwas zu sprechen. Ihre ausgeübte Macht ist immer usurpiert. Privates Eigentum an den Produktionsmitteln ist der einzige Weg zur Schaffung einer Autonomie in dem Sinne, dass ein Mensch in der Lage ist, sich und seine Familie ohne äußere Einmischung zu ernähren, zu behausen, zu bekleiden und zu beschützen. Dies ist die materielle Grundlage der Freiheit, die Übersetzung der persönlichen Autonomie als spirituellem und abstraktem Konzept des freien Willens in die materielle Welt, deren Teil wir auch sind.

Und das ist auch der Grund, warum die Feinde der freiheitlichen Ordnung sie unterminieren müssen. Die Wahl ihrer Strategie ist einfach, und sie funktioniert. Sie begeben sich permanent auf die Suche nach vermeintlichen sozialen Ungerechtigkeiten und hämmern diese den Leuten dann ein mit der Botschaft, dass sie die Opfer eines ebenso vermeintlichen Missbrauchs seien: »Bildung ist zu teuer und nur für die Reichen«, »Mieten sind Wucher«, »Unternehmer beuten Arbeitnehmer aus«, »die Nuklearenergie ist eine Höllenmaschine«, »Die Bauern werden von den Marktkräften ausgebeutet«, »Die Kohle ist schuld am Klimawandel«, »Vermieten an Touristen ist missbräuchliche Zweckentfremdung«, »die private Krankenversicherung ist ein ›Zwei-Klassen-System‹«. Die Liste ist endlos.

Der nächste Schritt ist es, eine Heilung für die vermeintliche Krankheit vorzuschlagen, die wir uniform als »Marktversagen« apostrophieren, damit auch dem Letzten klar wird, wer die Schuld an diesem himmelschreienden Missstand trägt. Diese Fälle von Marktversagen sind natürlich die Folge von privatem Eigentum, von Kapitalismus, und des Neoliberalismus, unserem Lieblingsfeind. Nicht dass es einen großen Unterschied machen würde, welcher Aspekt der Freiheit verleumdet wird. Was den Leuten beigebracht werden soll, ist eben, dass die himmelschreiende Ungerechtigkeit nur geheilt werden kann, indem der Bürokratie Vorrang vor den Eigentumsrechten eingeräumt wird. Es gibt viele Wege, die Menschen dorthin zu führen: Preiskontrollen für Wohnungsmieten einführen (Mietobergrenze), es für illegal erklären, an Urlauber zu vermieten (was nichts anderes bedeutet, als dass ich mit meinem Eigentum, das doch mir und nicht dem Politiker gehört, nicht mehr tun kann, was ich für richtig halte), mit einem Federstrich aus der Atomenergie aussteigen und dabei keinen Gedanken an die tatsächlichen Risiken, die realen Kosten und die Wirkung auf die Wirtschaft, die Zerstörung von Arbeitsplätzen oder die Wirkung auf Energiepreise verschwenden. Das sind Bedenken für die kleingeistigen Krämerseelen, die das großartige Design unseres Plans für die Gesellschaft nicht verstehen.

Aber mit den Eigentumsrechten herumzuspielen ist nicht nur ein Eingriff in die Freiheit per se. Es geht auch mit Kosten für die Gesellschaft einher, die sich als unvermeidliche Konsequenz aus der Fehlallokation von Ressourcen ergeben. Preisobergrenzen für bestimmte Güter einzuführen verzerrt die Information des Preissignals. Ein Preis, der niedriger ist als der Gleichgewichtspreis, der Angebot und Nachfrage in Einklang bringt, wird zu einer Verminderung des Angebots führen. Im Fall der Wohnungsmieten bedeutet das, dass weniger Apartments, Häuser und Wohnungen gebaut werden, um das Angebot zu erhöhen. Die Nachfrage kann zu dem künstlich niedrig gehaltenen Preis nicht befriedigt werden. Die Habenichtse werden aus dem Markt ausgeschlossen. Sie müssen sich in der Schlange hinten anstellen. Sie sind die wahren Opfer einer fehlgeleiteten arroganten Anmaßung von Wissen. Diese Arroganz ist es, die sich im Zentrum der bürokratischen Seele befindet, die vorgibt, es besser als wir zu wissen, was für uns gut ist und was wir mit unseren Ressourcen und im Grunde mit unserem Leben machen.

Was noch schlimmer ist als all diese Interventionen in den freien und handelnden Markt und seine Kräfte, ist der Umstand, dass wir keine Ahnung von den indirekten Auswirkungen haben können, die dadurch ausgelöst werden. Die Komplexität der Arbeitsteilung ist heute so hoch, dass kein menschlicher Verstand, mit oder ohne Computerunterstützung, auch nur die geringste Chance hat, das zu durchdringen. Der Markt stellt eben einen dezentralen Informationsmechanismus dar, der einen Ozean an Informationen koordiniert. Er ist auch das einzige System, das alle seine Teilnehmer zwingt, ihre wahren Nutzenfunktionen preiszugeben, also die Rangfolge ihrer Bedürfnisse und Präferenzen, indem er ihre Bereitschaft testet, einen bestimmten Preis für ein Gut oder eine Dienstleistung zu bezahlen.

Jeder Eingriff wie der oben beschriebene wird diese fein austarierte Informationsverarbeitung stören. Es werden dann viele Signale verzerrt, die Vorlieben, Knappheiten, Technologien, Ideen, Innovationen und Ereignisse wie Wetter, Politik usw. verarbeiten. Der Markt versorgt jedes Individuum auf geradezu wunderbare Art und Weise mit der notwendigen Information, aus all dem für sich optimale Entscheidungen zu treffen.

Die Untergrabung der Eigentumsrechte erzeugt somit zwei Übel: Sie erodiert die Grundlage der Freiheit, weil das Recht auf Eigentum den einzelnen Menschen gegen die Willkür der Behörden schützt und Voraussetzung für die Umsetzung der persönlichen Autonomie ist. Und sie verzerrt den Informationsprozess des Marktes. Das erfreut natürlich die sozialistischen Feinde der Freiheit, weil es ihnen weitere neue Möglichkeiten bietet, den Markt für sein vermeintliches Versagen zu verleumden.

Den Politikern die Möglichkeit einzuräumen, die Eigentumsrechte zu untergraben, ist deshalb ein sicherer Weg, eine der wichtigsten Säulen einer wahrhaftig freien, wohlhabenden und gerechten Gesellschaft zu zerstören. Und das ist auch der Grund, warum die Anhänger der Frankfurter Schule sie so lieben.

Die Freiheit zu tauschen und zu handeln ist auf das Engste mit dem Recht am Eigentum verknüpft. Handel heißt, dass zwei Individuen Güter in Form von Produkten, Dienstleistungen oder Geld tauschen mit der Absicht, ihrer beider Nutzen zu mehren. Dieser Zweck kann nur erreicht werden, wenn beide Seiten diesen Handel freiwillig vollziehen. Jede Maßnahme, die Menschen zum Tausch zwingen möchte, wird die Bedingungen des Handels verzerren und stellt auch einen Eingriff in die Eigentumsrechte beider Parteien dar. Sie führt dann zu einer suboptimalen Allokation von Ressourcen.

Auch hier haben die interventionistischen Gutmenschen zahllose Wege gefunden, den Wolf der Knechtschaft in das Schafsfell der Fürsorge zu kleiden. Und wie so oft erweist sich der Vorwand, etwas Gutes zu tun, als Zerstörer von Wohlstand, Jobs und Einkommen. Das größte globale Hindernis gegen den Handel heißt Protektionismus in

Gestalt von Zöllen und sogenannten nicht tarifären Handelshemmnissen, was gewöhnlich Regulierung bedeutet. Diese Tür der Regulierung steht immer offen, weil sie regelmäßig unter dem Vorwand daherkommt, die Marktmechanismen stärken oder einrichten zu wollen. Während auch die Liberalsten unter uns einräumen, dass der Staat, wenn er die Bedingungen für funktionierende Märkte schafft, einen Beitrag dazu leistet, dass diese im Sinne des Gemeinwohls arbeiten können, ist es leider auch so, dass der Staat, indem er diese Tür öffnet, eine Einladung für alle Arten schädlicher Eingriffe ausspricht.

Eines der besten Beispiele dafür, wie die Obrigkeit das tut, ist die Regulierung der Finanzwirtschaft, also der Banken und Versicherungen, im Namen des »Konsumentenschutzes«. »Schutz« ist einer der verräterischsten Begriffe überhaupt und wird regelmäßig eingesetzt, um die Menschen hinsichtlich ihrer eigenen wahren Interessen hinters Licht zu führen. Es ist der wortwörtliche Ausdruck der Bevormundung durch den Staat, der nie müde wird, den Menschen seinen Schutz vor allen Übeln der Welt aufzudrängen. Was damit leider nicht gemeint ist, ist der Schutz für alle Menschen als Bürger unter dem Gesetz.

Man findet den Begriff »Schutz« in vielen Worthülsen, die die Hohepriester der Vormundschaft als Monstranzen durch die Straßen tragen: Konsumentenschutz, Mieterschutz, Kundenschutz, Umweltschutz, Klimaschutz, Schutzzölle usw. In Wahrheit geht es um die Weigerung der Bürokraten, die Bürger als erwachsene Menschen zu akzeptieren, die sehr wohl auf sich selbst aufpassen können. Dieser Deal ähnelt nämlich einem mafiosen Erpressungsvergehen: Zahle mir *Schutz*geld für eine nur wahrgenommene Sicherheit, die der Staat auf Dauer gar nicht garantieren kann. Schutz dieser Art ist das Musterbeispiel für einen schlechten Handel, in dessen Kern die kurzfristige Unterdrückung von Volatilität lauert, dem Kreissaal und Geburtsort, an dem Schwarze-Schwan-Ereignisse und Diskontinuitäten ausgebrütet werden.

Eine Wortkombination mit dem Begriff Schutz, von der der Schleier des Gutmenschentums weggerissen worden ist, ist die Schutzzone, auch bekannt als Protektorat. Es ist dies die koloniale Bevormundung eines ganzen Volkes.

Bei Finanzdienstleistungen ist es die vornehmste Aufgabe der Bürokratie, den Konsumenten vor sich selbst zu schützen. Während der Staat mit seiner Währungsunion und mit dem Rentensystem die gewaltigsten Pyramidenschemata der Geschichte hervorbringt, ist es natürlich von überragender Bedeutung, dass kein mit diesen staatlichen Betrugssystemen in Konkurrenz stehendes *Ponzi-Schema* den Bürgern Geld aus der Tasche zieht. Jedenfalls nicht, bevor das Finanzamt seine gierigen Hände danach ausgestreckt hat.

Deshalb haben wir Banken und Versicherungen mit einem Netz von regulatorischen Vorschriften überzogen, die auf der Welt ihresgleichen suchen. Wenn Sie bei Ihrer Bank Wertpapiere kaufen wollen, weil Sie der Meinung sind, dass das die richtige Investition für Ihre Ersparnisse ist, dann bittet die Bank Sie, einen Riesenstapel Papier zu lesen und zu unterschreiben. Dafür würden Sie drei Tage brauchen. Aber weil Sie so viel Zeit nicht haben (Sie müssen arbeiten, sonst hätten Sie die Ersparnisse ja nicht), lesen Sie die Unterlagen nicht durch. Dann müssen Sie noch ein Papier unterschreiben, dass Sie es gelesen und verstanden haben, und dann hofft die Bank, dass Sie mit Ihrer Investition keinen Cent verlieren werden. Wenn doch, könnte das ja Ihre Liebe zu Vater Staat wecken, und Sie verklagen die Bank wegen irgendeines obskuren Paragrafen in ihren regulatorischen Compliance-Papieren, der nicht so klar und eindeutig geschrieben war, dass Ihnen bewusst sein konnte, dass Wertpapierkauf immer mit Risiken verbunden ist. Aber weil immer irgendjemand Geld verliert, wird sich auch immer jemand finden, der die Bank dafür verklagt, so gierig gewesen zu sein, ihm das Papier zu verkaufen.

Was ist das Ergebnis dieses regulatorischen Amoklaufs? Dass immer mehr Banken von immer mehr Sparprodukten Abschied nehmen und sich die Auswahl der Konsumenten auf Standardangebote reduziert, die den eigenen Präferenzen vielleicht entsprechen, vielleicht auch nicht. Der Konsument wird geschützt, indem man ihn wie ein Kind behandelt, ihm Wahlmöglichkeiten entzieht in der impliziten Annahme, dass der Bürger dumm ist und dass die Banken 24 Stunden am Tag darüber nachdenken, wie sie ihn mit ihrer Gier und Bösartigkeit betrügen können.

Dabei wird die Bank mit einer bürokratischen Kruste überzogen. Sie besteht in nicht geringem Umfang aus vorauseilendem Gehorsam und Unterwürfigkeit und frisst mittlerweile 20 Prozent ihrer Erträge auf, nachdem seit dem Jahr 2007 eine regelrechte regulatorische Bonanza losgetreten worden ist.

Es ist ganz offensichtlich, warum ein solches Regime nicht kompatibel ist mit persönlicher Freiheit und Freiheit zu handeln. Es ist der Paternalismus des Kindergartens und des Altenpflegeheims für Demente, der hier regiert.

Die größte Gelegenheit, der die Oberschwester Staat nicht widerstehen kann, ist es, die uneinigen Arbeitnehmer und Unternehmer der Welt voreinander zu schützen, speziell vor den Arbeitnehmern und Unternehmern im Ausland. Man nennt das »Protektionismus«, zu Deutsch »Schützlerei«. Das trifft es wohl.

Die chinesischen Stahlwerke produzieren billiger als wir? Das ist unfair! Es kann nur das Ergebnis eines üblen, sinistren Plans sein, unsere Stahlindustrie zu zerstören! Lasst uns mit ein paar Strafzöllen zuschlagen! Die brasilianischen Ausbeuter des Planeten wollen hier ihre Sojabohnen verkaufen? Die sind doch nur deshalb so billig, weil sie dafür den Regenwald abgebrannt haben. Das können wir mit Quoten heilen. Wie bitte? Das heißt, dass die Konsumenten im Supermarkt höhere Preise zahlen müssen? Die sollen sich nicht so anstellen und gefälligst den Planeten retten. Und unsere Beamtenpensionen bitte gleich mit.

Das Mantra der Politiker: »Wir brauchen keinen freien Handel. Wir brauchen fairen Handel.« Und was fair ist, das bestimmen natürlich wir mit unserer willkürlichen Entscheidung und Weisheit. Du, kleiner Konsument, darfst etwas Honig, Kaffeebohnen und so ein Zeug von südamerikanischen Indiofarmern zu einem überteuerten Preis kaufen, aber nur, wenn wir vorher unser Siegel für fairen Handel draufgeklebt haben. Das hat den positiven Nebeneffekt, dass der Indio-Bauer in seiner unproduktiven Subsistenzwirtschaft gefangen bleibt. Das nennen wir dann Folklore und lassen uns eine vom Steuerzahler subventionierte Medaille an unser Revers kleben dafür, dass wir den »natürlichen Zustand der Dinge« inklusive Analphabetismus und Abhängigkeit bewahrt haben. Außerdem schmeichelt es unserer Eitelkeit.

Der Untergang der traditionellen Familie

Eine der schädlichsten Entwicklungen, die aus dem Egoismus der Frankfurter Schule hervorgegangen sind, ist der Untergang der Familie. Es ist ein Stück aus dem Lehrbuch, wie man einen Eckstein der Gesellschaft zerstört.

Man kann auch sagen, dass der Angriff auf diese Säule mit am erfolgreichsten war, weil man bei den Werten der Familie angesetzt hat. Die Familie ist der unverzichtbare Baustein jeder erfolgreichen Gesellschaft. Und um das von vornherein klarzustellen: Ich schreibe hier über das traditionelle Familienbild, mit Mann, Frau und Kindern. Das hat viele Gründe. Erstens motiviert uns unser biologisches Erbe, Mühe in die Aufzucht, den Schutz und die Erziehung unseres eigenen genetischen Nachwuchses zu investieren. Zweitens bilden die traditionellen Familienstrukturen ein soziales Sicherheitsnetz, das auf Dauer von größeren Strukturen wie dem Staat nicht zur Verfügung gestellt werden kann. Im Gegenteil: Das soziale Netz, das der Staat herstellt, erzeugt eine der größten Illusionen, nämlich dass das egoistische Individuum die traditionelle Familie nicht mehr braucht, um materiellen Schutz vor den Unwägbarkeiten des Lebens zu genießen. Der Wohlfahrtsstaat von der Wiege bis zur Bahre ist einer der Nägel im Sarg der Familie, aus genau diesem Grund. Es gibt noch weitere Nägel, und sie alle beuten eine menschliche Schwäche aus, nämlich das kurzfristige Vergnügen über die langfristige Verantwortung zu stellen, wenn man vorgemacht bekommt oder es glauben will, dass das im Leben keine Konsequenzen hätte.

Den langfristigsten Schadenseffekt auf die Familie hat das System der staatlichen Rente, die als Pyramidenschema aufgebaut ist. Sie ist, zugegebenermaßen, nicht von den Anhängern der Frankfurter Schule erfunden worden, sondern von denjenigen, die an die Fähigkeit des Staates glauben, große soziale Probleme lösen zu können. Ein erstklassiges Beispiel an fehlgeschlagenem Sozialingenieurswesen. Das Pyramidensystem namens Rente ist nämlich auf der grundfalschen Annahme errichtet, dass es keinen Zusammenhang gibt zwischen sozialer Absicherung im Alter, die der Staat vorgibt garantieren zu können, und der Entscheidung der Menschen, Kinder zu haben oder keine zu haben.

In Deutschland nennt man dieses von der Hand-in-den-Mund-konstruierte System abwegig auch noch »Generationenvertrag«. In Wahrheit ist das ein Vertrag zulasten künftiger Generationen, darauf angelegt, diejenigen auszubeuten, die zum Zeitpunkt seiner Erstellung noch kein Wahlrecht hatten. Es ist das, was man in der Juristerei Vertrag zu Lasten Dritter nennt. Das ist von Grund auf unethisch.

Und wieder einmal zeigt sich, dass die Wirtschaftswissenschaft nicht die Lehre von den Töpfen ist, sondern dass Anreize ihr Untersuchungsgegenstand sind. Während die Politiker ihre Aufmerksamkeit darauf richten, die sich leerenden Töpfe immer wieder aufzufüllen, sodass sie diese zugunsten der Rentner-Wähler umverteilen können, ignorieren sie selbst die Anreize, die sie damit für die arbeitende Generation schaffen. Das Ergebnis ist eine auf den Kopf gestellte Bevölkerungspyramide, deren verschobener Schwerpunkt nach oben ihr die Bezeichnung »Urnenform« eingetragen hat. Das ist angesichts der Verwendung von Urnen nicht ohne Ironie.

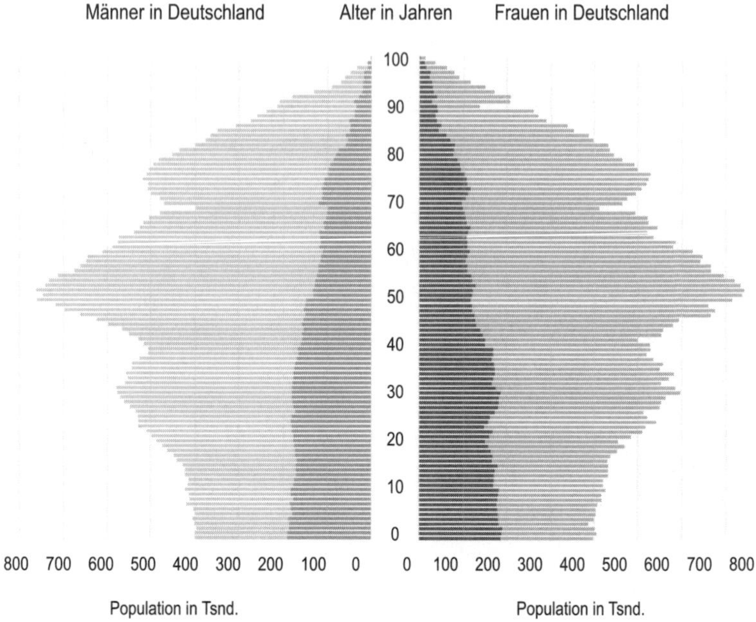

Demografischer Trend am Beispiel Deutschlands: Die umgekehrte Bevölkerungspyramide. Helle Schattierung indiziert Bevölkerung ohne Migrationshintergrund, dunkle Schattierung indiziert Bevölkerung mit Migrationshintergrund. Quelle: Statistisches Bundesamt

Die schädlichste, größte und langfristigste Wirkung liegt in der abnehmenden Zahl der Geburten. In einem klassischen Trugschluss scheint jedermann zu glauben, dass die Kinder anderer Menschen seine Rente und seine Krankenhaus- und Pflegerechnungen im Alter zahlen werden, während er selbst sein Leben als hedonistische Party und Konsumorgie führt, bei der Kinder nur stören würden. Es ist eine spezielle Form von Gefangenendilemma, in das dieses System die Menschen wirft: Anderer Leute Kinder sind das Surrogat für anderer Leute Geld in dieser pervertierten Logik. Setzt man anderer Leute Kinder und Geld gleich, dann wird völlig klar, dass das Ganze nur ein sozialistisches Umverteilungsschema ist, das nicht den Armen oder Bedürftigen nützt, sondern den Faulen, denjenigen, die Konsum über

Sparen und Investieren stellen, dem egoistischen Gebaren, denen, die lauter nach Wohltaten schreien, als der Rest der Gesellschaft.

Dieses System bereitet die materielle Basis für die ideologische Zerstörung der Familie, die wiederum von den Vertretern der Frankfurter Schule vorangetrieben wird. Eine Philosophie grenzenlos hedonistischen Vergnügens beginnt dann ein räuberisches Verhalten gegenüber den Schwächsten der Gesellschaft auszubilden. Das fängt bei den Ungeborenen an, die man in eine entmenschlichte Gruppe umdefiniert hat, um sie völlig der Gnade oder Willkür der schon Geborenen auszuliefern.

Die zweitschwächste Gruppe sind kleine Kinder, die in zunehmendem Maße zu Objekten eines sexualisierten Erziehungssystems gemacht werden. Kinder werden im Alter von fünf Jahren mit allen Arten von sexuellen Praktiken, Abweichungen und Präferenzen konfrontiert unter dem Vorwand, sie zur Toleranz gegenüber sexuellen Minderheiten erziehen zu wollen. Richtlinien, die dazu von der EU und ihren Mitgliedstaaten publiziert wurden beweisen das leider ohne jeden Zweifel.[48] [49] [50] [51]

Noch vor wenigen Jahren war es eine Selbstverständlichkeit, dass man Kinderseelen nicht vorzeitig mit diesen Dingen konfrontiert. Indem man Kinder sexualisiert, enttarnt sich eine Bewegung, die von den gleichen politischen Kräften getragen wird, die in den 1980er- und 1990er-Jahren die Legalisierung von »einvernehmlichem« Sex mit Kindern forderten. Als ob Einvernehmlichkeit in dieser Sache angesichts des Machtgefälles zwischen Erwachsenen und Kindern überhaupt möglich wäre. Mit der gleichen Logik kann man Vergewaltigung einvernehmlich nennen.

Zwanzig Jahre später ist das Immunsystem der Gesellschaft von der den Hedonismus als einzigen Sinn und Inhalt des Lebens anpreisenden Propaganda offenbar so geschwächt, dass Verantwortung für eine Familie für einen Großteil der Menschen zu einer sich immer weiter entfernenden Erinnerung geschrumpft ist.

Und obwohl jeder das Recht hat, unterschiedliche Meinungen über den Sinn des Lebens zu haben, sind die wirtschaftlichen Folgen dieser Tatsachen in Stein gemeißelt. Man kann nicht beides haben: hedonistisch und nachhaltig.

Das dritte Element ist die Travestie der Institution Familie als solcher. Für Tausende von Jahren war die Familie definiert als Vater, Mutter und Kinder, oftmals sich über mehrere Generationen erstreckend. Es war das Ergebnis eines evolutionären Prozesses, der über Millionen Jahre menschlicher Entwicklung reichte. Um die Entwertung dieser Institution zu beschleunigen, ohne die keine Nation lange überleben kann, hat man ihre Bedeutung ausgeweitet auf die Gemeinschaft gleichgeschlechtlicher Partnerschaften. Gleichzeitig entwertet man die Partnerschaft zwischen Mann und Frau durch die offene Tolerierung der eigentlich illegalen Vielehe im Fall von Migranten. Eine winzige Minderheit hat es geschafft, die essenzielle Bedeutung der einen Institution abzuschaffen, auf der menschliche Gesellschaften, Staaten, Nationen seit der Dämmerung der Menschheitsgeschichte errichtet wurden. Es ist naiv zu glauben, dass das keine Konsequenzen hätte.

Eine Ordnung der Freiheit verlangt Toleranz gegenüber unterschiedlichen Lebensentwürfen. Wie Friedrich der Große korrekt ausgeführt hat: »In meinem Königreich kann jeder nach seiner Fasson selig werden.« Diese Toleranz muss aber wechselseitig sein, und das ist sie nicht, wenn Begrifflichkeiten usurpiert werden, die allein für die heterosexuelle Partnerschaft biologisch begründbar sind, nämlich die der Ehe. Diese Usurpation der Begrifflichkeit entleert den Begriff der Ehe in der gleichen Weise, wie eine Überdehnung der Freiheit diese selbst unterminiert, indem sie das Wort sinnentleert.

Die Gründung einer Familie wird so nicht mehr als erstrebenswertes gesellschaftliches Ziel vermittelt, sondern als eine Wahlmöglichkeit unter vielen aus dem Menü sexuellen Konsums. Es ist aber ebenso wichtig, Klarheit zu haben hinsichtlich der Verbindung unserer Entscheidungen und ihrer Konsequenzen.

Ein System einzuführen, dass den Menschen Anreize gibt, die Kosten ihrer Entscheidungen auf andere abzuwälzen, kann nicht lange überleben. Die Konsequenzen unseres Tuns zu tragen, ist ebenso ein elementarer Bestandteil der Freiheit wie die Fähigkeit, unsere Wahl selbst zu treffen.

Es ist die wechselseitige Verstärkung der oben beschriebenen Faktoren, die den demografischen Niedergang der westlichen Demokratien beschleunigt. Wie so oft werden es die ökonomischen Folgen dieser adversen Anreize sein, die uns die Grenzen dieser institutionellen Erosion zuerst vor Augen führen: Wenn die monetäre Krise (Kapitel 1), die von der politischen Klasse an die Startrampe geschoben wird, die Gesellschaft mit all ihrer aufgesparten Zerstörungskraft treffen wird, dann werden auch die Lernunwilligsten der Wahrheit nicht mehr entkommen können, dass diese Gesellschaft auf eine massenhafte Altersarmut zuläuft, die bereits in den 2020er-Jahren einsetzen wird. Die Vereinzelung der Menschen, die bindungsunwillig und kinderlos aus eigenem Bestreben sind, wird dann ihren Preis einfordern.

Es ist auch vorhersehbar, dass die politische Klasse, die unserer scheiternden Parteiendemokratie vorsteht, nicht in der Lage sein wird, das Syndrom dieses Niedergangs zu bewältigen: Ihre kurzfristigen Interessen dienen der Befriedigung von Forderungen der egoistischen Gruppen der Gesellschaft, die – jedenfalls auf kurze bis mittlere Sicht – die Gewinner dieser Situation sind. Die sinkende Geburtenrate macht die Jungen, von denen erwartet wird, dass sie das Pyramidenschema am Laufen halten, zu einer immer schneller schrumpfenden Minderheit. Die demokratisch etablierte Ausbeutung der arbeitenden Minderheit durch die Mehrheit der Pensionäre wird politisch immer stabiler, wirtschaftlich aber immer instabiler. Wie Böhm-Bawerk, einer der führenden Ökonomen der Österreichischen Schule, wusste: Am Ende triumphiert immer das ökonomische Gesetz über das politische Gesetz. Unsere Chancen, diesen ungünstigen Trend noch rechtzeitig umzukehren, werden mit jedem Tag, den wir als Gesellschaft diesen rutschigen Pfad hinunterschlittern, geringer. Da sie eine immer größere Zahl alter, kranker und pflegebedürftiger Menschen versorgen müssen, können sich die

Jungen immer weniger Kinder leisten. So wird der Trend nicht nur verfestigt, sondern beschleunigt und auf einen »Punkt ohne Wiederkehr« getrieben.

Warum ist es eine leere Hoffnung, dass der technische Fortschritt und damit der Produktivitätsfortschritt uns retten wird? Alternde Gesellschaften sind nicht innovativ, sie sind nicht unternehmerisch, sie werden sklerotisch, selbstsüchtig, kurzfristig orientiert. Sie tendieren dazu, eine immer größer werdende Bürokratie damit zu beschäftigen, ihren Niedergang zu verwalten und jeden denkbaren Schmerz so weitgehend wie möglich in die Zukunft zu verlagern. Das wiederum beschleunigt den Übergang von Freiheit und freien Märkten zu Bürokratie und Planwirtschaft. Es war kein Zufall, dass die Sowjetunion eine *Gerontokratie* war.

Aber machen wir keinen Fehler! Während sich das System unaufhaltsam auf den Punkt seines strukturellen Kollapses zubewegt, wird das hedonistische Verhaltensmuster der Dehumanisierung von Menschen sich ein letztes Mal zeigen: Es werden die alten und kranken Mitglieder der Gesellschaft sein, die dann plötzlich (wieder) zur Last der Gesellschaft erklärt werden. Die Alten und Kranken werden die Opfer von Euthanasie und »freiwilligem assistiertem Suizid« sein. Wir können die Anfänge dieses Trends bereits in der Gesetzgebung erkennen, mit der Holland beim Thema »Sterbehilfe« den Vorreiter spielt.

Die Zerstörung der traditionellen Familie ist kein opferloses Verbrechen. Aber am Ende wird die Trennlinie zwischen Opfern und Tätern verschwimmen. Der Leser wird sich vielleicht fragen, warum es in diesem Abschnitt so intensiv um diese ethische Frage geht und was das mit den Ungleichgewichten zu tun hat, die wir ökonomisch akkumulieren. Die Antwort ist einfach: Die Wirtschaft beruht auf Anreizen und Werten. Familienwerte geben Anreize zu harter Arbeit, um eine lebenswerte Zukunft für die eigenen Nachkommen zu schaffen. Zerstört man diese Anreize zur Familiengründung, indem man die Menschen dazu verführt, langfristigen Nutzen gegen immer kurzfristigere Präferenzen einzutauschen, dann zerstört man auch die Fähigkeit der Gesellschaft zu harter Arbeit, und man zerstört die Zelle, aus der das Gemeinwesen besteht, nämlich die Familie.

Die mathematische Präzision einer fallenden Demografie als Konsequenz dieses Handelns lässt sich auch nicht durch Slogans niederbrüllen. Sie ist wie ein Uhrwerk, und wir können zuhören, wie mit jedem Tick der Erfindergeist, das Streben, die Neugierde einer einst jungen und jugendlichen Gesellschaft durch Angst, Furcht, Sklerose und die intellektuelle Faulheit der Gerontokratie verdrängt wird. Ihr ganzer verbliebener Zweck und Sinn ist es dann, noch ein paar wenige Jahre Konsum aus dem Vermögen herauszupressen, das frühere Generationen erarbeitet und hinterlassen haben.

Es ist kein Zufall, dass die meisten europäischen Staatsoberhäupter keine Kinder haben, wie die unten eingefügte Abbildung demonstriert. Es ist auch auffällig, dass die eher EU-kritischen konservativen Staatsoberhäupter in Zentral- und Osteuropa oft viele Kinder haben. Das ist auch der Grund, warum sie sich um die Zukunft des Kontinents Sorgen machen. Man sollte das im Blick behalten angesichts des hässlichen und entgleisten Debattenklimas in der von der Linken dominierten EU-Kommission und bei den teils offenen, teils geheimen Anhängern der Frankfurter Schule in den Staatskanzleien in Berlin, Paris, Brüssel und London.

Anzahl der Kinder von Europas Staatsoberhäuptern.
Quelle: Eigene Recherche, Google

Wie kann man von einer politischen Elite mit einer Restlebenserwartung von 20 bis 25 Jahren ohne Kinder erwarten, dass sie ausreichende Anreize haben, sich über die langfristige Zukunft unseres Kontinents Sorgen zu machen?

Es ist noch nicht zu spät, das Ruder herumzureißen, bevor dieses Schiff an den Klippen des Völkerselbstmords zerschellt. Noch sind wir die Herren unseres Schicksals, aber es erfordert eine Kehrtwende der Köpfe und der Herzen, zu der unsere politische Elite weder willens noch in der Lage ist. Das ist einer der Hauptgründe, warum unsere Parteiendemokratie zum Untergang verurteilt ist. Und es ist einer der Hauptgründe, warum wir uns von der herrschenden Elite trennen müssen.

Die Politik der Zerstörung unserer Identität

In den vergangenen Jahren haben einige mächtige Interessengruppen in Bürokratie und Politik das demografische Ungleichgewicht immerhin als großes Problem erkannt, das sie nicht innerhalb ihres gescheiterten Glaubenssystems lösen können. Sie haben sich selbst in einem Gefängnis von Partikularinteressen eingemauert, das logische, jedoch schmerzhafte Anpassungsmaßnahmen ausschließt. Diese Beobachtung hat unsere politische Klasse zu einer gigantischen Fehlkalkulation verleitet, nämlich dass sie die fehlende Arbeitsbevölkerung, die das Ergebnis ihrer desaströsen Politik ist, mit Einwanderern ersetzen könnte. Dabei ist es egal, ob diese qualifiziert sind, ob sie kulturell zu uns passen oder willig sind, sich zu integrieren oder auch nur unsere Zivilisation und Lebensart zu tolerieren.

Als Kanzlerin Merkel im Jahr 2015 die Schleusen der Einwanderung weit öffnete, produzierten Mitglieder ihrer Regierung und einige bekannte Vorstandsvorsitzende großer Industrieunternehmen (sie hatten wahrscheinlich die Chance erkannt, sich bei der Regierungschefin einzuschleimen) eine Menge unbegründetes Gerede und erzählten den Menschen etwas vom willkommenen Zufluss »qualifizierter Fachkräfte«. Jeder, der über gesunden Menschenverstand verfügte, wusste, dass das eine Lüge war, aber wehe, er oder sie sprach das aus.

Während dieser Zustrom absolut nichts dazu beitrug, das Problem der wachsenden Lücke zwischen arbeitender und nicht arbeitender Bevölkerung zu verringern (im Gegenteil, er hat sie vergrößert, weil die meisten Einwanderer in das Sozialsystem, nicht aber in den Arbeitsmarkt eingewandert sind), hat es zu einer weiteren sozialen

Frage geführt, die bis dahin auf weit rechte politische Kreise beschränkt war: Diese Frage kreist um unsere Identität. Nachdem die Politiker aller Couleur die letzten 70 Jahre damit verbracht haben, jeden Sinn nationaler Identität mit Nationalismus gleichzusetzen und diesen Begriff aus dem Vokabular zu streichen, hat der Einwanderungszustrom aus der vorwiegend muslimischen Kultur, die über einen äußerst ausgeprägten Identitätssinn verfügt, die Frage unserer nationalen und abendländischen Identität wiederauferstehen lassen.

Es ist durchaus wahrscheinlich, dass dieses Ereignis von späteren Historikern als der Defibrillator-Stromschlag gesehen werden wird, der den erstickten Sinn für die Nation und die Identität Europas wiederbelebt hat, bevor er endgültig das Leben ausgehaucht hätte.

Es ist in der Tat die Demarkationslinie der Abgrenzung, die von der Kultur der Einwanderer selbst gezogen wurde, die das Gefühl der Zugehörigkeit zu einer nationalen und abendländischen Identität mit Gewalt wiederbelebt hat, als wäre sie eine Immunreaktion. Jetzt kämpft der linke Mainstream gegen die Wiederkunft einer Sache, die er geglaubt hatte, erfolgreich vernichtet zu haben.

Diese wiedergeborene Wahrnehmung eigener Identität begibt sich nun auf Konfrontationskurs, weil die Mächtigen sie nicht von den nationalistischen Exzessen des frühen 20. Jahrhunderts unterscheiden können. Es entzieht sich ihrer Vorstellungskraft, dass Patriotismus in der Gefängniszelle, in die man ihn über 70 Jahre eingesperrt hatte, auch gereift sein könnte. Der beginnende zivile Ungehorsam, den wir in den ostdeutschen Städten beobachten, ist wohl erst der Anfang eines Trends, und die Politik wird ihn nicht aufhalten können. Die verzerrte Medienberichterstattung befeuert dabei die Wut der Menschen nur noch mehr und untergräbt gleichzeitig die Glaubwürdigkeit von Presse und Fernsehen.

Die Revolution der menschlichen Fähigkeiten und die Rigidität der Arbeitsmärkte

Es gehört zu den bemerkenswerten logischen Totalschäden, dass unsere politische Elite ständig Lippenbekenntnisse zur Marktwirtschaft abgibt und von der Macht der Freiheit spricht, Wohlstand zu schaffen, und dabei doch nicht müde wird, Güter und Dienstleistungen ausfindig zu machen, die »zu wichtig sind, um sie den Mächten des unkontrollierten Marktes auszuliefern«.

Der größte Markt, den sie diesen Kräften nicht überlassen will, ist der Arbeitsmarkt. Da fragt man sich: Wenn der Markt dem Plan überlegen ist hinsichtlich seiner Fähigkeit, die Verwendung von Gütern und Dienstleistungen in die richtigen Bahnen zu steuern, wäre es dann nicht die logische Folge, dass wir umso mehr von dieser Überlegenheit profitieren können, je wichtiger und bedeutsamer dieser Markt ist? Die Logik sagt uns, dass der Arbeitsmarkt viel zu wichtig ist, um ihn der kalten, unfähigen und korrupten Hand der Anbeter der Planwirtschaft zu überlassen.

Ihr ständig heruntergebetetes Mantra ist das der Ausbeutung. Ich fiel einmal vor Lachen fast vom Stuhl, als ich mit dem Begriff »Selbstausbeutung« bekannt gemacht wurde. Die Linken beschreiben damit den Sachverhalt, das Unternehmer 60 oder 70 Stunden pro Woche arbeiten, um sich ihren persönlichen Traum zu erfüllen. Nur ein vom Marxismus deformiertes Hirn kann sich zu so einer verqueren Logik versteigen und sich weigern zu verstehen, was harte Arbeit und persönliche Autonomie im Zusammenhang mit dem menschlichen Streben nach Glück gemeinsam haben.

Für die Linken geht es im Arbeitsmarkt nur darum, das Arbeitsangebot in möglichst monopolistische Strukturen wie Gewerkschaften (am liebsten mit Zwangsmitgliedschaft) zu pressen, um die reale oder vermeintliche Ausbeutung durch üble und gierige Fabrikbesitzer zu kontern. Ihr Weltbild wurde in den 1880er-Jahren eingefroren, und selbst damals stimmte es schon nicht, wenn man bedenkt, wie sich Einkommen und Lebensstandard der meisten

Menschen in Europa und Amerika in der industriellen Revolution vervielfachten.

Das wirkliche Thema des Arbeitsmarkts ist aber gar nicht, wie man mit Muskelkraft irgendwelche Zahnräder bewegt. Das wirkliche Thema ist die Allokation von Humanressourcen in Form von Wissen, Können, Fähigkeiten, Ausbildung, Training, Kreativität und vielen anderen Dimensionen menschlichen Könnens. Das Hauptproblem ist, dass wir anfangen müssen zu verstehen, dass technologische Entwicklung, sich verschiebende, auf den Präferenzen der Menschen basierende Nachfragestrukturen und der Output eines angespannten Bildungssystems permanent im Fluss sind und dass der Prozess des Zusammenführens von Angebot und Nachfrage ständig neuer Adjustierung bedarf.

Dieser permanente Zustand von Versuch und Irrtum im System wird von der Linken als »heuern und feuern« verleumdet. Aber den besten Job für sich selbst zu finden ist ein permanenter Suchprozess mit dauernd sich verschiebenden Parametern. Es gibt keinen Weg, diese spezielle Lernkurve hinaufzulaufen, wenn man Karrieresackgassen nicht verlassen möchte. Für den Arbeitgeber ist es genau das Gleiche, nur spiegelverkehrt: Die beste Person für ein bestimmtes Profil zu finden ist schwierig, um es vorsichtig auszudrücken.

Karrieristische Parteipolitiker können damit natürlich gar nichts anfangen. Ihre Klientel ist nicht interessiert an der Wohlstand schaffenden Dynamik des Marktsystems und verlangt »Schutz«. Und die Parteimaschine liefert. Außer dem Wohnungsmarkt wird kein anderer Markt derartig von der Regulierung erstickt wie der Markt für Humanressourcen. Der Begriff »Arbeitsmarkt« ist in meinen Augen eine sehr inakkurate Beschreibung dieses Phänomens.

In den meisten Mitgliedstaaten der EU ist es leichter, sich scheiden zu lassen, als einen Mitarbeiter zu entlassen, der den Anforderungen seines Jobs nicht gewachsen ist. Die einzige andere Person, von der man sich noch schwerer trennen kann, ist der Mieter, der seine Miete nicht bezahlt und seinen Hund im Eigentum des Besitzers seine Notdurft verrichten lässt.

Wenn wir diese Unbequemlichkeit unterdrücken, können wir uns zwar eine Menge Volatilität unseres Einkommens ersparen, aber wir akkumulieren dann schon wieder ein neues Ungleichgewicht, das wirtschaftliche Krise und Diskontinuität generiert. Die gewaltige Größenordnung der permanenten Verschiebung der im Markt gebrauchten und gesuchten Profile wird deutlich, wenn wir sie im historischen Vergleich betrachten: Welche Berufe wurden im Jahre 1910 ausgeübt, und wie ist das mit dem Jahr 2015 zu vergleichen? Hier ein Überblick am Beispiel der Vereinigten Staaten.

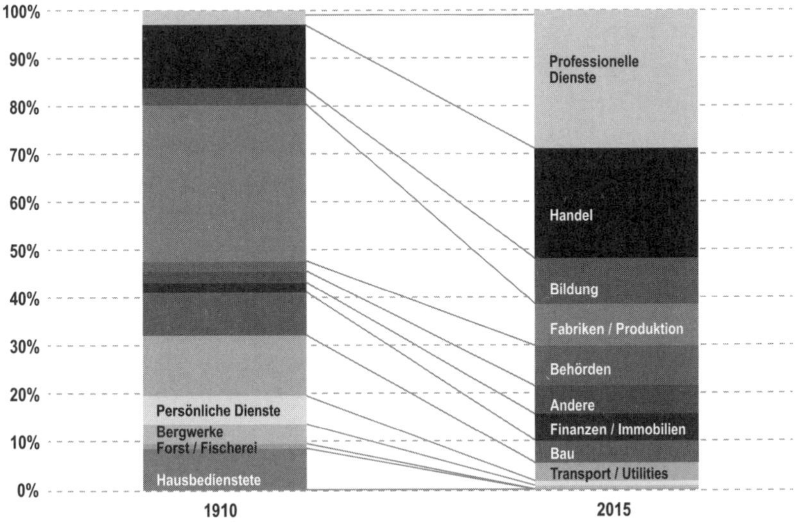

Verteilung der Qualifikationsprofile / Tätigkeiten der Arbeitsnachfrage in den USA 1910–2015. Quelle: Bureau of Labor Statistics

Die Grafik zeigt eine systematische Verschiebung von niedriger zu höherer Qualifikation – dieser Trend geht weiter und beschleunigt sich. Da der technische Fortschritt mit einem immer höheren Grad an Spezialisierung und Arbeitsteilung verbunden ist, wächst die erforderliche Investition, einen Menschen von einem Beruf in einen anderen zu transferieren nicht linear, sondern exponentiell. Wir können annehmen, dass die Veränderungsrate eher steigt als fällt angesichts der sich beschleunigenden technischen Entwicklung. Die Geschwindigkeit dieser Entwicklung ist nicht an die abnehmende Innovationsfähigkeit unseres misslungenen und sklerotischen europäischen Modells gebunden. Sie wird vielmehr bestimmt vom globalen Niveau der Innovation an Plätzen wie Kalifornien, Asien, Israel und anderswo.

Sich an dieses Niveau nicht anpassen zu können, erzeugt Arbeitslosigkeit und schrumpfende Einkommen. Sie wird angetrieben von einem fallenden Wechselkurs unserer Währung, die das relative Zurückfallen im Wettbewerb spiegeln wird.

In demografisch dynamischen Gesellschaften wird die Änderung der Profile durch die Primär- und Sekundärausbildung der nachwachsenden Generation in Schule und Universität geleistet. Die Jungen können viel leichter auf die Herausforderungen der Zukunft vorbereitet werden. In Gesellschaften, die sich demografisch auf dem Rückzug befinden, ist die Erfordernis, zwischen Qualifikationsprofilen zu springen und mehrmals im Leben neue Fähigkeiten zu entwickeln, wesentlich größer. Umso weniger Neuzugänge und junge Menschen, die von unten in den Markt für Humanressourcen drängen, desto mehr Flexibilität muss den Mitgliedern der arbeitsfähigen Bevölkerung abverlangt werden, denen bereits graue Haare wachsen.

Während wir aber das Mantra vom lebenslangen Lernen nunmehr seit mindestens dreißig Jahren bis zum Überdruss hören, wird dies nur von einer relativ kleinen, aber schrumpfenden Elite von Superleistungsträgern überhaupt geleistet.

Wie in so vielen anderen Feldern wird der politische Entscheidungsprozess auf Wunschdenken und falschen Annahmen aufgebaut. Die politische Elite verbindet eine Unwilligkeit, die Lernkurve mit Jobflexibilität hinaufzugehen, mit einem Bildungssystem, das daran scheitert, seine Studierenden auf die anstehenden Verschiebungen in der Nachfrage nach Wissens- und Qualifikationsprofilen angemessen vorzubereiten.

Und wieder tauschen wir kurzfristige Volatilität gegen langfristige Diskontinuität im Markt für Talent und Wissen.

Die Entkoppelung der Entscheidungen von der Kontrolle des Souveräns in der EU

Das Konzept der Souveränität wird meistens in einem Zusammenhang benutzt, der das Verhältnis der Staaten untereinander beschreibt, vor allem wenn es darum geht, dass sich ein Land gegen die Einmischung eines anderen zur Wehr setzt. Dieses Konzept basiert auf der westfälischen Ordnung, die mit den Verträgen zum Ende des Dreißigjährigen Krieges etabliert wurde. Auf sie werden wir im Kapitel 5 über das geostrategische Vakuum noch zurückkommen. Henry Kissinger hat über diese internationale Ordnung ein Standardwerk verfasst, das für das Verständnis der daraus erwachsenden Zusammenhänge absolut unverzichtbar ist.[52]

Vor diesem Hintergrund begreifen die meisten das Konzept der Souveränität als ein Abstraktum der internationalen Beziehungen. Aber das ist von der Wahrheit weit entfernt. Souveränität beruht auf der Machtfrage in jedem Staatswesen. In einer Demokratie ist das Volk der Souverän, der finale Entscheider. Eine Nation, in der das Volk nicht die letzte Entscheidungsgewalt hat, kann sich nicht als Demokratie bezeichnen.

Um eine Demokratie funktionsfähig zu erhalten, hat eine lange Reihe großer Denker, aufgeklärter Männer und Frauen, das Konzept der Gewaltenteilung entwickelt. Dieses System schafft voneinander getrennte Institutionen, die sich gegenseitig kontrollieren und balancieren. Mit Bezug auf die Verfassung der Vereinigten Staaten spricht man daher auch von »checks and balances«, also von Kontrollen und Gleichgewichten.

Eine der wichtigsten Errungenschaften in diesem Zusammenhang ist die Herrschaft des Rechts. Wie wir oben gesehen haben, führt ihre Untergrabung durch eine Regierung, die sich über das Recht erhebt, auf direktem Wege in die Tyrannei. Die Exekutive ist dann niemandem mehr verantwortlich. Sie kann die Rechte ihrer Bürger ungestraft verletzen. Der Bürger ist der Willkür und dem Missbrauch ausgeliefert. Das Recht ist nicht mehr einklagbar, es wird damit bedeutungs- und wertlos.

Die demokratischen und verfassungsmäßigen Institutionen eines Landes haben die Pflicht, die Herrschaft des Rechts zu verteidigen, und indem sie das tun, die Demokratie funktionsfähig und lebendig zu erhalten.

Eine der wichtigsten Institutionen mit der Aufgabe, die Herrschaft des Rechts umzusetzen und zu verteidigen, ist unser Verfassungsgericht. Es interpretiert die Verfassungstexte, und es wird von ihm erwartet, dass es sicherstellt, dass jeder Bürger das Recht und die Möglichkeit hat, seine unveräußerlichen Rechte auch einzuklagen.

Die Tatsache, dass diese unveräußerlichen Rechte von ihrer Natur her ewig sind, bedeutet, dass ein Verfassungsgericht seine Entscheidungen über ihre Gültigkeit und Einklagbarkeit nicht von irgendwelchen Umständen abhängig machen darf. Politiker waren seit jeher kreativ in ihren Anstrengungen, diese Mauer zu umgehen mit der Begründung, dass ungewöhnliche Umstände ungewöhnliche Maßnahmen verlangen. Dann werden – natürlich mit dem Ausdruck des Bedauerns – die Rechte des Souveräns mit der Schamlosigkeit eines Räuberbarons verletzt. Der Begriff »Ausnahmezustand« ist die Verkörperung dieser Einstellung. Heutzutage benutzt man sanftere Begriffe. Und immer wieder hört man den Satz: Not kennt kein Gebot.

Die zuverlässigste Quelle solcher Not seit 2007 war die fiskalische und monetäre Zwangslage, in die uns die Verschwendungssucht und der Stimmenkauf durch Wahlgeschenke unserer politischen Klasse überhaupt erst gebracht haben. Die entgleiste Fiskalpolitik vor allem in Südeuropa hat Situationen geschaffen, die viele der höchsten Gerichte in Europa zu der falschen Überzeugung geführt haben, dass sie die Regeln der Demokratie und des Rechts beugen müssen, um großflächigen wirtschaftlichen Schaden und politische Unruhen abzuwenden. Dies ist nirgendwo so deutlich wie in der Währungsunion, die die Eurozone bildet.

Die Verfassungsrichter stehen vor einem Dilemma: Wenn sie die permanenten Rechtsbrüche der EZB, der Regierungen der Eurozone und der EU-Kommission für illegal erklären, werden sie eine ökonomische und politische Krise auslösen. Die Politiker werden mit dem

Finger auf sie zeigen, ihre Hände in Unschuld waschen und versuchen, die Verantwortung für ihr kolossales politisches Versagen auf die Gerichte abzuwälzen. Wollen sie das vermeiden, müssen sie das Recht beugen und es am Ende brechen. Und das wird Europa und die EU auf den Weg führen, die Herrschaft des Rechts abzuschaffen. Regierungen und vor allem die EU-Institutionen können und werden das Recht brechen, und niemand wird sie dafür zur Verantwortung ziehen.

Dieses Dilemma hat schon jetzt begonnen, die letzte Verteidigungslinie der liberalen Ordnung massiv zu beschädigen. Das ist so, weil die Verfassungsgerichte in den Mitgliedstaaten der EU, insbesondere das früher so unbestechliche deutsche Bundesverfassungsgericht in Karlsruhe, sich für den Weg entschieden haben, der vermeintlich die ökonomische und politische Krise abwendet. Zuerst wählten sie eine »Wieselstrategie«, indem sie lange versuchten, sich vor einer Entscheidung zu drücken. Das allein war schon eine Form der Kapitulation, denn ein Recht, das man nicht einklagen kann, ist wertlos. Anschließend nahmen sie den Helden-Notausgang, erklärten sich für nicht wirklich zuständig und delegierten das Urteil an das höchste Europäische Gericht, den European Court of Justice (ECJ), der daraus eine Travestieübung des Rechts machte. Er definiert und versteht sich nämlich nicht primär als Institution zur Verteidigung des Rechts, sondern als Mittel zur Erreichung des Ziels des Brüsseler Mandarinats: der immer engeren Union Europas. Wenn das Gesetz nicht um seiner Heiligkeit willen aufrechterhalten wird, die sich daraus ergibt, dass es die unveräußerlichen Rechte jedes Menschen zu beschützen hat, sondern wenn es stattdessen zum politischen Instrument gemacht wird, dann erlebt man die Travestie des Rechts.

Um zu demonstrieren, wie absurd das Verständnis des Europäischen Gerichts hinsichtlich des legalen Prozesses ist, muss man sich nur ein simples Beispiel ansehen: Der Senat des Gerichts, der über die superexpansive Geldpolitik der EZB zu befinden hatte, die nach allen Regeln der Logik eine verbotene Staatsfinanzierung darstellt, wurde von einem Vorsitzenden geführt, dessen Herkunftsland in Südeuropa einer der größten Nutznießer dieser Politik ist. Die wirtschaftliche Entwicklung seines Landes und seine Fähigkeit, im Euro zu verbleiben, hingen von seinem Urteil ab. Das dürfte sein Urteilsvermögen wohl »geschärft« haben.

In einem anständigen Gericht wäre er beiseitegetreten und hätte aufgrund seiner Befangenheit Platz für einen unbefangenen Richter gemacht. Das Gericht lieferte natürlich wie erwartet. Mit einer fadenscheinigen Begründung wurde die komplette gesetzliche Grundlage der Europäischen Währungsunion auf den Kopf gestellt.

Die Verantwortung abzugeben in dem klaren Wissen, dass das Gesetz gebeugt werden wird, überträgt die Herrschaft vom Recht auf die Wiesel.

Das größere Problem jedoch, das diesem Auswuchs der Verantwortungslosigkeit entwächst, kriecht aus dem Kleingedruckten hervor. Dieses Kleingedruckte und der legale Begriff, um den es dabei geht, nennt sich Ultra-Vires-Kontrolle. Der sogenannte *Ultra-Vires-Akt* ist eine illegale Grenzüberschreitung und Anmaßung von Kompetenzen durch eine Autorität, die dafür kein demokratisches Mandat hat. Es ist gewissermaßen Amtsanmaßung im ganz Großen. Der klassische Ultra-Vires-Akt ist der Staatsstreich, der Putsch, die ungesetzliche Anmaßung von Macht und Vollmacht gegen den Willen des Souveräns.

Da die Europäische Union und ihre Untergliederungen kein eigenes demokratisches Mandat haben, erhalten sie ihre Legitimation aus internationalen Verträgen, deren Signatare die teilnehmenden Staaten sind. Diese Staaten verfügen alle über demokratische Verfassungen. In diesem Betriebsmodell ist es notwendig sicherzustellen, dass die EU sich nicht Vollmachten durch einseitige Maßnahmen aneignet, die in den Verträgen nicht vorgesehen sind. Es ist darum so wichtig, weil es nicht nur eine Vertragsverletzung wäre, sondern weil es die demokratische Kontrolle durch die Wähler der Mitgliedstaaten aushebeln würde, und zwar ohne dass dafür eine neue demokratische Instanz auf europäischer Ebene eingeführt werden würde.

Aber: Jedes Volk der EU mit demokratischer Verfassung hat auch ein Recht auf Demokratie, die von dieser Verfassung garantiert wird, und damit verbunden ist auch die Kontrolle des Volkes über alle Entscheidungen seiner Regierung. Indem man Vollmachten an eine Instanz abgibt, die weder durch den Souverän kontrolliert wird noch diese Vollmacht aufgrund von Verträgen erhalten hat, die durch demokratischen Prozess zustande gekommen sind, vollzieht man genau genommen einen Akt der Abschaffung der Demokratie und einen Staatsstreich gegen den Souverän. Man kann Demokratie nicht in Scheiben haben. Man hat sie ganz oder gar nicht.

Dieser illegale Transfer von Macht an die EU kann auch nicht durch den Anspruch gerechtfertigt werden, dass wir mit dem Europäischen Parlament doch einen geeigneten Repräsentanten des Souveräns unter dem Schirm des neuen europäischen Superstaates hätten. Dafür gibt es zwei Gründe: Erstens haben die nationalen Souveräne der Länder Europas einem solchen Machttransfer und dem Einbau ihrer Länder in eine größere souveräne Struktur nicht zugestimmt. Die Vereinigten Staaten von Europa zu schaffen erfordert die souveräne und freiwillige Entscheidung jedes beitretenden Landes zu einer solchen Vereinigung.

Zweitens: Das EU-Parlament ist gar kein Parlament. Es ist ein Debattierverein, dessen Zusammensetzung das Ergebnis eines Apartheid-Wahlrechts ist. Wenn dieses sogenannte Parlament gewählt wird, dann findet diese Wahl nicht nach dem wichtigsten Grundsatz des allgemeinen Wahlrechts statt, der da lautet »eine Person – eine Stimme«. Stattdessen werden die Stimmen in Abhängigkeit davon gewichtet, aus welchem Land sie kommen. Deutschland braucht 64-mal so viele Wählerstimmen, um einen Abgeordneten zu entsenden, wie Zypern. Je kleiner ein Land, desto mehr Stimmen haben seine Bürger in diesem System, aber die Beziehung ist nicht linear. Das mag gut gemeint sein, aber es ist mit Sicherheit nicht gut gemacht im demokratischen Sinne. Das Gleiche gilt übrigens auch für die Europäische Zentralbank. Jedes Land entsendet ein Mitglied in den Zentralbankrat, und diese mächtigste Schattenregierung, die sich Europa je geleistet hat, folgt den gleichen Apartheid-Prinzipien wie das sogenannte Parlament. Im Rat wiegt ein Bürger Maltas so viel wie 204 Bürger aus Deutschland.

	Land	Abgeordnete	Einwohner (Mio.)	Bürger pro Abgeordnete	Gewicht einer Stimme (D = 100%)
	EU Gesamt	**751**	**501,1**	**667 193**	
	Belgien	22	10,8	492 136	173%
	Bulgarien	18	7,5	420 222	203%
	Deutschland	96	81,8	852 083	**100%**
	Dänemark	13	5,5	425 769	200%
	Estland	6	1,3	223 333	382%
	Finnland	13	5,4	411 615	207%
	Frankreich	74	64,7	874 514	97%
	Griechenland	22	11,3	513 409	166%
	Irland	12	4,5	371 333	229%
	Italien	73	60,3	826 575	103%
	Lettland	9	2,2	249 777	341%
	Litauen	12	3,3	277 417	307%
	Luxemburg	6	0,5	83 666	1018%
	Malta	6	0,4	68 833	1238%
	Niederlande	26	16,6	637 615	134%
	Österreich	19	8,4	440 789	193%
	Polen	51	38,2	748 373	114%
	Portugal	22	10,6	483 545	176%
	Rumänien	33	21,5	650 363	131%
	Schweden	20	9,3	467 050	182%
	Slowakei	13	5,4	417 308	204%
	Slowenien	8	2,0	255 875	333%
	Spanien	54	46,0	854 648	100%
	Tschechien	22	10,5	477 591	178%
	Ungarn	22	10,0	455 136	187%
	Großbritannien	73	62,0	849 425	100%
	Zypern	6	6,0	13 300	6407%

Tafel der Stimmengewichte im EU-Parlament und im EZB-Rat.
Quelle: Eigene Berechnungen, Inputdaten Wikipedia

EZB Haftung	in %	Direktoren	Bürger pro Direktor	Gewicht einer Stimme (D = 100%)
268	3,5%	1	10,8	757%
1948	25,6%	1	81,8	**100%**
20	0,3%	1	1,3	6292%
136	1,8%	1	5,4	1515%
1534	20,2%	1	64,7	126%
220	2,9%	1	11,3	724%
125	1,6%	1	4,5	1818%
1332	17,5%	1	60,3	136%
30	0,4%	1	2,2	3718%
44	0,6%	1	3,3	2479%
21	0,3%	1	0,5	16 360%
7	0,1%	1	0,4	20 450%
433	5,7%	1	16,6	493%
212	2,8%	1	8,4	974%
188	2,5%	1	10,6	772%
83	1,1%	1	5,4	1515%
37	0,5%	1	2,0	4090%
957	12,6%	1	46,0	178%
16	0,2%	1	0,8	10 225%

Die Fähigkeit, das Recht und den Willen zur Ausübung der Ultra-Vires-Kontrolle durch Identifikation und Verhinderung solcher Versuche der illegalen Machtaneignung außerhalb der Verträge ist daher ein unverzichtbares Instrument zum Schutz der demokratischen Rechte der Völker. Diese Kontrolle einzuschränken vor dem Hintergrund der permanenten und im Gang befindlichen Übernahme neuer Macht und Autorität durch die Europäische Union ist daher nichts Geringeres als ein Anschlag auf die Demokratie, ein stiller Putsch.

Eine effektive Ultra-Vires-Kontrolle wird unmöglich, wenn die nationalen Verfassungsgerichte damit aufhören, die EU-Kommission zu kontrollieren, und wenn sie nicht einschreiten, wenn der Europäische Gerichtshof (EuGH) eine solche Anmaßung von Kompetenzen durchwinkt. Betrachtet man die Realität der verfassungsgerichtlichen Jurisdiktion, so müssen wir aber feststellen, dass diese Kontrolle nicht mehr der ausgeübten Praxis entspricht. Die juristische Begründung, die man zur Verteidigung dieser Unterlassung im Kleingedruckten der diesbezüglichen Urteile finden kann, steht in diametralem Widerspruch zu früheren Präzedenzfällen, wie Prof. Murswiek und andere Rechtsgelehrte schlüssig nachgewiesen haben.[53]

Das deutsche Bundesverfassungsgericht ging sogar so weit zu verkünden, dass es Urteile des Europäischen Gerichtshofs nur dann korrigieren werde, wenn diese »offensichtlich willkürlich« seien. Da das nie der Fall sein wird, weil es dem EuGH immer möglich sein wird, seine politische Agenda mit fadenscheinigen Argumenten zu begründen, beinhaltet dieser Satz nicht weniger als die komplette Abdankung des deutschen Verfassungsgerichts von seiner wichtigsten Pflicht. Sie hätten genauso gut feststellen können: »Last uns den Laden dichtmachen und unsere fette Staatspension genießen.« Was für ein Ausbund als Selbstkastration der Verfassungsrichter!

Angewandt auf den Fall des mehrere Tausend Milliarden schweren Anleihen-Ankaufprogramms der EZB hat das deutsche Gericht sogar explizit festgestellt, dass das Urteil des EuGHs einen Ultra-Vires-Akt, also eindeutig ein illegales Verhalten, deckt. Aber das Urteil war eben nicht »offensichtlich willkürlich«, es gab ja schließlich eine

Begründung. Der deutsche Souverän muss also die festgestellte Verletzung seiner Rechte hinnehmen, sobald der EuGH sie begründet, egal wie absurd diese Begründung auch sein mag.

Mit diesem Akt hyperkreativer Rechtsinterpretation hat das Gericht nicht nur seinen eigenen früheren Urteilen widersprochen, es hat auch sich selbst als letzte Verteidigungslinie gegen die Abschaffung der Demokratie aus dem Spiel genommen. Regeln können von EU-Institutionen jetzt ohne jede demokratische Kontrolle erlassen werden. Die Gerichte degradieren sich zu Zuschauern, zu zufällig daneben Herumstehenden und Ausführenden einer neuen europäischen Nomenklatura.

Der Kirchenlehrer Augustinus von Hippo erklärte einmal: »Nimm vom Staat das Recht weg, was bleibt dann, als eine große Räuberbande?«

Die Freiheit stirbt zentimeterweise, aber angsterfüllte und inkompetente Richter bringen sie meterweise um.

Es ist natürlich eine komplette Illusion, dass diese Erosion der Herrschaft des Rechts am Zaun von Geld- und Fiskalpolitik haltmacht. Wenn eine Bürokratie einmal einen Algorithmus eingeübt hat, der es ihr erlaubt, der unbequemen Zwangsjacke des Rechts zu entkommen, dann wird sie diesen Lerneffekt auf alle Bereiche des Lebens ausdehnen. Kein Regelwerk, keine Industrie, keine Region, kein Land und kein Bürger sind dann noch vor der sich zwangsläufig ergebenden Willkür sicher.

Warum haben wir dieses Verhalten hingenommen? Weil es der kurzfristigen Verhinderung von Volatilität diente. Wir nehmen eher die Zerstörung unserer Freiheiten hin, für die unsere Vorfahren gekämpft haben und gestorben sind. Und indem wir so handeln, kreieren wir ein neues riesiges Ungleichgewicht: Wir zerstören die »checks und balances« der Gewaltenteilung. Wir zerstören die Herrschaft des Rechts, und wir schränken die demokratische Kontrolle ein. Schlechte Regierungsführung schleicht sich unbemerkt wie ein bösartiger Tumor ein, und die bürokratischen Eliten werden nicht zur Verantwortung gezogen für ihre arrogante Verletzung der Rechte des Souveräns.

Schlechte Politik kann so für viel längere Zeit ihre schädliche Wirkung entfalten, und der Schaden wird größer werden und nicht kleiner. Die Ansammlung sozialer und wirtschaftlicher Ungleichgewichte legt die Basis für eine politische Diskontinuität.

Der Tod der freien Presse und der freien Medien

Die Presse wurde zu Recht von Philosophen und Demokratietheoretikern als die vierte Gewalt neben Legislative, Exekutive und Judikative beschrieben. Aus gutem Grund ist die Freiheit der Presse als verfassungsmäßig garantiertes Recht in unseren westlichen Demokratien verankert. Es war immer eine der vornehmsten Aufgaben der Presse, die Mächtigen zu kontrollieren, zu kritisieren und korrupte Umtriebe der Regierenden aufzudecken, die Regierungen mit dem Versagen ihrer Politik zu konfrontieren und dabei – getreu dem Motto der *New York Times* – ohne Angst und Gefälligkeiten[54] zu agieren.

Wenn Sie sich heute die Presse in Ihrem Land ansehen, haben Sie dann das Vertrauen, dass die Berichterstattung in Presse und Medien des »Mainstreams« den Willen verspüren lässt, diesen Anspruch zu erfüllen? Oder haben Sie den Verdacht, dass sich die Presse auf eine Mission begeben hat, Sie zu erziehen? Haben Sie den Eindruck, Nachrichten oder Meinungen geliefert zu bekommen? Haben Sie das Gefühl, dass wichtige Fakten Sie ohne ideologischen Filter erreichen, oder haben Sie dieses Gefühl nicht? Haben Sie Vertrauen in die strenge Trennung von Fakten und Nachrichten von der Meinung des Schreibers, wie dies seit jeher integraler Bestandteil der professionellen Standards jeder Publikation ist, die etwas auf sich hält, jedenfalls seit die Pressefreiheit als wertvolle Errungenschaft erkämpft und in unseren konstitutionellen Rechten verbrieft wurde?

Diese Fragen sind nur teilweise rhetorisch. Wir haben nämlich keine Mainstream-Presse mehr, die diese Erwartungen noch erfüllt. Im Jahr 2018 äußerte sich der Herausgeber einer der größten deutschen Printmedien sogar dahingehend, dass es ein Fortschritt sei, wenn man die Nachrichten so bringt, dass der Leser erkennen könne, dass »wir für unsere Werte eintreten«. Was immer das für Werte sein mögen.

Das ist nicht weniger als die ideologische Rechtfertigung dafür, Faktenberichte mit Meinung zu vergiften, die Trennlinie zwischen Meinungsartikel und Nachrichtenartikel zu verwischen und den Leser dahingehend zu manipulieren, eine verborgene Agenda des Journalisten zu verinnerlichen. Wenn man so etwas liest, gewinnt man nicht den Eindruck, dass die Freiheit der Presse getötet wird, man wird eher Zeuge eines Selbstmords.

Karrierepolitiker aller Schattierungen haben in den letzten fünfzig Jahren hart daran gearbeitet, diesen Pfeiler der Freiheit zu erodieren. Sie hatten sehr großen Erfolg damit. Die größte Wirkung ist, dass im Ergebnis eine ähnliche Erosion der professionellen Qualität in der Presse stattgefunden hat wie in der Politik.

In den meisten westlichen Demokratien finden wir ein duales Mediensystem vor. Ein Teil wird vom Staat und ein Teil wird privat betrieben. Die staatseigenen Medien konzentrieren sich auf TV und Radioprogramme und hatten in diesem Bereich bis in die 1980er-Jahre ein Monopol bezüglich dieser Medien. Die politische Balance wurde im Wesentlichen dadurch aufrechterhalten, dass es zwei große Parteien im Land gab, eine mit liberal-konservativen und eine mit sozialistischen Ansichten. Diese Balance wurde weitgehend abgeschafft durch eine jahrzehntelange stille Übernahme dieser Institutionen durch eine Infiltration mit linksgerichteten Journalisten, die ohne Unterlass aus den akademischen und privaten Ausbildungsstätten entstiegen sind und Presse und Medien bis heute mit ihrem Personal versorgen.

Das Gleiche gilt für die privaten Medien, Zeitungen, Magazine sowie die privaten TV- und Radiosender inklusive ihrer Internetpräsenz. Umfragen unter Medienschaffenden, Journalisten und Zeitungsautoren folgen alle dem gleichen Muster: Über 80 Prozent wählen links,[55] mit einer Mehrheit für die radikale Linke. Über welches Thema man Journalisten auch befragt: Linke Ansichten herrschen vor.

Auf einem Kontinent, der weitgehend von Parteien links der Mitte und einer linken europäischen Bürokratie in Brüssel regiert wird, bleibt das nicht ohne Konsequenzen: Die Presse erfüllt ihre Aufgabe als Wachhund der Demokratie gegen die Regierung nicht mehr. Stattdessen ist sie zu einem Haufen Claqueure für sozialistische Experimente degeneriert, die ihre Rolle als Instrument zur Erziehung der Menschheit zum sozialistischen »neuen Menschen« versteht. Kampagnen werden durch die Medien gedrechselt wie eine gigantische Gehirnwäsche- und Ideenreinigungsmaschine: Sozialismus gut – Kapitalismus schlecht, »unkontrollierte Märkte« schlecht – Regulierung gut, Fleisch schlecht – Veggie-Tag gut, Kohle, Gas und Kernkraft schlecht – Windmühlen gut, »alte weiße Männer« schlecht – Genderismus gut, kulturelle Identität schlecht – grenzenlose Einwanderung gut, freie Rede ist gleich Hassrede schlecht – Denunziation gut!

Die Liste ist endlos, und sie wird durch ständiges Wiederholen den Menschen ins Gehirn gehämmert, eingeschmuggelt in ihr Unterbewusstsein wie eine kranke und selbstzerstörerische Idee in dem Hollywoodfilm *Inception*. Die permanente Propaganda zielt darauf ab, die Fähigkeit der Bürger zu beeinträchtigen, sich ihr eigenes Urteil zu bilden. Das linke Medienmonopol hebelt den demokratischen Diskurs aus der Existenz heraus, indem es die Realitätswahrnehmung der Wähler so lange verzerrt, bis jede abweichende Meinung als »faschistisch«, »rechts«, »nationalsozialistisch« oder »homophob« diffamiert werden kann.

Das zentrale Propagandaministerium früherer Zeiten ist nicht mehr erforderlich in diesem System gegenseitiger Gedankenkontrolle. Es ist bemerkenswert, welche Parallelen die heutige Propagandamaschinerie zu derjenigen im Deutschland der 1930er-Jahre aufweist. Um sich das vor Augen zu führen, ist es erhellend, den folgenden Auszug aus Sebastian Hafners Buch *Von Bismarck zu Hitler* zu lesen:

> *Goebbels verbot die bürgerlichen Zeitungen nicht. (...)Die bürgerlichen Zeitungen ließ er weiterexistieren; und man kann nicht mal sagen, dass er sie eigentlich nazifizierte. (...) Die meisten alten Redaktionen der großen bürgerlichen Zeitungen, etwa der Deutschen Allgemeinen Zeitung, der Frankfurter Zeitung, der Berliner Zeitung,*

blieben, mit Ausnahme freilich ihrer jüdischen Mitglieder, erhalten. Sie schrieben auch, was sie immer geschrieben hatten; und sie sollten so schreiben. Es gab im Dritten Reich durchaus eine Art Pressevielfalt. (...) Nur auf einen relativ bescheidenen Eingriff beschränkte sich Goebbels. An jedem Tag wurde im Ministerium für Propaganda unter der Leitung eines Ministerialrats, selten von Goebbels selbst, eine Zusammenkunft abgehalten, zu der die Zeitungen einen Redakteur – normalerweise nicht den Chefredakteur – entsandten, und auf der eine sogenannte »Sprachregelung« ausgegeben wurde. Diese Sprachregelung bedeutete nicht, dass man den Zeitungen jede Kleinigkeit vorschrieb; sie durften, sollten sogar ihren Stil behalten. Sie bedeutete aber, dass gewisse Nachrichten unterdrückt werden mussten oder nur sehr unauffällig gebracht werden durften und dass gewisse andere Nachrichten groß herauszustellen waren. (...) Die Presse blieb vielfältig. Aber man zog ihr Grenzen, die sie nicht überschreiten durfte, und auf diese Weise wurde erreicht, dass auch einem nicht-nationalsozialistischen Publikum das, worauf es Goebbels und Hitler ankam, auf eine Art beigebracht wurde, die es schlucken konnte. Eine fast genial zu nennende Form der Manipulation der öffentlichen Meinung und, mehr noch, der öffentlichen Stimmung, ohne dass den Menschen Ideen aufgedrängt wurden, für die sie im Sinne der Reichsführung noch nicht reif waren.[56]

Diese Beschreibung liest sich wie ein Bericht über die Zensur, die von den Advokaten der politischen Korrektheit im Europa unserer Tage ausgeübt wird.

Die Redezeit, die man dem politischen Gegner in politischen Debatten einräumt, ist beschränkt auf ein Alibi-Statement: Talkshows laden nicht das im Parlament vertretene politische Spektrum ein unter dem Vorwand, »Radikalen« keine Sendezeit zu geben. Was radikal ist, wird dabei vom linken Mainstream definiert. Das Publikum der Talkshows und für die Fragerunden mit Politikern ist handverlesen, Fragen und Antworten werden vorher eingeübt, dem Publikum wird vorgegeben, wann es zu klatschen und wann es zu buhen hat.

Abweichung wird durch Karriereende bestraft oder wahlweise durch das Ritual stalinistischer Selbstbezichtigung vor dem Publikum des öffentlichen Schauprozesses, den die Gedankenpolizei inszeniert. Als im August 2018 eine Mitarbeiterin der Wochenzeitung *Die Zeit* einen Artikel publizierte, der die Rationalität der Politik der unkontrollierten Einwanderung infrage stellte und die falschen Annahmen analysierte, die Bundeskanzlerin Merkels Entscheidung zur Grenzöffnung für Millionen Einwanderer unter der falschen Flagge des Asylrechts im Jahr 2015 kennzeichneten, wurde ein Sturm im Wasserglas losgetreten. Die Zeitung, die sich fälschlicherweise als liberal bezeichnet, konnte das häretische Gedankenverbrechen in ihren Reihen gar nicht schnell genug verdammen und zwang die Dissidentin zu widerrufen und sich öffentlich zu entschuldigen. Für einen wahren Liberalen und Demokraten fühlte sich diese Episode wie ein Echo aus den dunkelsten Zeiten deutscher und europäischer Geschichte an.

Der Leim, der die Bruderschaft aus Gedankenpolizei, Zensoren, Denunzianten, Organisatoren von Schauprozessen und Erziehern zusammenhält, ist die Selbstgerechtigkeit der wahren Gläubigen.

Eine wachsende Zahl von Bürgern ist es aber leid, erzogen, in die Irre geführt und angelogen zu werden. Sie will nicht mehr mit zensierten Halbwahrheiten gefüttert werden und hat sich daher entschlossen, andere Quellen und Foren der Debatte zu suchen, vor allem im Internet. Die sozialen Medien spielen dabei eine wichtige Rolle. Länder wie Deutschland, die es eigentlich aufgrund historischer Erfahrung besser wissen sollten, führen neuerdings Zensurgesetze ein, die sich scheinbar gegen Hassreden richten, aber in Wahrheit ein Schwert gegen die freie Rede sind.

Wie schon 1933 nehmen die Deutschen den bürokratischen Weg, um den Apparat der Unterdrückung der Abweichler legal wirken zu lassen. Die sogenannte große Koalition aus Sozialdemokraten und früher mal rechts-der-Mitte stehenden Christdemokraten hat ein Monster namens »Netzwerkdurchsetzungsgesetz« in Kraft gesetzt. Dieses Gesetz droht jedem mit Millionenstrafen, der eine soziale

Medienplattform betreibt und eine »Hassrede« (die natürlich in dem Gesetz nicht klar definiert ist) nicht innerhalb von Tagen aus der Webseite löscht. Das Ergebnis ist, dass eine selbst ernannte Gedankenpolizei, bemannt aus den Reihen der Antifa und anderen kommunistischen und sozialistischen Organisationen die Webseiten von Facebook, Twitter und anderen sozialen Medien nach abweichenden Meinungen durchkämmt, die dann als Hassrede definiert werden, aber in der Regel einfach nur unbequem sind.

Dann wird das vermeintliche Verbrechen den Administratoren der Webseite gemeldet, was in der Regel zur schnellen Löschung führt in einem Akt vorauseilenden Gehorsams, getrieben von Panik vor der drohenden Millionenstrafe. Das völlig unverhältnismäßige Strafmaß einer Multimillionen-Euro-Zahlung setzt einen Anreiz, auch dann zu löschen, wenn der geringste Zweifel bestehen könnte. Damit ist die Tür offen für willkürliche Zensur und die Denunziationsindustrie von Menschen, die hervorragende Schüler der Nazis und der kommunistischen Propagandaministerien gewesen wären.

Das Ergebnis ist die unterschiedslose Verfolgung abweichender Meinung unter der falschen Flagge der Bekämpfung von Hassrede und »Fake News«. Sie gebiert erst den Hass, den sie vorgibt, eingrenzen zu wollen. Ayn Rand hat den Nagel auf den Kopf getroffen, als sie jede Form der Zensur zurückwies, egal ob sie sich gegen richtige oder falsche Meinungen richte: »Der Grundsatz der freien Rede befasst sich nicht mit dem Inhalt der Rede eines Menschen und sie schützt nicht nur den Ausdruck guter Ideen, sondern aller Ideen. Wenn es anders wäre, wer würde dann entscheiden, welche Ideen gut wären und welche verboten? Der Staat etwa?«

Weder unsere politischen noch unsere Medieneliten haben verstanden, welche schädliche Wirkung von diesem beklagenswerten Zustand ausgeht. Es führt dazu, dass sich abweichende Meinungen in die Echokammern gegenseitiger Selbstbestärkung zurückziehen. Es führt zu einer Sterilisierung der Debatte, der Blockade der im sozialen System verfügbaren Information und damit auch des Lernprozesses für die Gesellschaft und ihre Institutionen. Und es bewirkt die Unterdrückung einer speziellen Form der Volatilität, die zu den schmerzhaftesten gehört: widerlegt zu werden.

In diesem Sinne tragen unsere Medien, die der Selbstkastration frönende vierte Gewalt, in massiver Weise zur Unterdrückung von Versuch und Irrtum bei. Offene und unzensierte Debatte bringt Gesellschaften voran. Ideen werden hervorgebracht, vorgeschlagen und hinterfragt. Die Erfahrung Einzelner aus der Vergangenheit kann abgefragt werden, um zu vermeiden, dass man die gleichen Fehler immer wieder macht. Und weil die zensierte Debatte alle wesentlichen Gebiete der Politik – die Geldpolitik, die Einwanderung, die Sozialpolitik, die Wirtschaft, den Arbeitsmarkt, das Strafrecht – umfasst, führt das unvermeidlich dazu, dass unsere Gesellschaft hinter die globale Lernkurve zurückfällt. Und sie kann auch dann nicht lernen, wenn es um die Korrektur der offensichtlichsten Irrtümer geht, um den gefährlichsten Echoraum überhaupt: den Echoraum der Macht.

Die gesellschaftliche Fähigkeit, mit Veränderung umgehen zu können, verfällt. Die unterdrückte Debatte nährt alle möglichen Arten von Ungleichgewichten und erzeugt so ihre ganz eigene Diskontinuität. Das tut sie in Form der Rebellion durch die, die sich völlig zu Recht unterdrückt fühlen. Sie trägt aber auch zu allen anderen Ungleichgewichten bei, die unsere Gesellschaften befallen haben.

Die Realität ist: Zensur ist für ein Land, was Gehirnamputation für einen Menschen ist.

Die Einrichtung des Überwachungsstaates

Eine der besorgniserregendsten Entwicklungen der letzten fünfzehn Jahre ist die Etablierung einer Infrastruktur totaler Überwachung. Die Menschen hinterlassen einen konstanten Schweif elektronischer Fingerabdrücke, nicht nur wenn sie im Internet surfen, sondern buchstäblich 24 Stunden lang, 365 Tage im Jahr. Das Smartphone ermöglicht es dem großen Bruder, den Standort einer Person jederzeit zu ermitteln, seine Mikrofone, seine Kamera und Videoaufnahmefunktion können eingeschaltet werden, ohne dass wir das bemerken. Unsere Kommunikation über das Telefon, SMS, WhatsApp, Facebook und andere soziale Medien wird permanent überwacht und aufgezeichnet, dann in gigantischen Datenfarmen abgespeichert. Das System kennt unsere Vorlieben, sexueller oder anderer Art, unsere Kontakte, unsere Freunde, unsere Grenzüberschreitungen, legal oder illegal, unsere Geschichte, unsere Geschäftsbeziehungen, unser Einkommen, wofür wir es ausgeben, unsere politische Einstellung, unsere Stärken und Schwächen.

Die unheilige Allianz zwischen den Internetgiganten, dem verdeckten Staat der Geheimdienste, der politischen Klasse und dem Sicherheitsapparat hat eine Infrastruktur der totalen Kontrolle geschaffen, von der selbst totalitäre Systeme wie die Regime Hitlers und Stalins nicht einmal träumen konnten. Unfassbar ist es auch – jedenfalls seitdem wir von Edward Snowden[57] über die Details aufgeklärt worden sind –, dass das Ganze vor den Augen der Öffentlichkeit passiert und die öffentliche Empörung sich nahe null befindet. Ein deutsches Sprichwort besagt: »Nur die allerdümmsten Kälber wählen ihre Metzger selber.« Ganz offensichtlich ist den meisten Menschen der westlichen Demokratien immer noch nicht klar, welche Auswirkungen die Abschaffung der Privatsphäre mittel- und langfristig für sie und ihr Leben haben wird.

Jefferson stellte dazu passend fest: »Diejenigen, die erwarten, unwissend und frei gleichzeitig zu sein, erwarten etwas, das es nie gab und nie geben wird.« Wir können nicht frei bleiben, wenn wir freiwillig ignorant sein wollen hinsichtlich der schädlichen Auswirkungen der Überwachung unserer Freiheit. Es ist auch nicht wirklich beruhigend, wenn Politiker sich dazu äußern, um die bestehenden Ängste mit dem Satz zu zerstreuen: »Wenn Sie nichts Falsches gemacht haben, haben Sie auch nichts zu befürchten.«

Das ist wahrscheinlich ein Plagiat, und es kopiert die angebliche Stellungnahme von Propagandaminister Joseph Goebbels, der bei der Errichtung des nationalsozialistischen Polizeistaates 1934, also kurz nach der Machtergreifung der Nazis in Deutschland, gesagt haben soll: »Wenn Sie nichts zu verbergen haben, haben Sie von uns nichts zu befürchten.«[58] Der Rest ist Geschichte.

Selbst die realitätsfremde Annahme, dass diese Infrastruktur der Tyrannei von demokratisch legitimierten Institutionen mit dem unbeugsamen Willen zur Verteidigung von Freiheit und Demokratie kontrolliert werde, lässt noch immer die Frage offen, was eigentlich passiert, wenn der gegenwärtige halb demokratische Zustand durch ein autoritäres System ersetzt wird.

Dieses Regime würde einen Sicherheitsapparat erben, wie ihn noch nicht einmal der nordkoreanische Diktator Kim Jong-un zu seiner Verfügung hat. Der sich beschleunigende technische Fortschritt bei der Verarbeitung, Speicherung und dem Transport von Daten wird neue Möglichkeiten schaffen, die Gedanken der Menschen direkt kontrollieren zu können. Die Datenkraken wissen bereits heute mehr über unsere Vorlieben, als für uns gut ist. Was passiert, wenn eine neue Technologie eine Schnittstelle schafft zwischen dem menschlichen Gehirn und der Maschine? Das ist gar nicht weit hergeholt. Bereits 2012 ist es Hirnforschern gelungen, die Gehirnaktivität mithilfe von Tomografie auf einem so hohen Granularitätsniveau zu beobachten, dass es ihnen möglich wurde, gewisse Aspekte der Gedanken ihrer Probanden zu lesen.[59]

Man machte ein Experiment: Ein Proband wurde in ein hochauflösendes MRT-Gerät geschoben. MRT steht für Magnetresonanztomografie. Dieses Gerät ist in der Lage, ein Echtzeitbild des Blutstroms im Gehirn mit extrem hoher Präzision und Granularität aufzuzeichnen. Dann zeigte man dem Probanden Bilder und beobachtete die daraus resultierende Gehirnaktivität. Diese wurde gescannt, aufgezeichnet und einem maschinellen Lernsystem als Input verfügbar gemacht. Dieses System verglich dann die Hirnaktivitätsmuster mit den Bildern, die der Proband gesehen hatte. Nachdem man das System eine Zeit lang trainiert hatte, wurden die Muster benutzt, um das System aus dem Muster der Hirnaktivität Bilder rekonstruieren zu lassen, die es nicht vorher zu sehen bekommen hatte. Das heißt: Die Person schaut sich ein beliebiges Bild an. Das System rekonstruiert das Bild aus seiner Gehirnaktivität, die man im MRT gemessen hat. Jetzt, wenige Jahre später, geht das auch mit bewegten Bildern, und die Granularität verbessert sich mit fortschreitender Verbesserung der Messung und der Rechengeschwindigkeit des Systems um ein Vielfaches.

Diese Maschine liest Gedanken. Buchstäblich. Es ist nur eine Frage der Zeit, bis sie Töne, Träume, Stimmen, Sprache, Ideen, Ängste, Freude und andere emotionale Zustände korrekt erkennt.[60]

Wo ist die Grenze der datengetriebenen Überwachungstyrannei, für die wir den Sicherheitsbehörden erlaubt haben, das infrastrukturelle Gerüst zu errichten? Und können wir uns der Absichten hinter diesen Bemühungen sicher sein? Könnte es nicht auch sein, dass diese Infrastruktur uns gar nicht vor äußeren Bedrohungen wie organisierte Kriminalität und Terrorismus schützen soll? Könnte die wahre Absicht dahinter die Intention einiger Akteure der politischen Klasse sein, die sich der drohenden epochalen Krise bewusst sind, ein Instrument zu schaffen, das ihnen notfalls erlaubt, auch gegen den Willen des Volkes die Kontrolle zu behalten?

Welche schädlichen Wirkungen gehen bereits heute von dieser Infrastruktur aus? Die Menschen fragen sich, ob sie noch ihre Gedanken aussprechen können. Wer hört zu? Könnte es sich auf meine Karriere auswirken? Welche Informationen werden über mich gesammelt? Könnte ich erpresst werden für Dinge, die zwar legal, aber nicht sozial akzeptiert sind? Besser den Mund halten, besser konformistisch sein, besser dem Mainstream folgen, besser nicht den Mächten gefährlich sein, die ich nicht verstehen kann?

So wird der freie Geist erdrosselt von der konstanten, unausgesprochenen Drohung, die da lautet: »Könnte es sein?« Der offene Diskurs, die politische und intellektuelle Konfrontation müssen unabhängig sein von realen, ja selbst von nur vage wahrgenommenen theoretischen Bedrohungen.

Keine lebende Demokratie kann in einem Klima sublimer Angst auf die Dauer bestehen. Die schleichende Regression der freien Rede und der Freiheit ist das unvermeidliche Ergebnis. Mit ihr stirbt auch die Fähigkeit der Gesellschaft zu lernen, und zwar auf die gleiche Weise wie es bei der Zerstörung der freien Presse und der freien Medien der Fall ist.

Die einzige Form der Zensur, die mächtiger ist, als die offen ausgeübte, ist die Macht der Selbstzensur, der sich ängstliche Menschen unterwerfen aus Angst vor den unbekannten Pressionen, die unbekannte Kräfte und Akteure ihnen zufügen könnten.

Eine Demokratie hat ihre eigene Psychologie und Seele. Überwachung ist das Mittel, sie zu zerstören.

Das Versagen der politisch inspirierten Investitionsprogramme

Es ist eines der Markenzeichen der westlichen Demokratien, dass ihre Regierungen sich für zuständig erklären, alle Arten von »Zukunftsthemen«[61] unter ihre Fittiche zu nehmen. Wir haben eine Energiepolitik,[62] eine digitale Agenda,[63] eine Netzwerkagenda[64] und weiß der Himmel was sonst noch. Die Regierung ist der Motor der künstlichen Intelligenz,[65] macht das Land fit für die Zukunft, fördert Champions.

Kommissionen werden einberufen,[66] Berichte geschrieben, Empfehlungen auf Pressekonferenzen verlautbart. Heiße Luft wird in solchen Mengen produziert, dass wir alle Bemühungen zum Klimaschutz allein damit schon ad absurdum geführt haben. Und wenn wir dann ein paar Milliarden Euro oder Dollar ausgegeben haben, ist der allgemeine Stand der Debatte schnell zusammengefasst: Wenn alles gesagt und getan ist, wurde meistens mehr gesagt als getan.

Wenn die Wahlen näher rücken, leihen sich die Politiker zu dem Thema dann vorgestanzte Formulierungen von selbst ernannten Experten, täuschen Kompetenz vor, wo sie auf das kurze Gedächtnis der Wähler hoffen, wenn die ganze Blase nach vier Jahren längst geplatzt ist. Bei den nächsten Wahlen gibt es wieder ein anderes Thema am Horizont, das vorgeblich nur durch die fähigen Politiker gelöst werden kann.

Warum passiert das immer wieder, und warum geht es mit fast traumwandlerischer Sicherheit jedes Mal schief? Weil das in der Anmaßung von Wissen wurzelt und kombiniert ist mit der Inkompetenz effizienter Umsetzung. Wenn Parteipolitiker sich einen eigenen Karrierepfad ausdenken, dann müssen sie für irgendetwas stehen, was auch immer das ist.

Also wird er sich zum Beispiel die »digitale Agenda« auf seine Fahne schreiben. Wenn seine Wahl auf etwas Neues und Cooles, Innovatives fällt, dann ist es in der Regel leider die Wahrheit, dass er in der freien Wirtschaft in diesem Feld arbeiten und das Zehnfache dessen verdienen könnte, was er in seinem Bürokratenjob bekommt – wenn er denn wirklich etwas davon verstünde.

Mit der Arroganz der Inkompetenz bewaffnet, bildet sich die politische Klasse immer aufs Neue ein, dass sie irgendein sinnvolles Programm entwerfen könnte, indem sie so tut, als wüsste sie es besser als der Markt. Sie gibt immer wieder vor, sie könnte deshalb künftige Gewinner identifizieren.

Den Suchprozess aus Versuch und Irrtum, den nur der Markt durchführen kann, umgeht und behindert die Politik deshalb zur gleichen Zeit. Der Prozess der Selektion durch Wettbewerb wird durch den Prozess der Selektion durch Lobbyarbeit und bürokratisches Schattenboxen ersetzt. Die freigebig ausgegebenen Steuergelder stellen sicher, dass die eigentlich unvermeidliche Pleite dieses oft vom Größenwahn getragenen Projekts für lange Zeit verzögert wird. Geld wird dann oft genug in die Technik von gestern investiert, die irgendeine Lobbygruppe einem ahnungslosen Minister oder Kanzler als Technologie von morgen verkauft hat. Dort wird das Geld dann suboptimal eingesetzt. Produktive Assets werden zu überhöhten Preisen gekauft, ihre Leistungsfähigkeit ist oft weit unter der wirklich besten verfügbaren Technologie, die sich in einem wirklich freien Markt durchgesetzt hätte.

Wenn dann nach ein paar Jahren klar wird, dass die Regierung wieder einmal auf das falsche Pferd gesetzt hat, wird irgendein obskurer »Experte« etwas von »Marktversagen« faseln und in der Privatwirtschaft nach einem Sündenbock suchen.

Das ist dann das Signal für die nächste Runde des wirtschaftspolitischen Aktivismus. Die Sache wird dann zur Chefsache der Kanzlerin[67] erklärt, die nach aller Erfahrung und Empirie noch ignoranter hinsichtlich des Themas ist als ihre Unterlinge im Kabinett. Dafür erzählt Sie uns dann, dass das Internet Neuland für uns alle ist,[68] während das Land hinsichtlich der Leistungsfähigkeit seiner Netzinfrastruktur auf den internationalen Ranglisten immer weiter absteigt.[69] Danke für nichts!

Wieder werden also »Expertenrunden« organisiert, ein neues Programm im Stil des »großen Sprungs nach vorn« wird institutionalisiert, eine neue grandiose Behörde mit wichtig klingendem Namen aus der Taufe gehoben, die Planwirtschaft wird perpetuiert, mehr Geld wird ausgegeben – und der Abstieg geht weiter.

Eines der besten Beispiele dafür ist die »Bandbreite-Initiative« der deutschen Bundesregierung. Seit 13 Jahren ist sie »auf unserer Agenda ganz oben«! Während die Kanzlerin die Sache in vierjährigem Rhythmus zur Chefsache erklärt, müssen sich Bürger und Industrie hinsichtlich Netzgeschwindigkeit, landesweiter Abdeckung, Preis-Leistungs-Verhältnis, Verlässlichkeit und Stabilität mit etwas zufriedengeben, das man nicht einmal mehr als Mittelmaß im OECD-Vergleich ansehen kann. Man kann wohl die Prognose wagen, dass die neue Agentur für Cybersicherheit der Bundesregierung, die 2019 ihre Arbeit aufnehmen soll, das gleiche Schicksal erleiden wird.

Die daraus zu ziehende tiefere Lehre ist einfach: Der Staat ist der schlechteste Performer, wenn es um die Auswahl künftiger Gewinner geht. Der Staat ist schlecht darin, Geschäftskonzepte, -ideen und -pläne zu bewerten. Er hat keine Ahnung, was die Kunden wollen und wie die Nachfrage wirklich aussieht. Das braucht er auch deshalb nicht, weil er in seinem eigenen monopolistischen Geschäftsmodell dem Bürger und Wähler schlechte Dienstleistungen aufzwingen kann. Da heißt es: friss oder stirb!

Seine arrogante »Wir-bestimmen-den-Gewinner-Attitüde« ersetzt die Weisheit der vielen mit der nur behaupteten Weisheit weniger. Das ersetzt die Lernkurve des Marktes, getrieben von Versuch und

Irrtum, durch die Anmaßung von Wissen, das der Staat nicht hat, nie gehabt hat und nie haben wird. Sein Versagen wird verborgen von den Mechanismen der Perpetuierung, durch die immer mehr gutes Geld schlechtem nachgeworfen wird, wenn seine Strategie nicht aufgegangen ist. Aber schneller in die falsche Richtung zu rennen, nachdem man sich verlaufen hat, bringt einen auch nicht ans Ziel. Nur eine Änderung der Richtung würde das tun. Aber der Staat kann die Richtung nicht finden, weil die Bürokraten als Letzte bemerken, dass sie in die falsche Richtung laufen, wenn sie auf neue Technologien treffen. Entwicklungen der Nachfrage, relative Knappheiten und Trends haben dann schon wieder eine ganz neue Richtung vorgegeben. Nur die Bürokratie hat es noch nicht mitbekommen.

Nur der Markt, und durch ihn der Wettbewerb, ist die Maschine, die in Wirklichkeit diesen einen Job ausführen kann: Sortiere schlechte Pläne aus, finde inkompetent geführte Unternehmen und mach sie kalt! Und ohne die ständige inkompetente Staatsintervention wäre der Markt darin auch extrem gut. Aber ich vergaß, der Markt ist ja kalt und schrecklich. Sorry.

Der Staat geht nicht durch dieses gnadenlose Trainingsprogramm. Der Staat ist der Hase, der vom Igel marktwirtschaftlicher Realität permanent ausgetrickst wird, bei praktisch jedem Thema, überall. Das gilt mit Ausnahme der schon genannten ganz wenigen wichtigen Externalitäten, die der Staat schaffen kann, wenn er denn will: Das betrifft innere und äußere Sicherheit, Gesetzgebung und Rechtsprechung. Indem er sich darauf konzentriert, kann er die Bedingungen schaffen, unter denen die Märkte ihr Wunder vollbringen können. Das war es schon. Mehr müsste er gar nicht tun. Aber diese Kernkompetenzen vermasselt der Staat in den letzten Jahren mit maximaler Zuverlässigkeit. Warum? Weil er so mit Dingen beschäftigt ist, die ihn nichts angehen, dass seine ganze Aufmerksamkeit, das dem Bürger abgenommene Geld und sein eigenes karrieristisches Interesse für so langweilige Dinge wie Sicherheit oder Gesetzgebung nicht mehr zur Verfügung stehen. Und unserem politischen Personal fehlt leider auch weitgehend die Qualifikation, diese zu garantieren.

Es ist der permanente Hunger der Bürokratie und der Politik, ihren Apparat zu vergrößern, um ihre Existenzberechtigung unter Beweis zu stellen, ihre Karriere und ihre Wichtigkeit zu befördern, die sich quasi automatisch in diese Projekte institutionalisierter Geldverbrennung übersetzen und den Staatsapparat immer weiter aufblähen. Die produktiven Ressourcen, die der Staat dabei an sich reißt, wachsen immer weiter. Im Jahre 1914, vor Beginn des Ersten Weltkriegs, betrug der Anteil des Staates am wirtschaftlichen Geschehen bescheidene 10 bis 14 Prozent.[70] Jetzt liegt diese Quote in praktisch jedem Mitgliedstaat der Kontinental-EU bei 50 Prozent.[71] Sklerose ist das Ergebnis.

Die wachsende Rolle des Staates glättet die Konjunkturzyklen, die Adepten des heiligen John Maynard Keynes feiern selbstgefällig die »eingebaute Stabilität« des fiskalischen Defizits, die Volatilität geht zurück und mit ihr die Lernkurve. Irrtum ist nichts für den Staat. Versagen ist nichts für den Staat. Der versagende Versuch wird also künstlich am Leben erhalten, und mit ihm tun sich eine Produktivitätslücke, eine Technologielücke und eine Innovationslücke auf.

In diesem Muster erkennen wir einmal mehr die Volatilitätsunterdrückung, die großflächige Diskontinuität ausbrütet.

Das Geld, das der Staat in gescheiterten Investitionsruinen einfriert, kann nicht zweimal ausgegeben werden. Es fehlt an anderer Stelle. Es fließt nicht in die Finanzierung von Start-ups, innovative und unternehmerische neue Firmen und private Experimente. Es fließt nicht in den Prozess von Versuch und Irrtum. Es fließt stattdessen in die Anmaßung des Wissens, gesteuert von einer politischen Klasse, die nicht die Besten und Hellsten anzieht.

Was sagt es uns, wenn wir hören, dass Israel, ein Land mit weniger als 10 Millionen Bürgern und der Größe von Hessen oder Wales mehr Technologieunternehmen hervorbringt, die es an die New York Stock Exchange oder die Nasdaq schaffen, als ganz Europa? Beachten Sie bitte: Ich rede gerade über das kleine Land am östlichen Mittelmeer, das von seinen Nachbarn ökonomisch isoliert und obstruiert wird und das gezwungen ist, riesige Summen in seine Verteidigung zu stecken. Es ist das Land, in dem alle Bürger zwei bis drei Jahre

Wehrdienst leisten, um es sicher zu machen. Warum ist das so? Weil dieses Land es sich einfach nicht leisten kann, seine Ressourcen zu vergeuden. Und es weiß, es gibt keinen anderen Weg, als durch Versuch und Irrtum unternehmerisch die Lernkurve hinaufzuklettern. Es ist eine Frage des Überlebens.

Wollen wir mit einer vernünftigen Politik in Europa warten, bis die Sache auch für uns zur Überlebensfrage wird?

Der Kontrollverlust bei Grenzen und Immigration

Kein Politikerversagen hat in kürzerer Zeit höhere Kosten angehäuft, mehr Ablehnung durch die Öffentlichkeit erfahren, mehr Ängste ausgelöst, mehr Entfremdung und mehr Polarisierung in die Gesellschaft getragen und mehr Kontrollverlust durch gleich mehrere europäische Regierungen nach sich gezogen als die unbedachte Öffnung der Grenzen für Immigration und das Komplettversagen beim Thema Integration.

Um es gleich vorwegzusagen: Das ist der Stoff, aus dem man Bürgerkriege macht.

Es ist eine bemerkenswerte Kombination von Geisteszuständen, die diese Entwicklung ermöglicht haben. Auf der einen Seite gibt es eine sehr große Minderheit in den Parteien, vor allem bestehend aus Grünen, Linken, aber auch angereichert durch starke Gruppen bei den Sozialdemokraten und früher konservativen Christdemokraten, die für sich eine klare Vision vom Europa der Zukunft haben: Es soll für sie ein Schmelztiegel mit multikulturellem Charakter werden.

Diese Vision fußt auf der Zurückweisung der traditionellen europäischen, insbesondere der deutschen Kultur und Identität. Dieser Reflex ist geboren aus der wahrgenommenen Schuld für die faschistische Vergangenheit. Dieser Schuldkult wurde später ausgedehnt, und so umfasst er heute nicht nur den Zweiten Weltkrieg, sondern auch die Kolonialvergangenheit, den Sklavenhandel des 18. und 19. Jahrhunderts, die Eroberung Amerikas und was sich sonst noch so finden lässt.

Andere Zivilisationen und Kulturen werden gleichzeitig emotional überhöht und mental in ein Trugbild aus verlorenem Paradies und Unschuld transfiguriert. Die bekannteste Vertreterin dieses Edlen-Wilden-Syndroms ist die deutsche Bundeskanzlerin Merkel, die, als der Zustrom von Flüchtlingen aus Syrien abebbte, weil der Krieg dort praktisch zu Ende war, sich zu der Aussage verstieg, dass »wir für Afrika Verantwortung tragen, weil unser Kolonialismus dort Schaden für Jahrhunderte angerichtet hat«.[72]

Insbesondere führende Politiker der Grünen und Linken fordern offen, dass die europäische Identität »ausgedünnt« werden müsse mithilfe einer Massenimmigration aus afrikanischen und muslimischen Ländern.[73] In der gegenwärtigen Kanzlerin haben sie die perfekte Umsetzerin dieser Idee gefunden.

Die Geißelung und die kollektive Selbstbestrafung, die von dieser Gruppe vorexerziert wird, bezeichnen ihre Gegner als »Nationalmasochismus«. Es ist wahrscheinlich nicht so weit hergeholt, eine Linie von dieser Selbstbestrafung einer antiwestlichen politischen Klasse zur Frankfurter Schule und ihrer Politik der Selbstzerstörung zu ziehen. Die Verrottung der Werte und Institutionen, die mit der eigenen Identität verknüpft sind, soll die Voraussetzungen für eine sozialistische Revolution schaffen.

Die zweite Gruppe der Hauptakteure ist die Mehrheit der Politiker in den sozialdemokratischen, ehemals konservativen und liberalen Parteien, die sich mit dieser Politik nicht wohlfühlen, weil sie wohl ahnen, wo sie hinführen muss, und weil ihnen in ihren Wahlkreisen mittlerweile der blanke Widerstand entgegenschlägt. Ihre Karriereaussichten werden aber nicht in den Wahlkreisen entschieden, sondern von der Parteiführung. Im Ergebnis legen sie ihr Rückgrat ab und machen notgedrungen mit. Für die Linken besteht diese Gruppe aus Leuten, die Lenin wohl »nützliche Idioten« nannte.[74]

Die dritte Gruppe ist eine Minderheit in den traditionellen Parteien und eine wachsende Zahl von Bürgern, die als Aktivisten der neuen rechten Parteien ihre klare Opposition gegen eine Politik vortragen, die die erklärte Absicht verfolgt, den Charakter des Landes für immer zu verändern, es in seiner Identität an die Levante und Afrika anzugleichen und so eine große Gruppe politisch aktiver und fordernder Muslime in Europa zu etablieren. Durch die Vermengung berechtigter Forderungen mit altmodischer Fremdenangst hat diese Gruppe harsche Kritik aus dem linken wie auch aus dem liberalen politischen Spektrum auf sich gezogen. Ihr Erfolg an der Wahlurne hat aber in den alten Parteien zu einer grassierenden Karriereangst geführt, und so ist es ihnen gelungen, die Agenda der Debatte zu bestimmen. Die reale Wirkung auf die Einwanderungspolitik lässt aber bisher noch auf sich warten.

Diese Entwicklung wird aber nicht nur von den inneren Kräften der europäischen Politik bestimmt. Mächtige Spieler in der Türkei, Saudi-Arabien, Ägypten und in Katar arbeiten unermüdlich an ihrer Agenda, die von der Muslimbruderschaft in aller Offenheit verkündet wird: Auf dieser Agenda steht, Europa zu einem Teil der muslimischen Welt zu machen.[75]

Das wird sogar in einer solchen Offenheit diskutiert, dass es in arabischen TV-Sendern Talkshows über die Frage gibt, mit welcher Strategie das am besten und schnellsten erreicht werden kann. Und der herauskristallisierte Konsens ist: Dies kann am schnellsten erreicht werden durch eine Kombination aus Einwanderung, religiöser Erziehung und Nudging, durch die Etablierung von Subkulturen mit einer starken Macht über ihre Mitglieder zur Durchsetzung religiöser und politischer Compliance, durch den Widerstand gegen jede kulturelle Ausdünnung (auch bekannt als Integration) und durch Maximierung der Kinderzahl in diesen Strukturen.

Der türkische Präsident Erdoğan ist seit Langem ein offener Unterstützer der Muslimbruderschaft, und er hebt seinen rechten Arm regelmäßig zum Zeigen ihres Grußes.[76] 900 türkische Imame arbeiten in Deutschland, die von der türkischen Religionsbehörde entsandt und bezahlt werden. Saudi-Arabien finanziert derweil missionarische Bemühungen, diese Gruppen für die ultrakonservative salafistische Version des Islam zu begeistern. Der Geheimdienst des türkischen Präsidenten wurde von der Presse seines Landes auf frischer Tat dabei ertappt, wie er Waffen und logistische Unterstützung an syrische Terrorgruppen lieferte,[77] die sich als Teile von Al-Kaida verstehen. Erdoğan öffnete erst die Grenzen der Türkei für Flüchtlinge, die vor einem Konflikt fliehen mussten, bei dem die Türkei kein unschuldiger Zuschauer ist, sondern Kriegspartei, und im Anschluss daran erlaubte – oder wohl eher unterstützte? – er organisierten Schlepperbanden, von der Türkei aus Millionen Menschen auf der Balkanroute nach Deutschland zu schleusen.

Es ist diese Kombination einer naiven politischen Agenda, getragen von Europas Linken und der Machtagenda der Muslimbruderschaft und ihrer Gliederungen, die diese Entwicklung so explosiv macht.

Als Kanzlerin Merkel im Spätsommer 2015 die Grenzen öffnete und den Zustrom von über 1 Million Migranten gewähren ließ, 90 Prozent von ihnen junge Männer, da wurde die Lage sehr oft mit dem Attribut Kontrollverlust, ausgelöst durch eine humanitäre Krise, beschrieben.

2014, ein Jahr vor dieser sogenannten Notsituation und diesem vermeintlichen Kontrollverlust, veröffentlichte die Abteilung für Migration und Flüchtlinge des deutschen Innenministeriums aber ein 17 Minuten langes Video, das die Einwanderung nach Deutschland bewarb. Es wurde erklärt, wie leicht und bequem es für jeden sei, in Deutschland Asyl zu beantragen. Der Clip verwendete besondere Mühe darauf, im Detail zu demonstrieren, wie leicht die großzügige Sozialhilfe in Deutschland für jeden Migranten zu bekommen sei. Die Botschaft des Clips war unmissverständlich: Kommen Sie her, der deutsche Steuerzahler wird für ein bequemes und leichtes Leben aufkommen, Sie müssen auch nicht arbeiten und später können Sie ihre Familie nachholen, einschließlich vier Frauen, wenn Sie möchten.

Der Clip wurde unter anderem ins Albanische, Arabische, Russische, Dari, Farsi, Paschtunische und Serbische übersetzt und im Internet weltweit verbreitet.[78]

Die Öffentlichkeit wurde in dem darauffolgenden Jahr mit zahllosen Reportagen und Bildern der humanitären Krise in und um Syrien und den Irak versorgt, die auch dadurch verschlimmert wurde, dass die deutsche Regierung entschied, die finanzielle Unterstützung für die Flüchtlingslager in Jordanien zu reduzieren, was dort zu untragbaren Zuständen führte und die Fluchtbewegung in Richtung Türkei auslöste.[79]

Die zeitliche Abfolge und schrittweise Ausführung dieser Maßnahmen und Ereignisse und der Slogan der Kanzlerin, ausgedrückt in dem Satz »Wir schaffen das« und unter völliger Missachtung der Rechnung, die man dem Steuerzahler dafür präsentieren musste, hat zwei Ungleichgewichte geschaffen: ein soziales und ein finanzielles. Dabei hat man diese Rechnung nicht nur in Deutschland vorgelegt, sondern jedem Land, das sich nicht mit Händen und Füßen gegen eine Politik zur Wehr setzte, die man auf europäischer Ebene weder beschlossen noch auch nur diskutiert hatte. Der Gipfel der Dreistigkeit war es dann, denjenigen Staaten in der EU Rechtsbruch vorzuwerfen, die sich gegen diesen Rechtsbruch der Regierung Deutschlands zur Wehr setzten und ohne deren tatkräftige Politik weitere Millionen illegale Zuwanderer nach Deutschland und in die übrige EU geströmt wären.

Das finanzielle Ungleichgewicht besteht aus 100 Milliarden Euro, die man schon ausgegeben hat, um die neue Einwanderungsbevölkerung zu ernähren, zu kleiden und zu behausen. Die Folgekosten in den nächsten zehn Jahren werden wahrscheinlich 1000 Milliarden Euro erreichen. Als in der Frühphase der Merkel'schen Grenzöffnung von Ökonomen Warnungen ausgesprochen wurden, dass man vor der Wahl stehe, die Grenzen offen zu halten oder sich ein halbwegs funktionsfähiges Sozialhilfesystem zu leisten, hat man diese Wissenschaftler als rechts stehend verunglimpft.

Noch 2015 erzählte man den Bürgern allen Ernstes, das »niemand wegen der Flüchtlinge weniger haben wird«. Jetzt, drei Jahre später, sind es die Linken, die fordern, dass wir das Sozialsystem zugunsten offener Grenzen opfern sollten, wenn wir vor diese Wahl gestellt werden.[80]

Die Realität ist aber ganz einfach: Die Politik der humanitären imperialen Überdehnung ist schlicht unbezahlbar. Sie addiert sich zu der 1000-Milliarden-Euro-Rechnung der planwirtschaftlichen Energiewende und sie addiert sich zu der 3000-Milliarden-Euro-Rechnung, die der Hedgefonds Deutschland verlieren wird, wenn die Eurorettungspolitik der Kanzlerin schlussendlich scheitert.

Eine Verschleuderung des Vermögens einer Nation in dieser Größenordnung zu Friedenszeiten hat es in der Welt seit dem Beginn der Menschheitsgeschichte noch nie gegeben.

Das führt zum politischen Ungleichgewicht. Der Staat – vor allem in Deutschland, Belgien, Frankreich, Schweden und Großbritannien – verliert die Kontrolle über die öffentliche Sicherheit. Eine Regierung kann nur funktionieren, wenn sie das Gewaltmonopol ausübt, um das Recht durchzusetzen. Damit das funktioniert, muss das Gewaltmonopol gesteuert, limitiert und kontrolliert werden durch die Herrschaft des Rechts. Jeder Bürger muss vor dem Gesetz gleich sein, und das Gesetz muss die Rechte und die Sicherheit jedes Bürgers garantieren. Wenn der Staat das nicht garantieren kann, dann fällt das Monopol. Das ist es, was wir gegenwärtig in Schweden und in Teilen Deutschlands erleben.

Unter den Immigranten sind nicht wenige durch den Krieg, die Herrschaft des Verbrechens, den Frauenhass und den Antisemitismus ihrer Herkunftskultur und Erziehung brutalisiert. Sie in die westliche Gesellschaft integrieren und zu gesetzestreuen, hart arbeitenden, Steuern zahlenden und toleranten Bürgern machen zu wollen wird nicht funktionieren, selbst wenn wir die Technologie und die Mittel hätten, sie alle einer Gehirnwäsche zu unterziehen.

Der öffentliche Raum in vielen Städten ist nicht mehr sicher. Messerstechereien, Vergewaltigungen, Schlägereien, Gruppenmobbing von Frauen und die Tötung Unschuldiger sind mittlerweile so endemisch, dass es den Medien und der Politik nicht mehr gelingt, die Menschen vom Gegenteil zu überzeugen. Deren wachsende Wut wird von der Weigerung angefacht, ihre Sorgen in den Korridoren der Macht ernst zu nehmen. Die letzte Zuflucht der Behörden besteht darin, die Kriminalitätsstatistiken zu frisieren und möglichst viele Informationen vor dem wachsenden Unmut der Menschen geheim zu halten.[81]

Das beschleunigt die Ausdehnung der Bruchlinien im früheren Zweiparteiensystem. Es bringt die Menschen dazu, sich selbst zu beschützen. In Schweden ziehen freiwillige Milizen durch die Straßen von Städten, um der Seuche der Gruppenvergewaltigungen Herr zu werden.[82] Banden militanter Antifa organisieren sich auch schon und haben im Juli 2018 in einer koordinierten landesweiten Aktion in einer einzigen Nacht 90 Autos und Lkws abgefackelt.[83] In den neuen Bundesländern gibt es angeblich erste Fälle von *Vigilantismus* als Reaktion auf die tödlichen Messerangriffe auf unschuldige Bürger. Hier ist die Nachrichtenlage aber unklar, weil offenbar mit allen Mitteln der Medienfälschung gearbeitet wird, wie der sogenannte Fall Maaßen vor Augen geführt hat.[84]

Das ist das Rezept für den Verfall der Zivilgesellschaft. Der Staat kann seine Pflicht zur Aufrechterhaltung der Herrschaft des Rechts und der öffentlichen Sicherheit nicht vernachlässigen, ohne dass ein Teil der Gesellschaft zum Vigilantismus oder, noch schlimmer, zur Lynchjustiz, greift. Was wird die Parteienpolitik tun, wenn die nächste Stufe der Eskalation ansteht?

Dieses Ungleichgewicht gebiert eine Diskontinuität auf einem völlig neuen Niveau. Das ist die brutale Gewalt. Wenn sie mit der wirtschaftlichen und monetären Diskontinuität zusammentrifft, die in Kapitel 1 beschrieben wurde, dann riskiert diese Mischung, in bürgerkriegsähnliche Szenen zu münden.

Wirtschaftspolitik als Wissenschaft der Töpfe

Das ökonomische Analphabetentum unserer politischen Elite kann in einem Satz zusammengefasst werden: Sie hat nicht verstanden, dass Wirtschaft nicht die Wissenschaft der Töpfe, sondern die der Anreize ist.

Die tieferen Wurzeln dieses Missverständnisses findet man in der falschen Idee von der Natur des Menschen, die von den Sozialisten und ihren Vorgängern über Jahrhunderte gepflegt wurde. Obwohl der

Sozialismus den Anspruch erhebt, dass seine Lehren wissenschaftlich seien, hat diese Denkschule es seit jeher versäumt, eine der wichtigsten wissenschaftlichen Erkenntnisse der vergangenen 200 Jahre zur Kenntnis zu nehmen und daraus die richtigen Schlussfolgerungen zu ziehen: die Theorie der Evolution. Der Mensch ist das Ergebnis eines evolutionären Prozesses, der mehrere Hundert Millionen Jahre gedauert hat. Seit der Morgendämmerung der Menschheit vor wenigen Millionen Jahren hat die Evolution uns Menschen bestimmte Verhaltensweisen so fest eingeprägt, dass man sie als interiorisiert bezeichnen darf.

Die wichtigste Erkenntnis für das Verständnis der Ökonomie, die daraus zu gewinnen ist, betrifft den Eigennutz des Menschen. Wenn ein Lebewesen unter evolutionärem Druck seine eigenen Interessen nicht an die erste Stelle setzt, dann wird es schlicht nicht überleben. Ein Individuum kann – unter bestimmten Bedingungen – immer noch altruistisch handeln aus zwei Gründen: wenn es seinem Nachwuchs dient (was auch eine Form des Eigennutzes ist, nämlich des genetischen Eigennutzes),[85] oder wenn ihm seine Ressourcen erlauben, das zu tun, ohne die Überlebenschancen seiner Nachkommen zu beeinträchtigen. Selbst in diesem Fall kann man aber von einem gewissen Grad an Eigennutz ausgehen, weil er damit soziales Kapital in Form von Sozialprestige anspart, das er zu einem späteren Zeitpunkt wieder abheben kann, wenn er auf Hilfe oder Gefälligkeiten angewiesen ist.

Aus dieser simplen Beobachtung können wir eine wichtige Schlussfolgerung für die Ökonomie ableiten: Das menschliche Verhalten wird vom Eigennutz gesteuert. Will man es beeinflussen, dann braucht man dafür Anreize, die seine Basis ansprechen. Umgekehrt heißt das, dass jede Maßnahme, die Anreize setzt, das Verhalten der Menschen beeinflussen wird, die diesen Anreizen ausgesetzt sind.

Wenn es so einfach ist, dann könnte man die Frage stellen, warum es unserer politischen Klasse schwerfällt, daraus die richtigen Schlüsse zu ziehen. Typischerweise verhält es sich so, dass, wenn wir wirtschaftliche Probleme und aufgesparte Ungleichgewichte sehen, diese das Ergebnis menschlicher Entscheidungen sind. Diese menschlichen Entscheidungen sind meistens das Ergebnis von künstlichen, politisch gesetzten Anreizen. Wenn das Ungleichgewicht zum Problem wird, dann könnte man doch logisch die nächste Frage stellen: Können wir die Bedingungen ändern, die die falschen Anreize gesetzt haben?

Unsere Politiker stellen aber eine andere Frage: Wie viel Geld brauche ich, um die Lücke zu stopfen, die von der sich öffnenden wirtschaftlichen Störung bis zur nächsten Wahl ausgeht, und wo bekomme ich dieses Geld her? Oder besser: Von wem kann ich es konfiszieren? Erst wenn der letzte Penny für dumme Vorhaben ausgegeben ist und der Kollaps einer faulen Politik vor der Tür steht, dürfen häretische Fragen über adverse Anreize gestellt werden. Bis dahin gilt: Wir reden nur über das Geld anderer Leute und wie wir da drankommen. Lassen Sie uns das an einigen Beispielen diskutieren.

Beispiel 1

Als Griechenland und die anderen südlichen Länder der Eurozone durch die Angleichung des Zinsniveaus den Anreiz erhielten, riesige Defizite aufzutürmen und Schulden weit jenseits ihrer eigenen Schuldentragfähigkeit – im Sinne der Zahlung von Zinsen und Tilgung – anzuhäufen und sie damit eine Zeitbombe für den Euro schufen, hat da der Europäische Rat die Anreize geändert, um die Stabilität des Systems für die Zukunft zu sichern?

Nein, das hat er nicht. Stattdessen wurde ein Riesentopf Geld in die Landschaft gestellt, um die Verschwender zu retten. Zuerst hat man das als vorübergehende Lösung bezeichnet, um die Ängste der Wähler in den Ländern zu beruhigen, die diese Rechnung bezahlen mussten. Anschließend hat man den Topf institutionalisiert und vergrößert. Nach acht Jahren der »Rettung« wurde Griechenland aus dem Programm entlassen mit Schulden, die 50 Prozent höher waren, als zu Beginn der Krise und mit dem Wissen, dass der Finanzkollaps des Landes in der nächsten Rezession so sicher sein wird wie das Amen in der Kirche.

Wie wir in Kapitel 1 (»Der Währungskollaps«) gesehen haben, war der Rettungstopf nicht groß genug, so dass die Deutschen und Holländischen Steuerzahler eine noch höhere Rechnung präsentiert bekamen. Also hat man einen weiteren Topf geschaffen, noch dazu ohne die Zustimmung der Mitgliedstaaten, die ihn bezahlen mussten: Das Geld wurde schlicht gedruckt, um die Zinssätze auf null zu drücken, damit die nicht tragbaren Schulden Italiens, Griechenlands, Portugals und Frankreichs wenigstens noch eine Weile tragbar aussahen. Haben diese Länder die Windfallprofite genutzt, um ihre Finanzen in Ordnung zu bringen? Nein. Warum nicht? Weil es für die Politiker in diesen Ländern dafür keinen Anreiz gab. Es war viel leichter anzunehmen, dass die Geldpresse ewig weiterläuft und dadurch ihre Schulden monetarisiert würden. So kann man sie dann auf die Sparer in anderen Mitgliedstaaten abwälzen.

Beispiel 2

Ein weiteres Beispiel ist das Rentensystem: Seit Mitte der 1970er-Jahre war es klar, und jeder, der es sehen wollte, konnte es auch sehen: Das System der öffentlichen Rente, das immer nur von der Hand in den Mund lebt, schafft einen Anreiz, weniger Kinder zu bekommen als notwendig, um das System am Laufen zu halten. Das sklerotische Produktivitätswachstum als Ergebnis interventionistischer Politik, Überregulierung, hoher Besteuerung, bürokratischer Gängelung, Subventionierung sterbender Industrien und der Zombifizierung des Unternehmenssektors als Folge des Nullzinses wird für das demografische Ungleichgewicht keinen Ausgleich schaffen können. Die Zahl der Rentner, die ein im Arbeitsleben stehender Mensch ernähren muss, wächst immer weiter, ganz egal, ob die Lücke aus Steuern oder Beitragserhöhungen zur Rentenversicherung finanziert wird. Es ist immer die arbeitende Bevölkerung, die diese Rechnung bezahlt.

Die Politiker wissen das auch. Aber sie gehen das tiefere Problem nicht an aus Angst, bei den nächsten Wahlen von den Nutznießern des fehlgesteuerten Systems abgestraft zu werden.

Aus diesem Grund schaffen sie immer mehr Töpfe. Keiner dieser Töpfe hat eine Wirkung auf die Zahl der Kinder, die die Menschen bekommen. Wir haben Steuererleichterungen, Kindergeld, Subventionen für Kinderkrippen und Kindergärten, wir duplizieren diese Töpfe für Eigenheimbauer mit Kindern, wir schaffen Alibi-Vergünstigungen für Mütter im Rentensystem.

Dieses System der Töpfe fokussiert aber trotz seiner Vielzahl nicht die Tatsache, dass das tiefere Problem darin liegt, dass die, die Kinder großziehen, diejenigen, die das nicht tun, bei der öffentlichen Rente massiv subventionieren. Die Wirkung dieser Töpfe auf die Zahl der Kinder ist eine vernachlässigbare Größe. Wäre es anders, bekämen die Menschen ja mehr Kinder. Aber das versorgt die politische Klasse mit einem Haufen Gießkannen, mit denen sie das Geld der Steuerzahler gerade rechtzeitig zur nächsten Wahl über ihre Klientel ausgießen können. Währenddessen rauscht das System weiter mit Höchstgeschwindigkeit auf seine Pleite zu.

Beispiel 3

In der Energiepolitik hat die deutsche Regierung das mächtigste System falscher Anreize für eine Industrie geschaffen, seit die sowjetische Planwirtschaft den Weg alles Irdischen gegangen ist. Nachdem man die CO_2-intensive Kohleproduktion über 40 Jahre mit mehr als 100 Milliarden Euro subventioniert hatte, wurden diese Subventionen ersetzt durch solche für Windmühlen und Solarzellen. Diese Subventionen werden in Form gesetzlich fixierter Abnahmepreise durch die Betreiber der Stromnetze verteilt. Dieser Preis liegt natürlich über den Produktionskosten und noch viel mehr über den Produktionskosten von Strom durch andere Primärenergieträger. Das Windrad ist eben nicht wettbewerbsfähig im Vergleich zu Kohle, Öl, Gas oder Kernkraft.[86]

Die Stromverteiler wälzen diesen fixen Preis natürlich auf ihre Kunden ab, also auf die Konsumenten und die Industrie. Im Ergebnis zahlen deutsche Stromkunden einen um 50 Prozent höheren

Preis als der EU-Durchschnittsbürger und 200 Prozent mehr als der Kunde im Land mit dem günstigsten Tarif: Bulgarien.[87]

Dieser Riesentopf Geld wird an eine neue Klasse von Windmühlen-Rentiers ausgeschüttet. Er hat keinen irgendwie nennenswerten Beitrag zum Klimaschutz geleistet. Erst 2018 musste die Regierung schließlich zugeben, dass der Anreiz, immer mehr nicht wettbewerbsfähige und unproduktive Windmühlen zu subventionieren, nicht mehr finanzierbar war. Aber anstatt den falschen Anreiz endlich abzustellen, hat man das Ausgabenvolumen nur begrenzt. Das Wachstum der Verschwendung hat sich seitdem geringfügig verlangsamt. Es ist gewissermaßen so eine Art Geschwindigkeitsbegrenzung für das Verbrennen von Geld.[88]

An dieser Stelle gönne ich meinen Lesern den Spaß, noch ein paar Anekdoten und Pointen aus dem Windmühlenwahn der deutschen politischen Klasse zu genießen. Da es nicht klar ist, wie viel Strom eine Windturbine im Lauf ihres Betriebslebens produziert, ist es auch nicht klar, ob die produzierte Strommenge den Energieverbrauch bei ihrer Herstellung erreicht oder überschreitet. Es wird zwar in unzähligen Artikeln argumentiert, dass das Verhältnis bei einer Lebensdauer von 20 Jahren etwa 1 zu 40 betrage, aber wie meist bei derartigen Schätzungen steckt der Teufel im Detail, in dem Fall in den zweifelhaften Annahmen bezüglich verschiedener Faktoren, angefangen bei der Lebenszeit, über die Wetterlage und ihre zeitliche Koinzidenz mit der Stromnachfrage bis zum Energiebedarf der noch fehlenden Netzinfrastruktur. Vielleicht bauen wir ja Stromspeicher, die den in sie investierten Strom einfach nur im Lauf mehrerer Jahre in unregelmäßigen und unzuverlässigen Schüben wieder abgeben und dabei Falken und Fledermäuse mit ihren Rotoren köpfen.

Weil viele dieser Mühlen mangels Leitungsnetz nicht an das Hauptstromnetz angeschlossen werden können, muss regelmäßig produzierter Strom entsorgt werden, indem man ihn einfach in den Boden leitet, ihn also effektiv vergeudet. Das Gleiche gilt für Spitzenproduktion, die keinen Abnehmer findet oder das Netz überlastet.[89]

Wenn es keinen Wind gibt, dann müssen die Räder trotzdem bewegt werden, damit der Stillstand die empfindliche Mechanik nicht beschädigt. Das macht man mit einer eingebauten Dieselmaschine. Wenn Sie also demnächst bei Windstille sehen, wie diese Räder sich drehen, dann liegt das nicht daran, dass irgendein Genie das Perpetuum mobile erfunden hat, sondern es ist das Perpetuum Grenzdebile am Werk.[90]

Wenn es auch Wahnsinn ist, so hat es doch Methode.

Beispiel 4

In der Migrationspolitik haben mehrere EU-Länder unter der Führung Deutschlands eine Politik verfolgt, die die ganze Macht der Anreize demonstriert, deren Gestaltung man nur noch als mental derangiert bezeichnen kann. Erst produzierte man im Jahr 2014 besagtes Werbevideo, indem alle Anreize zusammengefasst und weltweit präsentiert wurden. Ein Jahr später setzte die Kanzlerin die größte Wanderungsbewegung seit der Völkerwanderung des 4. und 5. Jahrhunderts in Gang. Über 1 Million Flüchtlinge strömten ins Land, und die Kanzlerin machte ... Willkommensselfies, die per Twitter und Facebook millionenfach in den Herkunftsländern der Migranten gesehen wurden.

Ihr Kommentar an die Kritiker: »Wenn wir jetzt anfangen, uns noch entschuldigen zu müssen dafür, dass wir in Notsituationen ein freundliches Gesicht zeigen, dann ist das nicht mein Land.«

Wie wurde das Problem dann »gelöst«? Mit Töpfen von Geld. Die adversen Anreize wurden nicht korrigiert. Menschen, deren Verhältnis zum Rechtsstaat angesichts ihrer Aussagen als gebrochen bezeichnet werden muss, erklärten den Bürgern dann, dass sie mit den Folgen des Rechtsbruchs und der Nichtdurchsetzbarkeit des Rechts leben sollen. So Bundestagspräsident Schäuble vor Kurzem zum Thema Abschiebung.[91] Ob er dabei an das Anreizsignal seiner Aussagen für weitere illegale Einwanderung gedacht hat, entzieht sich meiner Kenntnis.

Beispiel 5

Neulich hat sich die weise Bundesregierung in Berlin dazu entschlossen, ihre »Mietpreisbremse« zu »verschärfen«.[92] Der vorgebliche Zweck ist es, Mieter vor steigenden Preisen bei Mietwohnungen zu bewahren. Wenn man sich die schädlichen Wirkungen dieser Sache ansieht, kann man nicht umhin, in Versuchung zu geraten, eher von einer »verschärften Denkbremse« zu sprechen, denn man kann nicht im Vollbesitz seiner geistigen Kräfte sein, wenn man glaubt, die Knappheit im Wohnungsmarkt könne man mit einer willkürlichen Preisverzerrung beseitigen.

Diese Knappheit ist nämlich das Ergebnis einer anderen fehlgeleiteten Politik, die man sich zuvor angemaßt hatte: die außer Kontrolle geratene Migration und die Bereitschaft des Staates, für die Unterbringung der Gerufenen praktisch jeden Mietpreis zu bezahlen, egal wie hoch er ist.

Doch jeder weiß, dass Preis und Knappheit Hand in Hand gehen. Wenn etwas verknappt wird, dann wird bei gegebener Nachfrage sein Preis steigen, ebenso wenn bei gegebenem Angebot die Nachfrage steigt. Der steigende Preis führt dann dazu, dass das Angebot steigt und der Preis in der Folge wieder fällt, wenn die Nachfrage befriedigt ist.

Der derangierte Versuch, eine Knappheit von Wohnraum dadurch zu beseitigen, dass man seinen Preis deckelt und so sicherstellt, dass zusätzliches Angebot nicht geschaffen wird, weil es dafür mangels Rendite keinen Anreiz gibt, kann eigentlich nur zwei mögliche Erklärungen haben: Entweder haben diese Politiker nie irgendetwas auf dem Schulhof gehandelt. Oder ihr Daddy hat sie als Kind so verwöhnt, dass Geld absolut nie eine Rolle gespielt hat, egal wie hoch der Preis war. In beiden Fällen sollten wir ihnen keine Entscheidungskompetenz über irgendetwas geben mangels Lebenserfahrung.

Was passiert also jetzt, da die Preise gedeckelt sind? Die Nachfrage überschreitet das Angebot, und das Angebot wird sich nicht anpassen, weil es sich nicht lohnt. Die Lücke wird also größer werden und nicht kleiner. Die Glücklichen, die schon eine Wohnung haben, werden aus Angst, nichts Vergleichbares mehr zu bekommen, nicht freiwillig ausziehen. Sie wissen, dass der Preis durch einen anderen Allokationsmechanismus ersetzt wurde: das Schlangestehen. Das wird dazu beitragen, dass die Arbeitsmobilität reduziert wird und die Verfügbarkeit von gut ausgebildeten Menschen an dem Ort, wo man sie auch braucht, sinkt. Das Ergebnis ist weniger Wachstum und weniger Schaffung von Wohlstand.

Alternativ kann sich ein Schwarzmarkt etablieren, jedoch in diesem Fall wird das nicht passieren, weil die Regierung höhere Mieten per Gesetz als ungültig erklären will, wobei der Mietvertrag in Kraft bleibt. Das ist eine interessante Asymmetrie zulasten des Vermieters, die dazu führt, dass es für ihn viel attraktiver wird, eine Wohnung gar nicht an einen Mieter, sondern über Airbnb an Urlauber zu vermieten. Das wird das Problem weiter verschärfen, was den Politikern den nächsten Feind liefert, den zu hassen und zu regulieren sie lieben.

Wir sehen also, dass Preiskontrollen die Knappheit verschärfen, weil sie die falschen Preissignale an die Angebotsseite der Wirtschaft senden. Um das zu heilen, haben sich die Bürokraten eine neue Intervention einfallen lassen. Das ist üblicherweise eine Subvention, ein Steuervorteil oder Ähnliches, um das Angebot zu erhöhen. Aber da der Staat weder eine Ahnung von den Angebotselastizitäten und Nachfrageelastizitäten hat noch von der Segmentierung dieses Marktes nach Regionen, Lagen, Qualität und von sonstigen Kriterien des Immobilienmarkts, wird auch dieses Subventionsschema vergeudet sein.

Die Frustration über das Scheitern ihrer Politik wird dann die politische Klasse nach einem Sündenbock Ausschau halten lassen, den sie üblicherweise in der Finanzspekulation findet. Der Spekulant ist gewissermaßen die geschichtliche Fortschreibung des »Finanzjuden«, der früher als Sündenbock diente (und häufig genug immer noch dafür herhalten muss bei den unbelehrbaren Antisemiten dieser Erde). Der Spekulant wird verantwortlich gemacht für das Versagen der planwirtschaftlichen Ignoranz der Mächtigen und Verschwendungssüchtigen. Wenn man einen Sündenbock hat, dann muss man sich nicht mehr mit der Analyse der realen Situation auseinandersetzen.

Den Sündenbock kann man dann verfolgen und den Leuten erklären, dass sie sich nicht mehr aufregen müssen über die Lage am Wohnungsmarkt, weil der Schuldige seine gerechte Strafe in Form einer enteignungsgleichen Steuer bekommen hat. Eine Wohnung hat der kleine Mann aber jetzt immer noch nicht.

Nach Jahrzehnten der Überregulierung, des Gutmenschentums und wirtschaftspolitischer Inkompetenz ist der Wohnungsmarkt ein Albtraum an Unterdrückung und Verfolgung von Menschen, die eigentlich nur eines wollen: mit ihrem Eigentum tun und lassen, was sie für richtig und wirtschaftlich halten. Was ist so schwer daran, das in einem freien Land zu verstehen, das seinen gesamten Wohlstand der freien Marktwirtschaft zu verdanken hat, die eine fähigere Generation von Politikern einmal einzurichten wusste?

Diese Liste der Beispiele ist natürlich alles andere als vollständig. Es sind nur die politischen Programme, bei denen die Weigerung, die Signale der Märkte (auch Migration ist in gewisser Weise ein Markt) als Lernanlass zu nehmen, mit am dramatischsten ist. Die Töpfe mit Geld übertünchen nur die wahren Probleme. In vielen Fällen ist es noch nicht einmal so, dass die verhasste Volatilität unterdrückt wird. Versuch und Irrtum finden statt, aber das Lernsignal kommt bei unseren Politikern der Parteiendemokratie nicht an. Wir klammern uns lieber am Irrtum fest.

Die Ungleichgewichte sammeln sich an, bis sie unfinanzierbar werden. Dann kommt es zur Diskontinuität.

Die Revolution der gebrochenen Versprechen und das Ende der Parteiendemokratie

Die Parteiendemokratie wurde nach dem Zweiten Weltkrieg in Europa auf einem ungeschriebenen Pakt errichtet. Er verband das Versprechen vom Wohlstand für alle durch ein ordoliberales Wirtschaftssystem mit demokratischer Freiheit, wie sie in der Verfassung der Vereinigten Staaten verankert war. Sie diente als Blaupause für Europas Nachkriegsverfassungen. Hinzu kam ein richtig zugeschnittener Sozialstaat, der die Menschen gegen existenzielle Risiken absicherte.

Das System war so lange im Gleichgewicht, wie eine gewisse Anzahl seiner Bausteine, auf denen es ruhte, für unantastbar erklärt wurde: dass nicht der Staat, sondern der Unternehmer Wohlstand schafft und dass der Staat sich möglichst aus der Wirtschaft heraushalten sollte; dass unsere Länder Mitglieder eines kollektiven Sicherheitssystems sein sollten, das seine Bürger nicht nur vor der Gefahr einer Invasion schützt, sondern auch gegen die Begehrlichkeiten von außen, sich den Wohlstand anzueignen, den nur die Bürger selbst geschaffen haben. Das schloss Immigration nicht aus. Aber der Deal war klar: Wer kommt, arbeitet für Geld, trägt bei und wird dafür akzeptiert und integriert; dass das politische System dem Prinzip der Subsidiarität folgt, also alle Entscheidungen so nah am Bürger wie möglich getroffen werden; dass die Presse den Bürger mit einer Vielfalt unterschiedlicher Perspektiven versorgt und dass man die relevanten Informationen findet, wenn man sich auf beiden Seiten des politischen Spektrums zu informieren bereit ist; dass die politische Klasse die Leistungsfähigkeit der Steuerzahler nicht bis zum Bruchpunkt überdehnt; dass Unternehmertum und Fleiß belohnt werden, und dass der soziale Vertrag so ausgehandelt ist, dass der Beitrag des Einzelnen sich an seiner Leistungsfähigkeit bemisst. Die Liste könnte man verlängern.

Doch Karrierismus und die adverse Selektion, die nicht die hellsten Köpfe in die Politik holt, haben dazu geführt, dass die Politik jeden einzelnen Paragrafen dieser Vereinbarung gebrochen hat.

Es ist jetzt so weit, dass die Trendlinien dieser Entwicklungen sich treffen, überschneiden, anfangen, sich wechselseitig zu verstärken und so die Entwicklungen zu beschleunigen.

Betrachten wir die wichtigsten Entwicklungen, so können wir eine Reihe kausaler Beziehungen zwischen ihnen erkennen. Die Ideologie des hedonistischen Egoismus, wie sie von der Frankfurter

Schule vertreten wird, hat den ideologischen Boden bereitet für eine radikale Minderheit linker Politiker, die nun ihr zerstörerisches Werk durchsetzen, weil ihnen die Passivität der karrieristischen Politiker in den Mainstream-Parteien dafür das Feld überlässt.

Der Eckstein der Gesellschaft, die traditionelle Familie, wurde erodiert und ausgehöhlt durch das Sozial- und Rentensystem, das die Anreize für eine Familiengründung und harte Arbeit beseitigt, indem es die Menschen in die illusionäre Sicherheit einer bevormundenden Fürsorge von der Wiege bis zur Bahre gelockt hat. Diese ist aber nicht finanziell lebensfähig, weil sie die fortgesetzte Existenz der gleichen Familie, die sie ersetzt hat, unterstellt. Das hat ein gewaltiges Dilemma geschaffen, weil die Menschen glauben, sie könnten von der Arbeit anderer Leute Kinder leben. Als Nebenwirkung isoliert die Familienlosigkeit die Menschen und macht sie noch abhängiger vom bürokratischen Apparat. Wenn keine Familie da ist, die einen in Zeiten der Not beschützt, wird man zum wehrlosen Opfer des Systems, das sich am Ende auch als selbstbezogen und tyrannisch erweist.

Die Zerstörung der freien und offenen Debatte durch die politische Korrektheit, die vorauseilend unterwürfigen Medien und nun, am Ende, die offene Zensur, ermöglichen es einer im Zustand des Sich-selbst-Zujubelns befindlichen Politikerkaste zu glauben, sie hätte alles richtig gemacht. Sie fällt auf ihre eigene Propaganda herein, weil sie das Volk mit GEZ-Gebühren zwingt, ihren eigenen Echoraum mit Milliarden zu finanzieren. Zugleich verzögert sie aber die Fähigkeit des Souveräns, des Volkes, die Gefahren und Risiken aus dieser Ansammlung desaströser Politik zu erkennen und sich dagegen zur Wehr zu setzen.

Die Migration trägt schneller zur Erosion der finanziellen Position des Kontinents bei, versorgt aber zugleich die von der Frankfurter Schule inspirierte Antifa mit neuen Fußtruppen. Im Gegensatz zur schläfrigen, bürgerlichen twitternden Klasse sind diese Fußtruppen aber organisatorisch auf bürgerkriegsähnliche Zustände vorbereitet. Die Terrorherrschaft der Antifa anlässlich des G20-Gipfels in Hamburg war das Wetterleuchten ihrer gewalttätigen Entschlossenheit.

Die Erosion der Herrschaft des Rechts, vornehmlich vorangetrieben im Namen der europäischen Integration, stellt zwischenzeitlich sicher, dass es für jedes Land in der EU sehr schwer ist, diesem Teufelskreis zu entkommen, indem das Volk zum Beispiel eine Regierung wählt, die sich diesen Entwicklungen entgegenstellt.

Italien im Sommer 2018 ist dafür ein Paradebeispiel. Während die »populistische« Regierung daran arbeitet, die Versprechen zu erfüllen, die sie ihren Wählern gegeben hat, macht die EU deutlich, dass das nicht ungestraft bleiben wird. Die Presse wird in diesem Land auf Linie gebracht, und die Europäische Zentralbank demonstriert ihre Macht über die Fähigkeit des Landes, seine Rechnungen zu bezahlen, indem sie die Aufkäufe italienischer Staatsanleihen für nur einen Tag um 10 Prozent reduziert. Die Risikoprämie der Staatspapiere sprang unverzüglich auf 3 Prozent innerhalb kürzester Zeit. Am 1. Juni 2018 wurde die neue Regierung vereidigt, in den Tagen zuvor war es zu dem Konflikt mit der EU und der EZB um die Ernennung eines euroskeptischen Ministers gekommen. Den Verlauf der Rendite der Staatsanleihen für zehnjährige Papiere kann man sich im Internet ansehen.[93]

Das Problem bleibt aber, dass weder die nationalen Mainstream-Karrierepolitiker noch die EU-Bürokraten eine Lösung anzubieten haben, die den Kontinent auf einen Pfad stabilen Wachstums und der Schaffung von Wohlstand zurückführt. Das bedeutet: Wir werden disruptive Veränderung sehen. Wir werden die politische Systemdiskontinuität sehen. Wie wird sie sich entfalten?

Höchstwahrscheinlich wird sie mit einem wirtschaftlichen Abschwung einsetzen. Das könnte ein Szenario sein wie das in Kapitel 1 analysierte. Es könnte eine schwere Rezession sein, bei der wachsende Arbeitslosigkeit und schrumpfende Fiskalkapazität die Möglichkeiten des Staates beschränken, die Menschen vor den sozialen Folgen des Abschwungs zu schützen. Die Regierung wird dann vor eine Wahl gestellt werden, der sie nicht entkommen kann: Reduzierung der sozialen Wohltaten für alle mit dem Risiko von zivilen Unruhen, wie Europa sie seit den 1930er-Jahren nicht gesehen hat, oder Umverteilung der sozialen Wohltaten von den neu angekommenen zu denen »die schon länger hier sind«, um es im Merkel-Sprech zu formulieren. Das heißt dann: Die Bürger, die in das System eingezahlt haben, sind auch die Einzigen, die von ihm profitieren.

Presse und Medien werden das Verhalten der Bürger nicht mehr beeinflussen können, weil die Zensur, das Mainstreaming und die absichtsvoll lückenhafte Berichterstattung das Vertrauen der Mehrheit in die Mainstream-Medien bereits heute aufgefressen haben.[94]

Das gebrochene Versprechen sozialer Sicherheit als Gegenleistung jahrzehntelangen Einzahlens wird ein Gefühl von Verrat und Misstrauen erzeugen. Wie Thomas Mayer es in seinem Buch *Die Ordnung der Freiheit und ihre Feinde*[95] treffend beschrieben hat: Der Aufstand der Mündel droht.

Beide Optionen, die Beschneidung der Sozialausgaben für alle oder die massive Beschneidung für die Einwanderer, tragen Diskontinuitätsrisiken. In beiden Fällen müssen wir massive Unruhe auf den Straßen erwarten. Wahlen auf regionaler und nationaler Ebene wird die rechten Parteien auf 30 Prozent oder mehr katapultieren, genug, um die Regierungsbeteiligung auf allen Ebenen zu erzwingen. Die rechte Agenda ist in klarer Opposition zur gescheiterten Politik auf allen Feldern, in denen die Mainstream-Parteien versagt haben. Sie trägt aber auch das Risiko eines neuen Nationalismus in sich. Auch sind die rechten Parteien Europas gespalten: Zwischen einer liberalen, marktwirtschaftlich orientierten Strömung, die nach einer neuen Form europäischer Kooperation strebt unter dem Stichwort »Europa der Vaterländer de Gaulles«, mit einer starken transatlantischen Komponente, Eintreten für Freihandel und einer europäischen Identität in Opposition zum globalen Multikulti-Modell auf der einen Seite und einer stramm rechts orientierten national denkenden Fraktion auf der anderen Seite. Letztere sieht im russischen, eher autoritären Modell ein Vorbild, hat durchaus sozialistische Komponenten im Programm, die man auch bei den stramm Linken finden kann, und hat mit der Linken in manchen Punkten mehr gemeinsam, als beide jemals bereit wären zuzugeben.

Es ist kein Zufall, dass die eher rechts gerichtete Lega und die eher linke Fünf-Sterne-Bewegung in Italien, beides populistische Parteien, in ihrer Koalition gar nicht schlecht miteinander auskommen. Und es ist auch keine Überraschung, dass Frankreich und Italien unter den Ländern der EU mit den stärksten nationalistischen Parteien sind. Sie tragen nicht das deutsche historische Schuld-Gepäck mit sich herum.

Das schließt nicht aus, dass auch in Deutschland eine stramm rechtsgerichtete populistische Partei erstarkt. Gemeinsam mit den Linkspopulisten wären sie die natürlichen Erben eines gescheiterten Systems. Danach sieht es in Deutschland aber nicht aus, auch wenn die alten Parteien das aus wahltaktischen und propagandistischen Gründen gerne so darstellen. In Deutschland sind die vermeintlichen Rechten alles andere als stramm rechts. Sie sind in Wirklichkeit Fleisch vom Fleisch der Altparteien, die den Nachkriegsvertrag aufgekündigt haben. Ihre Dissidenten wollten da nicht mitgehen.

Die entscheidende Frage wird sein, ob Westeuropa in einen Zustand des Autoritarismus fällt, oder ob eine neue, mit freiheitlichem Schwung erfüllte Form der Demokratie aus dieser Krise der Parteiendemokratie hervorgeht. Das offensichtliche Vorbild dafür ist die Schweiz, die auch Parteien kennt, aber diese mit einem starken Instrument unter der Kontrolle des Volkes hält: die direkte Demokratie. Wir haben also wohl die Wahl zwischen dem System der populären Demokratie, also der Volksabstimmung und dem populistischen Autoritarismus. Umso tiefer die kommende Krise wird, desto größer ist die Gefahr, dass Letzterer die Oberhand gewinnt. Die Tatsache, dass Millionen Einwanderer die sozialen Unruhen verstärken könnten, steigert die Wahrscheinlichkeit, dass ein »starker Mann« an die Macht gespült wird, ganz erheblich, und sicher mehr, als dass es eine gestärkte Form der Demokratie hervorbringt. Unkontrollierte Immigration erhöht die Aussichten auf ein Abgleiten in die autoritäre Staatsform in Europa.

In beiden Fällen ist die Parteiendemokratie heutigen Zuschnitts am Ende. Zusammen haben sie eine Eintrittswahrscheinlichkeit von weit über 50 Prozent.

Was bedeutet das für Unternehmen?

Die Möglichkeiten der Unternehmen ähneln in weiten Teilen denen, die auch für die monetäre Diskontinuität gelten.

Unternehmen müssen zuerst ihre Gewinn- und Verlustrechnung wie auch Ihre Bilanz so resilient wie möglich machen. Die Kombination einer ökonomischen und politischen Krise hat das Potenzial, gleich mehrere Schlüsselparameter des Unternehmenserfolgs und seiner Fähigkeit in einem supervolatilen Umfeld zu überleben, zu beeinträchtigen. Das gilt vor allem für die Nachfrage nach den Produkten des Unternehmens, die stark fallen kann, wenn die Bürger in Richtung Sicherheit fliehen, ihre Kosten herunterfahren und den Konsum einschränken. Es gilt zweitens für die Bedingungen, die die Politik setzt. Steuererhöhungen, steigender regulatorischer Druck und Bürokratie sowie Arbeitsunruhen sind möglich und in diesem Szenario sogar wahrscheinlich.

Was bedeutet Resilienz in einer solchen Umwelt?

a) So viele Kosten wie möglich müssen variabilisiert werden. Das kann per Outsourcing, Verringerung der Wertschöpfungstiefe entlang der Wertschöpfungskette, variable Lohnvereinbarungen und Vereinbarungen zu variablen Arbeitszeiten (Kurzarbeit) in Abhängigkeit vom Umsatz beinhalten. Fixe Investitionen und hohe Fixkosten durch Abschreibungen sollten möglichst vermieden werden.
b) Stabilisierung der Nachfrage durch Diversifikation des Absatzes in Märkte, die weniger von politischen Friktionen betroffen sein werden, Ausrichtung des Produktportfolios an der Stabilität der Nachfrage (manche Dinge werden einfach immer gebraucht), langfristige Abnahmeverträge mit den Kunden sind ebenfalls vorteilhaft. Wichtig ist dabei, die Bonität des Kunden zu kennen, denn Abnahmeverpflichtungen sind wertlos, wenn der Kunde daran pleitegeht.
c) Durchdringung des Lieferkettenrisikos: Eine Welle von Ausfällen in hoch integrierten arbeitsteiligen Lieferketten kann Auswirkungen auf die Fähigkeit eines Unternehmens haben, seine Produktion auf-

rechtzuerhalten. Wenn bei einem Auto nur die Kofferraumschlösser fehlen, kann schon die ganze Produktion zum Erliegen kommen. Dabei geht es nicht um die gesamte Lieferkette, aber ihre kritischen Teile und Engpässe müssen bekannt sein.

d) Entschulden: In einer Cashflow-Krise führt der fixe Abfluss von Zins und Tilgung zum größten Liquiditätsrisiko, sofern die Bilanz zu stark mit Fremdkapital gehebelt ist. Die Eigenkapitalquote sollte maximiert werden, die Kreditrestlaufzeiten mindestens fünf Jahre betragen, mit niedrigen Raten. Idealerweise sollten Schulden als Bullet-Rückzahlung von Zins und Tilgung am Ende der Laufzeit strukturiert sein. Nebenabreden, die den Kredit bei bestimmten Finanzkennzahlen fällig stellen, sollten unter allen Umständen vermieden werden, da die Erfahrung zeigt, dass gesamtwirtschaftliche Stresssituationen diese kurzfristig auslösen können.

e) Die Liquidität sollte diversifiziert werden, um sicherzustellen, dass Finanzmarktturbulenzen und Bankenpleiten keinen Liquiditätsengpass auslösen können.

Was bedeutet das für die Politik und die Regierungen?

Die Regierenden sind in diesem revolutionären Umfeld nicht mehr wirklich die handelnden Akteure. Sie werden zu Objekten des politischen Wechsels, der sich daraus ergibt, dass der Bürger, der Souverän, seine Rolle neu übernimmt.

In der Theorie sollten Regierungen so handeln, dass solch große Ungleichgewichte nicht entstehen und die Diskontinuität vermieden wird. Wie wir aber sehen, haben unsere politischen Akteure dafür weder den Anreiz noch die intellektuelle Ausstattung.

Was bedeutet das für den Bürger (Konsumenten, Wähler, Steuerzahler)?

Der Bürger ist der Hauptakteur in einer politischen Umwälzung, aber zugleich ist er verwundbar durch Kräfte der Veränderung, die er nur teilweise überblicken kann. Für ihn gelten ähnliche Regeln zur Gewinnung von Resilienz wie für die Unternehmen.

a) Entschulden: Halten Sie Zins und Tilgungszahlungen so niedrig wie möglich, um sicherzustellen, dass Sie nicht in Privatinsolvenz gehen im Fall von Arbeitslosigkeit. Verschieben Sie große Anschaffungen, wenn möglich.
b) Liquidität: Halten Sie Ihr Vermögen in intrinsisch liquiden Assetklassen. Sie müssen auch in Zeiten von finanziellem Stress ohne große Abschläge veräußerbar sein.
c) Jobsicherheit: Wenn Sie die Wahl haben, bevorzugen Sie Arbeitgeber, die die Möglichkeit haben, selbst resilient zu sein, aber kalkulieren Sie zeitweise Einkommensverluste durch Kurzarbeit in Ihre finanziellen Pläne mit ein.
d) Vermögensanlage: Siehe Kapitel 1.
e) Familie: Diskutieren Sie mit Ihrer Familie die Möglichkeit harter Zeiten und motivieren Sie Ihren Zusammenhalt. Starke Familien überleben tiefe wirtschaftliche Krisen und politische Umwälzungen besser als einsame Menschen. Das Letzte, was Sie in einer solchen Lage brauchen, ist eine Scheidung.
f) Politische Aktivität: Erleiden Sie den Wandel nicht passiv, sondern ergreifen Sie Partei für die Freiheit. Nur eine freie, marktorientierte, demokratische, von starken Werten zusammengehaltene Gesellschaft wird den Weg zurück auf einen Pfad nachhaltiger Entwicklung finden. Sie nehmen teil, oder Sie werden geführt. In dieser Situation wird es auf jede Hand und jeden Kopf für die Freiheit ankommen. Sie wählen damit zwischen einem neuen Wirtschaftswunder, das nur die Märkte bescheren können, und einem jahrzehntelangen Niedergang im Sozialismus, der nur den Mangel und die Armut seiner Opfer verwalten wird.

KAPITEL 4

Die Zukunft des Unternehmens II – die neue kreative Zerstörung und das Ende der Firma, wie wir sie kennen

Wenn amerikanische Publikationen über weltverändernde Ereignisse berichten, benutzen sie oft das aus den Anfangsbuchstaben mehrerer Wörter gebildete Kurzwort TEOTWAWKI, das Akronym für The End Of The World As We Know It (Das Ende der Welt wie wir sie kennen).

Wir ersetzen hier einfach ein W durch ein F für »firm«, weil die Veränderungen der nächsten zehn Jahre uns das Ende des Unternehmens bringen werden, so wie wir es bisher kannten: TEOTFAWKI.

Das Unternehmen, wie so viele andere Subsysteme unserer Gesellschaft, formt ein ganz eigenes Ökosystem. Es existiert, weil es seinen Bewohnern ermöglicht, darin besser an das größere Ökosystem Wirtschaft angepasst zu sein, als ohne es. Stapel von Büchern wurden darüber geschrieben, wie das Unternehmen die Transaktionskosten der an ihm Beteiligten senkt und wie diese spezielle Form menschlicher Kooperation das Ergebnis ökonomischer Kräfte ist, die diese Transaktionskostensenkung ausnutzen.[96]

Da fragt man sich doch, warum praktisch alle Untersuchungen über die Zukunft des Unternehmens sich darauf beschränken, Trends zu analysieren, die von der Presse schon x-mal wiedergekäut worden sind. Die wirklichen Veränderungen beziehen sich aber nicht auf technische Fragen der Fragmentierung, die Zunahme von Freelancern, die flexibel verschiedene Teams wie Söldner unterstützen, die Heimarbeit über das Internet als eine Art verlängertes Büro in das Wohnzimmer der Angestellten oder Flexibilisierung der Arbeitszeit. Das ist nämlich nicht neu.

Stattdessen möchte ich eine andere Frage stellen: Welche Art Firma erzeugt ein Ökosystem mit der Anpassungsgeschwindigkeit, die erforderlich ist, um die sich schnell ändernde Umwelt, in der es sich bewegt, zu verarbeiten und so das evolutionäre Spiel zu gewinnen? Diese Frage hat in erster Linie mit Governance zu tun, mit Entscheidungsprozessen, mit der Fähigkeit zur Informationsverarbeitung und schnellen Anpassung, um extreme Volatilität zu verarbeiten oder sogar die Volatilität als Informationsquelle zu nutzen, damit eine überlegene Wettbewerbsposition erlangt werden kann.

Um diese Frage zu beantworten, müssen wir einige Elemente der künftigen Umwälzungen der Umwelt verstehen, mit denen die Unternehmen konfrontiert werden.

1. Was befähigt Unternehmen überhaupt zu gedeihen? Was bringt Unternehmen dazu, überlegene Produkte zu schaffen, ihre Prozesse effizient zu organisieren, die Kundenbedürfnisse besser und schneller zu erkennen, Weltklasse-Service anzubieten und all diese Fähigkeiten in Profitabilität umzusetzen? Es geht dabei nämlich in Wahrheit nicht um diese Dinge. Es geht darum, was Unternehmen dazu bringt, das oben Beschriebene zu tun. Das ist ein riesengroßer Unterschied. Was reduziert die Fähigkeit eines Unternehmens, diese Dinge zu tun? Wo ist die Wurzel der organisatorischen Sklerose, die einst erfolgreiche unternehmerische Leistungsschmieden in bürokratische imperiale Reichsbedenkenträger-Konferenzräume verwandelt, wo man mehr Zeit darauf verwendet, Intrigen zu spinnen und Machtspielchen zu spielen, als Werte zu schaffen?
2. Schafft die Gesellschaft durch das rechtliche und regulatorische Rahmenwerk die grundlegenden Bedingungen, die daran schuld sind, ehemals erfolgreiche Unternehmen in Schatten

ihres früheren Selbst zu verwandeln? Und wenn das so ist, welche Mechanismen stecken dahinter?

3. Was sind die Brüche in der Umwelt, von denen wir erwarten können, dass die Unternehmen, die sich sklerotisiert haben, sie als Herausforderung nicht bestehen werden? Wie wir feststellen werden, gibt es da zwei Arten: die disruptiven Kräfte der sozialen, wirtschaftlichen und technologischen Diskontinuitäten und die Beschleunigung der technologischen Entwicklung mit der Eigenschaft exponentieller Leistungssteigerungen. Das zweite Element wurde sehr gründlich von Kurzweil und anderen untersucht, die auf die unglaubliche Macht nicht linearer, exponentieller Trends hingewiesen haben, sobald diese eine kritische Schwelle der Leistungsfähigkeit überschreiten.[97] Was die Schule der Singularität noch nicht hinreichend geklärt zu haben scheint, ist die Frage der institutionellen Ökonomik: Wie bauen wir Organisationen, die so resilient sind, dass sie mit der nicht linearen Veränderung umgehen können? Welche Organisationstypen finden wir vor, die mit diesen Veränderungen nicht zurechtkommen?
4. Was treibt die Aggregation und Disaggregation der Wertschöpfungsketten an, die uns den Organisationsgrad der Arbeitsteilung signalisieren? Wie wir sehen werden, gibt es einen Optimalpunkt der Integration der Wertschöpfungskette, die durch den Markt bestimmt wird, der selbst durch Technologie und Präferenzen verändert wird. Aber dieses Optimum kann nicht gefunden werden, wenn der Markt durch Regulierung künstlich verzerrt ist. Und das hat eine Menge mit der Zukunft des Unternehmens zu tun.

Lassen Sie uns die vier Kernfragen zusammenfassen und sie dann einzeln beleuchten.

1. Der unternehmerische Antrieb versus die Treiber der korporativen Sklerose
2. Die schädliche Wirkung der Regulierung

3. Die Auswirkungen von Diskontinuität und Nicht-Linearität
4. Die Bestimmungsgrößen der Integration von Wertschöpfungsketten

Der unternehmerische Antrieb versus die Treiber der korporativen Sklerose

Haben Sie jemals einen Manager, selbst einen an der Spitze eines bürokratischen Staatsunternehmens, den folgenden Satz sagen hören: »Qualität interessiert uns nicht, ebenso wenig die Bedürfnisse unserer Kunden, und wir haben auch kein Interesse daran, sie mit den besten Produkten und Dienstleistungen auf Grundlage effizienter Prozesse zu versorgen. Es ist auch völlig in Ordnung, wenn wir als Sickergrube enden, in der der Steuerzahler sein Geld für Subventionsprogramme versenken kann.« Nein? Da fragt man sich doch, warum so viele Bosse und Unternehmen so handeln, als würden sie diesem Motto folgen wollen.

Ein deutsches Sprichwort sagt: »Der Weg zu Hölle ist mit guten Vorsätzen gepflastert.« Gute Vorsätze haben sie alle. Aber sie handeln nicht danach. Sie stecken mehr Mühe und Liebe in das Mobiliar ihres Rückzugsanwesens in der Toskana und in die Sessel, die ihnen das Arbeitsleben bequem machen, als hart darüber nachzudenken und noch härter daran zu arbeiten, wie sie es vermeiden können, dem oben beschriebenen Pfad der Absurdität zu folgen.

Wenn Sie sich die Listen der Fortune-500-Unternehmen 1955 und 2017 ansehen, dann können Sie feststellen, dass nur 60 Namen auf beiden Listen stehen. 440 wurden ersetzt durch frühere kleinere Firmen oder Start-ups. Jedes einzelne der größten Unternehmen der Welt war ein Start-up aus den letzten vierzig Jahren: Apple, Google, Microsoft, Alibaba, Facebook, Amazon.

Die Ressourcen, die sie ursprünglich zur Verfügung hatten, waren um viele 10er-Potenzen kleiner[98] im Vergleich zu den Monstergesellschaften, die in den 1970er- und 1980er-Jahren angesagt waren. Können Sie sich die Reaktion des CEO von General Motors oder General Electric vorstellen, wenn Steve Jobs ihn 1975 angerufen und ihm erzählt hätte: »Hallo, hier ist Steve. Ich sitze hier in Papas Garage mit 500 Dollar angespartem Taschengeld, und ich werde Sie kaltmachen! Ich könnte Ihnen eine feindliche Übernahme anbieten, aber wer will schon Ihr rostiges Blechdosengeschäft haben?«

Wenn die materiellen Ressourcen nicht kriegsentscheidend waren, was war es dann? Der Grund dafür ist das menschliche Handeln, angetrieben von menschlichen Präferenzen bzw. Anreizen, und am Ende der Kausalkette die Governance von Unternehmen, die diese Anreize setzt.

Die Governance von Unternehmen wird von zwei in Wechselwirkung stehenden Faktoren bestimmt: Der eine ist, wie sich eine Firma organisiert, der andere besteht aus den regulatorischen Rahmenbedingungen innerhalb derer das Unternehmen arbeitet. Die Wechselwirkung zwischen diesen beiden arbeitet langfristig zum Schaden der großen, saturierten Unternehmen, die mit großen Bilanzen, Aktiennotierungen, nun nicht mehr rauchgeschwängerten Sitzungsräumen, Besitzständen und Besitzstandsgruppen (die nennt man jetzt Stakeholder, um die korrupte Natur von Hinterzimmerdeals zu beschönigen), intransparenten Entscheidungswegen und einer Armee von Rentenjägern in ihren Reihen daherkommen.

Eigentlich ist es noch schlimmer: Unser legales und regulatorisches Rahmenwerk schafft überhaupt erst die Bedingungen korporativer Bürokratie und feudaler Kämpfe.

Wie geht das? Ganz einfach: durch das Ignorieren eines der fundamentalen Bausteine einer erfolgreichen Wirtschaftsordnung, nämlich des Privateigentums und der Identität von Macht über Ressourcen mit Verantwortung für die Folgen ihrer Verwendung. Derjenige, der die Kontrolle über ein Asset ausübt, muss belohnt oder bestraft werden für die effektive und effiziente oder die ineffektive und ineffiziente Nutzung dieses Assets. Diese Identität ist das konstitutionelle Merkmal von privatem Eigentum. Wenn Sie nicht am Hebel sitzen, wenn Sie keine Kontrolle ausüben, dann gehört Ihnen die Sache auch nicht. Wenn sie Ihnen nicht gehört, dann investieren Sie nicht annähernd so viele Gedanken, Zeit und Mühe in ihre optimale Verwendung, als wenn das der Fall wäre. So einfach ist es.

Um sicherzustellen, dass Ihre Firma die richtigen Dinge tut, und nicht nur Lippenbekenntnisse dazu abgibt oder es nur vorübergehend macht, weil Sie das Glück hatten, einmal einen Superstarmanager einzustellen, dann führt kein Weg daran vorbei, diese Identität von Kontrolle und Verantwortung herzustellen und aufrechtzuerhalten. Das heißt: Beim langfristigen Erfolg geht es nicht darum, wie man es macht, sondern was einen dazu bringt, es so zu machen.

Die Rechtsform großer Unternehmen ist fast ohne Ausnahme die der Aktiengesellschaft, wenn man einmal von der überschaubaren Zahl sehr großer Unternehmen im Familienbesitz absieht. Unternehmen werden von überlebensgroßen Gründerpersönlichkeiten geschaffen, sie wachsen, erlangen eine dominierende Stellung, werden in Aktiengesellschaften verwandelt und treten dann ihren langen Weg in die Bedeutungslosigkeit an. Auf dem Weg dieses Abstiegs werden gewaltige Mengen an Kapital, Ressourcen, menschlichen Talenten und Arbeit vergeudet. Manchmal wird der Verfall verlangsamt oder sogar unterbrochen durch die meistens zufällige Ernennung eines wirklich exzellenten Vorstandsvorsitzenden, aber nach seinem Abschied gewinnen die Kräfte der Entropie wieder die Oberhand.

Solch eine Geschichte hat General Electric, wo Jack Welsh es geschafft hat, das Kriegsglück für fast zwanzig Jahre zu wenden. Wie hat er das gemacht? Die meisten Unternehmensberater und Management-Professoren werden Ihnen jetzt sagen: »Er hat Six-Sigma erfunden!« Das ist, mit Verlaub, Hühnerk... Six-Sigma ist nur ein Werkzeugkasten unter vielen. Die gibt es im Dutzend, sie kommen und gehen, angetrieben von der Beratungsindustrie. Sie sind auch nützlich, keine Frage. Aber sie haben nichts zu tun mit unternehmerischem Erfolg.

Was Welsh gemacht hat, war die Einführung eines Anreizsystems, das Eigentum simulieren bzw. spiegeln sollte, indem es Einkommen und unternehmerischen Erfolg aneinandergeknüpft hat. Wer Profite erwirtschaftete, bekam sehr hohe Boni.

Nach seinem Abschied stellte sich heraus, dass ihm das im traditionellen Nicht-Finanzgeschäft besser gelungen war als im Finanzdienstleistungsarm des Unternehmens, weil im Finanzsektor die Möglichkeiten, ein Modell simulierten Eigentums auszutricksen, reichlich vorhanden sind: Man nimmt einfach Risiken in Kauf, deren zeitliche Struktur so beschaffen ist, dass sie erst schlagend werden, nachdem man sich auf die Bahamas verabschiedet hat. Dort, auf den Bahamas, liegen dann auch die Boni auf einem schönen sicheren Bankkonto. Wenn Entscheidungen aber vom wirklichen Eigentümer eines Assets gemacht werden, dann kann er sich nicht selbst betrügen. Alle Entscheidungen, gute und schlechte, transparente oder intransparente, werden auf ihn zurückfallen. Das ist die eigentliche Natur des privaten Eigentums: Es ist ökonomisches Karma. Was immer man damit tut, es kommt wieder, man muss mit den Folgen leben und kann sie nicht abwälzen.

Um nicht zu dieser einfachen Einsicht zu gelangen, erfindet die Industrie, für die ich seit 25 Jahren mit Unterbrechungen arbeite, alle Arten von Managementmoden. Alle paar Jahre wird eine neue Sau durch den Ort gejagt. Wenn es nicht Six-Sigma ist, dann ist es Lean Management, Reengineering, Process-driven Management, Matrix Management, Total Quality Management TQM, Dalayering, SCRUM, Empowerment, Kaizen, Teamwork und – ganz frisch – Agilität.[99] [100]

All diese Instrumente geben Ihnen interessante Einsichten, manche sind sogar nützlich, so wie Buchhaltung, Organisation und Controlling nützlich sind. Ihre Lebensdauer beträgt im Schnitt zwei bis drei Jahre, bis ein anderer innovativer Consultant oder eine Business School ein neues Buzzword erfindet und alten Wein in neue Schläuche abfüllt. Diese Moden – einige von ihnen sind recht erfolgreich – verlangsamen den Prozess des Unternehmensverfalls, aber sie können ihn nur verzögern, jedoch nicht aufhalten, weil die juristische Konstruktion der Aktiengesellschaften Eigentum und Kontrolle voneinander trennt.

Umso mehr Schichten von Holdings und Zwischenholdings die Aktiengesellschaft von ihren Aktionären trennt, umso mehr Aktien von Vermögensverwaltern verwaltet werden, wo ihre Stimmrechte von den eigentlichen Eigentümern de facto abgetrennt sind, umso mehr Überkreuzverflechtungen von börsennotierten Gesellschaften, desto größer wird die Distanz zwischen dem eigentlichen Eigentümer und der Managerkaste, die die Kontrolle über die Verwendung der Assets ausübt. In diesem Sinne sind ETFs nur ein weiterer Sargnagel für das vom Privateigentum angetriebene Unternehmertum.

Die großen Gesellschaften sind angefüllt mit den Angehörigen einer Managerklasse oder -kaste, die die Torwächter der besten Management- und Business-Schulen auf dem Globus passiert haben und sie verfügen über den kompletten Werkzeugkasten, um Abteilungen, Unterabteilungen, Hauptabteilungen, Arbeitsgruppen, Geschäftseinheiten, Cost-Center und Verwaltungsräte zu führen.

Aber sie sind keine Eigentümer.

Sie klettern die Leiter des Großunternehmens nicht dafür nach oben, dass sie das Beste für die Eigentümer tun, sondern dafür, dass sie das Beste für ihre Vorgesetzten tun. Wenn sie dann ganz oben angekommen sind, dann haben sie gelernt, das Beste für sich selbst zu tun.

Und ihre Vorgesetzten gehen durch die gleiche Schule und so geht es durch das Organigramm nach oben bis zum Vorstandsvorsitzenden und zu einem Vorgänger und Vorgesetzten, dem Aufsichtsratsvorsitzenden. Der Fisch der organisatorischen Fehlkonstruktion Aktiengesellschaft stinkt vom Kopfe her, nicht weil das schlechte Menschen wären, das sind sie in aller Regel nicht. Sie sind einfach nur Teil und Baustein einer dysfunktionalen Governance.

Große Aktiengesellschaften werden gegen ihre Eigentümer abgeschirmt. Wenn wir sie auf Dauer erfolgreicher machen wollen, wenn wir ihre Ressourcen produktiver machen wollen, dann müssen wir über diesen Graben eine Brücke bauen und scharf darüber nachdenken, wie wir dieses fallierende Konstrukt namens Aktiengesellschaft verbessern können. Die aus ihr resultierende Governance zieht auch keine Unternehmertypen an, sie zieht graue Anzüge an, Bürokraten, Administratoren, die es sich hübsch einrichten in ihrer gemütlichen ökologischen Nische. Was sie auf keinen Fall wollen, ist Veränderung. Dagegen wehren sie sich mit Zähnen und Klauen. Deshalb ist

Change-Management als Management-Mode auch so unglaublich haltbar: Man kann damit bei Höchstgeschwindigkeit auf der Stelle rennen.

Ihr Motto ist: »Wasch mich, aber mach mich nicht nass!« Sie übersehen dabei leider, dass der, der dies sagt, am Ende nass sein wird, aber nicht gewaschen.

Indem sie sich den »Corporate men« der Veränderung in ihrem kleinen Universum entgegenstellen, machen sie im Kleinen, was die Politiker im Großen mit dem Land machen: Sie töten die Volatilität, sie zerstören den Lernprozess ihres Ökosystems namens Firma durch Versuch und Irrtum. Irrtum zieht die Todesstrafe in Form des Karriereendes nach sich. Eine zweite Chance ist im System nicht vorgesehen, weil der erste Irrtum schon viel zu viele Umstände bereitet hat. Durch das Abschalten des Lernprozesses im Unternehmen fällt es hinter all die Veränderungen zurück, die außerhalb seiner heiligen Hallen stattfinden.

Die Produkte sind dann nicht mehr Weltklasse. Der Service ist lausig, die T-Shirts sind lausig, die Prozesse verkrusten. Die imperialen Torwächter und Reichsbedenkenträger haben ihren kleinen Standardsatz parat, wenn jemand etwas verändern will: »So haben wir das noch nie gemacht!« Wenn Sie das hören, dann wissen Sie, dass man Sie exkommuniziert, das Scherbengericht über Sie verhängt und Sie ins Exil geschickt hat.

Versuch und Irrtum werden in Nischen verbannt, wo sie die Kreise der Macht nicht stören können. Die Ungleichgewichte fangen an, sich anzusammeln, alte Kundenloyalitäten, tiefe Taschen und stille Reserven halten das Schiff noch eine Weile am Laufen.

Die Aktionäre werden zuerst mit schlappen Dividenden, einer unterdurchschnittlich performanten Aktie, schließlich mit Verlusten und einem langen Gleitflug nach unten bestraft. Das Unternehmen rutscht aus dem Dow Jones oder dem DAX bzw. dem FTSE100, aus den Fortune 500 sowieso. Irgendwann wird es zum Pennystock, aber nicht bevor das Management die Aktionäre mit möglichst vielen Kapitalerhöhungen gemolken hat. Das Muster von Abstieg und Kapitalerhöhung kann man an diesem Beispiel sehr gut nachvollziehen. Es handelt sich dabei um ein Unternehmen des Finanzsektors.

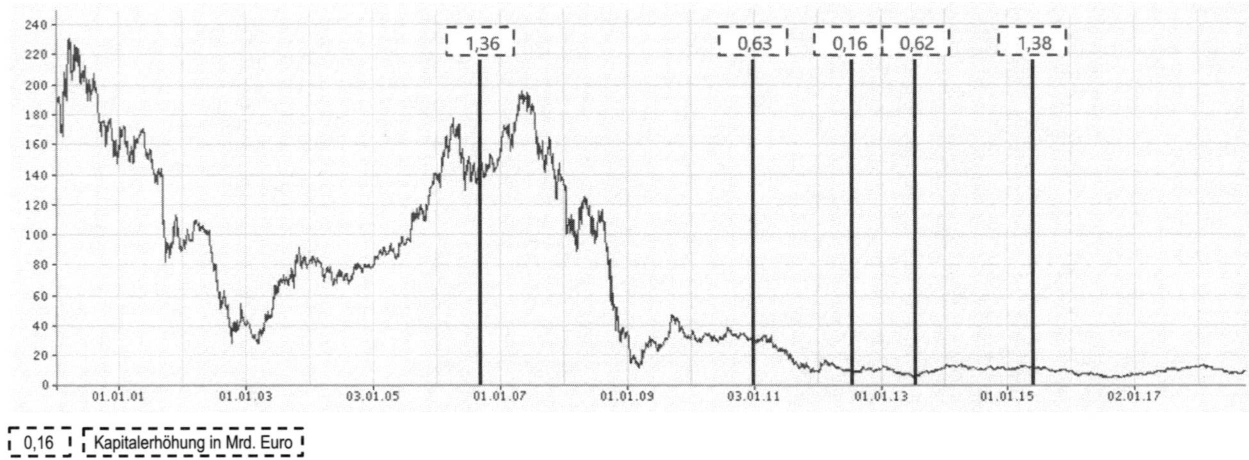

Kursverlauf eines Unternehmens und Kapitalmaßnahmen seit Januar 2000 (anonymisiert). Quelle: Börsenstatistik Dt. Börse

Und dann wird die akkumulierte Volatilität entlassen. Die Diskontinuität kommt an. Man nennt sie Übernahme, Filetieren, Portfolio-Management oder Bankrott.

Das ist der Grund, weshalb Steve Jobs, während er in seiner Garage sitzt mit einem 500 Dollar-Kredit der Bank-of-Dad sich der Vorstellung hingeben darf, den mächtigsten CEO der Welt anzurufen, um ihm zu sagen, dass er »fertig hat«. Wer ruft den Chairman von Apple an, wenn das Eine-Trillion-Dollar-Monster reif für diesen Anruf ist? Das ist nur eine Frage der Zeit.

Die schädliche Wirkung der Regulierung

Es gibt zwei Arten der Regulierung: eine, die den Rahmen setzt mit dem Ziel, das Funktionieren der Märkte zu ermöglichen. Wenn sie schlau gemacht ist, kann sie die ganze Macht der Marktwirtschaft entfesseln, die Menschen dazu bringen, hart für die Erfüllung ihrer Träume zu arbeiten und das als Unternehmer zu tun, denn als angestellte Manager könnten sie keinen vergleichbaren materiellen und ideellen Gewinn erzielen. In den Kapiteln 1 und 2 sowie in Abschnitt 1 dieses Kapitels wurden die Argumente vorgetragen, warum wir auf diesem Gebiet so hinter unseren Möglichkeiten zurückbleiben und zu welch gigantischer Verschwendung menschlichen Talents und Kapitals das führt.

Die andere Art der Regulierung nennt man Bürokratie, im Englischen mit dem wunderschönen Begriff »Red Tape« belegt. Sie gibt üblicherweise vor, die Probleme zu lösen, für die der angeblich »unkontrollierte Markt« die Verantwortung trägt. Eine wahrgenommene Ungerechtigkeit oder ein nicht erwünschtes Ergebnis der Marktkräfte existiert aber meist nur im korrupten Auge des Betrachters. Eigeninteressen einer bürokratischen Gruppe oder auch einer privaten Organisation, eines Unternehmens oder einflussreicher Menschen begründen oft den Willen, die Marktregeln zu ihren Gunsten zu beugen und sind meist der eigentliche Anlass für die Einführung von Regulierungen.

Meistens sind es nicht die besten, effizientesten Unternehmen, die mit Lobbyarbeit, Bestechung und Druck die Politiker und Bürokraten dazu bewegen, Regeln einzuführen, die ihnen einen unverdienten Vorteil über ihre meist besseren und fähigeren Wettbewerber zuschanzen. Meistens kommen diese Regulierungen unter der immer gleichen Flagge daher:

- Schutz der Arbeitnehmer,
- Schutz der Konsumenten,
- soziale Fragen und »Gleichheit«,
- Umweltthemen, insbesondere Klimaschutz,
- Schutz »strategischer« Industrien,
- Kontrolle systemischer Risiken, insbesondere im Finanzwesen.

Die Wahl der Waffen bei der Umsetzung dieser meist nicht einmal gut gemeinten und in der Regel unprofessionell umgesetzten politischen Instrumente sind: das Verbot bestimmter wirtschaftlicher Aktivitäten (»Du sollst keine Plastiktüten produzieren!«), Preisobergrenzen (»Du sollst keine Profite mit deinem Mieter erzielen!«), So-wird-es-gemacht-und-nicht-anders-Vorschriften (»Du sollst jede Änderung in deinem Kreditprozess der Bankaufsicht zur Genehmigung vorlegen!«), technische Normen (»Deine Bananen sollen eine Krümmung von 35 Grad haben!«), Quoten (»Du sollst eine behinderte schwarze lesbische Frau für den Aufsichtsrat oder Vorstand finden, qualifiziert oder nicht!«), Zölle (»Du sollst nicht von den Dumping-Chinesen kaufen!«), Importquoten (»Du sollst jetzt keinen ausländischen Stahl/Sojabohnen/was immer mehr benutzen!«), Subventionen (»Du sollst das Solar- und Windprivileg empfangen!«) und – nicht zuletzt – willkürliche Gängelei (»Du sollst dein Geschäftsmodell von der Aufsicht genehmigen lassen!«).

Jawohl, mein Regulator! Zu Diensten, mein Regulator!

Im dunklen Herzen dieser regulatorischen Hybris können wir mehrere Antriebe finden: Interessengruppen, die auf Kosten Dritter einen Vorteil herausschlagen wollen, fordern die Regulierung. Üblicherweise indem sie »Fairness« oder »Gerechtigkeit« ins Feld führen, aber in Wahrheit ein unfaires und ungerechtes Betrügen ihrer fairen Wettbewerber planen. Von dieser Art der Regulierung machen meistens die Reichen Gebrauch, die großen, mächtigen Spieler, die supergroßen Unternehmen, die, wie oben gesehen, ihren Zenit überschritten haben und damit zu kämpfen haben, ein funktionierendes Geschäftsmodell hinzubekommen, das ihre Kunden besser stellt. Was liegt da näher, als die Wahlmöglichkeiten der Kunden durch Regulierung einzuschränken?

Die zweite große Quelle ist der bürokratische Apparat, der nach Selbstvergrößerung strebt. Ewiges Wachstum, das die Sozialisten fälschlicherweise bei privaten Unternehmen für nicht nachhaltig möglich halten (sie haben nicht verstanden, dass wirtschaftliches Wachstum nicht an physische Ressourcen gebunden ist, sondern an Wissen und Lernen, und dass dieses nach menschlichen Maßstäben durchaus ewig wachsen kann), ist für diese Gruppe äußerst erwünscht, wenn es um den Zuwachs an Macht und Personal eines bürokratischen Gängelapparats geht, der immer auf der Suche nach mehr Rechtfertigung seiner Existenz und mehr Gelegenheiten ist, um zu beweisen, dass er es besser weiß, als der Unternehmer.

Der dritte Treiber ist der politische Wille der Linken, das private Unternehmertum am liebsten überhaupt aus seiner Existenz heraus zu regulieren. Regulierung ist ein Instrument, das marktbasierte System zu zerstören und es mit einem sowjetisch inspirierten Planwirtschafssystem zu ersetzen. Diese Motivation ist hoch korreliert mit der von Angst getriebenen Regulierung, die Nummer vier auf unserer Liste ist: Diese Art Regulierung können Sie vor allem in Märkten beobachten, bei denen die meist ökonomisch mit Analphabetismus gesegneten Politiker den Märkten nicht zutrauen »das gewünschte Ergebnis« zu liefern. Fragt sich nur, gewünscht von wem?

Was ist die generelle Wirkung dieses Drangs nach immer mehr Regulierung, Vorschriften, Gesetzen, Verboten, Staatsanreizen, Meldewesen und persönlicher Haftung? Die daraus erwachsende inner- und außerbetriebliche Bürokratie erstickt die freie Wirtschaft wie Mehltau, der sich auf den Blättern einer Pflanze ausbreitet.

Ich werde nun die drei großen Nachteile der Regulierung aufführen.

Erstens kostet Regulierung Geld. Europäische Unternehmen der Realwirtschaft geben im Schnitt 2 Prozent ihres Umsatzes für Compliance-bezogene Kosten aus. In der Finanzindustrie sind es 20 Prozent der Erträge. Allein 50 Milliarden Euro davon entfallen auf Reporting und Formulare.[101] Da die Regulierung nichts produziert, was man für Konsum oder Investitionen in die zukünftige Produktion einsetzen könnte, stellt das eine riesige Vergeudung von Ressourcen, Arbeit und Mühe dar. Am Beispiel Deutschland können wir demonstrieren, was das bedeutet: Das Bruttosozialprodukt des Landes betrug im Jahr 2017 3,2 Billionen Euro. Der Umsatz der Unternehmen war aber doppelt so groß (weil die Wertschöpfung der Produkte im Schnitt zu 50Prozent eingekauft wird). Das bedeutet, dass wir ca. 4Prozent unseres Bruttosozialprodukts, also über 120 Milliarden Euro pro Jahr für Regulierung ausgeben. Das vermindert unseren Wohlstand, unsere Einkommen, unsere Ersparnisse, die Gewinne der Unternehmen, die dann für künftige Investitionen nicht mehr zur Verfügung stehen.

Die nicht mehr beherrschbare Komplexität der Regulierung schafft gleichzeitig ein Klima der Angst, weil sie der Behördenwillkür Tür und Tor öffnet. Egal, wie viel Geld Sie für die Compliance ausgegeben haben, Sie können sicher sein, dass irgendein Kontrolletti vom Amt für Geheimwirtschaft Lücken finden wird, wenn er will. Die Gummiparagrafen einer stümperhaften oder absichtsvoll unklaren Gesetzgebung machen es möglich. Das Resultat ist vorauseilender Gehorsam beim Ausgeben von Geld für diesen Zweck. Wenn Sie heute in einer Bank ein Projekt durchsetzen wollen, müssen Sie nur murmeln, dass die Aufsicht das verlangt, und Sie können sicher sein, dass das vor lauter Panik noch nicht einmal nachgeprüft wird. Das Phänomen des vorauseilenden Gehorsams ist dabei umso ausgeprägter, je größer die Distanz zwischen Management und Eigentum ist. Es ist eben nicht ihr Geld.

Diese riesige Verschwendung ist noch nicht einmal Teil der Staatsquote. Sie findet zu 100 Prozent im privaten Sektor statt und erzeugt die Illusion, dass der private Sektor einen höheren Anteil am Sozialprodukt hat, als dies tatsächlich der Fall ist, denn im Grunde sind all diese regulatorischen Aktivitäten ausgelagerte Prozesse der Staatsbürokratie. 95 Prozent davon schaffen keinen Wert und keinen Mehrwert. Sie abzuschaffen wird mehr Nutzen als Schaden stiften.

Zweitens tötet Regulierung die Agilität und Flexibilität der Unternehmen. Das Übermaß an Regulierung behindert die Fähigkeit der Unternehmen, sich an Umweltveränderungen, Verschiebungen der Angebots- und Nachfragestruktur, neue Wettbewerber, neue Technologien, Prozessverbesserungen, notwendige Reorganisationen und alle Arten von Entwicklungen anzupassen bzw. Entscheidungen umzusetzen.

Heute muss zum Beispiel eine Bank in Europa jeden einzelnen Geschäftsprozess dokumentieren und an die Aufsicht berichten. Sie muss ihrer allmächtigen Aufsicht darlegen, wie der Prozess abläuft, wie er arbeitsteilig organisiert ist zwischen den an ihm beteiligten Personen und Abteilungen und welche Technologie, IT-Hardware und Software dabei zum Einsatz kommt. Das gilt nicht nur für Kreditvergabe oder Zahlungsverkehr, sondern auch für Hunderte, manchmal Tausende von Prozessen im Front-, Middle- und Backoffice der Bank. Wenn Sie einen Prozess ändern wollen, dann beginnt eine albtraumartige Prozedur. Nicht nur müssen Sie all diese Änderungen dokumentieren und erneut vorlegen, sondern die Aufsicht wird Sie durch eine Kaskade von Gremien und Zustimmungsprozessen schicken, wo bei jedem Schritt die Möglichkeit besteht, Ihre Reorganisation zu kippen. Was für große Banken zutrifft, gilt für kleine noch viel mehr, weil die Aufsichtsregeln eine Fixkostenlast erzeugen, die in der Relation umso größer ist je kleiner Ihre Erträge sind. Die Überregulierung trägt auf diese Weise zur Konzentrationstendenz der Banken bei, die die eigentliche Ursache des Too-big-to-fail-Problems ist, nämlich dass Banken zu groß sind, um sie pleitegehen lassen zu können. So müssen immer aufs Neue Steuermittel für die Rettung schlecht geführter Banken aufgewendet werden.

Das trifft für Unternehmen der sogenannten Realwirtschaft ebenfalls zu. Je kleiner ein Unternehmen, desto schwerer wiegt die relative Last der bürokratischen Regelbefolgung. Dadurch werden kleine Unternehmen, die eigentlich agiler, innovativer und disruptiver sind als große Unternehmen, durch eine künstliche und nicht zu rechtfertigende Wettbewerbsverzerrung benachteiligt und belastet.

In vielen Industrien ist der Effekt so groß, dass er effektiv eine Markteintrittsbarriere für neue Wettbewerber darstellt. Das verlängert künstlich das Leben ineffizienter, alter, großer Unternehmen und überträgt die Last und die Kosten ihrer zu geringen Produktivität, ihres schlechten Service und ihrer veralteten Produkte auf das Kollektiv der anderen Unternehmen und der Konsumenten. Aufs Neue wird Volatilität unterdrückt, wie meistens mit den administrativen Mitteln einer allumfassenden, überdehnten Bürokratie.

Die Agilität, der Lernprozess und Lernfortschritt werden abgeschaltet. Die Spannung zwischen der regionalen oder nationalen Wirtschaft und ihrem globalen Wettbewerb steigt an und mit ihr das Potenzial der Diskontinuität.

Drittens verzerrt die Regulierung die Investitions- und Asset-Allokation. Beabsichtigt oder nicht, die Bürokratie hat eine Wirkung auf die relative Attraktivität von Investitionen. Manchmal ist das gewollt, insbesondere wenn der Staat entscheidet, bestimmte Investitionen durch Subventionen fördern zu wollen, wie es derzeit bei Windrädern und Solaranlagen der Fall ist. Oft ist es aber auch nur eine Nebenwirkung, die die Politiker in ihrem Elfenbeinturm ökonomischer Inkompetenz nicht vorausgesehen haben, entweder weil sie nicht konnten oder weil jemand nicht wollte. Egal ist es ihnen in beiden Fällen. Das passiert üblicherweise, wenn Politiker denken, dass sie mit Preiskontrollen ihre Wählerklientel vor kurzfristigen Unbilden beschützen müssen. Preiskontrollen können in zwei Richtungen gehen, meistens aber handelt es sich dabei um Preisobergrenzen, wie zum Beispiel die in Kapitel 3 diskutierte Mietpreisbremse.

Was zutrifft für diesen einfachen Fall des Mietwohnungsmarkts, stimmt auch für Hunderttausende Investitionsentscheidungen von Privaten und Unternehmen im privaten Sektor. Jede einzelne wird durch Regulierung, Besteuerung und andere Staatsinterventionen verzerrt, und die Fehlallokation der Ressourcen summiert sich auf. Entscheidungen werden nicht mehr primär an Kundenbedürfnissen, an der Nachfrage, der Kostenfunktion und der Marketingstrategie ausgerichtet. Sie werden stattdessen an Compliance, Steuerersparnis und Subventionsjagd orientiert. Das führt bei Europas Unternehmen insgesamt zu einer Verminderung der Fähigkeit, auf Veränderung zu reagieren. Veränderung ist aber, was in großem Stil mit den exogenen Einflüssen, die wir in Abschnitt 3) dieses Kapitels betrachten, bevorsteht. Das betrifft die Wirkung der Diskontinuität und Nichtlinearität.

Die schädliche Wirkung auf die Fähigkeit der Unternehmen, sich anzupassen, kann gar nicht überschätzt werden, weil gleich zwei dieser Fähigkeit abträgliche Effekte zu beobachten sind: Die Rigidität der Organisation wird größer, und die Informationssignale der Preise werden verzerrt. Beides macht das Überleben, insbesondere für große Unternehmen, weniger wahrscheinlich.

Die Auswirkungen von Diskontinuität und Nichtlinearität

Während die meisten Menschen der Aussage zustimmen, dass die Summe der Veränderung, die sie zu ihren Lebzeiten erlebt haben, sehr groß ist, gilt für ihre tägliche Wahrnehmung dieser Veränderung immer noch, dass sie graduell erfolgt. Wenn wir von den widrigen Bedingungen, die Regulierung und fehlgeleitete Governance für große Aktiengesellschaften in Europa (und eigentlich weltweit) setzen, abstrahieren, dann wird die größte Umweltveränderung von Entwicklungen kommen, die wir in den Kapiteln 1 bis 3 in diesem Buch diskutiert haben. Beide sind aus dem Blickwinkel der Unternehmen exogene Ereignisse: a) die Diskontinuität durch massive Veränderungen in der finanziellen, realwirtschaftlichen und politischen Umwelt und b) die nicht lineare, exponentielle technologische Entwicklung im Sinne eines Quantensprungs.

Da wir vor allem die Wirkung der wirtschaftlichen und politischen Diskontinuität in den Kapiteln 1 und 3 bereits beleuchtet haben, konzentrieren wir uns hier auf die technologischen Veränderungen und betrachten dann die Wechselwirkung zwischen diesen und der für den Zweck dieses Kapitels als exogen betrachteten Diskontinuität (obwohl sie nicht wirklich exogen ist).

Die umfassendste Analyse der Natur der gegenwärtigen technologischen Revolution wurde von Ray Kurzweil zur Verfügung gestellt, erstmals in aller Konsequenz in seinem Buch *Homo S@piens*,[102] gefolgt von einer Vielzahl von Publikationen und Forschungsarbeiten durch die von ihm gegründete »Singularity University« auf dem Gelände des NASA Ames-Research Centrums in Mountain View, Kalifornien.

Obwohl ich nicht mit einer Reihe von Schlussfolgerungen bezüglich der Idee des »Transhumanismus« übereinstimme, halte ich dieses Buch für ein absolutes Muss für jeden, der die Auswirkungen der neuen technologischen Umwälzung in den nächsten Jahrzehnten verstehen und einordnen können möchte.

Die wichtigste Beobachtung, die Kurzweil machte, war die nicht lineare, exponentielle Entwicklung der Rechenkapazität, die sich aus Moores Gesetz ergibt. Moore, einer der Gründer des Chip-Giganten INTEL, formulierte es bereits Ende der 1960er-Jahre mit der einfachen Formel, dass sich die Zahl der Transistoren, sogenannte integrierte Schaltkreise, die man auf Chips anbringen kann, in der voraussehbaren Zukunft ungefähr alle zwei Jahre verdoppeln werde. Kurzweil gewann aber ein tieferes Verständnis dieses »Gesetzes«, indem er drei Beobachtungen machte.

Erstens dehnte er es zeitlich und über verschiedene Technologien aus. Durch eine neue Formulierung von Moores Gesetz mit der Maßzahl, wie viel Rechenleistung man für 1000 US-Dollar zu festen Preisen kaufen kann, konnte er die Gültigkeit über verschiedene Technologien hinweg und über einen längeren Zeitraum (mehr als 100 Jahre) demonstrieren.

Der vielversprechendste Kandidat für die Fortsetzung und unvorstellbare Beschleunigung dieses exponentiellen Trends ist der Quantencomputer, den wir in Kapitel 2 diskutiert haben. Kurzweil verglich dann den Verlauf der technisch verfügbaren Rechenleistung mit dem biologischen Pendant, um zu demonstrieren, wann die Leistung des menschlichen Gehirns eingeholt oder übertroffen wird.

Die zweite Beobachtung, die er machte, war die Übertragbarkeit des Gesetzes von Mikrochips auf eine ganze Liste von Technologien wie Datenspeicherung, Bandbreite zum Datentransfer, Nanotechnologie usw. Das Gleiche gilt für unser Verständnis biologischer Systeme wie auch die Schnittstelle zwischen elektronischen und biologischen Systemen. Einen Ausschnitt davon haben wir in Kapitel 3 zum Thema Gedankenlesen gesehen.

Die dritte Beobachtung, die ihn schließlich zur Hypothese der Singularität führte, ist die der technischen Konvergenz, der Wechselwirkung zwischen diesen Technologien, wenn sie einen bestimmten Reifegrad erreicht haben. Nach dieser Hypothese wird es irgendwann in den 2020er-Jahren so weit sein, dass man für 1000 Dollar die Rechenleistung eines menschlichen Gehirns kaufen kann. Verbindet man das mit künstlicher Intelligenz, selbst lernenden und sich selbst verbessernden Algorithmen, so kann ein System geschaffen werden, dessen Fähigkeit zu lernen und sich weiterzuentwickeln von der menschlichen Intervention unabhängig wird.

Technologie gestaltet die Umwelt, in der Firmen sich künftig bewegen werden. Während mehrere Schlüsseltechnologien den »Kniepunkt« einer sich beschleunigenden Exponentialfunktion des Leistungswachstums erreichen, verändert sie auch die Umwelt mit der gleichen Geschwindigkeit. Das verschiebt die Muster von Angebot und Nachfrage, Kostenstrukturen und den Wettbewerb innerhalb der Industrien sowie den Substitutionswettbewerb zwischen den Industrien. Damit werden ganze Industriezweige obsolet.

Dieses Szenario liefert Herausforderung und Lösung in einem: Während Unternehmen ihre Anpassungsgeschwindigkeit vervielfachen müssen, bekommen sie auch die technologischen Möglichkeiten dafür. Sie können also mit der gleichen Geschwindigkeit wachsen und sich verändern wie die Umwelt. Die entscheidende Frage lautet dann: Wie können Unternehmen das tun?

Die Bestimmungsgrößen der Integration von Wertschöpfungsketten

Die Beschleunigung der Veränderung über eine Reihe von Schlüsseltechnologien hinweg erfordert von den Unternehmen ein enormes Maß an Agilität, um zu überleben. Ich beziehe mich hier nicht auf das neueste Modeprodukt »agiles Management«, das die Beratungsindustrie gerade in die Verkaufspipeline drückt, sondern auf die Frage, wie man sich selbst organisieren muss, um die Reaktionsgeschwindigkeit zu erhöhen. Der kritische Begriff dabei ist Komplexität. Wenn die Dinge zu komplex werden, tendieren sie dazu, nicht mehr gemanagt werden zu können. Meine Hypothese ist, dass die Flucht in die Simplizität drei prototypische Unternehmen hervorbringt, die in Zukunft das Bild von der Firma beherrschen werden:

a) Der Disaggregator: Er konzentriert sich auf einen sehr speziellen Teil der sich schnell auflösenden Wertschöpfungskette. Damit steigert er den Grad seiner Spezialisierung. Es war bereits in der Vergangenheit das Geheimnis vieler »Hidden Champions«, diesem Rezept gefolgt zu sein. Jetzt wird es darüber hinaus zur Überlebensfrage. Der Disaggregator ist immer auf der Suche nach der perfekten Nische. Wenn diese Nische verschwindet, muss er entweder eine technologisch angrenzende Nische finden, die er mit seinem speziellen Knowhow im Markt bedienen kann, oder er scheidet aus dem Markt aus. Die menschlichen Ressourcen und Talente, die er beschäftigt hat, werden sich dann im Universum der aufgelösten, aber verbundenen Wertschöpfungsketten neue berufliche Gelegenheiten suchen.
b) Der Aggregator: Er spezialisiert sich auf den Überblick, aggregiert die verschiedenen Schritte der Wertschöpfungskette und erbringt dabei in der Regel selbst nicht einen einzigen dieser Teilschritte, außer, dass er die Puzzlesteine zusammensetzt. In gewisser Weise ist die heutige Automobilindustrie Vorbild für dieses prototypische Unternehmen und hat sich in den letzten

dreißig Jahren immer weiter in diese Richtung entwickelt. Der Automobilproduzent aggregiert die Zulieferteile von Tausenden Unternehmen entlang der eng geführten Lieferkette.

c) Der Plattformanbieter: So wie Google und Facebook globale »Business-to-Consumer« – kurz B2C-Plattformen – etabliert haben, gibt es auch einen Wettlauf für die Etablierung einer globalen Business-to-Business kurz B2B-Plattform. Die Aufgabe dieser Art Plattform ist die Entwicklung eines Markt- und Informationsmodells für Aggregatoren und Disaggregatoren.

Plattformanbieter und Aggregatoren werden die einzigen Spieler sein, die als sehr große Firmen weiterhin existieren. Für alle anderen Großunternehmen wird die damit verbundene Komplexität in der sich rasend verändernden Welt nicht mehr steuerbar sein. Portfolios von nicht untereinander in klarer Beziehung stehenden teilaggregierten und teildisaggregierten Technologiekomponenten werden verschwinden, weil ihre Komplexität nicht mehr verstanden werden wird. Und was man nicht versteht, das kann man auch nicht managen.

Wie steht diese neue Welt mit dem Problem der Regulierung in Wechselwirkung? Das ist ziemlich einfach: Regulierung macht das Geschäft komplexer. Da aber Komplexitätsreduktion zur Überlebensfrage wird, werden überregulierte Länder in eine beschleunigte Deindustrialisierung eintreten. Das passierte in der Vergangenheit auch schon, weil die Regulierungskosten einen Wettbewerbsnachteil darstellen. Das Wachstum überregulierter Volkswirtschaften ist kleiner als das von weniger regulierten. Aber in einer Situation, in der die schockartige Veränderung so groß ist, dass wir von Quantensprüngen sprechen können, wird diese Sache von einer finanzierbaren, wenn auch teuren Unannehmlichkeit zu einer Straßensperre.

Die Deindustrialisierung wird in einigen Regionen in beispielloser Geschwindigkeit erfolgen. Die resultierenden sozialen Kosten werden die Politik zwingen, entweder die Regulierung massiv zurückzufahren oder soziale Unruhen in Kauf zu nehmen. Wir können hier einen starken Zusammenhang erkennen zwischen der Diskontinuität, die durch die Nichtlinearität der technologischen Entwicklung ausgelöst wird, und der Diskontinuität des Endes der Parteiendemokratie. Während Unternehmer eine Chance haben, die Komplexität durch Reduktion zu meistern, wird das den Politikern nicht gelingen. Die beiden Diskontinuitäten werden daher Hand in Hand gehen und sich gegenseitig hochschaukeln und eskalieren.

Welche Trends hinsichtlich der Zukunft des Unternehmens können wir sonst noch beobachten? Die nachfolgende Liste erhebt keinen auch nur annähernden Anspruch auf Vollständigkeit:

- Wir werden aufgrund der oben beschriebenen Trends eine Zunahme der kreativen Zerstörung und eine steigende Anzahl von Unternehmenskonkursen sehen. Das wird uns zwingen einzusehen, dass Irrtum als Teil von Versuch und Irrtum etwas sozial Akzeptables sein muss.
- Große Konglomerate werden sich auflösen, indem sie ihre einzelnen Aktivitäten verkaufen und sich in Aggregatoren umwandeln. Das wird zu einer Vielzahl von M&A-Deals führen, und auch zur Erfindung und Einführung neuer Unternehmensformen, die Management-Buyouts (MBOs) leichter, billiger und weniger riskant machen. Ein Teil der Manager wird zu Unternehmern mutieren, ein Teil wird das nicht können oder wollen und scheitern. Die unternehmerische Verantwortungsübernahme durch das Management der einzelnen Einheiten erreicht zwei Ziele in einem Schritt: Eigentum und Kontrolle werden wieder verknüpft, die große Governance-Fehlkonstruktion unserer Großunternehmen wird dadurch bewältigt und die Komplexität reduziert, da sich das Management auf den Teil der Wertschöpfungskette konzentrieren kann, den es am besten versteht. Vom internen Kampf im Konzern wird es weitgehend entlastet.
- Firmen werden zunehmend »Asset-light« als Ergebnis der technologischen Entwicklung und des Bestrebens, gegen Diskontinuität und Nichtlinearität resilient zu werden. Am Ende der vorangegangenen Kapitel haben wir darüber diskutiert, wie Unternehmen mit

der drohenden Bruchlinie der Entwicklung in der Diskontinuität am besten umgehen können. Praktisch alle Empfehlungen drehten sich um die Frage der Resilienz. Die Verkleinerung der Bilanz und damit des Schuldenhebels sowie die Reduktion der Fixkosten sind dafür der Schlüssel. Das Unternehmen der Zukunft wird sich um ein Kernteam herum organisieren, das einer virtuellen Organisation vorsteht, die zum großen Teil aus Freelancern besteht. Diese sind selbstständige, spezialisierte Knowhow-Träger, in gewisser Weise die atomare Form des Disaggregators. Das Unternehmen der Zukunft wird daher eher einem Projekt ähneln als einer Firma nach heutigem Verständnis.

- Konzentration der Schwerindustrie: Schwerindustrie wird es immer geben, weil etliche Produkte nur mittels großer Maschinen und Produktionsanlagen hergestellt werden können. Das dürfte trotz 3-D-Drucker und neuen Materialien auf absehbare Zeit so bleiben. Da sie ihren hohen Kapitalbedarf nicht ablegen können, werden sie nach anderen Wegen suchen, um Resilienz zu schaffen. Einer davon ist, Schulden durch Eigenkapital zu ersetzen. Das wird in diesen Industrien die Kapitalkostenkalkulation verändern. Das ist aber kein grundsätzliches Problem, weil es alle machen müssen. Diese Unternehmen werden nach einem hohen Anteil an Innenfinanzierung streben und Fremdkapital darüber hinaus durch Wandelanleihen ersetzen, damit sie in einer Cashflow-Krise automatisch einen Debt-for-Equity-Swap durchführen können. Der zweite Notausgang ist Preisflexibilität, wie sie nur in monopolistisch strukturierten Märkten möglich ist. Ihre Monopolrenten dürften teilweise durch Skaleneffekte kompensiert werden, die durch großflächige Fusionen realisiert werden.[103]
- Der Trend der Verschiebung der Wertschöpfung von der physischen Produktion in die wissensbasierten Dienstleistungen wird weitergehen. Das wird zum Teil reflektiert werden durch den Trend zur Disaggregation der Wertschöpfungsketten, weil wissensbasierte Services überall auf dem Planeten erzeugt

werden können, um sie dann im Cyberspace zu aggregieren. Es wird auch den steigenden Marktwert der maximal ausgebildeten, spezialisierten und irgendwann computergestützten menschlichen Intelligenz reflektieren.

- Zwischen der Unternehmensgröße – ausgedrückt durch die Bilanzsumme, der Zahl ihrer Beschäftigten – und ihrem Wert wird eine Entkopplung stattfinden, weil der Unternehmenswert primär aus Wissen, Monopolrenten von Plattformen und der Fähigkeit zur Aggregation und Disaggregation bestimmt wird.

Aus diesen Beobachtungen und Entwicklungen können wir schlussfolgern, dass wiederum solche Ökosysteme, die den Versuch unternehmen, dem eisernen Gesetz der Evolution, umgesetzt in Versuch und Irrtum als einzigem Weg zur Schaffung von neuem, originellem Wissen und neuer Information zu entkommen, zum absoluten Scheitern verurteilt sind. Während sich der Wettbewerb als Ergebnis der Nichtlinearität intensiviert, wird es nicht genügen, das neue Wissen einfach von den Ländern zu importieren, die führend sind, weil sie eine höhere Toleranz für das Scheitern als Teil des gesellschaftlichen Lernens haben. Warum? Weil in der sich beschleunigenden Welt Geschwindigkeit immer wichtiger wird. Erfolgsmodelle von draußen zu kopieren wird dafür nicht ausreichen. Mit anderen Worten: Man kann jemanden nicht überholen, wenn man immer in seine Fußstapfen tritt.

Diejenigen großen Unternehmen, die unter den Bedingungen einer gescheiterten Governance der Trennung von Eigentum und Kontrolle operieren, werden sich selbst als Irrtum erweisen. Als die Aktiengesellschaft im 17. Jahrhundert aufkam, war sie ein großer Schritt, um Risikoteilung und Risikosteuerung für die Investoren zu ermöglichen, weil sie nicht mehr alle Eier in einen Korb legen mussten. Heute gibt es aber zig Möglichkeiten, dieses Ziel zu erreichen. Der Preis der Governance wird nicht mehr durch die Einsparung der Risikokosten aufgewogen. Wir brauchen etwas Neues und werden es auch bekommen. Das können neue Formate von Kapitalgesellschaften sein oder ein neues gesetzliches Rahmenwerk für die existierenden Aktiengesellschaften bzw. ihre Rechtsform, um das Problem durch Reform statt durch Abschaffung zu lösen. Eines werden diese Lösungsansätze aber gemeinsam haben: *den Versuch, die Trennung von Eigentum und Kontrolle zu überwinden.*

Bereits heute gibt es dazu erste Versuche, die für einen evolutionären Suchprozess die Basis bilden könnten: neue, flexible Formen von Start-up-Unternehmen, die wir in der digitalen Technik, der Nanotechnik und im Biotechsektor sehen, aber auch das angeblich so altmodische Familienunternehmen, das Partnerschaftsmodell mit persönlicher Haftung (das im Investment-Banking die dominierende Rechtsform war, bevor die Dinge Anfang der Nullerjahre in dieser Industrie in Schieflage gerieten). Alte, erprobte und neue, experimentelle Unternehmensformen werden im Sinne von Versuch und Irrtum den Boden für neue Wege bereiten. Wahrscheinlich wird es eine Kombination aus bewährten Modellen und neuen Aspekten, ermöglicht durch neue Technologien wie Crowdfunding, Online-Voting und Ähnliches sein, die Eigentum und Kontrolle wieder in Einklang bringen werden.

Das wird dann das Ende der Aktiengesellschaft sein, wie wir sie kannten. Der Name dieser Diskontinuität ist TEOTFAWKI. Das Ende des Unternehmens, wie wir es kennen.

Was bedeutet das für Unternehmen?

Für große Unternehmen lautet die Kernfrage, wie sie sich anpassen können, um agil zu werden. Agilität und Geschwindigkeit sind nichts, was man mit etwas Consulting und Change-Management erlernen könnte. Man muss sich vielmehr die Frage stellen, warum ein Unternehmen nicht agil ist, wo es das doch in der Vergangenheit gewesen sein muss, sonst wäre es ja nicht so groß.

Die zweite Aufgabe ist die Reduktion der Komplexität. Das Management wird nach endlosen Vorstandsdebatten entdecken, dass das nur durch Straffung der Wertschöpfungskette geschehen kann, die das korporative Monster abdeckt.

Die gute Nachricht: Altmodisches Geschäftsportfolio-Management kann dabei helfen, die Änderungen umzusetzen, wenn das Management einmal erkannt hat, wo es die Komplexität angehen und wo es sich fokussieren sollte.

Drittens wird eine der größten Strategieentscheidungen zu treffen sein: Wollen wir Disaggregator oder Aggregator sein? Oder sind wir der singuläre Spieler im Markt mit der Vision und den Fähigkeiten, eine Plattform zu werden, die die Umwelt und die Regeln für den B2B-Markt der Zukunft definiert? Je größer das Unternehmen, desto wahrscheinlicher kann es in eine Aggregatorenrolle schlüpfen. Das wird völlig neue Anforderungen an das Management der Lieferketten stellen. Die permanente Überwachung der Lieferketten, neuer Opportunitäten zu ihrem Umbau, Preissetzung und Lieferrisiko werden kritische Tätigkeiten. Angesichts des schlechten Zustands des Lieferkettenmanagements wird das durchaus eine Herausforderung werden.

Was bedeutet es für Regierungen und Politik?

Rückzug von Industrie- und Unternehmensbeteiligungen: Es ist kein Zufall, dass ein Unternehmen wie Volkswagen mit seiner Sperrminorität durch den Staat den Dieselskandal so schlecht managt.

Intensives Nachdenken über die juristischen Rahmenbedingungen von Aktiengesellschaften und die Optionen zur Wiedergewinnung der Identität von Eigentum und Kontrolle ist nötig.

Zurückfahren der Bürokratie und Regulierung, nicht mit einer Schere, sondern mit einer Kettensäge, um den Unternehmen Agilität zurückzugeben, ist ein Rettungsring.

Wir brauchen die Weiterentwicklung des Konkursrechts zur Ermutigung von Versuch und Irrtum: mehr Kalifornien, weniger Deutschland.

Wir brauchen auch die Einführung von mehr unternehmerischen Konzepten und Ideen in die Curricula von Business-Schools und Universitäten. Wer wissen will, wie das geht, kann in Stanford oder Oxford nachfragen.

Wir müssen aufhören, den Gewinner identifizieren zu wollen: Der Staat ist einfach nur schlecht darin. Dazu gehört auch die Abschaffung von Subventionen. Sie verzerren entweder den Wettbewerb oder kanalisieren Ressourcen in suboptimale Verwendungen oder beides.

Der Staat muss das Wegbrechen der industriellen Basis in seine Steuerplanung einbauen. Das wird zu viel höherer Volatilität der Staatseinnahmen führen. Nur durch Schuldenreduktion und Verminderung der langfristigen Verpflichtungen kann die notwendige fiskalische Flexibilität zurückgewonnen werden.

Was bedeutet es für den Bürger (Konsument, Wähler, Steuerzahler)?

Ihr Job ist nicht einmal halb so sicher, wie Sie denken oder wie Ihre eigene empirische Beobachtung der letzten zwanzig Jahre es Sie denken lässt. Wenn Sie glauben, Sie hätten große Veränderungen im Arbeitsmarkt und Veränderungen im Anforderungsprofil von Qualifikationen erkannt, dann haben Sie in Wahrheit noch nichts gesehen.

Ihre Rolle als Arbeitnehmer wird von dem Unternehmen definiert, für das Sie arbeiten, und von dem, was dieses Unternehmen wählt: Aggregator, Disaggregator oder Plattform? Es ist auf jeden Fall wahrscheinlich, dass Sie sich in einer eher virtuellen Struktur wiederfinden im Vergleich mit Ihrem gewohnten Arbeitsumfeld. Falls Sie das tröstet: Auch die berühmte AG oder GmbH, die vielleicht jetzt noch Ihr Unternehmenszuhause ist, ist eine virtuelle Struktur. Es gibt sie nur schon so lange, dass die Leute das vergessen haben. AG oder GmbH sind um die Vereinbarung aufgebaut, sie als legale Person und Eigentümer von Assets zu akzeptieren, die eigentlich jemandem anderen gehören, nämlich der natürlichen Person, die die Aktien besitzt.

Die Fähigkeit, die Wertschöpfungskette zu aggregieren oder zu disaggregieren war schon immer ein Kernelement des Unternehmertums. Eine Firma, die etwas produziert, aggregiert im Grunde genommen Investitionskapital und Wissen. So kann sie billiger und günstiger produzieren, als das zuvor möglich war.

Die Natur des Unternehmertums wird von dieser Veränderung gar nicht tangiert. Vielmehr wird sie in enormem Ausmaß neu belebt. Das Unternehmertum wird daher künftig auch höher entlohnt als früher. Die Ungleichheit zwischen erfolgreichen Unternehmern und Angestellten wird daher größer werden, und dieses Mal kann es auch nicht durch Steuerprogression »korrigiert« werden. Der Grund ist sehr einfach: Die Wertschöpfung online wird die Transaktionskosten eines Umzugs der Firma in ein Niedrigsteuerland massiv absenken. Daraus folgt: Werden Sie Unternehmer!

KAPITEL 5

Das geostrategische Vakuum

Der Leser mag sich fragen, warum ich das Beispiel der Geopolitik als ein weiteres Beispiel drohender Diskontinuität durch aufgesparte Ungleichgewichte aufgrund unterdrückter Lernmechanismen gewählt habe – insbesondere, da dieser Untersuchungsgegenstand nicht verstanden werden kann, wenn man die heißen Eisen des Mittleren Ostens und der muslimischen Einwanderung nach Europa ausklammert. Es ist nicht politisch korrekt, dieses Thema offen zu diskutieren. Und nicht zuletzt stellt sich die Frage: Sollte ich mich nicht eher auf mein eigentliches Fachgebiet, die Wirtschaft, konzentrieren, um meine Argumente vorzutragen? Besteht außerdem nicht die Gefahr, dass sich die Apologeten der politischen Korrektheit auf dieses eine Kapitel stürzen werden, um es in eine Ecke zu stellen? Ja, das werden sie. Aber das macht nichts.

Die Antwort auf diese Frage ist eigentlich offensichtlich: Ohne Geopolitik und Geostrategie ist unser Bild der Welt, die Liste der großen Diskontinuitäten und systemischen Risiken schlicht nicht komplett. Es ist auch nur oberflächlich betrachtet so, dass es sich nicht um ein ökonomisches Problem handelt. Konkret geht es hier um die Frage, ob ökonomische Mechanismen in der Geopolitik am Werk sind. Politische Ereignisse haben ohnehin Rückkopplungseffekte in die Wirtschaft.

Wirtschaftswissenschaft im liberalen, von Hayek'schen Sinne begreift sich als umfassende Sozialphilosophie, die sich nicht auf Produktionszahlen, Inflation, Geld, Preise und Kaufentscheidungen beschränkt. Sie befasst sich mit der großen Frage, warum Menschen so handeln, wie sie es tun. Die politischen Rahmenbedingungen definieren die Bühne, auf der die Wirtschaft im engeren Sinne stattfindet. Und wirtschaftliche Entwicklungen treiben politische an, weil die Politik meistens von wirtschaftlichen Zielen bestimmt wird. Die beiden können nicht getrennt gedacht und analysiert werden. Deshalb galt für von Hayek die Ökonomie immer als interdisziplinäre Disziplin.

Geostrategie ist dabei die mächtigste politische Kraft, die am Ende die Landkarten global bestimmt, sie entscheidet darüber, wo die Tyrannei herrscht und wo die Freiheit sich durchsetzt. Das ist der Grund, warum ich mich entschieden habe, die höchst kontroversen Themen der internationalen Politik und Migration nicht auszuklammern, da diese beiden zugleich siamesische Zwillinge und ein ökonomisches Thema sind.

Die westliche Denkweise in der internationalen Politik

Wenn Sie ein Geschichtsbuch aufschlagen, dann ist die Diskontinuität der Normalfall. Sie finden dort eher nicht die quartalsweisen Produktivitätszahlen der industriellen Revolution oder die strukturelle Entwicklung der deutschen Stahlindustrie. Sie finden stattdessen die Gründung von Staaten und Imperien, Weltkriege, Invasionen, Staatsstreiche, Naturkatastrophen (wie den Vulkanausbruch von Pompei), die Völkerwanderung im 4. und 5. Jahrhundert, den Aufstieg von Weltreligionen oder die Weltwirtschaftskrise.

Politische Strukturen steigen auf, erreichen den Gipfel ihrer Macht, steigen ab und fallen – genauso wie große Unternehmen. Der Abstieg und Fall ist beinahe immer mit der Werteverschiebung der Gesellschaft auf dem Höhepunkt von Macht, Reichtum und imperialer Ausdehnung verbunden. Hunderte von Büchern über institutionelle Ökonomik befassen sich mit der Frage, was Nationen erfolgreich macht und was sie versagen lässt. Die Wurzel des Übels ist der Entschluss, den Wohlstand, den die Väter und Vorväter mit harter

Arbeit und in Kämpfen geschaffen haben, in hedonistischer Weise zu konsumieren. Die Devise lautet: Weg mit der Unbequemlichkeit, weg mit störenden Bildern, weg mit Pflichten wie der Wehrpflicht oder harter Arbeit.

Einige Historiker (und sogar mancher Politiker) fassen diesen Zustand als »spätrömische Dekadenz« zusammen. Im Herzen dieser Dekadenz können wir ein falsches Bild der Welt finden. Ein Bild, das von einer Fehlwahrnehmung darüber geprägt ist, was die wahren Treiber von Sicherheit und Risiko sind. Wir haben gesehen, dass die Obsession der Vermeidung von Risiken die Grundlagen unseres wirtschaftlichen Erfolgs untergräbt. Und während wir noch in den sumpfigen, trüben Gewässern einer Wohlstandsillusion baden, die von ultrabilligem Geld, gesteuerten Medien und den faulen Früchten der Verschuldung und der Defizite genährt wird, fällt das Gebäude hinter der glänzenden Fassade bereits in sich zusammen.

Die Menschen wollten Freiheit gegen Sicherheit eintauschen, gerade auch wirtschaftliche Freiheit, weil man sie hat annehmen lassen, dass dieser Deal wirklich möglich sei. An den gleichen Handel glauben die Leute in den Fragen der internen und externen Sicherheit. Jefferson wusste aber bereits: »Wer glaubt, Freiheit gegen Sicherheit eintauschen zu können, wird feststellen, dass er am Ende beides verliert.«

Bezüglich der inneren Sicherheit besteht dieser faustische Pakt in der Akzeptanz totaler Überwachung als vermeintlichen Schutz gegen terroristische Angriffe. Die Schleusen der unkontrollierten Einwanderung zu öffnen und auf diesem Weg ehemalige Kämpfer der Terrororganisation Islamischer Staat einzuladen, hat diesen Pakt mit einem Panikknopf ausgestattet. Eigentlich sind es sogar zwei Panikknöpfe: Die verängstigten Bürger sind in ihrer Panik bereit, die Massenüberwachung im Dienste der inneren Sicherheit zu akzeptieren, und die Politiker wollen die Überwachung, weil ihr Versagen eine neue Herausforderung am rechten, »populistischen« Ende des politischen Spektrums hervorgebracht hat.

Wenn man sich die äußere Sicherheit ansieht, dann ist der abgeschlossene Handel sogar noch schlimmer. In ihrem unstillbaren

Hunger für »Brot und Spiele« haben die Völker Europas ihre äußere militärische Sicherheit seit Jahrzehnten gegen eine Friedensdividende einschließlich des Entfliehens vor der Wehrpflicht eingetauscht. Das exponiert Europa gegenüber äußeren Bedrohungen, die in naher Zukunft aktuell werden. Und wieder, wie 1938, koinzidiert dieses Versagen mit dem abnehmenden Willen Amerikas, die Sicherheit Europas zu garantieren angesichts der fehlenden Bereitschaft der Europäer, ihren Teil der Lasten zu tragen.

Der entscheidende Faktor jedoch ist – wie auch in anderen Fragen – der Unwille der europäischen Regierungen, die Unbequemlichkeit kurzfristiger Volatilität im Dienst langfristiger Stabilität zu akzeptieren. Anstatt Konflikte zu lösen, sind wir Meister darin geworden, sie zu »managen«. Wieder unterdrücken wir kurzfristige Volatilität und Schmerz und bekommen dafür die langfristige Ansammlung von Ungleichgewicht in Form ungelöster Konflikte und geopolitischer Spannungen.

Konflikte können unterschiedliche Wege nehmen: Sie können gelöst werden durch Verhandlungen und Friedensschluss. Um das zu erreichen, müssen beide Parteien bereit sein, Kompromisse zu schließen und eine für beide Seiten gesichtswahrende Lösung zu finden. Alternativ können sie durch Krieg und Sieg oder Niederlage beendet werden. Oder man kann Konflikte »managen«. Dieses Managen besteht meist aus mehreren Elementen. Eins davon ist der Krisenmodus. Wenn der Konflikt gewaltsam ausbricht, werden alle diplomatischen Bemühungen in Gang gesetzt, um einen Waffenstillstand zu erreichen und den Konflikt wieder einzufrieren. Während dieser dann vor sich hinköchelt, ignorieren wir ihn, oder wir schicken ab und zu ein paar Cruise-Missiles oder Drohnen, um militärische Überlegenheit zu demonstrieren. Das kann man sogar machen, wenn man sein Militär für Jahrzehnte vernachlässigt hat oder wenn der amerikanische Freund das für einen erledigt. Es trägt zu einer falschen Wahrnehmung der Sicherheitslage in Europa bei, zum Irrglauben, dass die NATO auf dem eurasischen Kontinent immer noch der militärische Leitwolf sei.

Was man dabei in Kontinentaleuropa überhaupt nicht verstanden hat – obwohl das mit der transmediterranen Migrationskrise langsam einsickert –, ist die Tatsache, dass Europa einen weichen Unterbauch hat. Strategisch sieht der aus, wie der der Sowjetunion im Jahr 1984, als dieser Unterbauch von den islamistischen Taliban angestochen wurde. Das führte am Ende nicht nur zum Rückzug aus Afghanistan, sondern auch zum Verlust von Kasachstan, Usbekistan, Kirgistan, Tadschikistan und den westlichen Sowjetrepubliken, die in Richtung EU und NATO abdrifteten.

Die zugrunde liegenden Beschwerden, oder oft wohl eher die aggressiven Absichten der entscheidenden Spieler werden nicht analysiert, geschweige denn angesprochen. Eine Strategie, die langfristige Ziele definiert, wird weder formuliert noch umgesetzt. Europäische Geopolitik existiert daher im Ergebnis nicht. Stattdessen stilisiert sich Europa und insbesondere Deutschland als »moralische Supermacht«.

Diese Attitüde der moralischen Supermacht speist sich aus zwei verschiedenen und in Wahrheit gegensätzlichen, unvereinbaren ideologischen Quellen. Die eine ist der Schuldkomplex, der in Deutschland als Ergebnis der Nazi-Vergangenheit entstanden ist. Mittlerweile hat er auch die anderen westlichen Nationen angesteckt. Sich selbst zu Geiseln für die Verbrechen der Vorväter zu machen ist zur Lieblingsfreizeitbeschäftigung der politischen Linken geworden, egal ob es da um Kolonialismus, kapitalistische Ausbeutung, Sklaverei oder Rassismus geht. Die deutsche politische Klasse lässt keine Gelegenheit zur Selbstkasteiung aus in ihrem verzweifelten, fanatischen und zugleich eitlen Wahn, von allen wieder geliebt zu werden.

Dass Deutschland in der Gemeinschaft der Nationen längst wieder aufgenommen und respektiert worden ist, bevor die Linken und Rückgratlosen diesen national-masochistischen Sport erfunden haben, ist ihrer Aufmerksamkeit entgangen. Deutschland wurde akzeptiert und respektiert dafür, dass es nach den Regeln spielte, seinen Wohlstand verantwortungsbewusst einsetzte, militärisch unter dem Dach der UN zur internationalen Sicherheit beisteuerte und nicht zuletzt, weil es ein wirtschaftliches Schwergewicht war. Die moralische Supermacht nach Merkel-Art zu geben, verspielt jeden einzelnen Euro dieses Akzeptanzkapitals.

Die andere Quelle des Drangs zur moralischen Supermacht ist der gleiche Exzeptionalismus (nicht der juristische, dem die Nazis frönten), der schon für frühere Exzesse verantwortlich war. Kaiser Wilhelm II. verwendete vor dem Ersten Weltkrieg das Geibels Gedicht »Deutschlands Beruf« entlehnte Schlagwort »am deutschen Wesen soll die Welt genesen«. Die »Ich bin aber heiliger als du«-Attitüde des Moralin-Imperiums ist das ferne Echo des kaiserlichen imperialen Anspruchs. Man kann immer noch das »Deutschland, Deutschland über alles, über alles in der Welt« aus den Chören dieses quasi religiösen Narzissmus der moralischen Supermacht-Schule hören.

Es kommt unseren versagenden politischen Eliten nicht in den Sinn, dass Moral und Supermacht als Begriffe nicht zueinanderfinden wollen. Sie wurzeln in gegensätzlichen, unvereinbaren Konzepten und Ideen davon, wie die Welt funktioniert. Moralische Supermacht ist ein Oxymoron, und so ist ihr ganzes Verhalten ein Oxymoron. Die Ironie dabei ist, dass gleich beide Konzepte, obwohl gegensätzlich, grundfalsch sind. Warum? Weil Moral ohne klares ethisches Fundament keinen Wert hat. Sie dient nur zur Bevormundung, und der Exzeptionalismus setzt eine Gruppe von Menschen über eine andere Gruppe in einer paternalistischen und illiberalen Haltung.

In seinem bereits erwähnten, wahrhaft aufklärerischen Buch über die internationale Ordnung hat Henry Kissinger einige Einsichten vermittelt, die demonstrieren, warum dieses moralische Supermacht-Ding niemals funktioniert oder etwas Positives hervorbringen kann:

Nach dreißig Jahren Krieg 1618 bis 1648 waren die kämpfenden Parteien in Deutschland und die benachbarten, beteiligten Länder buchstäblich erschöpft. 60 bis 70 Prozent der Bevölkerung Deutschlands waren durch Gewalt, Hunger und Seuchen ums Leben gekommen. Dieser Krieg war durch eine »Ich bin heiliger als du«-Attitüde der damaligen Zeit in Gang gesetzt worden: Es ging dabei um den Antagonismus zwischen katholischen und protestantischen Christen.

Deutschland wurde nominell von einer Adelsklasse regiert, die sich wie somalische Warlords aufführte. Aber als diese irgendwann realisierten, dass sie im Fall einer Fortsetzung des Kriegs nur alle verlieren konnten, kamen sie in einer kleinen Stadt in Westfalen zusammen und entwarfen das, was später als »Westfälische Ordnung« der internationalen Beziehungen bekannt wurde. Im Herzen dieser Ordnung stand die staatliche Souveränität, und das Prinzip der Nichteinmischung wurde etabliert. Diese Ordnung stellte den Staat in den Mittelpunkt von etwas, das man zum ersten Mal als eine Art System des internationalen Rechts ansehen kann.

Trotz all seiner Defizite und Schwächen hat dieses System gar nicht schlecht funktioniert. Es hat nicht nur viele Konflikte vermieden, es machte sie auch weniger chaotisch, weniger blutig und weniger ausgedehnt, verglichen mit dem Zustand der Gesetzlosigkeit, der vorher herrschte. Im Lauf der Zeit wurde es von immer mehr Staaten akzeptiert, die gar nicht zu den ursprünglichen Signataren des Vertrags gehört hatten. Sie traten dem aber nicht bei, so wie man heute einem internationalen Vertrag beitritt, sondern machten seine Regelungen zum Gewohnheitsrecht.

Wenn der Staat, der im Lauf der Geschichte meistens nur eine Bande von Dieben und Räubern war, überhaupt irgendeine Rechtfertigung für seine Existenz hat, dann ist es die Schaffung innerer und äußerer Sicherheit und eines Rahmenwerks für die Herrschaft des Rechts. In diesem Sinne war die »Westfälische Ordnung«, obwohl sie den Staat an Bedeutung und Einfluss gestärkt hat, ein Vehikel zur Beförderung dieser Ziele.

Das westfälische Prinzip der Nichteinmischung erlegt den politischen Entscheidungsträgern oft schmerzhafte Zurückhaltung auf, wenn Diktatoren und Autokraten fremder Länder ihre Völker unterdrücken. Aber – ähnlich wie im Fall der Demokratie – mag es so sein, dass man das System als einen Schmerz empfindet und dennoch feststellen muss: Es stabilisiert die internationale Ordnung und gibt den Nationen die Gelegenheit, sich auf Handel und Kommerz statt auf Kriegstreiberei zu konzentrieren. Wie Winston Churchill über die

Demokratie sagte: »Es ist das schlechteste politische System, außer allen anderen.« So ähnlich ist es mit dem Prinzip der Nichteinmischung und Souveränität der »Westfälischen Ordnung«.

Sie ahnen wohl schon, wo dieses Argument hinführt: Eine Ordnung, die Kommerz und Handel in den Mittelpunkt der Beziehungen stellt ist der natürliche Feind aller imperialistischen Absichten. Die Proponenten der moralischen Supermacht stehen schon von daher mit ihr auf Kriegsfuß. Deshalb sehen wir die ständigen Interventionen in zahllosen Ländern kreuz und quer über den Planeten. Manchmal sind es nur ein paar Cruise-Missiles, manchmal eine Invasion, manchmal schüren sie auch nur den Bürgerkrieg in fernen Ländern. Wenn das keine Option ist, weil das Ziel atomar bewaffnet ist, dann sind Sanktionen das Foltermittel der Wahl. Die unermessliche moralische Überlegenheit der Interventionisten ist mittlerweile zu einem marodierenden Tier mutiert, das auf seinem Weg über den Planeten Schaden und Leid anrichtet, wo immer es ankommt. Es hinterlässt gescheiterte Staaten, Millionen Tote und Fluchtbewegungen. Die neuen Regime sind meistens schlimmer als die alten.

Meistens wird die Öffentlichkeit mit manipulierten, oft aus dem Zusammenhang gerissenen oder aus anderen Konflikten stammenden Bildern darauf vorbereitet und eingestimmt, wieder einmal ein meist nur konstruiertes Verbrechen gegen die Menschlichkeit mit Militärschlägen zu ahnden. Der syrische Krieg, der in Wahrheit niemals ein Bürgerkrieg, sondern eine Invasion ausländischer bezahlter Söldner war (eine Tatsache, die schon daran offenkundig wird, dass die Frontverläufe parallel zu den Grenzen mit der Türkei und Jordaniens verlaufen), ist ein typischer Fall in dieser Saga der Einmischung.

Die mediale Legende über diesen Konflikt war die eines blutrünstigen Diktators, der sein Volk abschlachtet. Dabei wurde die Mehrzahl der Kriegsverbrechen durch den Islamischen Staat und die Söldner von Al-Kaida begangen, die von der Türkei, Saudi-Arabien und Katar finanziert, trainiert und bewaffnet worden waren. Der Deutsche Autor Michael Lüders hat dazu eine tiefgründige Analyse publiziert.[104] [105]

Als eine türkische Zeitung Bilder veröffentlichte, die den Öl- und Waffenhandel zwischen dem türkischen Geheimdienst und den islamistischen Terroristen in Syrien bewies, wurden die Reporter verfolgt und verhaftet – und zwar unter dem Vorwurf der Spionage. Man hat ihnen nicht vorgeworfen, gelogen zu haben.

Diese Art des Interventionismus benötigt die moralische Empörung, um von der Bevölkerung hingenommen zu werden. Genau an diesem Punkt treffen sich die Begriffe Moral und Supermacht. Es kommt den Hohepriestern des Moralins natürlich nicht in den Sinn, dass sie vielleicht nur nützliche Idioten für andere sind, die sehr viel schlauer ihre nationalen Interessen und ideologischen Ziele verfolgen, als sie ahnen.

Diese Art der Politik hat eine verheerende Nebenwirkung. Sie unterminiert und zerstört die »Westfälische Ordnung«. Dabei ist es nicht wirklich hilfreich, dass diese Ordnung nicht kompatibel ist mit der islamischen Idee einer internationalen Ordnung, die den Planeten in das »Land des Friedens« (wo der Islam herrscht) und alle anderen in das »Land des Krieges« (wo der Islam noch nicht herrscht) unterteilt. Die Akteure der moralischen Supermacht versorgen die Ideologen des Islamismus mit der perfekten Begründung, die »Westfälische Ordnung« abzulehnen, da der Westen offensichtlich selbst nicht mehr daran glaubt, obwohl er sie seit 400 Jahren predigt.

Fassen wir zusammen: Eine falsche, in sich widersprüchliche »Ich bin aber heiliger als du«-Ideologie hat Europas Fähigkeit untergraben, seine Interessen innerhalb der internationalen Ordnung, die uns seit ihrer Erfindung gut gedient hat, zu definieren und zu verfolgen.

Die geopolitische Weltkarte

Wenn wir die geopolitische Weltkarte heute ansehen, dann stellen wir ein wachsendes Niveau der Komplexität in einer zunehmend multipolaren Welt fest. Die bipolare Konfrontation des Kalten Krieges und die unipolare Existenz der Vereinigten Staaten als einzige

Supermacht in der Phase danach hatten sehr viel mehr Simplizität anzubieten.

Es ist aber immer noch möglich, durch ein paar einfache Fragen die Kräfte zu analysieren, die am Werk sind. Wenn wir mit einer Entwicklung in der internationalen Politik konfrontiert werden, die wir erst einmal nicht verstehen, dann müssen wir uns als Erstes wie einst die Römer, wenn sie ein Verbrechen aufklären wollten, die Frage stellen: Cui bono? Wer profitiert davon? Diese simple Frage trennt wahrscheinliche von weniger wahrscheinlichen Hypothesen, politische Pläne von Verschwörungstheorien und die Wahrheit von der Propaganda.

Sehen wir uns zunächst die wichtigsten Spieler an.

Die *Vereinigten Staaten* und ihr angelsächsischer Kranz bestehend aus Großbritannien, Kanada, Australien und Neuseeland. Trotz der permanenten Wühlarbeit der Linken, ihre Kultur der Freiheit, der freien Märkte, des freien Handels und des selbstbewussten Bürgertums zu unterminieren, ist das Immunsystem dieser Länder noch weitgehend intakt. Die Linken nennen sich dort übrigens mit einem betrügerischen Etikettenschwindel »liberal«, während sie antiliberale Instinkte, etatistisch-staatsgläubige Ideologien gemischt mit globaler Migrationsförderung bedienen. Die USA haben immer noch das stärkste Militär, die Weltleitwährung (die Verschuldung bei China ist dabei in Wahrheit eine Stärke, keine Schwäche), die effizientesten Geheimdienste und zwar sowohl online als auch offline. Das angelsächsische Rechtssystem reguliert und bestimmt 90 Prozent des internationalen Handels und der Kapitalströme, die globalen Zahlungsverkehrssysteme befinden sich unter amerikanischer Kontrolle (ein Monopol, das sich andere vergeblich bemüht haben zu brechen). Es gibt eine Menge Möchtegerne, aber keinen wirklichen Anwärter für diese Machtposition in den nächsten Jahrzehnten, ganz egal was die Schafsherde europäischer Medien uns über Donald Trumps fehlgeleitete Politik eintrichtern will.

China ist der neue Schläger im Viertel. Nach politischen Standards hat es gerade die Phase der nationalen Pubertät erreicht. Einige

Mitglieder der alten Garde, die vom Großen Vorsitzenden Xi an die Seite gedrängt worden sind, warnen davor, die Politik des »gesenkten Hauptes«, die Deng Xiaoping formuliert hat, zu früh aufzugeben. In ihren Augen ist China noch zu schwach für eine direkte Konfrontation mit den Vereinigten Staaten, aber die Parteiführung scheint nicht zuzuhören. Darin liegt Chinas geopolitisches Risiko. Sein aggressives Vorgehen im Südchinesischen Meer hat jedes einzelne Nachbarland außer Russland, dem das egal zu sein scheint, vergrault und entfremdet. Sie respektieren und fürchten China, aber sie verachten es hinter verschlossenen Türen. China ist aber – bis jetzt – nicht für einen Großkonflikt gerüstet. Die Rechnung für seine Abenteuer wird in Form amerikanischen Misstrauens und amerikanischer Wachsamkeit präsentiert. Es ist wahrscheinlich, dass es im Pazifik bald zu einer Konfrontation im Stil des Kalten Krieges kommt. Manche, wie der immer noch klarsichtige Steve Bannon, denken, dass diese Konfrontation nicht kalt bleiben wird.

Russland befindet sich im Wiederaufstieg und hat – außer den baltischen Staaten und der Ukraine – alle Staaten der früheren Sowjetunion und späteren Gemeinschaft unabhängiger Staaten GUS in seinen hegemonialen Orbit zurückgeholt.

Wladimir Putin, der Mann, den die europäische Linke und ein paar ewige kalte Krieger zu hassen lieben, hat seinem Land mehr marktliberale Reformen gebracht, als ihm irgendjemand in der westlichen politischen Elite zugestehen will. Die Einkommens- und die Unternehmenssteuern gehören zu den niedrigsten aller industrialisierten Länder oder Schwellenländer, die Zentralbank macht Geldpolitik nach monetaristischen Grundsätzen und hat genug Goldreserven aufgekauft, um im Fall einer internationalen monetären Krise auf den Goldstandard umsteigen zu können. Die Streitkräfte wurden modernisiert und können sich mit jedem Land im europäischen Raum messen. In Syrien hat Putin seine Interventionsfähigkeit an jedem von ihm gewählten Ort unter Beweis gestellt. Er kann seine Verbündeten schützen, ohne Kompromisse eingehen zu müssen.

Unter Präsident Putin ist Russland definitiv nicht der Schurkenstaat geworden, als den ihn die Koalition kalter Krieger mit einer 1980er-Jahre-Nostalgie und die neuen linken Kriegstreiber, die Russlands neuen, eher konservativen Wertekanon und die erneuerte, jahrhundertealte Allianz von orthodoxer Kirche und Staat hassen, darstellen.

Zudem hat das Land ein klares und auch berechtigtes Interesse, die mindestens 25 Millionen ethnischen Russen zu schützen, die sich nach der Zerschlagung der Sowjetunion plötzlich als Minderheit in einem halben Dutzend Länder wiedergefunden haben. Das bringt das Land regelmäßig auf Konfliktkurs mit westlichen Interessen, insbesondere mit der NATO und der EU mit ihrem Drang zur Expansion nach Osten. Bis heute ist es eine Quelle des Konflikts, dass Russland und der Westen eine unterschiedliche Perspektive auf das 2-plus-4-Abkommen zur deutschen Wiedervereinigung einnehmen. Die eine Seite behauptet, dass damals vereinbart wurde, die Nato nicht jenseits der deutsch-polnischen Grenze auszudehnen, die andere Seite weist das als Erfindung zurück.

Die wirklich entscheidende Frage für Europa könnte aber eine ganz andere sein: Kann Europa die Ambitionen eines wiedererstarkenden Islam und einer ebenso wiedererstarkenden Türkei überleben ohne Russland als Freund und Verbündeten?

Europa ist der Kontinent, der mit Abstand am schlechtesten regiert wird. Seine Wirtschaft wird vom Mühlstein einer dysfunktionalen Währung gebremst, Industrie, Banken und Zentralbanken sind mit verborgenen Verlusten von astronomischen Proportionen belastet. Die Streitkräfte können noch nicht einmal mehr als Feigenblatt angesehen werden. Deutschland hat Ende 2018 ganze vier Jets, die noch fliegen, und praktisch keine Helikopter. Die Einsatzfähigkeit von Panzern, Schiffen, U-Booten und Truppen befindet sich auf einem Rekordtief. Die Wehrpflicht wurde abgeschafft, ohne ein Konzept zu haben, wie man sie durch eine professionelle Armee ersetzen kann. Verteidigungsministerin von der Leyen verbringt mehr Zeit damit, Bundeswehr-Kindergärten einzuweihen und Gender-Workshops für das Offizierskorps zu organisieren, als das zu tun, was von ihr erwartet werden darf: ein Heer einsatzfähig zu halten, das in der Lage ist, das Land zu beschützen. Ihr Ministerium hat keine Zahlen über die Zusammensetzung der Freiwilligen in den Reihen der Armee veröffentlicht, die hinsichtlich doppelter Staatsbürgerschaft Fragen bezüglich der Loyalität im Konfliktfall aufwerfen könnten.

Obwohl zu geringe Budgets bei diesem organisatorischen Desaster ebenfalls eine Rolle spielen, ist es vor allem die Inkompetenz der politischen Führung, die dafür verantwortlich ist. Wie der israelische Verteidigungsminister es bei seinem Besuch in Deutschland sehr treffend formulierte: »Wie, mit einem Budget von 37 Milliarden Euro, schaffen Sie es, keine Armee zu haben?« Das sagt eigentlich alles über das Niveau der Inkompetenz in den Fluren der Macht in Berlin. Deutschland kann von Glück reden, dass Luxemburg es gerade nicht überfallen will.

Während Frankreich in der militärischen Frage kein ganz so großes Desaster darstellt wie Deutschland, gilt das für Europa im Ganzen leider durchaus. Betrachtet man den beklagenswerten Zustand seiner Verteidigungsfähigkeit, so kann es für die Europäer keine Überraschung sein, dass Präsident Trump aggressiv darauf drängt, die lange zugesagten 2 Prozent des Bruttosozialprodukts für die Verteidigung endlich zur Verfügung zu stellen.

Auf diese Zahl hatte man sich vor Jahren verständigt, aber sie ist so etwas wie die Maastricht-Quote der Verteidigung: Niemand interessiert sich für sie, außer denen, die die Rechnung bezahlen, in diesem Fall die Amerikaner.

Der eine Trost beim Thema Verteidigungsausgaben, den die Amerikaner haben, ist die Leitwährungs-Seigniorage, die ihnen als Einkommen durch die Ankerfunktion des Dollars zufließt. Es dürfte etwa 1 bis 2 Prozent des Bruttosozialprodukts der Vereinigten Staaten entsprechen und deckt einen nicht kleinen Anteil der Verteidigungsausgaben ab, die das Land für die kollektive Sicherheit schultert.

Präsident Trump scheint das aber nicht klar zu sein, sonst würde er nicht die Art protektionistischer Maßnahmen ergreifen, die diesen Wohlstandstransfer in die USA reduzieren werden. Dieser Transfer funktioniert auf sehr einfache Weise: Da der größte Teil des Welthandels in US-Dollar abgewickelt wird, akzeptieren Banken, Regierungen und Unternehmen ihn als das Substitut, das dem Goldstandard im Sinne eines universellen Zahlungsmittels am nächsten kommt.

Die USA, die ein ewiges Handelsbilanzdefizit fahren, können dies aufgrund der Leitwährungsfunktion des Dollars mit der Ausgabe von Anleihen finanzieren, die dann inflationiert oder, wie im Fall der Hypothekenkrise 2007, einfach weitgehend abgeschrieben werden.

Die Investoren akzeptieren diese Risikoprämie als Kosten, um den Schutz der Ankerwährung in Anspruch nehmen zu können. Außerdem bekommen sie militärischen Schutz im Rahmen der globalen regelbasierten Ordnung. Die steht immer noch, trotz der Sprachwahl des Präsidenten im Hinblick auf das europäische Versagen, die gemachten Zusagen einzuhalten.

Dass die Europäer die Forderung Präsident Trumps in der Sache zurückweisen ist eine interessante Mischung aus Inkompetenz, Vertragsbruch und Arroganz.

Der *Mittlere Osten* befindet sich nicht erst seit dem sogenannten Arabischen Frühling in Aufruhr. Der eine konstante Parameter der letzten sechzig Jahre war die fortschreitende radikale Islamisierung der Region, angetrieben von einer mit saudischen und katarischem Öl- und Gas-Geld finanzierten Missionierung.

Diese Region ist die eigentliche strategische Bedrohung für Europa. Der einfache Grund dafür ist, dass einige mächtige Leute dort über ein geostrategisches Konzept und Design verfügen, das die naiven europäischen Politiker nicht haben. Dieses Konzept ist alles andere als unschuldig. Es handelt sich dabei aber um öffentlich kommunizierte Ziele, und die Offenheit geht sogar so weit, dass man in TV-Sendungen arabischer Länder öffentlich und für jedermann sichtbar über diese Ziele und über den besten Weg spricht, um sie zu erreichen.[106]

Diese Strategie dreht sich um Immigration, Missionierung und die Gewinnung der Kontrolle über die bereits existierenden Einwanderergruppen in Europa durch die Entsendung staatlich bezahlter Imame, die Finanzierung von Moscheen und die straffe Organisation der Einwanderergemeinschaften in der Art und Weise, dass sie sich nicht in die westliche Gesellschaft integrieren können.

Der zweite Pfeiler ist die Vision eines Neo-Osmanischen Reichs des türkischen Präsidenten Erdoğan. Auch dieses wird ganz offen in der Türkei und in arabischen Staaten kommuniziert. In diesem Kapitel werden wir auf die Details dieser Kommunikation näher eingehen.

Der Unwille der europäischen Politik, das ernst zu nehmen, ist mit dem Unwillen verbunden, den Akteuren ganz einfach nur zuzuhören. Man kann es mit der Situation in den 1930er-Jahren vergleichen. Hätten die Alliierten Hitlers Reden und sein infames Buch *Mein Kampf* gelesen und ernst genommen, dann hätten sie frühzeitig beobachten können, wie er seinen Worten Taten folgen ließ. Spätestens 1935 hätten sie dann realisiert, dass sie sich auf einen Krieg vorbereiten mussten. Die einsame Stimme in dieser Wüste geostrategischer Ignoranz war Winston Churchill, der schon vor der Machtübernahme durch die Nazis eine klare und genaue Analyse der bevorstehenden Gefahr gegeben hatte. Als man ihm 1940 endlich zuhörte, war es fast zu spät, Westeuropa vor der totalen Niederlage gegen Nazi-Deutschland zu retten. Nur unglaubliches Glück und die Fehleinschätzung Hitlers hinsichtlich der Fähigkeit Großbritanniens, eine Invasion der Wehrmacht zurückzuschlagen, hat den Kontinent gerettet. Das Schicksal Europas hing an einem seidenen Faden.

Wenn Geschichte sich als Farce wiederholt, dann liefert uns diese die europäische Politik. Wie wir sehen werden, sind es wieder die Folgen unserer Weigerung zu lernen und die Fakten zu akzeptieren, die sich vor unseren Augen entfalten, die Folgen unserer Weigerung, die Aussagen der Spieler ernst zu nehmen, selbst wenn sie von militärischen Maßnahmen begleitet werden. Dahinter steht die Angst, als islamophob oder rassistisch gebrandmarkt zu werden, sowie das Fehlen analytischer Fähigkeiten und das konsistente Wunschdenken bezüglich der Natur des islamischen Mainstreams nach Jahrzehnten der Missionierung und Propaganda, finanziert mit Hunderten Milliarden Dollar Ölgeld aus Saudi-Arabien, Katar und anderen Golfstaaten, oft nicht von den Regierungen allein, sondern auch von privaten »Wohltätigkeitsorganisationen« mit politischer Zielsetzung.

Einer der kritischen Irrtümer der politischen Klasse Europas, wenn über den Islam nachgedacht wird, beruht auf der romantischen Vorstellung der Geschichten eines Lawrence von Arabien, eines Karl May oder der Geschichten von *Tausendundeinernacht*.

Aber der Islam ist politisch. Privatsache ist er leider nur für eine kleine Minderheit von Muslimen, die aus der Oberklasse ihrer jeweiligen Länder stammen und einen westlichen Lebensstil bereits seit Generationen angenommen haben. Sie leben die Art von Islam, die wir gerne als Normalfall hätten, und sie beweisen immerhin, dass es nicht unmöglich ist, einen unpolitischen Islam zu leben. Bedauerlicherweise sind sie nicht die Mehrheit. Und wie immer, wenn man sich weigert, der Wahrheit ins Gesicht zu sehen, endet man mit einem falschen Bild der Realität. Damit landet man auch bei der falschen Strategie.

Wir müssen nicht mit dem Islam umgehen, den wir gerne hätten, sondern mit dem, den wir haben. Das heißt nicht, dass der Islam niemals reformiert werden könnte. Es bleibt unbestritten, dass die islamische Kultur und Zivilisation Meisterwerke der Kunst, Wissenschaft, Architektur, Mathematik und Literatur hervorgebracht hat (wie das Thema Kryptografie in Kapitel 2 deutlich gezeigt hat). Die Geschichte hat bewiesen, dass im Islam sehr viel mehr steckt, als Al-Kaida uns glauben machen möchte. Aber leider hilft uns das nicht weiter. Es ist einfach nicht der Trend der Zeit, der die Politik in diesem Teil der Welt bestimmt.

Wir stehen stattdessen einer Zivilisation gegenüber, die sich in der Vorstellung suhlt, von allen verfolgt und unterdrückt zu werden, ausgebeutet und künstlich geteilt von fremden Kräften, den Zionisten, den Kapitalisten, dem »großen Satan USA« oder irgendeiner obskuren Verschwörung, üblicherweise angeführt von einem jüdisch klingenden Namen. In der sunnitisch-muslimischen Welt stehen zwei radikale Strömungen miteinander im Wettbewerb, die beide die Führungsrolle der Umma, der Gemeinschaft der Gläubigen, für sich beanspruchen. Die eine ist die wahhabitische Schule mit saudischem Ursprung. Sie hat die salafistische Bewegung begründet, die Frauen zwingt, Vollverschleierung zu tragen, und die die Einführung der Scharia mit ihren mittelalterlichen Strafen für Straftatbestände, aber auch für vermeintliche Straftaten fordert.

Die zweite Gruppe ist die Muslimbruderschaft, die historisch enge Bindungen zum Salafismus unterhalten hat. Aus ihrer Überlappung entstand Al-Kaida. Die Lehren der Muslimbrüder unterscheiden sich kaum von denen der wahhabitischen Sekte in ihrem Streben nach dem »wahren und reinen Islam«, aber der Gegensatz zwischen beiden Gruppen wurzelt in ihrem jeweiligen absoluten Machtanspruch. Beide teilen ihren resoluten Glauben an die wortwörtliche Wahrheit des Koran und weisen jeden Versuch zurück, den Islam dadurch zu reformieren, dass man seine Schriften einer kritischen Analyse und Interpretation im Licht seiner Entstehungszeit unterzieht. Das überrascht auch nicht, denn ihre Argumentation ist klar und logisch: Wenn es sich um das Wort Gottes handelt und Gott allmächtig und allwissend ist, dann hat er sein Wort nicht einfach für das 7. Jahrhundert verkündet, sondern er muss eine ewige Wahrheit gesprochen haben, an der nicht heruminterpretiert werden kann. In ihren Augen ist jeder Muslim, der das Gegenteil behauptet, als abfällig vom Glauben zu betrachten mit den entsprechenden drohenden Folgen, die sich aus der Scharia ergeben.

Der Koran und die Scharia verlangen ohne Frage und Interpretationsspielraum, dass der Islam die Welt regieren muss. Länder, die zu irgendeinem Zeitpunkt in der Geschichte unter islamischer Herrschaft waren und das nun nicht mehr sind, müssen der Umma gestohlen worden sein und sind zurückzufordern. Das gilt für Spanien und Griechenland sowie für große Teile des Balkans, für einige Gebiete in Süditalien und Südfrankreich und Teile Russlands.

Alle anderen Länder werden ohnehin von Ungläubigen regiert und sind damit Gegenstand des heiligen Krieges mit dem Ziel, die Ungläubigen zu unterwerfen und zu bekehren. Der Unterschied zwischen Spanien und Deutschland ist insofern nur marginal. Der Dschihad oder Heilige Krieg kann unterschiedliche Formen annehmen. Basierend auf der Strategie der Muslimbruderschaft ist die Immigration auch ein Teil von ihm, insbesondere dann, wenn sie mit selbst gewählter Apartheid zur Reinhaltung der Gemeinschaft der Gläubigen und mit einer maximalen Kinderzahl verbunden wird. Es ist kein Zufall, dass Präsident Erdoğan die türkische Gemeinde in Deutschland aufgerufen hat, »mindestens vier oder fünf Kinder« zu haben. Er hätte das Mutterkreuz erfinden können.

Staatlich ausgebildete und ideologisch standfeste Imame werden nach Europa entsandt, um Loyalität zu stärken und Abweichungen zu bestrafen. Die Türkei allein schickt 900 Imame auf Staatskosten nach Deutschland, um die Moscheen zu füllen, die von der DITIB gebaut und betrieben werden, einer türkisch-islamischen Organisation in Deutschland, die der staatlichen türkischen Religionsbehörde untersteht. Diese Imame müssen nach wenigen Jahren in die Türkei zurückkehren, um eine Integration und Fraternisierung mit ihrem Gastland zu unterbinden. 2017 war diese Organisation Hauptakteur in einem Skandal, weil ihr Personal dabei ertappt wurde, deutsch-türkische Bürger zu bespitzeln. Sie waren auf der Suche nach »Gülenisten«, den Anhängern von Fethullah Güllen, einem Mann (ebenfalls Islamist, langjähriger Verbündeter und Freund Erdoğans, später verfeindet mit ihm), der in den USA im Exil lebt und von Präsident Erdoğan beschuldigt wird, in der Türkei den gescheiterten Putsch vom Juli 2016 organisiert zu haben.

Um den Umfang und die Tiefe des Vorhabens zu verstehen, dem die Allianz aus AK-Partei und Muslimbruderschaft folgt, muss man einen Blick auf die Reden werfen, die teilweise dem Zufall, teilweise dem Drang des Präsidenten, seiner nationalistischen und imperialistischen Anhängerschaft Honig ums Maul zu schmieren geschuldet sind. Was sind das für Hinweise, die das geopolitische Design der Muslimbrüder und ihrer Adepten erklären? Wie sind die verschiedenen Kräfte verbunden oder verfeindet? (Die muslimische Welt ist kein monolithischer Block, sondern voller Bruchlinien, Eifersüchteleien und interner Machtkämpfe.) Ist die Strategie der Muslimbruderschaft eine ernsthafte Bedrohung für Europas Sicherheit und Identität als ein Kontinent, der in der Tradition christlich-jüdisch inspirierter Aufklärung steht?

Wo ist die empirische Evidenz? Es beginnt mit den öffentlichen Äußerungen und Auftritten Erdoğans, mit seinen Stellungnahmen zu seinem eigenen ideologischen Weltbild und seinen politischen Plänen sowie mit der Wahl der Symbole in seinen öffentlichen Reden und Fernsehinterviews. Es setzt sich fort mit den Indizien und Beweisen für seine Verstrickung in den Syrienkrieg, der kein Bürgerkrieg ist, sondern eine transnationale Aggression und eine Verletzung des Völkerrechts. Es wird durch die unglaublichen Erkenntnisse des israelischen Reporters Zvi Yehezkeli vervollständigt, der verdeckt die Muslimbruderschaft in Ägypten infiltrieren konnte, weil er perfekt Arabisch spricht. Er deckte die Zusammenarbeit zwischen der Bruderschaft und den türkischen Islamisten unter Erdoğans Führung auf und auch die Mechanismen, wie groß angelegte Immigration nach Europa planvoll organisiert wird. Dies wird ergänzt durch eine Simulation der Bevölkerungszusammensetzung in Deutschland, basierend auf aktuellen Trends der Einwanderung und Kinderzahl bei indigener und eingewanderter Bevölkerung.

Da ist es aber noch nicht zu Ende. Basierend auf den militärischen Schachzügen, Allianzen und der Frage, was eine geopolitische Supermacht benötigt, um eine reale militärische Bedrohung zu werden, wird in diesem Kapitel die Frage aufgeworfen, ob die Außen- und Militärpolitik des Regimes von Präsident Erdoğan eine äußere Bedrohung der Sicherheit Europas darstellt. Ich folge der Hypothese, dass Europa, wenn es sich weiterhin weigert, aus den offensichtlichen Fakten zu lernen und Schlüsse zu ziehen, in nicht allzu ferner Zukunft eine neue, ernsthafte Bedrohung seiner militärischen Sicherheit zu gewärtigen hat, wenn nicht sogar eine reale militärische Auseinandersetzung der altmodischen Art. So wie die Faktenlage sich darstellt, ist es aus einer Risikomanagementperspektive völlig unverantwortlich, die Verteidigungsfähigkeit Europas gegen einen konventionalen oder atomaren militärischen Angriff weiterhin in derart sträflicher Weise zu vernachlässigen.

Zum jetzigen Zeitpunkt sehen wir eine komplette Weigerung unserer politischen Elite, die entstehende Bedrohung auch nur zur Kenntnis zu nehmen, obwohl die Nachrichten schon seit Jahren voller Belege für eine neoosmanische Formulierung imperialer Ansprüche sind. Man betrachtet das wohl eher als amüsante Unverschämtheit, denn als Bedrohung. Das ist ein schwerer Fehler. Es ist ein weiteres Beispiel für die Weigerung zu lernen und dafür, wie diese Lernverweigerung ein Ungleichgewicht von wahrlich historischem Ausmaß schafft. Wenn diese Diskontinuität freigesetzt wird, dann hat unsere Gesellschaft nicht die Chance, sich zu erneuern, außer man riskiert den dritten Weltkrieg und ruft die USA und Russland um Hilfe an.

Fangen wir also mit den öffentlichen Stellungnahmen von Herrn Erdoğan an. Es begann mit einem nationalistischen Gedicht. 1998 – Erdoğan war noch Bürgermeister von Istanbul – sprach er vor Mitgliedern und Anhängern der »Tugendpartei«, dem später verbotenen Vorläufer der AK-Partei. Dort sagte er: »Die Demokratie ist nur der Zug, auf den wir aufspringen, bis wir unser Ziel erreicht haben. Die Moscheen sind unsere Kasernen, die Minarette unsere Bajonette, die Dome der Moscheen unsere Helme, und die Gläubigen sind unsere Soldaten.« Das ist eindeutig eine Kriegserklärung gegen die Demokratie und die »Ungläubigen«. Zwanzig Jahre später ist die Demokratie in der Türkei so gut wie tot. Erdoğan ist ein Autokrat, der den Zug der Demokratie benutzt hat, um sich diktatorische Macht zu erschleichen. Jetzt, da das geschafft ist, wendet er seine Aufmerksamkeit den »Ungläubigen« zu.

Im Jahr 2015, während einer Wahlkampfrede vor mehr als einer Million Anhänger in Istanbul, machte er – wie schon 1998 – in aller

Klarheit deutlich, was die außenpolitische Natur seines Regimes ist, als er von der Bühne donnerte: »Eroberung ist Mekka, Eroberung ist Saladin, der muslimische Feldherr, der Jerusalem 1187 von den Kreuzfahrern eroberte, sie wird die islamische Flagge wieder über Jerusalem hissen; Eroberung ist das Erbe von Mehmet II., und Eroberung bedeutet, die Türkei wieder auf ihre Füße zu stellen.«[107]

Es wäre ein Fehler, das einfach als muslimische Folklore abzutun, die nur den frommen Teil der türkischen Bevölkerung und ihre Begeisterung für die palästinensische Sache bedienen soll. Erdoğan und seine Paladine haben territoriale Ansprüche gegen praktisch jedes einzelne Nachbarland der Türkei geltend gemacht, von Syrien und den Irak über Armenien bis Bulgarien und Griechenland. Landkarten einer größeren Türkei zirkulieren in offiziellen Kreisen und in den Medien.[108]

Als er Griechenland im Dezember 2017 besuchte, sprach Erdoğan offen über sein Begehren, den Vertrag von Lausanne zu revidieren, der nach dem Ersten Weltkrieg die Grenzen der modernen Türkei festlegte. Landkarten mit Territorialansprüchen geisterten über die Bildschirme des nationalen Fernsehens, die man wohl am ehesten vergleichen kann mit den Karten, die Hitler 1938 zu den Verhandlungen mit Chamberlain nach München mitbrachte.[109]

Gleichzeitig baut die Türkei systematisch ihre ökonomische und politische Präsenz und ihren Einfluss in den Staaten des Balkans aus. Sie kanalisiert ihre Bemühungen durch die vorwiegend muslimische Bevölkerung in Bosnien, Albanien, Kosovo und in Teilen Mazedoniens. Zugleich instrumentalisiert sie die türkische Minderheit in Bulgarien, um dort ihr politisches Gewicht zu verstärken.

Die Moscheen haben in der Tat als Mittel einer Militarisierung gedient, insbesondere für Kinder und Jugendliche. Im Frühjahr 2018 kam ein Skandal in Österreich ans Tageslicht, als ein Video online auftauchte, das Kinder in einer von der ATIB[110] betriebenen Moschee beim Abhalten eines militärischen Drillspiels zeigte.[111]

Es sind die großen und kleinen Puzzlesteinchen, die ans Licht kommen, und die die wahre Ideologie und den Hintergrund sowie die geheimen Absichten dieses Regimes zeigen. Es ist nicht einfach nur nationalistisch, es ist imperialistisch und seine Geostrategie richtet sich gegen alle Nachbarn, die früher einmal Teile des Osmanischen Imperiums waren, dem der türkische Präsident offenbar so nostalgisch anhängt.

Die Verstrickung der Türkei im syrischen Krieg

Der Angriff auf Syrien kann in seiner wahren Natur leicht durchschaut werden, wenn man sich die geografischen Verläufe der Frontlinien ansieht. Die sogenannte Rebellenaktivität, die in Wahrheit die Invasion einer Soldateska islamistischer Söldner war, konnte sich vor allem dort festsetzen, wo die Grenzen Syriens zu seinen Nachbarländern Türkei, Libanon und Jordanien sowie zum damaligen »Islamischen Staat« in Nordirak verliefen. Davon gab es wenige Ausnahmen, allesamt traditionelle islamistische Hochburgen, die aber bereits früh in diesem Konflikt wieder in die Hände der Regierung fielen.

Diese »Rebellion« wurde von reichen Geldgebern aus den öl- und gasreichen Golfstaaten finanziert, Waffen wurden auf dem Landweg über die Türkei geliefert, selbst der berüchtigte »Islamische Staat« konnte sich refinanzieren, indem er Tausende von Lkws für den Ölexport einsetzte, die auf ihrer Route vom Nordirak über Nordsyrien die Türkei erreichten. Die Medien berichteten darüber, dass islamistische Terroristen in türkischen Krankenhäusern behandelt wurden, bevor sie an die Front zurückkehrten. Die Kurden, die Einzigen, die in der Lage waren, die Horden des IS zurückzuschlagen, wurden von der türkischen Armee systematisch auf syrischem Boden angegriffen und bombardiert unter dem Vorwand, sie würden die innere Sicherheit der Türkei gefährden.

Diese Sicherheit war in der Tat gefährdet – von einem internen Krieg gegen die Kurden, den der Präsident mutwillig vom Zaun gebrochen hatte und bei dem ganze Städte in kurdischen Siedlungsgebieten ohne große Kenntnisnahme der Weltöffentlichkeit dem

Erdboden gleichgemacht wurden. Es war der zynische Preis, den Erdoğan für die Stimmen der rechten Nationalisten zu zahlen bereit war, die er brauchte, um in der Volksabstimmung über das von ihm gewünschte Präsidialsystem seine diktatorischen Vollmachten zu erlangen.

Als die türkische Zeitung *Cumhuriyet* Beweise für Waffenlieferungen der Türkei an syrische Terrorgruppen veröffentlichte, die Al-Kaida angegliedert waren, wurden ihre Redaktionsräume von der Geheimpolizei durchsucht, Journalisten verhaftet, und der Chefredakteur ging nach Deutschland ins Exil. Als die genozidalen Horden des Islamischen Staates versuchten, die kurdische Stadt Kobane in Nordsyrien nahe der türkischen Grenze einzunehmen, ließ der Präsident die Grenze mit Panzern versiegeln, sodass die kurdischen Verteidiger der Stadt dem Angriff nicht entkommen konnten. Nur der Luftschirm der US-Kampfbomber verhinderte damals, dass die Mörder des IS ein weiteres Massaker verübten.

Nachdem die Söldner von IS und Al-Kaida durch die kurdischen und syrischen Truppen geschlagen worden waren, besetzten türkische Truppen in einem Akt illegaler, von keiner UN-Resolution gedeckten Aggression die gesamte Grenzregion. Die eroberten Gebiete befanden sich alle innerhalb der Grenzen, die auf den neuen Landkarten, die Erdoğan im Sinn hatte, als er – ausgerechnet bei einem Staatsbesuch in Griechenland – von einer Revision des Vertrags von Lausanne sprach, das neue türkische Territorium kennzeichneten.

Die organisierte Migration nach Europa

Die meisten Menschen glauben an die Storyline der Mainstream-Medien, dass die Massenmigration aus islamischen Ländern nach Europa durch Krieg, Armut und politische Umwälzungen im Mittleren Osten ausgelöst wurde und dass sich dahinter kein Plan verbirgt. Der israelische Reporter Zvi Yehezkeli ging unter dem falschen Namen Sheik Abu Hamza in mehreren arabischen und westlichen

Ländern auf Recherche. Unter dieser falschen Identität reiste er von Ägypten über die Türkei nach Deutschland, nachdem er der Muslimbruderschaft beigetreten war, die die groß angelegte Migration nach Deutschland organisiert. Es ist Teil ihres offen bekannten Plans, Deutschland und Europa zu islamisieren.

Ich zitiere im Folgenden aus Yehezkelis Bericht, wie er von *Russia Today*, der *Jerusalem Post* und anderen veröffentlicht wurde:

»Die Herausforderung bestand darin herauszufinden, ob ein muslimischer Fundamentalist legal nach Deutschland gelangen und dort in Kontakt mit anderen Islamisten treten kann. Für seine gefährliche Reise nahm er, mit der Hilfe von ehemaligen und aktiven Mossad-Agenten, die Identität eines Sheik Khaled Abu Salaam, aka Abu Hamsa, an.

»Ich wollte über die Gefahren sprechen, denen Europa durch den radikalen Islam ausgesetzt wird. Ich bin nicht an die Gepflogenheiten der politischen Korrektheit gebunden und kann die Wahrheit offen aussprechen«, erzählte Yehezkeli, Israels bekanntester Experte der arabischen Welt der Zeitung Die Welt.

In seiner investigativen Recherche demonstrierte der 47-jährige Journalist, der perfekt Arabisch spricht, wie leicht es für die Islamisten ist, ihre Anhänger nach Europa zu schmuggeln, berichtet die Zeitung. »Alles was man braucht, um Asyl in Deutschland zu bekommen, ist ein syrischer Pass.« Und das erwies sich als ein Kinderspiel.

Auf Grundlage eines Hinweises durch einen Geheimdienstoffizier nahm Yehezkeli Kontakt mit der syrischen Gemeinde in Istanbul auf, wo er schnell einen syrischen Pass bekam. Das Dokument kostete ihn nur 1250 Dollar und sah »so gut wie echt« aus.

Nur wenige Tage später fand sich der Journalist in einer Aufnahmestelle für syrische Flüchtlinge in Berlin wieder. Yehezkeli berichtete, dass keiner der Flüchtlinge, die er dort getroffen hat, die Absicht hatte, sich zu integrieren.

Der Journalist hat Glück: Der Sozialarbeiter, den er trifft, ist ein 1978 von Gaza nach Deutschland emigrierter Palästinenser. Nach einigen Witzen über den palästinensischen Präsidenten Abbas hat Yehezkeli alle erforderlichen Papiere, ist offiziell als Flüchtling registriert und hat Anspruch auf Sozialhilfe.

»Mit Allahs Hilfe beginnst Du hier ein neues islamisches Leben«, erzählt der deutsche Sozialarbeiter mit palästinensischen Wurzeln Yehezkeli, während er ihm Ratschläge erteilt, wie man die deutschen Behörden hinters Licht führt und wie er seine Familie nach Europa bringen kann.

»Wie bringe ich meine Frau und Kinder hierher?«, fragt Yehezkeli. »Du musst drei Jahre warten«, antwortet der Mann. »Wenn das zu lange ist, dann bring sie jetzt einfach übers Meer«, sagt ihm der Sozialarbeiter und bietet ihm praktische Hilfe bei der Planung der illegalen Reise an.

Nach Aussage Yehezkelis ist Deutschland in Gefahr, aber der Journalist meint nicht die Bedrohung des islamischen Terrors, wie Die Welt *berichtet. »Niemand kann wirklich abschätzen, was der politische Islam für Europa bedeutet«, sagte Yehezkeli der Zeitung. In seiner Dokumentarserie erinnert er an Predigten von Yusuf al-Qaradawi, einem langjährigen Mitglied der Muslimbruderschaft.*

»Der Islam wird einmal wieder den Westen und Europa dominieren«, versprach der islamische Rechtsgelehrte und Prediger. Mehr als eine Million Migranten haben Deutschland seit Ausbruch der Flüchtlingskrise im Jahr 2015 betreten. Dabei haben sie starke Antiimmigrationsgefühle und Proteste gegen die Politik der offenen Tür der deutschen Kanzlerin Merkel ausgelöst. Im Oktober letzten Jahres haben sich Merkels CDU und ihre bayerische Schwesterpartei CSU darauf verständigt, für Asylbewerber eine Obergrenze von 200 000 pro Jahr festzulegen.

Vizekanzler Sigmar Gabriel sagte im Dezember [2017], dass Kommunen für die Aufnahme von Flüchtlingen angemessen bezahlt werden sollten, um soziale Spannung zu vermindern. Er fügte hinzu, dass Deutschland »das Land der Sehnsucht« werde, so wie es die USA im 19. Jahrhundert waren.«[112]

Die Türkei spielt eine zentrale Rolle bei der Schaffung einer Infrastruktur und Organisation der islamistischen Einwanderung nach Deutschland und Europa. Erdoğan und die Muslimbruderschaft sind eine symbiotische Beziehung eingegangen, wie ein weiteres Zitat aus der Dokumentation Zvi Yehezkelis belegt.

> *»In der Türkei hat der weiche Dschihad bereits gesiegt. Das Land, das einst ein säkularer Staat war, erleidet die stille Revolution des Islam. Es hat einige Jahrzehnte gebraucht, aber heute mischt sich der Islam in alle Bereiche des Lebens ein: Der Bau von Moscheen, die Verschleierung der Frauen, die Abschaffung des säkularen Staates Türkei, wie er von Atatürk etabliert worden war. Für all das ist ein Mann verantwortlich. Er nennt sich Sultan oder Kalif: Recep Tayyip Erdoğan.*
>
> *Als Präsident herrscht er über die Türkei in kompletter Befolgung der Absichten der Muslimbruderschaft. Er benutzt ihren Gruß, die sogenannte Rabia, eine Hand, bei der der Daumen einwärts und die anderen vier Finger auswärts gestreckt sind. Erdoğan hat Millionen Flüchtlinge in seinem Land. Er kontrolliert, wer sich auf die Reise nach Europa macht und wer nicht. Und er ist es, der mit ihnen den Islam nach Europa sendet, und sie demonstrieren dafür ihre Dankbarkeit. Ich bringe dich nach Europa, und du handelst loyal mir gegenüber. Hier gestalte ich dieses Land nach dem Islam der Muslimbruderschaft und du nimmst diese Regeln mit dir nach Europa und wirst sie dort verbreiten. Das ist der Deal (...).*
>
> *Die Zusammenarbeit der Muslimbrüder und der Türkei ist gegenwärtig die größte einzelne Bedrohung für den Westen ...«*

Es ist schwer, die Entfremdung der deutschen und europäischen Politiker von der Realität und ihre Weigerung, die geopolitische Bedrohung zu verstehen oder auch nur zu analysieren, besser zu beschreiben als durch diese rein faktische Darstellung der aktuellen Ereignisse.

Ihr erbärmliches Versagen wurzelt in ihrer Weigerung, sich mit der Realität auseinanderzusetzen. Sie haben das Bild eines Islam im

Kopf, den sie in Europa gerne hätten – einen Islam, der sich freundlich in eine pluralistische Gesellschaft integriert, wo die Farbe des Schleiers nur ein weiterer Farbtupfer auf ihrer zuckergussüberzogenen Regenbogenideologie ist. Aber die Gesellschaft muss sich mit dem Islam auseinandersetzen, den sie hat, und nicht mit dem, den sie gerne hätte.

Es ist die Weigerung zu lernen, die gleichwertig mit der Weigerung ist, Volatilität und Unbequemlichkeit hinzunehmen, denn dadurch gerät das Ökosystem aus der Balance. In diesem Fall ist das Ökosystem unser geopolitisches Umfeld und Sicherheitssystem. Wenn das Ungleichgewicht einen bestimmten Punkt überschreitet, wird es die Gesellschaft vor eine Wahl stellen: zu kämpfen und zu siegen oder zu kapitulieren gegenüber einer Kultur, die unsere Werte von Freiheit und Aufklärung nicht teilt, die Demokratie verachtet und abweichende Meinungen verfolgt und unterdrückt. In den Worten Winston Churchills: »... denn ohne Sieg wird es kein Überleben geben.«

Eine Simulation zur Fortschreibung der Bevölkerungsstruktur

In der Vergangenheit mussten sich Nationen immer wieder mit inneren und äußeren Bedrohungen ihrer Sicherheit auseinandersetzen. Die Strategie der Muslimbruderschaft und ihr erfolgreich in der Türkei etablierter Brückenkopf schafft – zum ersten Mal seit dem Fall Roms – eine Bedrohung der Sicherheit Europas von innen und außen gleichzeitig. Im Fall eines bewaffneten Konflikts zwischen einem wiedererstarkenden osmanischen Reich und einem geschwächten und desorientierten Europa wird der Kontinent eine fünfte Kolonne innerhalb seiner Grenzen, ja sogar innerhalb seiner Streitkräfte beherbergen und kann sich nicht auf die Loyalität der eigenen Soldaten verlassen, da die Mehrheit der Freiwilligen sich seit der Abschaffung der Wehrpflicht aus eingewanderten Minderheiten mit unterdurchschnittlichem Einkommen und unterdurchschnittlicher Bildung zusammensetzt. Rom ist erst gefallen, als die Römer es nicht mehr verteidigen wollten und den Job an germanische Söldner abgegeben haben.

Um das Ausmaß dieser dualen Bedrohung zu verstehen, muss man die Zahlen der demografischen Entwicklung und Verteilung ansehen. Das betrifft nicht nur die Zahlen von heute, sondern die, die wir in fünf, zehn, zwanzig oder vierzig Jahren sehen werden. Die Dynamik der Populationsverschiebung basiert auf drei Hauptvariablen: auf dem numerischen Rückgang der indigenen Bevölkerung, der aus einer seit Jahrzehnten bestehenden Geburtenrate unterhalb der 2,1 Geburten pro Frau resultiert, die für eine konstante Bevölkerung erforderlich ist; auf der numerischen Zunahme der Einwanderungsbevölkerung aufgrund einer Geburtenrate, die signifikant über dieser Rate liegt und so exponentielles Wachstum produziert, und auf dem Effekt des Zustroms weiterer Einwanderer.

Es ist wichtig zu verstehen, dass es nicht allein die absoluten Zahlen der Gesamtbevölkerung sind, auf die es dabei ankommt, sondern auch auf die Altersverteilung. Es ist unmöglich, die Kontrolle über ein Land zu behalten, wenn man nicht über die Mehrheit der jungen Männer im wehrfähigen Alter verfügt. Auf Basis aktueller Trends wird dieser Punkt lange vor dem Verlust der Mehrheit der Gesamtbevölkerung erreicht sein. Die dann noch existierende Mehrheit alter Europäer wird sich einer Minderheit junger Menschen gegenübersehen, die nicht ihre Kinder und Enkel sind. Wenn Sie die Dynamik dieser Entwicklung verstehen wollen, dann müssen Sie nur eine Grundschule in Frankreich, Belgien oder Deutschland besuchen, wo die Kinder nicht eingewanderter Familien bereits oft eine verfolgte und gemobbte Minderheit darstellen.

Zvi Yehezkelis Dokumentation berichtet auch von einer Infiltration der deutschen Regierung durch die Muslimbrüder: »*Es gibt kein Treffen mit Merkel, ohne dass die Muslimbruderschaft mit am Tisch sitzt.*« Selbst wenn man eine solche Behauptung mit Vorsicht genießen sollte, wäre das keine Überraschung angesichts des Umstands, dass diese Regierung sich zwei weibliche Staatssekretäre leistet, deren enge Familien bekannte und dokumentierte Verbindungen zu salafistischen Gruppen haben. Blut ist bekanntlich dicker als Wasser.[113] [114]

Wie Imad Karim, ein vorbildlich integrierter Einwanderer aus dem Mittleren Osten neulich in einer Botschaft an die europäischen Völker sagte: »Eure Kinder werden euch verfluchen für das, was ihr getan habt.« Wenn die Staatsoberhäupter der EU denn Kinder hätten, würden sie ihm ja vielleicht zuhören.

Man kann die voraussichtlichen Szenarien der Bevölkerungsentwicklungen simulieren, um zu verstehen, unter welchen Annahmen ein Punkt der nicht mehr nachhaltig garantierten internen und externen Sicherheit erreicht werden wird. Dieser Punkt könnte näher sein, als viele glauben, und vor allem näher, als die politische Klasse uns glauben machen möchte.

Was sind die Ergebnisse einer solchen Simulation, und was sind die wichtigsten Annahmen, von denen die Ergebnisse abhängen? Wenige Annahmen und Eckdaten bestimmen das Verhalten des gesamten Systems:

- Zahl und Altersstruktur der indigenen Bevölkerung nach Geschlechtern,
- Zahl und Altersstruktur der eingewanderten Bevölkerung nach Geschlechtern,
- Rate der Einwanderung,
- Zahl der Kinder pro Frau im gebärfähigen Alter bei beiden Bevölkerungsgruppen.

Die Simulation wird es uns dann erlauben, einige Zusammenhänge zu verstehen: Wie verschieben sich die Mehrheiten insgesamt und je Alterssegment über die Zeit? Wie hoch ist die Sensitivität des Ergebnisses in Abhängigkeit von den Annahmen, wie zum Beispiel Einwanderungsrate und Geburtenrate?

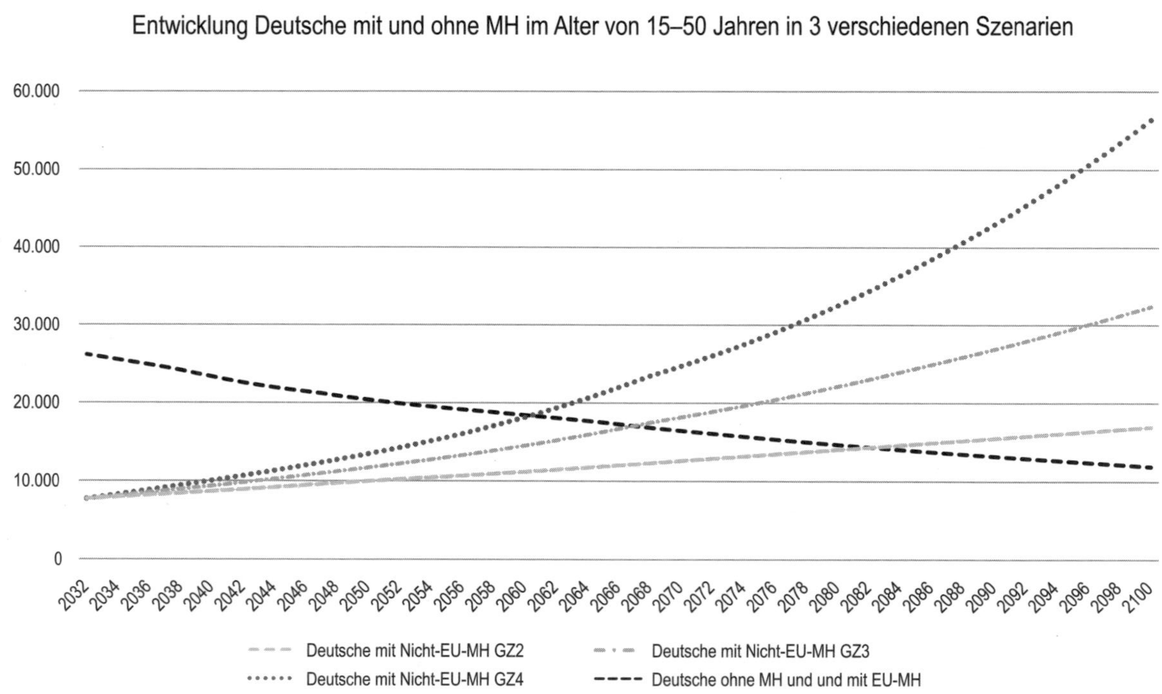

Simulation der Bevölkerungsentwicklung in Deutschland nach Herkunftsgruppen und Alter. Quelle: Eigene Berechnungen auf Basis von Daten des Statistischen Bundesamts

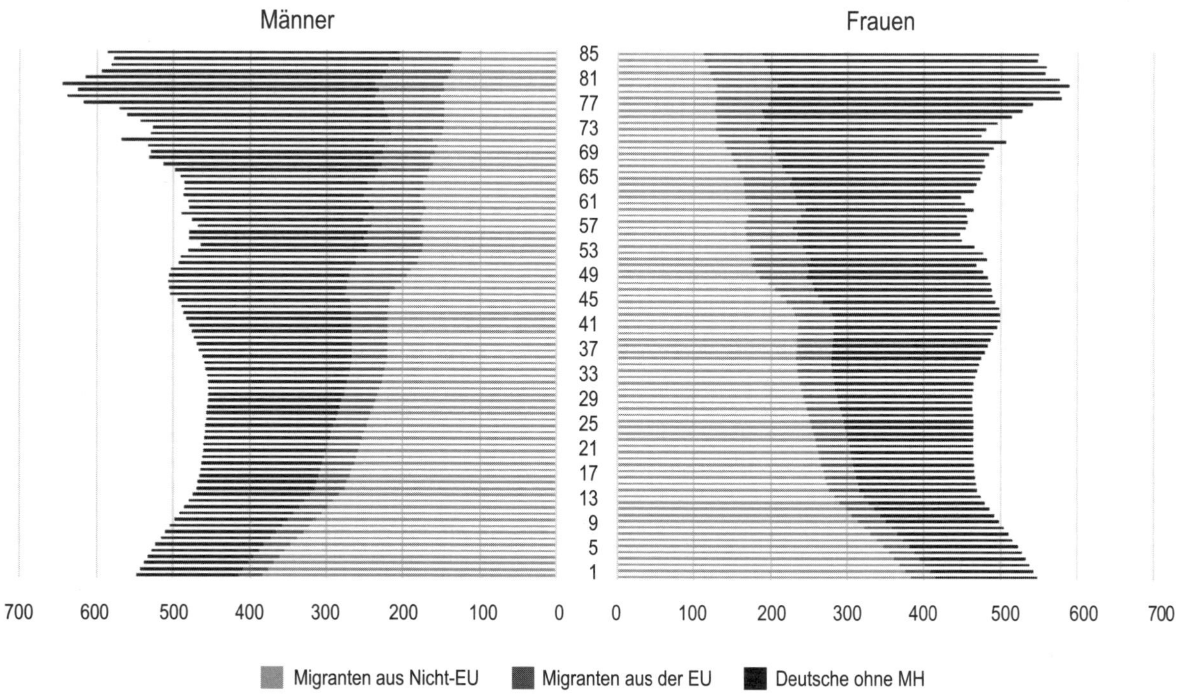

Bevölkerungsstruktur Deutschlands nach Alter und Herkunft im Jahr 2067 im Szenario 2 (3 Kinder pro Frau bei nicht-EU-Zugewanderten).
Quelle: Eigene Berechnungen

Wenn wir die aktuelle Bevölkerungsstruktur dahingehend fortschreiben, dass sich die Geburtenrate der indigenen Bevölkerung nicht verändert und bei 1,4 Kindern pro Frau bleibt, und dass dies auch für die Personen mit EU-Migrationshintergrund der Fall ist, so fällt die Zahl der Personen im wehrfähigen Alter (17 bis 45 Jahre) in dieser Gruppe von derzeit knapp 28 Millionen auf nur noch 13 Millionen im Jahr 2072. Die Zahl der Einwohner mit nicht europäischem Migrationshintergrund steigt in Abhängigkeit von ihrer Geburtenrate an. Die Grafik oben enthält dazu drei Projektionen mit drei verschiedenen Annahmen für die Geburtenrate: Sie beträgt zwei, drei oder vier Kinder pro Frau. Im Ergebnis können wir erkennen, dass die »Übergabe« an eine wehrfähige zugewanderte Gruppe zwischen 2050 und 2080 stattfindet. Das ist innerhalb der Lebenszeit der heute in Deutschland zur Welt kommenden Menschen. Zum wahrscheinlichen Zeitpunkt der Überschneidung der Projektionen hat Deutschland eine Bevölkerungszusammensetzung, die sich nach Alter, Geschlecht und Migrationshintergrund in der zweiten Grafik wiederfindet. Wir sehen dort zwei gegenläufige Bevölkerungspyramiden. Eine Zuwanderungspyramide, die die muslimische Bevölkerung zeigt, und eine auf dem Kopf stehende Pyramide in der sogenannten Urnenform, die die indigene Bevölkerung darstellt. Die Altersstruktur der aus der EU zugewanderten Bevölkerung dürfte ähnlich aussehen wie die der Deutschen, da ihre Geburtenrate empirisch kaum von der der Deutschen abweicht. Dies wird auch in der Simulation so angenommen.

Man mag diese Betrachtung für politisch nicht korrekt befinden. Aber die Mathematik kümmert sich nicht um das, was politisch korrekt, rechts oder links ist.

Das geopolitische Design des neoosmanischen Reichs und der Muslimbruderschaft

Wenn wir den strategischen Ansatz der Allianz aus der Türkei Erdoğans und der Muslimbruderschaft zusammenfassen, dann finden wir dort die Idee einer Wiederherstellung des Osmanischen Reichs[115] und die Umsetzung der Ziele, an denen das erste Osmanische Reich gescheitert ist, als es vor den Toren Wiens durch eine polnische Armee 1683 geschlagen wurde: die Eroberung Europas für den Islam.

Wenn wir die Reden und die Sprache aus diesen Kreisen ernst nehmen, kristallisiert sich eine klare strategische Agenda heraus.

In den 1930er-Jahren gab es in Großbritannien einen einzigen Politiker von nationalem Rang, der das Volk vor der unmittelbaren Bedrohung durch Nazi-Deutschland warnte: Winston Churchill. Er hatte verstanden – und zwar im Gegensatz zur gesamten politischen Klasse seines Landes –, dass Hitler eine Agenda von Rache und Eroberung hatte. Er wurde als Kriegstreiber und »Germanophob« beschimpft. Es ist schon erstaunlich, wie man den »Phobie«-Teil dieses Schimpfwortes in der Debatte um das expansionistische Design der islamistischen Ideologie recycelt hat.

Die Sprache der Protagonisten ist klar. Während Erdoğan seine Agenda ausspricht, ohne wenigstens den Versuch zu unternehmen, seine Absichten zu verschleiern, praktiziert die Bruderschaft Geheimhaltung, und deshalb kommt nur sporadische Evidenz zum Vorschein, in der Regel aufgedeckt durch mutige Journalisten wie Zvi Yehezkeli.[116] Aus der Summe der Hinweise, eine Kombination aus Reden,[117] investigativem Journalismus und militärischer sowie geheimdienstlicher Aktivität, die sich in der Presse wiederfindet, können wir aber einen strategischen Spielplan zusammensetzen.

Das kurzfristige Ziel ist die Expansion der Zone der türkischen Militärkontrolle nach Syrien[118] und in den Irak[119] hinein. Beide sind Sprungbretter in Richtung Saudi-Arabien und seine Ölreserven. Im Moment wurde dieser Drang im Fall Syriens teilweise durch die Allianz zwischen Syrien, Russland und dem Iran aufgehalten. Aber dieser Krieg ist noch nicht vorbei. Die militärischen und logistischen Anstrengungen, die das türkische Regime im sogenannten syrischen Bürgerkrieg investiert hat, sind signifikant. Und die Erfahrung zeigt, dass Erdoğan durch Niederlagen nicht entmutigt wird. Es entbehrt nicht einer gewissen Ironie, dass ihm diese Niederlage durch die Hand Russlands zugefügt worden ist, und zwar gegen den Widerstand europäischer Politiker, die nicht verstanden haben, dass die Maßnahmen Russlands in Syrien vollkommen im europäischen Interesse liegen. Es könnte sein, dass uns das kritische Zeit gekauft hat.

Die Verbindung der ökonomischen und industriellen Kapazität der Türkei mit dem Öl und dem Geld des Golfs würde die erste Stufe des osmanischen Gebildes etablieren. Der nächste große Schritt wäre, sich den Zugang zu Atomwaffen zu verschaffen entweder durch eine Allianz mit Pakistan oder durch den Einsatz der eigenen industriellen Basis zur eigenen Entwicklung einer solchen Kapazität. Es war definitiv kein Unfall, dass die Vereinigten Staaten ihre Atomwaffen von der Luftwaffenbasis Incirlik im Osten der Türkei 2017 in einer solchen Hast abzogen, dass angeblich sogar Sicherheitsprotokolle massenhaft über Bord gingen. Die Nachricht ließ sich aber nicht aus einer westlichen Quelle verifizieren.[120]

Aus einer solchen Position der Stärke müsste das neoosmanische Reich nur noch eine Phase der Schwäche Europas abwarten. Angesichts des atemberaubenden Missmanagements der europäischen Eliten, die sich in militärische Schwäche, in die Schwächung der NATO und eine generelle politische Orientierungslosigkeit überträgt, dürfte es nicht mehr lange dauern. Die bereits geschwächten europäischen Länder würden von innen durch die salafistische fünfte Kolonne angegriffen, was dort Kräfte binden würde, während der Balkan überrannt wird.

Es gibt zwei aktuelle Entwicklungen, die das imperialistische Gebäude Erdoğans allerdings beschädigen: die russische Einmischung in Syrien[121] gemeinsam mit dem Iran und die wirtschaftliche Krise der Türkei,[122] die das Ergebnis der alles durchdringenden Korruption des selbst ernannten Sultans[123] ist, der annimmt, als solcher das Recht auf Selbstbereicherung zu haben – in bester osmanischer Tradition.

Die Frage ist aber nicht allein, ob die größenwahnsinnigen Ideen, die sein Hofstaat ausbrütet, realistisch sind, sondern ob er versuchen wird, sie umzusetzen.

Was hat diese geopolitische Bedrohung und ihre Beschreibung mit der klassischen Form der Diskontinuität durch unterdrückte Volatilität und der ihr zugrunde liegenden Weigerung, Versuch und Irrtum zu akzeptieren zu tun?

Sie spiegelt die Art und Weise wider, wie unsere politische Klasse, deren Auftrag es sein sollte, externe Bedrohungen zu analysieren und unsere Länder dann auf sie vorzubereiten, mit unserer äußeren Sicherheit umgeht. Die geopolitische Perspektive unserer politischen Klasse wird charakterisiert durch

- ihre Weigerung, das Volk zu Opfern aufzufordern wie zum Beispiel die Wehrpflicht oder höhere Militärausgaben. Das wäre die Art von hässlichem Bild und persönlicher Volatilität im Leben des Wählers, die die Politiker unter allen Umständen vermeiden wollen;
- ihre Weigerung, eine Bedrohung ernst zu nehmen, selbst wenn sie in Reden, Veröffentlichungen, militärischen Aktionen und Geheimdienstoperationen in Verbindung mit einer ebenso angekündigten Abschaffung der Demokratie zum Ausdruck kommt. Obwohl die Abschaffung der Demokratie in der Türkei zeigt, dass die AK-Partei ihren Worten Taten folgen lässt. Warum sollte man unterstellen, dass sie ihre außenpolitischen Ziele nicht mit der gleichen Hartnäckigkeit verfolgt wie ihre innenpolitischen, nämlich die Wiedererrichtung des Osmanischen Reichs? Dies ist der Ausdruck einer Lernverweigerung und im Effekt das Gleiche wie die Lernverweigerung durch Versuch und Irrtum im Wirtschaftsleben;
- ihre naive und fehlgeleitete Idee einer bunten Gesellschaft, die man im besten Fall als Wunschdenken interpretieren muss,

weil die aktuelle Einwanderungspolitik nicht zur Vielfalt führt, sondern zur Unterwerfung. Diese Ideologie ist die Quelle der Verweigerung geopolitischer Realitätsakzeptanz. Es ist Politik mit Scheuklappen;

- eine atemberaubende Inkompetenz, die im Missmanagement der Streitkräfte des bevölkerungsreichsten Landes Westeuropas, Deutschlands, zum Ausdruck kommt: Man versagt darin, die Infrastruktur für die innere und äußere Sicherheit zu warten, die eigentlich für die Sicherheit Europas unter dem Dach der NATO das Rückgrat bilden müsste;
- das geringe Bildungsniveau beim Thema Geopolitik in Deutschland: Das ist zum Teil das Erbe der deutschen Nachkriegsära, als das Land nur regelkonform sein, Geld für ein großes Militär ausgeben und bereit sein musste, die »Deutschen an die Front« zu schicken, wenn Amerika das verlangt hätte. Das erklärt zum Teil das rätselhafte Verhalten Deutschlands in der Sache, aber was treibt die anderen Länder Europas an, sich der gleichen Inkompetenz zu befleißigen?
- die Tendenz zum Moralisieren in der Außenpolitik, anstatt zu verstehen, zu definieren und zu verteidigen, was die nationalen Interessen sind. Wir haben nicht verstanden, dass ein Land, das dabei versagt, für seine Interessen einzutreten, andere nicht zur Freundschaft einlädt, sondern im besten Fall zur Ausbeutung seiner Naivität (Deutschland innerhalb der EU) und im schlechtesten Fall zu Misstrauen bei denen, die hinter dem verkündeten Altruismus einen sinistren Plan vermuten.

Die politische Klasse fährt fort, die realen geopolitischen Gefahren zu trivialisieren und die Ängste der Menschen abzutun. Das ist ihre Methode, die Volatilität zu verbergen, die das direkte Ergebnis ihrer vom Irrtum getragenen Sicherheitspolitik ist. Aber wie wir gesehen haben, wird die Volatilität nicht abgeschafft, wenn man sie unter den Teppich kehrt. Im Gegenteil: Es wird das Risiko unter der Oberfläche aufgestaut. Das Ungleichgewicht kann weiterwachsen, und die

Entscheidungsträger fallen unterdessen auf ihre eigene Propaganda herein. Sie bereiten sich nicht auf die Bedrohungslage vor. Wenn sie dann sichtbar wird, ist es möglicherweise zu spät für Vorbereitungen.

Es gibt aber einen Weg, diese Art der Diskontinuität zu vermeiden. Er basiert auf einem Ratschlag, den schon die Römer ernst genommen haben, als ihr Imperium noch gesund war und sie seine Sicherheit garantieren konnten: »Si vis pacem, para bellum.« – »Wenn Du Frieden willst, so bereite dich auf den Krieg vor.«

Was bedeutet das für Unternehmen?

Internationale Krisen haben immer eine Wirkung auf die Wirtschaft und die Geschäftsentwicklung. Die Instabilität, die das Ergebnis der Strategie der Allianz von Erdoğan und Muslimbrüdern ist, wird sich noch einige Zeit in ihren Auswirkungen auf die angrenzenden Länder im Südosten der Türkei beschränken, die bereits politisch und militärisch instabil sind: Syrien, Irak, die Golfstaaten und die Länder in Nordafrika, die Perioden des Umsturzes durchlaufen wie Libyen, Algerien und wahrscheinlich bald wieder Ägypten, das Heimatland der Muslimbruderschaft.

Das beinhaltet substanzielle Risiken für Unternehmen, die in diesen Ländern oder der Türkei Geschäfte machen. Die Währungskrise der Türkei im Sommer 2018 war das Wetterleuchten einer wirtschaftlichen Volatilität in der Region. Sie birgt das Risiko von Verlusten bei Krediten an Unternehmen und Banken. Man kann aber zugleich davon ausgehen, dass Katar und andere reiche Freunde in den Ölstaaten die Türkei aus politischen Gründen stützen werden, die in der muslimischen Bruderschaft ihre Wurzeln haben.

Unternehmen und Banken sollten ihre Geschäfte auf solche Partner beschränken, die über eine Garantie eines Investment-Grade solventen Garantiegebers außerhalb der Türkei und der arabischen Krisenzone verfügen.

Was bedeutet das für Politik und Regierungen?

Für die Politik bedeuten die Implikationen dieser potenziellen Diskontinuität eine komplette Neuorientierung bei allen Fragen der Sicherheit, der Einwanderung und der Verteidigung. Ebenso wie bei der Wirtschafts- und Geldpolitik ist es mehr als unwahrscheinlich, dass unsere advers selektierte politische Klasse in der Lage sein wird, in den Lernmodus umzuschalten, weil der Preis ihrer falschen Politik von anderen Gruppen bezahlt wird – jedenfalls derzeit noch. Das sind vor allem die Bezieher niedriger Einkommen, die ihre Kinder nicht auf teure Privatschulen schicken können, wo sie vor Mobbing halbwegs sicher sind; es ist das schlecht ausgestattete, unterbesetzte Heer, das man in sinnlose interventionistische Gefechte schickt, anstatt es auf die Verteidigung der Heimat vorzubereiten und es dafür auszurüsten.

All diese Fragen, auch die sehr langfristigen Wirkungen der demografischen Verschiebung, interessieren eine politische Klasse wenig, die sich für ein Leben ohne Kinder entschieden hat, denen sie das Land hinterlassen könnte.

Sieht man von dieser mentalen Entkopplung ab, so ist klar, was getan werden müsste:

1. Die Einwanderungspolitik muss schnell und drastisch angepasst werden.
2. Das Militär muss reformiert und so ausgestattet werden, dass es mit jeder möglichen internationalen Bedrohungslage für Europas Sicherheit umgehen kann.

Dafür braucht es eine klare Verteidigungspolitik:

- Die Ausgaben müssen deutlich, auf mindestens 2 Prozent des Bruttosozialprodukts erhöht werden, um den jahrzehntelangen Investitionsstau und die Folgen von Missmanagement bei der Ausrüstung und den Kasernen und Stützpunkten abzubauen. Für eine vorübergehende Phase ist der Geldbedarf möglicherweise höher, um schnelle Lösungen für die Verwundbarkeit Europas zu finanzieren.

- Die schnellstmögliche Wiedereinführung der Wehr- und Dienstpflicht für Männer und Frauen ist zwingend notwendig.
- Sicherstellung der Loyalität aller staatlichen Waffenträger: Nur Personen, deren einzige Staatsbürgerschaft die deutsche ist, können Waffen tragen. Doppelstaatsbürger sollten einen Pass abgeben oder Zivildienst leisten.
- Die Streitkräfte sollten in zwei Einheiten aufgeteilt werden: eine Berufsarmee mit technischer Top-Ausrüstung zu Land, zu Wasser und in der Luft. Diese Berufsarmee sollte in das kollektive Sicherheitssystem unter dem Dach der bewährten internationalen Organisationen den Beitrag Deutschlands leisten: in der NATO und unter UNO-Mandat.
- Eine Miliz nach dem Vorbild der Schweiz sollte dezentral organisiert werden und mit Wehrpflichtigen die Territorialverteidigung verantworten.
- Das Recht, Waffen zu tragen, sollte jedem geistig gesunden Bürger zugestanden werden, der in den Streitkräften an der Waffe ausgebildet wurde. Dies ist die beste Rückversicherung gegen die Tyrannei. Das Vorbild für diese Regelung ist die Schweiz.

3. Die Lücke im geostrategischen Verständnis des politischen und bürokratischen Apparats muss durch die Einrichtung einer entsprechenden Schulungsinfrastruktur geschlossen werden, wie sie verbündete Länder (Frankreich, Großbritannien, USA) ebenfalls unterhalten.
   Entscheidungsträger in der Bürokratie, die mit dem Thema befasst sind, sollten eine entsprechende Qualifikation nachweisen müssen.

Was bedeutet das für den Bürger (Konsumenten, Wähler, Steuerzahler)?

Für die Bürger der europäischen Staaten folgt aus diesem Kapitel, dass ihr Glaube an Sicherheit nach außen eine Illusion ist. Ihre Opfer an Privatsphäre zugunsten des betrügerischen Handels Freiheit gegen Sicherheit, dem sie gefolgt sind, stellen eine kostspielige Vorspiegelung von Sicherheit dar.

Die Friedensdividende, die viele Bürger glücklich und ohne die realen Kosten zu hinterfragen konsumieren, ist jetzt aufgebraucht, und die Rechnung wird präsentiert. Substanzielle Opfer werden erforderlich sein, um die interne und externe Sicherheit der europäischen Nationen wiederherzustellen. Diese Opfer sind aber nichts im Vergleich zu den Opfern, die nötig sein werden, um als unabhängige Länder zu überleben, wenn wir weiterhin nicht die richtigen Entscheidungen treffen.

Als Bürger haben wir die Wahl zwischen einem Europa freier und unabhängiger Nationen und der Knechtschaft.

KAPITEL 6

Die Ordnung der Freiheit oder der Tod der Zivilisation

Wenn wir die fünf großen in diesem Buch dargelegten Diskontinuitäten Revue passieren lassen, die unsere gegenwärtige freiheitliche Ordnung oder das, was davon noch übrig ist, bedrohen, dann können wir diese in drei Gruppen unterteilen:

Nummer eins ist die interne Erosion der Gesellschaft durch die Erosion ihrer Werte. Es ist der Glaube an die sozialistische Planwirtschaft und die Hybris der Anmaßung des ökonomischen Wissens, das man in Wahrheit gar nicht hat. Das ist insbesondere wahr für die vor uns liegende monetäre Katastrophe, die wahrscheinlich von allen Diskontinuitäten in diesem Buch zeitlich am nächsten liegt. Auch das Ende der Parteiendemokratie und das Ende der Firma, wie wir sie kennen, weisen Schnittstellen dazu auf.

Nummer zwei betrifft vor allem die Grenzen unseres politischen Systems, die jetzt ausgetestet werden, weil wir ein epochales Elitenversagen als Ergebnis des adversen Selektionsprozesses feststellen müssen, der unser politisches System der Parteiendemokratie seit Langem beherrscht. Dieses Element verstärkt das ökonomische Missmanagement, das vom Glauben an den Staat und die bürokratische Omnipotenz angetrieben wird. In diese Kategorie fällt auch das geostrategische Vakuum, weil es das direkte Produkt eines politischen Versagens ist.

Nummer drei handelt von dem Übergang, den uns die digitale Revolution beschert. Dabei geht es vor allem um die mit ihr verbundenen

Nichtlinearitäten. Das betrifft das Quantencomputer-Dilemma und die Treiber der Umweltveränderungen, die wiederum die Überlebensfähigkeit von Unternehmen und Unternehmensformen bestimmen werden. Politisch verkrustete soziale und wirtschaftliche und in gewissem Umfang auch geopolitische Systeme sind umfassend von dieser Umweltveränderung betroffen.

Allerdings sind die Auswirkungen der Technologie auf künftige militärische und niedrig-intensive Konflikte sehr schwer vorhersehbar, und ich habe daher davon abgesehen, ihren Einfluss auf das geostrategische Vakuum zu analysieren. Aus den Fehlleistungen der politisch Verantwortlichen können wir jedoch schließen, dass sie diesen Bereich nicht kompetenter führen als die anderen Felder in Politik, Wirtschaft und Strategie. Wir können uns wahrscheinlich schon glücklich schätzen, wenn unsere Gegner beim Thema Cyberkriegsführung und anderen neuen Kriegstechnologien uns nicht überlegen sind, zumal die Cyberkriegsführung von Asymmetrie geprägt ist.

Die Zuordnung der fünf großen Diskontinuitäten auf diese drei Kategorien ist nicht ausschließlich und schnittmengenfrei. Einige sind primär einer Kategorie zuzuordnen, aber die anderen spielen dann dort eine untergeordnete Rolle. Diese Überschneidung ist Ausdruck eines anderen Phänomens, nämlich dass die Ungleichgewichte sich gegenseitig auf vielfältige Weise beeinflussen und verstärken. Das bedeutet, dass das Eintreten einer Diskontinuität die anderen nach sich ziehen kann. Es ist eine einfache Frage von Ursache und Wirkung.

Die fünf Diskontinuitäten haben auch unterschiedliche Zeithorizonte, aber die Differenz ist nicht groß genug, um ein wechselseitiges Auslösen ausschließen zu können. Was ist die beste Schätzung für diese Zeithorizonte?

- Die monetäre Krise trifft uns mit einiger Wahrscheinlichkeit 2020. Sie ist auf unserer Liste die nächstgelegene Diskontinuität.
- Das Quantenrechner-Dilemma gibt uns mehr Zeit. Wahrscheinlich müssen wir damit erst in den späten 2020er-Jahren

rechnen, wenn die Technologie einen kritischen Punkt erreicht haben wird. Wenn man die Möglichkeit eines technologischen »Dark Horse« bedenkt, ist diese Zeitschätzung aber eher geraten, als errechnet.

- Das Ende der Parteiendemokratie ist mit der wirtschaftlichen Entwicklung aufs Engste verwoben. Sobald klar wird, dass unsere derzeitige glänzende Goldlöckchenwirtschaft ein illusorisches Strohfeuer war, steht das politische System auf dem Prüfstand. Die Geschichte hat immer wieder gezeigt, wie wirtschaftliche Depression die Schwächen eines politischen Systems gnadenlos offengelegt hat. Dabei spielt es dann auch keine Rolle, ob es vorher demokratisch oder autoritär war. Das ist kein Programm, sondern eine Prognose. Die Kernfrage wird sein: Was ersetzt es in den frühen 2020er-Jahren?
- Das Ende der Firma, wie wir sie kennen, wird wahrscheinlich mit der monetären Krise anfangen, sich zu entfalten, aber hat einen anderen zeitlichen Verlauf. In der ersten Welle wird die Krise 10 bis 15 Prozent aller Unternehmen zerstören, gemeinsam mit ihnen werden das Bankensystem und das System des Euro-Fiat-Geldes zu Grabe getragen. Diese Krise wird den globalen technischen Fortschritt nicht stoppen, sondern beschleunigen, weil – wie schon in den 1930er-Jahren – die technologische Führungsrolle zur Überlebensfrage der Unternehmen wird. Der Niedergang der alten Firma in Form der Aktiengesellschaft und der Aufstieg neuer Formen wird einer der wirtschaftlichen Paradigmenwechsel der 2020er-Jahre sein. Neue Formate, die Eigentum und Kontrolle enger verzahnen, werden nicht nur das sklerotisch gewordene korporative Ökosystem und seine Managerklasse ersetzen, sie werden auch die *Schumpeter'sche kreative Zerstörung* zu neuen Höhen treiben, die Rate der Veränderung beschleunigen und das weit über das hinaus, was wir uns heute vorstellen können. Das ist kein Grund für Pessimismus, sondern für Optimismus.
- Das große Spiel um Europa, wie es von der muslimischen Internationalen, geführt durch die Muslimbruderschaft und

die imperialistische Partei in der Türkei, als Vision vorangetrieben wird, folgt einer Strategie der Geduld. Damit waren sie bisher extrem erfolgreich. Der Gradualismus ihres Ansatzes wurde unterbrochen von ihrem aufgebauten Druck, den eine wahnhaft betriebene Einwanderungspolitik der deutschen Kanzlerin sehr schnell aufgebaut hat. Was wird schneller gehen? Das Wachstum des strategischen Ungleichgewichts zu Europas Nachteil oder das Bewusstsein in der Bevölkerung bezüglich der drohenden Gefahr? Das wird den Zeitpunkt und den Ausgang des militärischen Showdowns bestimmen. Mit etwas Glück kann er auch vermieden werden, wenn die richtigen Entscheidungen schnell fallen.

Alle drei zu Beginn des Kapitels genannten Aspekte resultieren direkt oder indirekt aus unserer gesellschaftlichen Unwilligkeit, zu lernen und die Mechanismen des Lernens zu akzeptieren, weil sie an Unbequemlichkeit geknüpft sind. Lernen bedeutet, Versuch und Irrtum zu akzeptieren. Lernen bedeutet, hässliche Bilder zu ertragen und sie trotzdem anzusehen. Lernen impliziert ungemütliche Konsequenzen, die in unversöhnlicher Opposition stehen zu unserer hedonistischen Spaßgesellschaft.

Der Unwille zu lernen wurde ergänzt durch die Behäbigkeit derer, die über die empirische Evidenz und über die kommunikativen Mittel für den Weckruf verfügen, weil sie Angst vor den Folgen der offenen Aussprache haben. Die Selbstzufriedenheit ist im besten Fall der Ausdruck eines intellektuellen Snobismus und im schlimmsten Fall die Unterwerfung unter die politische Korrektheit. Der intellektuelle Diskurs wird in einer Weise geführt, dass die Stimmen der Opposition zum Schweigen gebracht werden. Das Ergebnis ist die Schaffung von selbstreferentiellen Echoräumen. Die politischen, medialen und akademischen Kasten genießen die Lufthoheit, die ihnen von Abgaben-finanzierten öffentlich-rechtlichen Sendern, vorauseilend servilen Presseorganen und Magazinen und inszenierter Talkshows mit Klatsch-Statisten frei Haus geliefert wird. Sie werden bald ein böses Erwachen erleben.

Wenn wir die tieferen Wurzeln des intellektuellen Verfalls untersuchen, dann folgen wir unweigerlich den Fußstapfen der Frankfurter Schule und ihrer sozialistischen Agenda. Die Frankfurter Schule hatte verstanden, dass sie eine gesunde Gesellschaft von innen zerstören, sie zum Verrotten bringen müsse, um sie reif für den kommunistischen Griff nach der Macht zu machen. Sie braucht die Zerstörung des sozialen Gewebes, die Entsorgung der liberalen Werte, die Unterminierung der Säulen einer erfolgreichen und freien Gesellschaft, um den Kontinent sturmreif für ihre Revolution zu schießen.

Die Anhänger der Frankfurter Schule haben es geschafft, sich zwischen den traditionellen Parteien zu verstecken, die zwar noch den Anspruch erheben, den Bürger zu repräsentieren, die aber zugleich ihre ganze Aufmerksamkeit nach innen wenden, um die korrupten Zugewinne für ihre Fußtruppen zu maximieren und sich als Verteidiger der einzigen demokratischen Wahrheit zu gerieren. Das ist eine Travestie des früheren Selbst dieser Parteien. Sowohl die sozialdemokratischen als auch die früher konservativen Parteien sind ihr, insbesondere in Deutschland, zum Opfer gefallen. Im leninistischen Sinne benehmen sie sich wie die nützlichen Idioten der Linken, die schon ihre Messer wetzen für den Fall ihrer gewaltsamen Machtübernahme.

Diejenigen, für die das Erwachen am schlimmsten sein wird, sind die Repräsentanten der Kirchen, die es schick finden, sich im Applaus der falschen Zuschauerränge zu baden, wenn sie die Parolen der Linken wie Papageien nachplappern und mit unpassenden Bibelzitaten heiligen. Sie haben immer noch nicht verstanden, dass die Kommunisten sie und die christliche Religion mit jeder Faser ihrer Existenz hassen. Denn die schlimmsten Christenverfolgungen der Geschichte wurden von zwei Gruppen verbrochen: von radikalen Muslimen und von Kommunisten. Eigentlich reicht es schon, nach Saudi-Arabien und Nordkorea zu schauen, um sich das klarzumachen.

»Dieses Mal werden sie es richtig machen« ist das Motto ihres größten Propagandaerfolgs, nämlich den Menschen einzuimpfen, dass »der Sozialismus eigentlich eine gute Idee ist, die nur noch nie richtig umgesetzt worden ist«. Dabei heften sie ihre Hoffnungen auf das technologische Wunder der Gedankenmanipulation, der Gehirnwäsche, des Nudging und der Hirnmaschine-Schnittstelle. Das wird ihr begehrtes Instrument sein, die Freiheit endgültig zu unterjochen. So glauben sie es jedenfalls.

Der Sozialismus hatte immer ein Problem mit der Natur des Menschen, wie Gott oder die Evolution (oder Gott mittels der Evolution) ihn geschaffen hat. Sie mögen das Ergebnis, nämlich den freien Willen, nicht. Seine Apostel verkündeten immer die Schaffung eines »neuen Menschen« durch Erziehung oder – falls nötig – durch Umerziehung. Deshalb ist das Arbeitslager so sehr Teil des sozialistischen Systems, wie die DNA Teil eines Menschen ist. Der Sozialismus kann den Menschen unmöglich so akzeptieren, wie er ist. Er ist in diesem Sinne das ideologische Kondensat der Misanthropie.

Der russische Mathematiker und Philosoph Igor Schafarewitsch, Freund und Zeitgenosse Alexander Solschenizyns, hat in dieser fanatischen Attitude der Menschenfeindlichkeit nachgerade religiöse Züge entdeckt. In seinem 1975 illegal in der Sowjetunion erschienenen Buch *Der Todestrieb in der Geschichte: Erscheinungsformen des Sozialismus*[124] arbeitet er die tieferen psychologischen Merkmale dieser Ideologie heraus. Er entlarvt sie als Todeskult. Diese Interpretation erklärt auch seine genozidale Natur. Trotz seiner Geschichte als Kette von Massenmorden hat es der Sozialismus geschafft, einige Ideen in die Gedankenwelt der politischen Klasse und großer Teile der Bevölkerung zu implantieren, über deren destruktive Natur und Gefahren sich die Gesellschaft kaum im Klaren ist. Die größte dieser zerstörerischen Ideen dreht sich darum, dass es wünschenswert sei, die Natur der Menschen zu »verbessern«, sie in »nützlichere« Mitglieder der Gesellschaft zu verwandeln. Dabei geht es dann nicht um individuelle Fähigkeiten, Talent und Ehrgeiz, sondern um die Neudefinition des Menschen als kleines Zahnrad der gewaltigen Maschinerie des Staates. Männer und Frauen werden zu Zellen des Leviathans reduziert. Der Mensch hat dann keine Bedeutung, er ist dann Teil eines kollektivistischen Uhrwerks.

Diese reduktionistische Sichtweise der menschlichen Natur gebiert alle Arten pervertierter Schlussfolgerungen, die die ideologische Rechtfertigungsgrundlage für den größten Teil der in der modernen Geschichte verzeichneten Verbrechen gegen die Menschheit bilden. Dies passiert, weil diese Folgerungen es ermöglichen, Individuen oder Gruppen vom »Staatskörper« auszuschließen. Das macht sie dann automatisch zu Vogelfreien, im schlimmsten Fall zu Tumoren am Staatskörper, die herausgeschnitten und zerstört werden müssen.

Dies diente als ideologische Rechtfertigung für Stalins Politik der Säuberungen,[125] denen mindestens 20 Millionen Menschen zum Opfer fielen, es rechtfertigte 50 Millionen Tote bei Maos »großem Sprung nach vorn«, es inspirierte die Todeslager in Kambodscha, die ethnischen »Reinigungen« und den Völkermord durch die Nationalsozialisten, die – das wird oft vergessen – sich eben als nationale Sozialisten verstanden haben.

Auch heute finden wir die Argumente der Entmenschlichung, die unerwünschte Individuen erst von der Menschlichkeit ausschließen und dann zur Tötung freigeben in den Debatten um Abtreibung und Euthanasie. Beide verschmelzen an ihren Rändern sogar zur Forderung nach strafloser Tötung von Neugeborenen.[126] Grenzen, die man einmal im Namen der Ideologie eingerissen hat, sind dann eben nicht mehr da. Derartige Versuche, das Tötungsverbot auszudünnen, basieren ihre Argumentation in der Regel auf der Definition des Menschen als soziales Wesen, anstatt seine Individualität zu respektieren. Auf diese Weise erklärt man das Wesen ohne soziale Interaktion als außerhalb des Menschlichen stehend und beraubt es seiner Menschenrechte. Kollektivismus und Menschenrechte sind aus diesem Grund zwei vollkommen unversöhnliche Konzepte.

Der große libertäre Denker Roland Baader hat diese Doppelnatur aus Sozialismus und Massenmord sehr treffend zusammengefasst, als er schrieb: »Im Tod sind wir alle gleich. Deshalb ist der Völkermord die Lieblingsbeschäftigung der Gleichmacher.«[127]

Die Anhänger der Frankfurter Schule haben paradoxerweise (oder logischerweise?) genau verstanden, dass die Österreichische Schule mit ihren libertären Einsichten genau richtig liegt, wenn sie die Stärken der liberalen Ordnung und die für ihren Erhalt notwendigen Institutionen beschreibt. Das würden sie natürlich niemals zugeben. Aber ihre Handlungen, ihre Strategie und ihre Erfolge bezeugen, dass es so ist: Sie haben genau die Institutionen angegriffen, die konstitutiv für den Erfolg der freiheitlichen Ordnung sind. Sie wussten, dass keine andere Strategie funktioniert hätte, weil mit diesen Institutionen, solange sie intakt sind, der Siegeszug der Freiheit schlicht und einfach unaufhaltsam ist.

Da die sich aus diesem Angriff ergebenden Ungleichgewichte verbunden sind, sich gegenseitig verstärken, verknüpft durch ihre Fähigkeit, sich gegenseitig auszulösen, müssen wir nunmehr davon ausgehen, dass die europäische Gesellschaft von mehreren großen Diskontinuitäten in kurzer Abfolge betroffen sein wird.

Warum sollten die Anhänger der Frankfurter Schule die Gesellschaft zersetzen wollen, wenn sie doch die absolute Überlegenheit der freiheitlichen Ordnung erkannt hat? Weil das Ergebnis, eine Gesellschaft aus freien, wohlhabenden und unabhängigen Individuen, nicht ihr bevorzugtes Ziel ist. Sie wollen die Macht.

Macht und die Gier nach ihr, nicht Wohlstand und soziale Wohlfahrt des Volkes sind ihre wahren Antriebe. Ihre Fußsoldaten hoffen entweder auf ihren persönlichen Anteil an dieser Macht, oder sie fallen in die Kategorie der nützlichen Idioten, die an die Slogans von sozialer Gerechtigkeit, Umverteilung und Herrschaft der Massen glauben. Die Massen regieren aber in Wahrheit nie in einer sozialistischen Gesellschaft. Sie sind nur die Knetmasse der sozialen Experimentatoren, das Objekt ihrer Manipulation und Ausbeutung.

Es ist in Wahrheit die Gier nach Macht und Kontrolle über andere Menschen, die als psychologische Hauptantriebsfeder der sozialistischen Eliten begriffen werden muss. Es gibt einige Theorien, warum das so ist. Die bisher für mich interessanteste Darstellung stammt von Arnold Künzli.[128] Im Endeffekt ist der Sozialismus die Ideologie der Verlierer, deren Machthunger von einem tief sitzenden Minderwertigkeitskomplex motiviert wird. Betrachtet man die völkermörderische Geschichte des Sozialismus, die Leichtigkeit, mit der die »sozialen Kümmerer« und Gutmenschen nach ihrer Machtergreifung zu Massenmördern mutierten, die politische Verfolgung Andersdenkender und die Diktatur, dann erscheint es logisch, dass eine tief sitzende psychische Störung die Wurzel des Übels darstellt. Oder, für eher spirituell aufgeschlossene Menschen: etwas von böser Essenz.

Die Frankfurter Schule war, indem sie ab der Revolte von 1968 den Marsch durch die Institutionen angetreten hat, in ihrer Subversion der Ordnung der Freiheit erfolgreicher, als sie sich das in ihren wildesten Träumen vorstellen konnte. Das Ergebnis ist eine korrupte und unfähige politische Klasse, korrumpierte Institutionen, ein großer Teil der Bevölkerung, der, ohne es zu wissen, an die Knechtschaft als erstrebenswerten Lebensinhalt glaubt und angesammelte Ungleichgewichte als Ergebnis der Zerstörung sozialer Lernmechanismen betrachtet, die nunmehr ihren kritischen Punkt ohne Wiederkehr überschritten haben oder gerade dabei sind, das zu tun.

In der daraus erwachsenden Krise wird ein epochaler Kampf ausgefochten werden. Der Kampf zwischen Freiheit und Tyrannei. Wenn die Freiheit siegt, werden die neuen Eliten nicht viel Zeit haben, sich auf den dann zeitlich nahen Konflikt mit dem neuen islamistischen Imperialismus vorzubereiten. Wenn die Tyrannei siegt, dann kann die zivilisatorische Existenz Europas nur von geografisch nicht betroffenen Mächten gerettet werden. Das sind Russland, die USA und Großbritannien. Die Geschichte könnte sich wiederholen, weil ein Europa unter der Knute eines sozialistischen Regimes nicht die Kraft und auch nicht den Willen aufbringen wird, sich gegen den drohenden Angriff zur Wehr zu setzen.

Die Kombination eines Angriffs von außen, mit der gewalttätigen Präsenz einer millionenstarken entschlossenen fünften Kolonne, darunter Zehntausende junger Männer mit Kampferfahrung, wird für den Kontinent nicht zu bewältigen sein.

Was, wenn die Kräfte der Freiheit obsiegen? Dann ist es offensichtlich, was die Komponenten einer Strategie zur Evolution einer Republik der Freiheit sein müssen:

- Klarheit der Analyse des Status quo, das Verstehen der am Werk befindlichen Kräfte und die Mechanismen des ökonomischen und ideologischen Verfalls;
- Klarheit darüber, was zu einer wahren Ordnung der Freiheit gehört;
- Entwicklung neuer Ideen, wie die Demokratie besser gegen ihre Feinde und auch ihre eigenen Mechanismen der Selbstzerstörung geschützt werden kann. Das beinhaltet striktere verfassungsrechtliche Regeln zur Begrenzung der Rolle des Staates auf seine Kernaufgaben und Kernkompetenzen;
- Etablierung einer Infrastruktur intellektueller und medialer Vordenkerschaft in der politischen Debatte, die den Schutz der freiheitlichen Ordnung in das Zentrum der tagespolitischen Agenda setzt. Eroberung der »Lufthoheit« in der öffentlichen Debatte mit neuen Medien, Online-Präsenz, Kampagnenfähigkeit und die Wiedergewinnung des Agenda-Settings von den linksdominierten Medien;
- intellektuelle Vorbereitung des Landes auf die ökonomische Krise: Sie wird von einer kleinen Zahl liberaler Ökonomen vorhergesagt. Wenn sie eintritt, dann wird die alte Garde der keynesianischen Ökonomie ihre Glaubwürdigkeit verlieren. Dies ist eine Gelegenheit für die Schüler von Hayeks und von Mises', die Vordenkerschaft über die Debatte zu erlangen;
- die Organisation der Verteidigung der Freiheit: Das wird besonders hart, weil liberale Bürger nicht dazu neigen, auf die Straßen zu strömen, um für ihre Forderungen zu demonstrieren. Das müssen wir ändern. Dafür braucht es eine organisatorische Struktur, die nicht an eine Partei gebunden ist. Die Verteidigung der Freiheit muss eine Massenbewegung werden, die für die Herrschaft des Rechts und die Werte, auf denen unser Land aufgebaut wurde, demonstriert und bereit ist, den politischen Kampf aufzunehmen;
- diese Organisation muss dann Koalitionspartner unter den Mitgliedern aller Parteien finden, die sich nicht von Karrierismus

> und Opportunismus haben infizieren lassen. Sie muss diese Kräfte in allen Parteien stärken, die noch über ein demokratisches Erbe verfügen, und bei denen, die dem Souverän wirklich dienen wollen still überwintert haben, während sie auf die Veränderung warteten.

Man sollte sich nicht der Illusion hingeben, dass die Minions und Lakaien der sozialistischen Planwirtschaft, die Henker des neoimperialistischen Ehrgeizes und die korrumpierten Sykophanten im gescheiterten Parteienstaat ihre Pfründe nicht verteidigen würden. Sie werden mit Zähnen und Klauen die Errichtung ihres unterdrückenden Superstaates anstreben. Jedes Instrument der Manipulation und der Menschenjagd, das sie gegen ihre politischen Gegner einsetzen können, wird ihnen recht sein. Die politische Konfrontation wird die Menschen an die 1930er-Jahre erinnern. Die Freiheit wird dann siegen, wenn sich ihre Vertreter nicht von den Straßenschlägern und dem Mob einschüchtern lassen, die unter dem Banner der sogenannten Antifa ihren neuen Faschismus installieren wollen.

Aber so entschlossen dieser Mob auch sein wird, er wird nicht für die Sache der Freiheit kämpfen. Er kämpft für die falsche Sache. Er kämpft für Unterdrückung und Knechtschaft. Viele von ihnen sind nur bezahlte Politsöldner, denen jede innere Überzeugung fehlt. Wenn sie auf intellektuell überlegenen Widerstand treffen, werden sie davonrennen.

Bereits Cicero, ein großer Staatsmann und Republikaner Roms, wusste: »Die Freiheit schmeckt noch süßer, wenn wir uns an die Knechtschaft erinnern.« Der Geschmack der Knechtschaft entzündet die Flamme der Freiheit aufs Neue. Er hat schon damit begonnen.

KAPITEL 7

Rückblick im Jahr 2035 – zwei Szenarien

»Der Erfolg ist nicht endgültig. Die Niederlage ist nicht tödlich. Es ist der Mut weiterzumachen, auf den es ankommt.«

WINSTON SPENCER CHURCHILL

Guten *Abend.* Es ist 20.00 Uhr im immer noch sonnigen London, heute ist Mittwoch, der 22. August 2035. Hier sind die Nachrichten von SNFE Satelite Network Free Europe. Die Schlagzeilen:

Zusammenstöße in Deutschland fordern weitere 45 Menschenleben

Die Unruhen in mehreren deutschen Städten und die Zusammenstöße zwischen arabischen Clanmilizen und lokalen Schützenvereinen haben in der vergangenen Nacht weitere 45 Tote gefordert. Die regierende Koalition in Berlin, die seit Aussetzung der Wahlen 2023 von den Stimmen der AK-Partei, einer Schwesterpartei der gleichnamigen türkischen Staatspartei im Bundestag, abhängt, hat verlauten lassen, dass sie sich weigert, in einen Konflikt einzugreifen, der »seit Jahren von rechtsgerichteten Betonköpfen« angefacht worden sei. Die belagerten deutschen Milizen in Essen sind seit nunmehr drei Wochen von Lebensmitteln, Wasser und Elektrizität abgeschnitten und haben an Russland appelliert, »einzugreifen und von Deutschland zu retten, was noch da ist«. Kardinal Quarx und sein protestantischer Amtskollege Bettler-Strohmann haben einen Appell für Toleranz gegenüber dem Islam veröffentlicht.

+++

Arbeitslosigkeit in Frankreich auf Rekordniveau

Die gestern in Frankreich veröffentlichten Arbeitsmarktstatistiken zeigten ein neues Rekordhoch von acht Millionen Arbeitslosen an. Die Wirtschaft schrumpft nunmehr seit 17 Quartalen in Folge und befindet sich unterhalb des Niveaus von 1963. Der neue Franc, der als Notmaßnahme nach dem Kollaps der Eurozone 2021 eingeführt wurde, hat mit 450 Milliarden Franc pro britischem Pfund ein neues Rekordtief erreicht. Auch gegenüber dem Dollar und dem Renminbi notiert der Franc auf Tiefstkurs.

Der französische Präsident Egaliteur hat Rufe nach wirtschaftlichen Reformen zurückgewiesen, und aus seinem Beraterkreis zu Wirtschaftsfragen verlautete, dass man keine Parallelen zwischen der aktuellen Entwicklung Frankreichs und dem Kollaps Zimbabwes unter Präsident Mugabe sehe. Wer dies behaupte, verbreite Fake News »Trump'schen Ausmaßes«. »Wir werden auf unserem Weg zu einer gerechteren Gesellschaft voranschreiten, zu einer gleicheren Gesellschaft, zu unseren sozialistischen und gerechten Idealen«, betonte Egaliteur.

+++

Spanischer Premierminister tritt Plänen für eine neue EU entgegen

Spanien, Großbritannien und die skandinavischen Länder arbeiten an Plänen für eine Freihandelszone und haben ihre Entschlossenheit bekräftigt, sich nicht an Plänen für die Wiederbelebung der EU zu beteiligen, die zurzeit zwischen Frankreich und Deutschland diskutiert wird. Der konservative spanische Premier Realistéz in seinem Interview mit SNFE: »Wenn irgendjemand im sozialistischen Herzland, das noch übrig ist, glaubt, dass Spanien verrückt genug ist, sich innerhalb von 15 Jahren zweimal die Füße wegzuschießen, sollte er einen Arzt konsultieren.«

+++

Post-Brexit Großbritannien: Insel des Wachstums in Europa
Großbritannien hat im bilateralen Handel mit China einen Überschuss von 40 Milliarden Pfund Gold-Sterling erzielt. Der Handel des Vereinigten Königreichs mit dem Commonwealth hat ein neues Rekordniveau von 443 Milliarden Pfund im abgelaufenen Jahr 2034 erreicht. Der Handel mit der Republik Irland ist auf dem höchsten Niveau seit dem Austritt Irlands aus der EU im Jahr 2020. Damals schloss das Land einen Freihandelsvertrag mit seinem größten europäischen Handelspartner Großbritannien.

+++

Türkische Truppen in Griechenland und Bulgarien
Soeben erreicht uns folgende Eilmeldung: Türkische Truppen haben die Grenzen zu Griechenland und Bulgarien nach Monaten der diplomatischen Eskalation zwischen dem Osmanischen Reich und seinen früheren Provinzen auf dem Balkan überschritten. Sie sind auf keinen nennenswerten Widerstand gestoßen, Panzerverbände nähern sich Sofia und Thessaloniki, die bereits von Luftlandetruppen abgeriegelt sind. Ein Sprecher des Palastes in Istanbul ließ verlauten: »Dies ist eine innere Angelegenheit des Osmanischen Reichs, und wir erinnern alle, die nun in Abenteurertum verfallen mögen, daran, dass die nuklearen Fähigkeiten unserer Streitkräfte es nicht erlauben werden, wenn wir in Ländern angegriffen werden, die rechtmäßiges Eigentum der islamischen Umma sind.«

Wir werden sie über die Entwicklungen auf dem Laufenden halten.

+++

Das klingt alles irgendwie verrückt, alarmistisch und weit hergeholt. Oder könnte es die Art von Weltordnung sein, in der wir oder unsere Kinder aufwachen, und das schneller, als wir es uns mit unserer begrenzten Fantasie vorstellen können? Was passiert, wenn der Euro in einer monetären Krise kollabiert, die angesichts des Zustands unseres Bankensystems täglich an Wahrscheinlichkeit gewinnt? Was passiert, wenn sich die Kernstaaten Europas, Deutschland und Frankreich, für den Sozialismus als vermeintlichen Weg des Heils entscheiden und der Kontinent in ein Szenario der Sowjetisierung rutscht? Was passiert, wenn die No-go-Areas und Ghettos zu Bürgerkriegszonen werden? Wie aggressiv werden die heute schon immer fordernder auftretenden islamistischen und salafistischen Gruppen in Deutschland, Frankreich und Belgien agieren, wenn sie durch die Zahlenverhältnisse nicht mehr von der Polizei kontrolliert werden können? Wie aggressiv wird die sich im Rückzug sehende indigene Bevölkerung auf ihre Verdrängung aus immer mehr Vierteln und Quartieren reagieren?

Wie erfolgreich werden Nationen sein, die – wie Großbritannien – eine freiheitliche Ordnung anstreben, deren wirtschaftliche Dynamik sie auch bei der Integration von Minderheiten erfolgreicher macht, weil das Modell Arbeit und Wohlstand attraktiver ist, als das einer salafistischen Straßenbande? Wie groß wird dann der Abstand zum »failed state« Europäische Union, die ihre bürokratischen und sozialistischen Gene nicht abschütteln kann?

Wenn wir die aktuellen Trends betrachten, dann stimmt das nicht optimistisch. Das ist vor allem dann so, wenn die Krise nicht als Katharsis genutzt werden kann, wenn das Fieber der Gesellschaft sich nicht übersetzt in eine große Reform mit der Wiedererrichtung der Freiheit als Herzstück und mit einer Politik der Aufklärung als Leitbild unserer Regierungsform. Wie würde also das pessimistische Szenario aussehen? Ein Blick zurück von 2035 auf den Beginn der Krise 2020 führt uns einen möglichen Ablauf vor Augen.

Seit Jahren wurden die Erträge der Banken erodiert. Die letzten Reserven auflösbarer Rückstellungen für Drohverluste aus Kreditrisiken waren aufgebraucht und wurden in das Eigenkapital gebucht, die letzten alten langlaufenden Kredite mit risikogerechten auskömmlichen Margen waren ausgelaufen und durch neue mit schlechten Margen ersetzt worden. Die Märkte hatten die Fäulnis schon vor Monaten gerochen und die Kurse der Bankaktien 2019 auf immer neue Tiefstände geschickt. Politiker und Manager verlasen Statements über die angebliche Irrationalität der Märkte und das Fehlen jeder Rechtfertigung von Preis-Buchwert-Verhältnissen unter 10 Prozent, teilweise unter 5 Prozent. Aber die Märkte wussten es besser. Sie wussten, dass das Eigenkapital weg ist. Die Restbewertung war nur noch eine Wette auf die Rettung mit gedrucktem Geld.

Die Banken riefen verzweifelt nach Erleichterungen bei den regulatorischen Kosten und bei den Abfindungen für die Entlassung von Mitarbeitern, um die Kosten zu drücken. Die Politik wies sie ein ums andere Mal als »Gierbanker« zurück, obwohl die Rückführung der Compliance-Kosten 12 bis 18 Monate Zeit für die Suche nach einer Lösung verschafft hätte.

Irgendwann Mitte 2020 konnte die Erosion der Kapitalbasis der Banken nicht mehr verborgen werden. Die Kreditvergabe geriet ins Stocken, dann begann sie zu schrumpfen. Die folgende Rationierung der Kredite löste die erste Bankrottwelle in der Realwirtschaft aus. Erst sah es nur so aus wie die Rückkehr zum normalen Ausfallniveau, das die Banken zuletzt vor der Finanzkrise 2007 gesehen hatten, bevor die Niedrig- und Nullzinspolitik die Zombiearmee geschaffen hatte, beatmet von der Subvention billigen Geldes. Doch allein schon dieses Normalniveau bedeutete eine Vervierfachung der Pleitenzahlen, die die Kreditportfolien der Banken und Sparkassen völlig unvorbereitet getroffen hat.

Dann setzte die ganze Kaskade ein. Das höhere Niveau der Ausfälle konnte von den ausgebluteten Risikorückstellungen nicht gedeckt werden. Man hatte sie alle aufgelöst, um sich in Scheingewinnen zu sonnen und die Stunde der Wahrheit über die wirkliche Ertragslage nach hinten zu verschieben. Jetzt fehlten sie. Die Verluste gruben sich direkt in das Eigenkapital der Banken. Das beschleunigte den Prozess der Kreditschrumpfung, war der Turbolader der schrumpfenden Bankengeldmenge.

Die europäische Bankenaufsicht, wie immer getragen von Ignoranz über die weitergehenden Folgen ihrer Maßnahmen, forderte die Banken auf, ihre internen Ratings an die neue Risikosituation anzupassen. Der neue Ausfallmittelwert musste die Realität der höheren Ausfallzahlen widerspiegeln. Das war zwar logisch, aber der Zeitpunkt war falsch.

Die Anpassung der durchschnittlichen Ausfallrate der Ratingverfahren führte zu einem Neu-Rating jedes einzelnen Kreditnehmers aller Banken innerhalb eines Quartals. Die durchschnittliche Wahrscheinlichkeit des Ausfalls im Portfolio war jetzt viermal so hoch und stieg weiter. Zum Glück ist das Verhältnis zwischen Ausfallwahrscheinlichkeit und Kapitalanforderung nicht linear, sonst hätten die Banken viermal so viel Kapital für das gleiche Portfolio vorrätig halten müssen. Trotzdem verdoppelte sich der Kapitalbedarf. Aber da die Banken das Kapital nicht hatten, sank ihre Kapitalquote auf die risikogewichteten Aktiva von 12 auf 6 Prozent oder noch weniger.

Ende 2020 wurde diese schon geschrumpfte Kennzahl der Kapitalquote mit immer größerem Tempo durch weiter fallende Erträge und ausfallende Kredite aufgefressen. Die Wirtschaft befand sich zu diesem Zeitpunkt in der schlimmsten Rezession der Nachkriegszeit, die Politik sehnte sich nach der Lehman-Krise zurück, weil sie kleiner war.

Die ersten Projektionen zeigten, dass Anfang 2022 die Banken über kein Eigenkapital mehr verfügen würden. Vor den Schaltern und Geldautomaten bildeten sich die ersten Schlangen. Mehr und mehr Banken mussten der Aufsicht einräumen, dass sie ihre Basel III-Kapitalvorgaben nicht mehr erfüllen konnten, aber die Aufsicht hatte sich entschlossen, keine Maßnahmen dagegen zu ergreifen, weil sie mittlerweile ahnte, dass dies das Ende war. Das Gesetz forderte, dass diese Banken geschlossen werden mussten, aber die Zahl der Banken, die es betraf, überstieg die Zahl der Mitarbeiter der Aufsichtsbehörden, die Akten blieben liegen. Die Behörden lernten, wie man Überforderung buchstabiert.

An dieser Weggabelung hätte die politische Klasse, wenn sie denn intellektuell darauf vorbereitet gewesen wäre, sich fragen können, was bei der Bankenrettung und der Eurokrise in den letzten Jahren schiefgegangen war, dass die Banken, 12 Jahre nach Lehman Brothers, so pleite waren wie nie zuvor. Sie hätten fragen können: »Wenn die Rezepte der Planwirtschaft nicht funktioniert haben, hätte es dann vielleicht mit wieder mehr Markt geklappt?«

Die Voraussage, dass sie nicht innehalten und sich diese Frage nicht stellen würden, erwies sich als zutreffend. Das wäre zu unbequem gewesen. Das hätte bedeutet, die totale und vollständige Niederlage ihrer Politik einzugestehen. Das konnten sie nicht tun. Die wie Dominosteine fallenden Banken versorgten sie mit dem perfekten Sündenbock und damit auch mit der perfekten Begründung, ihren falschen Weg weiterzugehen.

Das Ergebnis: Als Strategie der Krisenbewältigung wurden alle fallenden Banken verstaatlicht, die Zombiekredite wurden in riesige Verbriefungen gepackt und als solche an die EZB zum Nominalwert verkauft. Die EZB warf die Gelddruckerpresse an, um alles zum Nennwert aufkaufen, obwohl jeder wusste, dass der wahre Wert nur ein Bruchteil davon war. Das war illegal, aber es kümmerte sie nicht. Legal, illegal, total egal.

Die einzige Entschuldigung für diesen Rechtsbruch war die nackte Panik, die ihre Köpfe regierte, als dieser Punkt erreicht wurde. Die Verluste der Banken addierten sich Anfang 2022 auf 2500 Milliarden Euro, davon 1000 Milliarden Altlasten und 1500 Milliarden Zombiekredite. Die operativen Verluste durch Ertragsverfall überschritten 5 Milliarden Euro. Pro Monat. Der Kollaps des Bankensystems war so total, dass die Politik erkennen musste, dass sie mehr Geld brauchte, um den historischen Bank-Run zu stoppen. Um das Vertrauen in die Zahlungsfähigkeit der Banken wiederherzustellen, pumpte die EZB 7500 Milliarden Euro in das System.

Deutschland stimmte dem mit Entsetzen und in Angst um seine Target-2-Salden und 2000 Milliarden Euro weitere offene Forderungen an seine europäischen Partner zu, in einer letzten Sitzung der mit einer Vertrauensfrage gescheiterten Regierung Torkel. Die Kanzlerin hatte im Parlament 18 Stimmen bekommen. Nicht einmal alle ihre Minister hatten mit Ja gestimmt. Sie ahnten, wenn dieses Geld weg ist, dann würde der schläfrige Michel noch lernen, wie Revolution geht, gewaltsam. Was sie noch nicht wussten, war, dass dies alles den Euro nicht vor dem Zusammenbruch retten würde.

Das Drucken von 7500 Milliarden Euro frischem Geld zur Rettung und Verstaatlichung des europäischen Bankensystems katapultierte Europa aus der Deflationszone der durch die Banken kontrahierenden Geldmenge direkt in die Hyperinflation. Mit der Übernahme der Banken durch die Staaten nutzten diese ihre neu erworbene Macht, die Banken zu massiv ausgedehnter Kreditvergabe bei laxer Risikokontrolle zu zwingen. Die Idee dahinter war, die Wirtschaft mit einer Flut billigen Geldes am weiteren Schrumpfen zu hindern. Aber die gesunden Unternehmen, die diese Kredite für Investitionen und Wachstum hätten verwenden können, wollten keinen Cent davon haben. Sie wollten angesichts der Unsicherheit nicht investieren. Die Unternehmen, deren Existenz am seidenen Faden hing, nahmen das Geld an, alles, so viel sie bekommen konnten. Sie füllten damit die Lücken ihrer verdampfenden Liquidität, die durch die an allen Märkten fallende Nachfrage immer mehr Unternehmen erfasste, nicht nur die Zombies. So wurde gutes Geld schlechtem hinterhergeworfen.

Während Produktion und Produktivität weiter schrumpften, manifestierte sich die Überschussliquidität in sprunghaft steigende Preise. Aber die Injektion von 7500 Milliarden Euro in die Geldmenge der Zentralbank erforderte zunächst eine einmalige Anpassung der Preise nach oben um 40 bis 50 Prozent. Das hatte zwei Effekte: Der erste war die Enteignung der Sparer in ganz Europa, aber vor allem in Deutschland. Ihnen wurde das halbe Vermögen in einem Schritt weggenommen. Und dann kam die hyperinflationäre Spirale in Gang. Sie hätte nur mit einer strikten Begrenzung der Geldmenge und sehr hohen Zinsen unter Kontrolle gebracht werden können, aber das wagte man nicht aus Angst vor einer Vertiefung der schon in der Depression befindlichen Wirtschaft. Es ging zusammen, was seit den 1970er-Jahren nicht mehr zusammengegangen war: Superinflation und Depression. Die Medien sprachen von Superstagflation. Man ließ die Inflation also weiterlaufen aus Angst, mit einem falschen Schritt das Chaos noch zu vergrößern.

Es dämmerte den Bürgern, dass man sie enteignet hatte und dass diese Enteignung die Depression auch nicht stoppen konnte. Der Funke des Chaos sprang auf das politische System über. Das Ende der Parteien war besiegelt.

Hyperinflation und Enteignung trieben immer mehr Menschen auf die Straße. Die europäischen Regierungen verfielen in Lähmung. Rufe nach Neuwahlen wurden allerorten laut. Diese kamen in ganz Europa. In Deutschland schafften es nur die Linken, die Grünen, die FDP und die AfD über die 5-Prozent-Hürde. In ganz Europa kamen linke oder rechte Populisten oder Koalitionen aus beiden nach dem Vorbild Italiens an die Macht. Einig waren sie sich in einer Sache: Es ist Zeit für einen Neuanfang. Ohne den Euro, und ohne die EU.

Die Auflösung des Euro verlief sogar erstaunlich geräuschlos. Die Hyperinflation hatte die Target-2-Salden bedeutungslos gemacht, das Geld war schon weg. Was als Einziges noch übrig blieb, waren die Goldreserven. Das reihenweise Ausscheiden der Länder aus dem Euro löste durch die Vertragskonstruktion auch das Ende der EU aus, denn den Euro zu verlassen bedeutete juristisch, auch aus der EU auszutreten. Die ganze Fassade bröckelte, und es drehte sich alles nur noch um die Frage, ob und wann die Abwärtsspirale gebrochen werden würde. Die Einführung der neuen Währungen wurde von Unruhen und Straßenschlachten begleitet. G20 war überall.

Die Legislative war nicht mehr in der Lage, die Sätze der Sozialhilfe und des Arbeitslosengeldes so häufig anzupassen, dass sie mit der Inflation Schritt halten konnte. Das Sozialsystem war innerhalb weniger Wochen zahlungsunfähig. Renten und Arztrechnungen blieben liegen. Die Überweisungen an Millionen immigrierter Sozialhilfeempfänger endeten über Nacht. Diese waren in einem fremden Land gestrandet, ohne Geld, ohne Arbeit, verfolgt von den Ressentiments einer Heerschar von Arbeitslosen auf der Suche nach einem Sündenbock. Die Polizei musste die Reste der Bundeswehr zu Hilfe rufen, um die No-go-Zonen abzuriegeln, von Kontrolle innerhalb der Zonen war keine Rede mehr, das gelang erst wieder 2025. Draußen war Chaos, aber drinnen war erst die Republik der Messer, dann die der Pistolen.

Im Großen und Ganzen kamen die Einwanderer mit der Krise dennoch besser zurecht als die indigene Bevölkerung. Das hatte mehrere Gründe: Sie waren an harte Zeiten gewöhnt, zumindest diejenigen, die aus der Levante und aus Afrika gekommen waren; und sie lebten in eng organisierten Familienverbänden, die sich als sehr viel widerstandsfähiger gegen die Wirtschaftskrise erwiesen. Am schlechtesten erging es den keine Kinder keine Bindung keine Verpflichtung kennenden einsamen Singles der hedonistischen Gesellschaft.

In den Ländern, in denen sich die Linke durchsetzte, kamen sozialistische Rezepte zur Überwindung der Krise zum Einsatz. Sie stabilisierten sich zunächst auf niedrigem Niveau, verteilten das Elend auf alle gleich und begannen einen seitdem anhaltenden Abstieg. Die Industrie wurde großflächig verstaatlicht, die Grenzen für den Handel mit Hilfe von protektionistischen Maßnahmen geschlossen, Zentrale Wirtschaftsplanungsbehörden wurden eingerichtet. Dieser Teil des Kontinents entschied sich für das Venezolanische Modell. Seine Vertreter nannten sich Euro-Chavistas. Mit den Jahren beschränkte sich die Politik dort darauf, das immer größere Elend möglichst gleich zu verteilen. Wahlen gab es seit Anfang der 2020er-Jahre nicht mehr.

Geld für innere und äußere Sicherheit gab es auch nicht mehr. Es gab aber genug Geld, um die Opposition im Inneren zum Schweigen zu bringen mit einem Sicherheitsapparat, den man in Kuba kopiert hatte und der immer noch über die Mittel der totalen Überwachung verfügte. Das wurde nach knapp drei Jahren besser, weil die alten Smartphones, die die Augen und Ohren des Regimes waren, den Geist aufgaben und die Leute kein Geld für neue hatten. Mit dem immer tieferen Versagen der Planer kam die Schlange als sozial gerechtester Verteilungsmechanismus für die Güter des täglichen Bedarfs endlich wieder zu ihrem Recht. Das tat sie aber nur in den Gebieten unter Regierungskontrolle. In den Vorstädten von Paris, Brüssel und dem Ruhrgebiet war der bevorzugte Güterzuteilungsmechanismus schon seit 2022 die Gewalt. Straßengangs und Clans errichteten ihre Art der Ordnung.

Der Streit um die Vermögenswerte der EU in Brüssel hielt nur an, bis einige Salafistenbanden das Berlaymont erst besetzten und dann – es war wohl ein Unfall in einem Drogenlabor im Keller des Gebäudes die Ursache – bis auf die Grundmauern niederbrannten. Niemand kannte die Opferzahlen, da die Feuerwehr der benachbarten Städte sich nicht nach Brüssel hinein traute.

In Summe: Europa hat eine tödliche Wunde davongetragen, ist in der ökonomischen Depression versunken, hat versagende Staaten hervorgebracht und seine Sicherheit exponiert wie seit 1939 nicht mehr.

Inzwischen wurde die strategische Bedrohung des neoosmanischen Größenwahns eines orientalischen Despoten von Tag zu Tag größer. Er wartete geduldig auf seine Gelegenheit zur Wiederherstellung seiner imperialen Träume in Südosteuropa. Der Balkan sollte wieder ein Anhängsel der Levante werden.

Ist das also das Ende der Geschichte? Sind wir zum Scheitern verurteilt? Kann Europa einen besseren Weg gehen? Einen Weg, der den Kontinent zu alter Stärke zurückführt und der den Menschen die berechtigte Zuversicht gibt, dass unsere besten Tage noch vor uns liegen? Ja, davon bin ich überzeugt. Aber dafür müssen wir etwas tun.

Wie könnte alles ganz anders kommen?

Bedauerlicherweise können wir den Startpunkt nicht ändern. Die angesammelten Ungleichgewichte im Geld- und Bankensystem und auch die Fehlallokationen in der Realwirtschaft können ohne eine schwere Bereinigungskrise nicht überwunden werden. Der Hauptunterschied zwischen einem pessimistischen und einem optimistischen Szenario liegt darin begründet, ob wir die Krise als Chance zur Katharsis nutzen.

Wie Einstein sagte: »Die Definition von Wahnsinn ist es, immer wieder das Gleiche zu tun und dann ein anderes Ergebnis zu erwarten.« Immer wieder das Gleiche tun, versuchen, Probleme, die durch Schulden verursacht sind, mit immer mehr Schulden zu lösen, ist genau das, was wir machen. Um die totale Großabschreibung zu vermeiden und unsere sozioökonomischen, politischen und militärischen Ökosysteme zu heilen, müssen wir eine andere Richtung einschlagen.Dann bekommen wir vielleicht das folgende optimistische Szenario.

Es begann im März 2019. Die Börsen hatten die Blitzeinschläge, die das Bankensystem in immer kürzerer Folge trafen, schon länger bemerkt. Selbst bevor die aktuellen Geschäftsberichte mit Zahlen aufwarten mussten, die die gewaltigen operativen Verluste der Banken schließlich sichtbar werden ließen, hatten die Investoren den Braten gerochen. Immer mehr Analysten in den Handelsräumen begannen, die optimistischen Zahlen des letzten Stresstests von EZB und EBA infrage zu stellen, und stellten unangenehme Fragen zur Qualität der Kreditportfolien auf den Bilanzpressekonferenzen und in den Analystenschaltungen der Banken.

Das Misstrauen hatte derart um sich gegriffen, dass auf den Telefonkonferenzen der Vorstände mit den Analysten Apps mit einer israelischen Software zur Analyse der Stimmfrequenzen zum Einsatz kamen. Sie waren in der Lage, einem Lügendetektor gleich, aus den Frequenzen zu erkennen, wenn eine Frage nicht wahrheitsgemäß oder irreführend beantwortet wurde. Die Nerven lagen blank.

4. März 2019: Der Wert der Banco Credito Universale in Palermo fällt an der italienischen Börse unter die kritische Marke von einem Euro. Das Preis-Buchwertverhältnis liegt damit erstmals unter 5 Prozent. Der Aktienmarkt geht davon aus, dass die Bank ein negatives Eigenkapital hat, der positive Wert ihrer Aktie ist nur noch eine Wette auf die Rettung der Bank. Vor den Schaltern der Bank bilden sich erste Schlangen.

An diesem kritischen Punkt entschied sich die Regierung aus linken und rechten Populisten in Rom, die Politik der verweigerten Einsicht endlich zu beenden und es mit Transparenz zu versuchen. Generationen von Kommentatoren und mittlerweile auch Historikern haben seither darüber debattiert, ob das eine weise Entscheidung war. Aber wie Premierminister Escapini später in einem Interview einräumte: »Wir standen einfach mit dem Rücken zur Wand.«

+++

4. März 2019, 20.00 Uhr: Das Finanzministerium in Rom veröffentlicht die geheimen Zahlen des Stresstests der EZB, die das Desaster des Bankensystems in seiner Totalität erstmals dem grellen Licht korrekter Buchführung aussetzen. Das passiert um 8 Uhr abends. Der Elefant im Zimmer war eine 1100 Milliarden-Euro-Rechnung, die erforderlich war, die überschuldeten Banken des Landes zu retten und ihr negatives Eigenkapital so weit aufzufüllen, dass es im Verhältnis zu den restlichen Risiken den regulatorischen Vorgaben von Basel III entsprechen würde. Italien forderte ein europäisches Rettungsvehikel für seine Banken. Europa fröstelte, als sich herausstellte, dass es das nicht bieten konnte, weil die Märkte das nicht mehr hergaben.
Es war die kritische Weggabelung, bevor die eigentliche Bankenkrise sich entfaltete und die Zombieunternehmen begannen, in die Pleite zu schlittern, nachdem die Banken als Ergebnis einer seit zehn Jahren anhaltenden Ertragsschwäche begonnen hatten, ihrerseits rote Zahlen zu schreiben.

+++

5. März 2019, 10.25 Uhr vormittags: Eine Minderheit der europäischen Staatschefs hatte an diesem Morgen bereits begriffen, dass sie den Euro nicht retten konnten. Die deutsche Bundesregierung unter Kanzlerin Torkel hatte angeboten, mehr als die auf sie nach dem EZB-Anteilsschlüssel entfallenden 26 Prozent für den Rettungsfonds zu übernehmen. Die Rede war von 500 Milliarden Euro. Aber die Party endete in Paris. Als die Regierung der Nationalversammlung mitteilte, dass auch auf Frankreich für die italienische Bankenrettung bis zu 500 Milliarden Euro zukommen könnten, brach auf den Anleihemärkten für französische Staatsanleihen Panik aus. Die Spreads stiegen innerhalb von 45 Minuten um 8,23 Prozent in immer schnelleren Sprüngen. Um 11.03 Uhr wurde der Handel ausgesetzt, aber die asiatischen Börsen straften die Papiere schließlich mit einem Spread von 14 Prozent ab.

Präsident Moron, der in Brüssel bereits eine Zusage gemacht hatte, ohne die notwendige Zustimmung der Nationalversammlung einzuholen, trat um 13.00 Uhr zurück. Bis heute ist nicht klar, ob und, wenn ja, wie er dazu gezwungen wurde.

In Frankfurt und Berlin belagerten Zehntausende besorgte Rentner und Sparer, die um ihre Lebensersparnisse fürchteten, den Bundestag und die EZB. In diese Situation platzte die Nachricht, dass Kanzlerin Torkel wegen Krankheit die Amtsgeschäfte vorübergehend an ihren Stellvertreter, Finanzminister Holz, übertragen hatte. Holz war jetzt geschäftsführender Bundeskanzler. Die Target-2-Salden der Bundesbank sprangen an diesem einen Tag um 150 Milliarden Euro.

+++

5. März 2019, 18.02 Uhr: In dieser Nacht lud die niederländische Regierung die Regierungschefs derjenigen Länder mit Forderungen im Target-2 System zu einem geheimen Treffen nach Den Haag ein. Das waren zu diesem Zeitpunkt Deutschland mit 1,8 Billionen Euro, die Niederlande mit 450 Milliarden und Luxemburg mit 200 Milliarden. Als das Geheimtreffen ruchbar wurde, rauschte der Dow Jones im außerbörslichen Handel um 4000 Punkte in die Tiefe. Der US-Präsident ordnete an, dass die Börse bis auf Weiteres geschlossen bleibt – mit seinen Worten: »bis der Pulverdampf des Euro-Waterloo sich gelegt hat«. Die Bank von England, die noch mitten in der Organisation des »harten Brexit« war, der sich als Heldennotausgang der gescheiterten Gespräche mit der EU erwiesen hatte, berief ein Notfalltreffen ihres Direktoriums mit den CEOs der wichtigsten Institutionen der City ein. Wie sich herausstellte, hatte die Mehrheit der Häuser mit diesem Szenario gerechnet und war vergleichsweise gut vorbereitet. Viele lukrative Kreditbeziehungen in die Eurozone waren heruntergefahren worden, trotzdem standen noch 800 Milliarden über Derivate, Clearing und Kredite in der zusammenbrechenden Eurozone im Feuer. Die Bank von England stellte Notfalllinien von 500 Milliarden Pfund bereit. Die Nacht legte sich über den Kontinent. In Den Haag brannte noch Licht.

+++

6. März 2019, 5 Uhr morgens: Die drei Staatschefs, die die Medien noch in der Nacht die »Gefangenen von Target-2« tauften, betraten den Presseraum des »Ministerie van algemene Zaken«, das Ministerium für die allgemeinen Sachen, wie das Amt des holländischen Premiers sich bescheiden nennt, um 5.01 Uhr am Morgen. Der geschäftsführende Kanzler Holz blickte verstört und sichtlich erschüttert in das Blitzlichtgewitter der internationalen Presse. Der luxemburgische Premier, der noch am Handy mit EU-Kommissionspräsident Drunker sprach, war den Tränen nahe. Dann legte er auf. Die drei hatten vereinbart, dass der trotz Übernächtigung noch im Vergleich am fittesten wirkende niederländische Premierminister ein gemeinsames Statement verlesen sollte. Es war die Erklärung der bedingungslosen Kapitulation:

»Europa ist an einer kritischen Wegscheide angelangt. Wir verstehen, dass Italien jetzt unsere Solidarität und unsere Unterstützung benötigt. Die Größenordnung der dafür erforderlichen Mittel und die geringe Zeit, die für ihre Beschaffung zur Verfügung steht, ohne unsere Nationen in

die finanzielle Depression zu stürzen, hat uns jedoch vor eine unerträgliche Wahl gestellt. Gemeinsam haben wir die schmerzvollste Entscheidung unseres politischen Lebens getroffen, von der wir niemals erwartet hätten, dass sie uns aufgezwungen wird. Luxemburg, Deutschland und die Niederlande erklären hiermit ihren sofortigen Austritt aus der Eurozone. Dies tritt auf der Stelle in Kraft.

Die Banken in unseren drei Ländern werden bis zum 10. März geschlossen bleiben, alle Zahlungstransaktionen werden angehalten, und strikteste Kapitalkontrollen sind ab sofort in Kraft. Sie werden am 10. März um Mitternacht wieder aufgehoben werden, sobald unsere neuen nationalen Währungen eingeführt worden sind. Das Target-2-System ist um 4.58 Uhr von der Bundesbank, der niederländischen Reichsbank und der luxemburgischen Zentralbank abgeschaltet worden.

Wir können nur eine geordnete Auflösung der Eurozone anstreben. Das bedeutet, dass wir nördlichen Länder auf einige Forderungen verzichten werden, um einen Totalverlust zu vermeiden und zugleich unserem Nachbarn Italien zu helfen. Wir werden dies dadurch erreichen, dass Deutschland, die Niederlande und die anderen Starkwährungsländer, die sich anschließen wollen, den Euro verlassen und es den zurückbleibenden südlichen Ländern im Euro so ermöglichen, den Euro in eine weichere Währung umzuwandeln. Wir akzeptieren es, dass der Euro und damit auch unsere Target-2-Forderungen um 30 bis 40 Prozent gegenüber unseren neuen Währungen abgewertet werden. Auf diese Weise tauschen wir das rigide Kreditrisiko gegenüber Südeuropa in ein Wechselkursrisiko. Deutschland, Luxemburg und die Niederlande bringen auf diesem Weg ein Opfer in der Größenordnung von 2000 Milliarden Euro gegenüber Italien und anderen in der Eurozone. Aber wir sagen auch mit aller Klarheit: Wir sind nicht bereit, die Target-2-Forderungen und andere Forderungen einfach komplett abzuschreiben. Bedauerlicherweise, meine Damen und Herren, müssen wir Sie um Verständnis bitten, dass wir jetzt keine Fragen beantworten werden. Wir haben jetzt sehr viele Pflichten zu erfüllen.«

Die Welt hielt den Atem an.

6. März, 9.00 Uhr morgens: Frankreich, Italien und Spanien erklären ihren Austritt aus dem Euro.

Es war klar, dass die südlichen Länder und Frankreich ihre Banken nur mit frisch gedruckten Euros oder eigenen neuen Währungen würden retten können. Sie haben sich für frische Francs, Lira, Peseten und Escudos entschieden. Die Zwangsjacke des Euro war endgültig gesprengt.

Diese Lösung vermied einen Transfer von 1 bis 2 Billionen Euro von Nord nach Süd für die Bankenrettung dort, noch bevor die nördlichen Länder die Rettung ihrer eigenen Banken in Angriff nehmen konnten. Das war für beide Seiten ein guter Deal: Die südlichen Länder wurden aus ihren Schulden entlassen und die nördlichen Länder aus dem Gläubigerkäfig. Sie erlangten ihre politische und ökonomische Freiheit wieder, indem sie die Forderungen aufgaben, die ohnehin uneinbringlich waren. Sie konnten immer noch hoffen, dass sich der Wert ihrer Target-2-Forderungen durch einen schnellen Aufschwung der südlichen Volkswirtschaften wieder erholen würde, nachdem ihre Volkswirtschaften aus dem Prokrustesbett des Euro entkommen waren.

Die Entfaltung der Krise schon im Jahr 2019 sorgte zudem dafür, dass die Banken mit frischem Geld gerettet wurden, bevor die Krise der Zombieunternehmen sie mit voller Wucht traf. Die Rechnung für die Rekapitalisierung der Banken fiel dadurch sehr viel kleiner aus, etwa 50 bis 70 Prozent kleiner als im Vergleich mit dem Rettungspaket, das notwendig geworden wäre, wenn die Abwärtsspirale schon in vollem Gang gewesen wäre.

Um das Bankensystem auch operativ gesunden zu lassen, wurden alle Regulierungen auf den Prüfstand gestellt, ob sie auch tatsächlich zur Stabilität des Systems beitrügen oder nicht. Wenn die Antwort kein 100 Prozent sicheres Ja war, wurde die Regulierung wieder abgeschafft. Ein Finanzdienstleister-Restrukturierungsgesetz wurde eingeführt, das es Banken und Versicherungen erlaubte, ihre Kosten binnen zwei Jahren um 50 Prozent zu senken, ohne horrende Abfindungen an entlassene Angestellte zahlen zu müssen. Sie wurden auf wenige Monatsgehälter eng begrenzt.

Die Austrittsentscheidung Deutschlands und der anderen Hartwährungsländer führte bei ihren Auslandsaktiva zu substanziellen Verlusten, aber sie waren kleiner, als die Verluste einer ungeordneten Auflösung der Eurozone gewesen wären. Die eine Billion Euro, die abzuschreiben war, war zweieinhalbmal so hoch wie die Verluste Deutschlands in der Finanzkrise von 2007. Damals waren es 400 Milliarden gewesen. Das Land verkraftete es.

Durch die Rückgabe der Macht an die Währungsmärkte wurden sofort mehrere Ziele erreicht: Die innereuropäische Schuldenkrise wurde zu tragbaren Kosten für alle Beteiligten gelöst. Jedes Land erhielt seine volle Souveränität zurück hinsichtlich der Wirtschaftspolitik, die es betreiben wollte. Unterschiede in der Wettbewerbsfähigkeit wurden durch Wechselkursschwankungen sofort abgebaut. Die fiskalischen Defizite verringerten sich schnell, und nicht ein Land kam in die Gefahr einer Staatspleite, weil alle Schulden in eigener Währung denominiert wurden, die jedes Land nun wieder selbst kontrollierte. Trotzdem durchlief Europa eine lange Depression und unterschiedliche Inflationsschübe in den einzelnen Ländern, aber die Tiefe der Rezession und die Gesamtentwertung der Geldbasis waren unvergleichlich kleiner in einer Nach-Euro-Welt als in einer implodierenden Eurozone.

Mit der Rückkehr von Vizekanzler Holz nach Berlin trat Kanzlerin Torkel aus angeblichen Gesundheitsgründen zurück. Ihr Rücktrittsschreiben wurde von ihrem Sprecher verlesen. Als sich herausstellte, dass sie versuchte, ihre bevorzugte Erbin, Verteidigungsministerin von der Rolle, als Kanzlerin wählen zu lassen, kam es in ihrer Partei zur offenen Rebellion.

+++

8. März 2019: Die Große Koalition in Deutschland beantragte die Scheidung. Die Sozialdemokraten waren nicht bereit, ein Mitglied der sich nach rechts lehnenden Werteunion als neuen Kanzler zu akzeptieren. Die Unionsfraktion unter ihrem neuen Chef Brinkmann bestand aber auf ihrer Wahl. Neuwahlen wurden für den 25. Mai angesetzt. Es war jedoch klar, dass die Interimsregierung unter Kanzler Holz viele kritische Entscheidungen würde treffen müssen, sowohl auf nationaler, als auch auf europäischer Ebene. Europa musste sich auf die internationalen Herausforderungen vorbereiten. Leider hat die Interimsregierung auf vielen Feldern versagt. Es blieb der neuen Regierung vorbehalten, den Aufschwung zu organisieren. Die Ziele waren klar:

Nach der einvernehmlichen Auflösung von Währungsunion und EU mussten die Teile der »immer engeren Union« gerettet werden, die für ein Europa unabhängiger Nationen wichtig und nützlich waren. Das bedeutete, dass Europa eine Freihandelszone bleiben sollte ohne Zölle und nicht tarifäre Handelshemmnisse, die den innereuropäischen Handel und Kapitalverkehr obstruieren könnten. Freihandel war dabei das Ziel, und zwar für Güter und Dienstleistungen.

Das mit dem Brexit ausgeschiedene Großbritannien wurde eingeladen, dieser Freihandelszone wieder beizutreten. Sie sollte keine eigene Bürokratie bekommen. Nie wieder sollte eine Schattenregierung ohne demokratische Legitimation[129] die Möglichkeit erhalten, auf Schleichwegen ihre Macht am Volk und an den Völkern vorbei aufzubauen.

+++

11. März 2019: Die Banken in Deutschland und den Niederlanden öffneten wieder. Luxemburg gab bekannt, dass es die Bankenöffnung und das Ende der Kapitalverkehrskontrollen auf den 20. Mai verschoben hatte. Sofort bildeten sich lange Schlangen vor den Geldinstituten. Nervöse Bankkunden wollten sehen, was mit ihren Konten und ihrem Geld passiert war. Die Bundesbank hatte existierende Euro-Banknoten verwendet und eines der Sicherheitsmerkmale, ein Hologramm, ausgetauscht. Das neue Hologramm zeigte ausgerechnet eine Frau mit Kopftuch. Die Aufregung legte sich, als sich herausstellte, dass es sich um das Motiv der Rückseite der alten 50-Pfennig-Münze handelte, die bis 1998 in Umlauf war. Dass die Frau auf dem

Motiv einen Eichenbaum pflanzte, hat sie dann offenbar für das ganze politische Spektrum akzeptabel gemacht.

Das Eurozeichen war ersetzt worden durch den Text »Neue Deutsche Mark – Notgeld«. Das beantwortete eine Frage, die sich in den Jahren zuvor viele gestellt hatten: Die Bundesbank hatte keinen Keller voller frisch gedruckter DM-Scheine, um auf den Ernstfall des Euro-Endes vorbereitet zu sein. Ihr Direktorium hatte den Skandal gefürchtet, sollte es an die Öffentlichkeit gelangen. Bundesbankpräsident Weidenbaum erklärte, dass neue, sichere Banknoten das Notgeld innerhalb von zehn Wochen ersetzen würden. Alle Euro-denominierten Konten in Deutschland wurden unabhängig vom Eigentümer im Verhältnis 1 zu 1 in Neue Deutsche Mark umgetauscht. Für Auslandstöchter deutscher Banken in der Eurozone galt das nicht. Alle ihre Aktiva und Passiva liefen in Euro weiter, bis dort die neue lokale Währung eingeführt wurde.

+++

12. März 2019: Italien bestätigte nochmals, dass es den Euro verlassen und seine Banken mit frisch gedruckten Lira rekapitalisieren werde. Der Preis des Banco Credito Universale stieg innerhalb einer Stunde um 100 Prozent auf 4 Cents. Der Präsident der Banca d'Italia ordnete eine Schließung aller Banken für 48 Stunden an und eröffnete der staunenden Presse, dass neue Lira-Banknoten ab Mitte 2018 in einem Geheimprogramm vorsorglich gedruckt worden waren. Daher brauche man auch nur 48 Stunden für den Umstieg. Sie hatten die gleichen Sicherheitsmerkmale wie die Euro-Banknoten, aber andere Motive. Ihr Umtauschverhältnis zum Euro wurde mit 1 zu 1 festgesetzt. Der erste Marktwechselkurs kam aus Tokio, basierend auf einer Derivatetransaktion 44 Minuten nach der Pressekonferenz der Banca d'Italia. Er belief sich auf 82 Eurocent pro Lira. Die Neue Deutsche Mark notierte bei 133 Eurocent.

+++

20. März 2019: Eine Koalition aus marktliberal gesinnten Mitgliedern des Parlaments in Berlin aus verschiedenen Parteien hat sich zu einer intraparlamentarischen Gruppe mit dem Namen »Ludwig Erhards Wiedergeburt« zusammengeschlossen und ein marktradikales Programm verkündet. Der Gruppe fehlte nur ein Abgeordneter zur absoluten Mehrheit im Bundestag. In ihr fanden sich von Mitgliedern der Werteunion über sozialdemokratische Seeheimer und Liberale bis hin zu den wirtschaftsnahen Abgeordneten der AfD alle möglichen Gruppen zusammen. Offenbar hatten viele die Zeichen der Wende erkannt und wollten nicht außen vor bleiben. Die Gruppe machte deutlich, dass sie eine Mehrheit mit oder ohne Zustimmung ihrer alten Parteien anstreben würde. Gerüchte kamen in Umlauf, dass die Gruppe den früheren Bundesbankchef Webster gefragt hatte, sich als neuer Bundeskanzler zur Verfügung zu stellen. Webster wollte das nicht kommentieren.

Das Programm der Gruppe war radikal, aber es diente auch als Blaupause für die neuen Regierungen in Frankreich und Spanien. Es beruhte auf der Überzeugung, dass die nunmehr wieder souveränen Länder umso erfolgreicher sein würden, je mehr wirtschaftliche und politische Freiheit sie anböten. Die Liste ihrer Reformen war lang:

Die Staatsquote, also der Anteil der Regierung an den wirtschaftlichen Aktivitäten eines Landes, sollte von gegenwärtig 50 Prozent auf 25 Prozent halbiert werden. Dies sei mehr als genug für den Staat, seine Aufgaben zu erfüllen, wenn er sich auf seine Kernaufgaben besinne. Die Quote sollte Verfassungsrang erhalten.

Die staatliche Neuverschuldung sollte für illegal erklärt werden. Dazu das Manifest »Ludwig Erhards Wiedergeburt«: »Wenn die Regierung der Meinung ist, dass sie antizyklisch handeln will, obwohl sie damit die kreative Zerstörung behindert und also auch den technischen Fortschritt, so kann sie dafür in guten Zeiten Geld ansparen, das sie in schlechten Zeiten ausgeben darf.«

Das staatliche Rentensystem sollte von einem Umlageverfahren auf ein kapitalgedecktes System umgestellt werden. Um das zu finanzieren, waren zwei Maßnahmen notwendig: Alle staatlichen Aktiva, die im Prinzip privatisierbar waren, wurden in eine nationale

Vermögensverwaltung eingebracht. Die Vermögenswerte wurden in Aktiengesellschaften gebündelt und mit jeweils 50 Prozent an die Börse gebracht. Die frei werdenden Mittel wurden für eine globale Diversifikationsstrategie eingesetzt.

Die Beiträge zum Rentensystem wurden erhöht und mit einer Übergangsprämie zum neuen System versehen, um die verbleibende Lücke zu schließen. Die Rente wurde an die Zahl der Kinder geknüpft, die ein Beitragszahler großgezogen hatte. Für Kinderlose wurde sie substanziell reduziert, weil es nicht mehr akzeptiert wurde, dass der Generationenvertrag dazu missbraucht wurde, anderer Leute Kinder für die eigene Rente aufkommen zu lassen.

Bürokratie und Papierkrieg sollten um 80 bis 90 Prozent reduziert werden. Eine Arbeitsgruppe sollte alle Regulierungen überprüfen und Vorschläge machen, wie der bürokratische Ansatz durch einen marktwirtschaftlichen ersetzt werden könnte, sofern die Zielsetzung der Regulierung überhaupt mit der Marktwirtschaft konform ging. Wenn nicht, sollte sie ersatzlos gestrichen werden.

Alle öffentlichen Dienstleistungen sollten nach dem Vorbild Singapurs auf Online-Plattformen umgestellt werden. Alle sollten zugleich daraufhin untersucht werden, ob sie auch von privaten Anbietern durchgeführt werden können. In diesem Fall sollten sie in eine GmbH überführt und verkauft werden.

Subventionen wurden ersatzlos abgeschafft. Eine freie Marktwirtschaft braucht keine Subventionen. Sie wurden als Ausdruck der Planwirtschaftsmentalität angesehen, als Anmaßung von Wissen, das der Staat nicht hat. Die Energiewende wurde ersatzlos gestrichen, die Energiewirtschaft konnte wieder frei wählen, welche Primärenergieträger sie nutzen will. Der Ausstieg aus der Kernkraft wurde rückgängig gemacht.

Das Steuersystem wurde stark vereinfacht. Die Zahl der Steuerarten wurde um 80 Prozent reduziert, die Regeln wurden vereinfacht und Ausnahmetatbestände abgeschafft. Jeder Bürger sollte seinen Steuerbescheid verstehen können. Der Höchststeuersatz für Einkommen und Körperschaftssteuer wurde auf 22 Prozent festgelegt.

Die Regulierungen für den Arbeits-, Wohnungs- und Energiemarkt wurden abgeschafft, damit diese Märkte wieder ein adäquates Angebot verfügbar machen konnten.

Die Gruppe äußerte sich zuversichtlich, dass dieses Paket marktorientierter Reformen Europa schnell auf einen Pfad wirtschaftlicher Erholung führen werde.

+++

25. März 2019: Die deutsche Übergangsregierung gab bekannt, dass sie alle Zahlungen an die praktisch nicht mehr existente Europäische Kommission einstelle. Sie schlug eine Verhandlungskommission der Staaten der früheren EU vor, die über die Aufteilung der Aktiva und der Verbindlichkeiten der EU Verständigung schaffen sollte. Der deutsche Wunsch, auch die Pensionen der EU-Beamten gemeinsam zu regeln wurde von den Visegrad-Staaten strikt zurückgewiesen: Jedes Land solle sich um seine EU-Beamten kümmern. Belgien und Frankreich gaben bekannt, dass sie die Aktiva der EU auf dem Boden ihrer Länder konfiszieren würden, um die Pensionen damit zu bezahlen.

+++

4. April 2019: Mit Griechenland ist das letzte Mitglied der Eurozone aus dem Währungsverbund ausgeschieden. Über eine Million Menschen feierten in den Straßen von Athen. Der neue Premierminister Yanis V. gab in seiner Rede vor der begeisterten Menge bekannt, dass Griechenland seine gesamten Staatsschulden in frisch gedruckten Euro zurückzahlen werde. Auf der letzten Sitzung des EZB-Zentralbankrates genehmigte der Rat mit der 100 Prozent Mehrheit Griechenlands dem Land einen Kredit über 400 Milliarden Euro zu –5 Prozent Zinsen und einer Laufzeit von 300 Jahren.

Die ekstatische Menge feierte den Premierminister als »neuen Leonidas« zu den Klängen einer Rockband, die den Titel »We Smashed The Troika« spielte.

+++

11. April 2019: Die rechtsgerichtete populistische Partei in Deutschland spaltet sich auf. Acht Abgeordnete formen eine neue rechtsgerichtete Gruppe namens »Deutsche Partei«, die anderen 90 formieren die »liberalkonservative Allianz« mit dem erklärten Ziel, »Europa in Kooperation mit allen echten demokratischen Kräften guten Willens« retten zu wollen. Letzte Umfragen geben den Liberalkonservativen, die sich der Gruppe Ludwig Erhard schon vor der Spaltung angeschlossen hatten, 28 Prozent der Stimmen, was sie zur größten Fraktion im Parlament macht.

+++

12. April 2019: Die türkische Polizei hat 19 Offiziere der Luftwaffe der Vereinigten Staaten auf dem Nato-Stützpunkt Incirlik verhaftet. Den 17 Männern und 2 Frauen wird vorgeworfen, mit türkischen Armeeoffizieren zum Putsch gegen den Präsidenten konspiriert zu haben. Das Weiße Haus hat für Ihre Freilassung ein Ultimatum von 12 Stunden gesetzt. Allerdings wurde nicht gesagt, was im Fall des fruchtlosen Verstreichens passieren würde.

+++

13. April 2019: Der türkische Verteidigungsminister hat die Vereinigten Staaten vor »Abenteurertum« gewarnt. »Gott ist mit uns, wir werden uns nicht von den Bullies in Washington herumschubsen lassen.« Aus Washington war zu hören, dass zurzeit weder konventionelle noch nukleare Waffensysteme der USA in Incirlik stationiert seien.

+++

15. April 2019: Die 19 US-Offiziere wurden an der türkisch-griechischen Grenze freigelassen. Die Vereinigten Staaten habe mit Bulgarien ein Stationierungsabkommen für 50 000 US-amerikanische Soldaten nahe der türkischen Grenze geschlossen.

+++

22. April 2019: Der Präsident der aufgelösten EZB, Plaghi, hat die Schlüssel zum EZB-Tower in Frankfurt an Vertreter der Bundesbank übergeben. Der Generalstaatsanwalt des Landes Hessen hat eine Sicherstellung aller Dokumente und Computersysteme in dem Gebäude angeordnet. Er werde die Frage von Rechts- und Pflichtverletzungen durch die EZB seit 2007 untersuchen, kündigte er an. Alle Computer in dem Gebäude wurden physisch vom Internet getrennt, um Hackerangriffe unmöglich zu machen. Die Polizei hat das Gelände gesichert.

+++

30. April 2019: In Frankfurt, Berlin, Amsterdam, Den Haag, Luxemburg und Wien fanden Proteste mit jeweils 200 000 Menschen statt. Sprecher verlangten eine Untersuchung der Legalität der EZB-Geldpolitik und die Bestrafung der Verantwortlichen für Rechtsverstöße bei der Eurorettung durch die Regierungen ab 2010. Die Demonstranten skandierten: »Wo sind unsere Ersparnisse?«

+++

5. Mai 2019: Die Bundesbank hat ihre erste Bilanz nach dem Ende des Euro veröffentlicht. Sie wies ein negatives Eigenkapital von 400 Milliarden Euro aus, sehr viel weniger als angesichts eines 1,8 Billionen Target-2-Kontos zu befürchten war. Die Währungskonversion hatte etwa 800 Milliarden Euro gekostet. Das wurde durch eine Wertsteigerung des Goldvorrats um 400 Milliarden Euro teilweise kompensiert. Die Bundesbank erklärte, diese Lücke durch die Unterlassung künftiger Ausschüttungen innerhalb von zwanzig Jahren schließen zu können.

Eine Zwangsbeleihung von Immobilien zur Schließung der Lücke sei nicht erforderlich, weil das Defizit im Verhältnis zum Bruttosozialprodukt kleiner sei als beim Start der ersten Deutschen Mark 1948.

Frankreich verkündete, der neue Franc werde frei gehandelt und nicht an die neue DM gebunden.

+++

25. Mai 2019: Die Wahlen zum Deutschen Bundestag haben der Gruppe »Ludwig Erhard« eine Zweidrittelmehrheit beschert. Der designierte Kanzler Webster kündigte an, dass das Marktliberalisierungsprogramm sofort in die Tat umgesetzt werde. Alle wichtigen Vorhaben würden verfassungsrechtlich verankert.

Außerdem sagte er, dass er plane, eine neue Verfassung ausarbeiten zu lassen und dem Volk zur Abstimmung vorzulegen. Sie solle Elemente der direkten Demokratie nach Schweizer Vorbild enthalten und die wichtigsten marktwirtschaftlichen Grundsätze in Verfassungsrang bringen. Er machte auch deutlich, dass die Liberalkonservativen die Verteidigungsfähigkeit deutlich stärken würden. Die Wehrpflicht werde zum 1. Oktober 2019 wieder eingeführt, die Ausgaben auf 2,8 Prozent des Bruttosozialprodukts erhöht. Er hob die Bedeutung der NATO für die Sicherheit Europas hervor. Dieser Pfeiler sei entscheidend für die Zukunft. Er kündigte an, Washington und London als erste Hauptstädte nach seiner Amtseinführung besuchen zu wollen.

+++

30. Mai 2019: Die britische Regierung hat eine »Vereinbarung für Europa« vorgeschlagen. Der Premierminister nannte es »Kanada plus plus auf Steroiden«. Erste Reaktionen aus Paris waren lauwarm, aber Berlin und Madrid machten deutlich, dass dies für sie der richtige Weg sei, notfalls auch alleine.

+++

1. Juli 2019: Die neue deutsche Regierung hebt alle Sanktionen gegen Russland auf. Wirtschaftsminister Schmitt merkte dazu an: »Mit der Auflösung der EU haben wir keine juristische Grundlage mehr für diese Sanktionen. Wir werden nicht unilateral handeln und sie einfach fortsetzen.«

+++

15. Dezember 2019: Die deutsche und die schwedische Regierung haben eine Vereinbarung mit Syrien und Irak unterzeichnet. Beide Länder werden alle ihre Bürger zurücknehmen und ihnen eine Generalamnestie erteilen, die aber Schwerverbrechen nicht einschließt. Inspektoren aus Ungarn und Polen werden die Einhaltung der Vereinbarung überwachen. Deutschland zahlt 25 Milliarden Neue Deutsche Mark an Syrien und 5 Milliarden an den Irak für den Wideraufbau. Es wurde vereinbart, dass mindestens 60 Prozent davon für Aufträge an deutsche Unternehmen gehen müssen.

+++

10. Januar 2020: Deutschland, die Niederlande, Frankreich und Belgien erklären die ausländische Finanzierung religiöser Aktivitäten für illegal. Alle Kleriker in Diensten ausländischer Regierungen mussten diese Länder verlassen. Kleriker müssen künftig einen Eid auf die Verfassung ablegen.

+++

20. Januar 2020: Deutschland schafft die doppelte Staatsbürgerschaft ab. Alle Bürger mit mehreren Staatsbürgerschaften müssen sich innerhalb von 6 Monaten entscheiden, welche sie behalten wollen.

+++

1. März 2020: Deutschland und weitere Staaten stellen ihr Militär auf das schweizerische Milizmodell um.

+++

15. Januar 2023: Das Bruttosozialprodukt der früheren Euroländer erreicht wieder das Vorkrisenniveau.

+++

Januar 2027: Die Wirtschaft Europas rutscht zum ersten Mal seit sieben Jahren wieder in die Rezession. Das Durchschnittswachstum seit dem Ende der EU und des Euro betrug in Italien 4 Prozent pro Jahr, in Deutschland sogar 8 Prozent. Der öffentliche Schuldenstand in Europa liegt im Schnitt unter 10 Prozent, weil die Schulden im Crash weitgehend entwertet wurden. Russland, die USA, China, Großbritannien, Frankreich, Spanien und Deutschland verhandeln über die Einführung des Goldstandards nach dem Vorbild des Systems von vor 1914. Die Schweiz verkündet, dass sie eine zu 100 Prozent mit physischem Gold gedeckte internationale Blockchain-Handelswährung etabliert hat.

Eine Republik der Freiheit

Eine andere Zukunft ist möglich. Das ist nicht einfach nur ein Gedankenexperiment oder Wunschdenken. Es liegt in unserer Hand, diese Zukunft zu erreichen. Dafür müssen wir die liberalen Kräfte Europas organisieren und Europa aus dem Desaster retten, in das unsere versagenden Eliten uns geführt haben.

Es gibt viele Szenarien, wie Europa in zehn Jahren aussehen könnte. Aber eine Sache halte ich für sicher: Das Ergebnis hängt von unseren politischen Entscheidungen ab. Nur die Wahl einer Republik der Freiheit wird uns und unseren Kindern eine Zukunft geben, für die es sich auch zu kämpfen lohnt.

EPILOG:

Die Hambacher Rede – ein Aufruf zur Verteidigung der Freiheit

Am 5. Mai 2018 hielt ich eine Rede auf dem liberalen Festival auf dem Hambacher Schloss in Deutschland. Sie ist ein Manifest zur Verteidigung der Freiheit, ein Aufruf zum zivilen Widerstand gegen die sozialistische Unterminierung der Gesellschaft, ein Aufruf, Europas Werte zu verteidigen. Sie ist ein Manifest für die Republik der Freiheit.

»Freunde der Freiheit, Mitbürger, verehrte Hambacher Festgesellschaft, Patrioten!
Mit Stolz und Zuversicht darf ich heute der Einladung meines geschätzten Autorenkollegen Prof. Max Otte folgen, auf diesem Fest des Patriotismus und der Freiheit zu Ihnen zu sprechen. Lieber Herr Otte, danke für die Organisation dieses großartigen Festes in einer großartigen Tradition!
Noch ist Deutschland nicht verloren. Noch ist Europa nicht verloren.
Ihr zahlreiches Erscheinen, Ihre Bereitschaft, hier und heute Gesicht zu zeigen, Ihr Wille, dieses Fest der Freiheit mit dem Ausdruck der Lebensfreude zu feiern, Ihr Bekenntnis zu einem reifen Patriotismus, Ihre Liebe zu unserem Land und zu einem Europa der Vaterländer geben Mut für die Zukunft.
Dabei sind unsere Probleme nicht klein. Die Freiheit, für die wir hier stehen: Sie befindet sich im Belagerungszustand!

Die Freiheit wird attackiert vom Nihilismus des Werteverfalls. Er hat sich unter dem Motto »Marsch durch die Institutionen« der 68er-Marxisten tief in die Substanz unseres Gemeinwesens hineingefressen, ja geradezu hineingeätzt.
Die Freiheit wird bekämpft von den Vertretern der grandios gescheiterten sozialistischen Ideologien, indem diese teils subtil, teils offen die Grundlagen des Erfolgs dieser Gesellschaft angreifen: Eigentum, Marktwirtschaft, Familie, unser Weltbild, gegründet auf der christlich-jüdisch inspirierten Tradition der Aufklärung und des Humanismus.
Die Freiheit wird unterhöhlt von den Wegbereitern des totalitären Überwachungsstaates. Sie wollen uns einreden, dass die Demokratie die Abschaffung der Privatsphäre überleben könne. In Wahrheit errichten sie die Infrastruktur der Tyrannei, weil sie hoffen, so in der kommenden Krise und Auseinandersetzung die Kontrolle behalten zu können.
Die Freiheit wird bedroht durch eine jedem Maß und jeder Mitte entzogenen Politik der bewusst gesteuerten Völkerwanderung. Sie hat zur Wirkung, dem Zusammenhalt der Gesellschaft einen geradezu tödlichen Stoß zu versetzen. Ihre Propagandisten und Profiteure stehen für eine Republik der Messer. Scham ist ihre Sache nicht.
Die Freiheit wird angegriffen durch eine Welle der Zensur. Sie ist die logische Folge der »politischen Korrektheit«. Aber in ihrem Anspruch geht sie weit darüber hinaus. Sie findet ihre geistige Komplizenschaft, spirituelle Quelle und Tradition in den Zensurgesetzen von totalitären Systemen, die einen unrühmlichen Platz in der deutschen Geschichte eingenommen haben.
Das Netzwerkdurchsetzungsgesetz des Herrn Maas, verabschiedet am 30. Juni 2017 mit einer Anwesenheit von nicht einmal 10 Prozent der Abgeordneten, markiert deshalb ein Datum der Schande.
Die Freiheit wird zerstört durch eine planwirtschaftlich inspirierte, falsche Wirtschafts- und Geldpolitik.
Die Wirtschaftspolitik der großen Koalition agiert im Tandem mit einer Geldpolitik der organisierten Verantwortungslosigkeit.

Gemeinsam haben sie es geschafft, einen Großteil des Volkes mit einer Scheinblüte einzulullen. In Wahrheit ist dieses Duo der Wegbereiter der Katastrophe.

Wohin man auch sieht: Die politische Klasse sucht ihr Heil in der Planwirtschaft, der Bevormundung, dem Gängelband, an dem sie Banken, Versicherer, Konsumenten, Handwerk, Industrie, ja ganze Staaten festbindet. Der bürokratische, planwirtschaftliche und sozialistische Zuteilungsstaat hat sich erst in den Köpfen unter dem Stichwort »Primat der Politik« und dann in der Gesetzgebung breitgemacht. Die Flut der Gesetze, Verordnungen, Vorschriften, Regulierungen, Gebote und Verbote lässt sich treffend mit einem Satz Winston Churchills beschreiben: »Wer 10 000 Vorschriften erlässt, untergräbt jede Achtung für das Gesetz.«

Den Verantwortlichen unserer politischen Elite fehlt ganz offensichtlich der Kompass für die Funktionsweise der freien und sozialen Marktwirtschaft, die unserem Land Wohlstand und Wachstum beschert hat.

Der Reflex der Politik bei allem, was schiefgeht, ist die Suche nach einem Schuldigen, vorzugsweise aus der Privatwirtschaft, und die vermeintliche Heilung durch Vorschriften, Gebote, Verbote und Zensur.

Diese Illusionswelt wird in Bälde ins Wanken gebracht werden durch die Folgen der Geldpolitik. Sie wird das Funktionieren unserer Volkswirtschaft in einer epochalen monetären Krise aus den Angeln heben. Lenin sagte einmal: »Wer die bürgerliche Gesellschaft zerstören will, der muss ihre Währung zerstören.« Dieser Prozess ist in vollem Gang.

Unser geldpolitisches Zentralkomitee, der EZB-Rat, ist ebenso wenig demokratisch legitimiert wie die Räterepublik der EU-Kommissare. Dieses Zentralkomitee ist mehr schlecht als recht kontrolliert durch ein EU-Parlament, bei dessen Wahl nicht der Grundsatz »ein Mann – eine Stimme« gilt. Vielmehr verdankt es seine Zusammensetzung einer speziellen Art von Apartheidswahlrecht, bei dem eine zypriotische Wählerstimme 64-mal so viel wiegt wie eine deutsche Wählerstimme.

Diese Institution hat, unter Missachtung der Verträge und des Rechts, und ohne dass ihm unsere obersten Richter in den Arm gefallen wären, die Geldpolitik zur gewaltigsten Umverteilungsmaschine gemacht, die die Menschheit je gesehen hat. Die Unabhängigkeit der Mitglieder des EZB-Rats ist eine Schimäre. Sie vertreten die Interessen ihrer Länder ohne Rücksicht auf das wie eine Monstranz vorweggetragene Mantra der europäischen Friedensordnung. Die Folge ist die Spaltung Europas.

Der Sparer wird durch einen Manipulations-Nullzins jedes Jahr um Hunderte Milliarden Euro beraubt. Für die Schuldenmacher war es im Gegenzug noch nie so billig, verantwortungslos zu sein.

Und die Zahlen belegen: Das sind sie dann auch. Diese Politik hat als Nebenwirkung gigantische Ungleichgewichte angehäuft, die auf Entladung drängen. Das Bankensystem in der Eurozone ist als Folge der Geldpolitik nur noch ein Kartenhaus. Seine Bilanzen sind ausgelaugt von 1000 Milliarden Euro ausgefallener Kredite und verseucht von weiteren 1500 Milliarden Euro Zombiekrediten. Diese Pleitekandidaten werden durch die Subvention des Nullzinses künstlich am Leben erhalten. Sie sind das Ergebnis des Nullzinses, der die notwendige ständige Bereinigung des Unternehmenssektors durch Pleiten ineffizienter und unproduktiver Unternehmen verhindert.

Die kreative Zerstörung, das Trainingsprogramm, das unsere Marktwirtschaft stark gemacht hat, ist damit abgeschafft.

Der Manipulationszins führt auch zum Kollaps der Erträge der Banken. Das System steuert kollektiv auf rote Zahlen zu, weil es kein Geld mehr verdient. Um dem Tod hier und heute zu entgehen und die Stunde der Wahrheit zu verschieben, verlegen sich daher immer mehr Banken darauf zu zocken. Eine Wahrheit, an der dieses Mal aber nicht die Banken Schuld tragen, sondern die auf Beraubung der Sparer angelegte Geldpolitik. Sie zerstört als Nebenwirkung das Geschäftsmodell derjenigen Banken und Sparkassen, die die Kreditversorgung sicherstellen, anstatt zu zocken. Es trifft also genau die Falschen.

Der Zusammenbruch dieses Systems durch Entladung seiner angestauten Ungleichgewichte ist vorprogrammiert. Dann werden die Pleiten der Zombieunternehmen in einer riesigen Welle nachgeholt. Die Politik hat weder die Kraft noch den Willen, sich dem Problem zu stellen. Verharmlosung und Abtun der Fakten als Alarmismus und Untergangsprophetie sind da bequemer. Das ändert aber nichts an der unausweichlichen Mechanik der kommenden monetären Krise. Wenn die angestaute Pleitenwelle zur Entladung kommt, dann wird nicht mehr genug Geld da sein, um die Banken zu retten. Ein deflationärer Schock nach dem Muster von 1929 wird die Folge sein.

Dieses Ereignis wird das Ende des Euro einläuten.

Er wird wohl auch alle anderen vermeintlich so fest gefügten europäischen Institutionen mit sich in den Abgrund reißen. Die Abschreibung auf die Ersparnisse der Deutschen wird dann jede Vorstellungskraft übersteigen. Die große Koalition und die Bundeskanzlerin haben dann die einmalige Gelegenheit, dem Volk das komplette Versagen ihrer Politik, den Verlust seiner Ersparnisse und die drohende massenhafte Altersarmut zu erklären.

Frau Merkel, die Stunde der Wahrheit kommt!

Dass Deutschland nicht mehr in der Lage sein wird, Menschen zu alimentieren, die nicht in unser Land und unsere Gesellschaft, sondern vor allem in unsere Sozialsysteme einwandern wollen, ist dann fast eine Fußnote.

Wir müssen uns dann entscheiden: Wollen wir den Weg der Planwirtschaft, der letztlich ein Weg der Knechtschaft und Sklaverei ist, bis zur bitteren Neige zu Ende gehen, indem wir die vermeintliche Rettung den Trickbetrügern eines neuen Sozialismus in die Hände geben?

Ich wage hier und jetzt die These, dass dieser Irrweg Europa an den Rand seiner zivilisatorischen Existenz bringen wird. Ein von Unfreiheit und Sozialismus geschwächtes Europa wird sich der Angriffe totalitärer Staaten an seiner Peripherie nicht erwehren können, weder wirtschaftlich noch ideologisch-zivilisatorisch noch militärisch.

Oder wollen wir die Krise als Weckruf verstehen?

Dann müssen wir die Tugenden der Marktwirtschaft, der Freiheit, der erneuerten Demokratie, des Fleißes, des ehrbaren Kaufmanns, unserer Werte, unserer Kultur, der Familie und ja, auch unserer Identität, gewachsen in Jahrhunderten Geschichte kultureller westlicher und christlicher Prägung, erneuern.

Wir müssen die Eigenverantwortung über den Bevormundungsstaat stellen und den Sozialstaat wieder als das sehen, was er sein sollte: Ein Schutz gegen unverschuldete Not, kein Ersatz für ehrliche Arbeit und Verantwortung für das eigene Leben.

Wir müssen dem Eigentum und der Vertragsfreiheit als Herzstück der Marktwirtschaft auch dort wieder Geltung verschaffen, wo es mit dem Impuls populistischer Politiker kollidiert, deren ganzes Bestreben darin besteht, sich für Wohltaten feiern zu lassen, die sie nicht selbst bezahlen müssen. Das gilt für den Arbeitsmarkt, wo man Mindestpreise verordnet, wie für das Mietrecht, wo man Höchstpreise verordnet.

Wir müssen den Staat auf seine Kernaufgaben zurückstutzen: Recht setzen und Recht sprechen, innere und äußere Sicherheit gewährleisten, Grenzen sichern, durch Bildung Chancen schaffen. Talente fördern, statt der Gleichmacherei und der Indoktrination pseudowissenschaftlicher Genderstudien zu frönen, die nichts weiter als eine Verhöhnung der Vernunft und des Verstandes sind und deren Zweck darin besteht, die Familie als Keimzelle unseres Gemeinwesens zu zerstören.

Das bedeutet, vor allem auch den Staat kleiner zu machen. Eine Staatsquote von 25 Prozent reicht auch! Der Staat ist nicht besser als der Markt bei der Auswahl künftiger Gewinner. Wir brauchen keine Industriepolitik und keinen Etatismus à la française.

Wir brauchen auch keine planwirtschaftliche Energiewende, die in zehn Jahren 1000 Milliarden Euro vergeudet und dabei sogar noch den Kohlendioxidausstoß erhöht, die Versorgungssicherheit mit Strom untergräbt und industrielle Arbeitsplätze aus dem Land treibt.

Wir brauchen keinen Staat, der überschuldet und handlungsunfähig ist, dabei aber gleichzeitig auf Hunderten von Milliarden Euro an Vermögenswerten sitzt, von denen sich korrupte Oligarchen nähren.

Wir müssen den bürokratischen Vorteilsjägern das Staatsvermögen wegnehmen und privatisieren, um es produktiv zu machen, um Schulden abzubauen und um den Sumpf der Korruption auszutrocknen, der von diesem Vermögen Beute macht. Wir müssen der Herrschaft des Rechts in allen Bereichen der Politik wieder Geltung verschaffen und nicht weiter dem verführerischen Motto folgen »Not kennt kein Gebot«.

Wir müssen zu den Kerngeboten demokratischen Regierens zurückkehren: Eine Person – eine Stimme, keine Entscheidungshoheit ohne Verantwortung und Kontrolle durch den Souverän, Transparenz der Entscheidungswege, Subsidiarität und Ausschließlichkeit der Setzung von Recht durch den Souverän statt durch nicht gewählte technokratische Gremien. Wir müssen als Volk in existenziellen Fragen das Recht fordern, diese in direkter Demokratie zu entscheiden. Das Volk ist nicht schlechter informiert als seine Vertreter, und es trifft seine Wahl nicht auf Basis von karrieregetriebenem Opportunismus.

Wir müssen die Erwartungshaltung an das Gemeinwesen und die Republik neu definieren getreu dem Zitat John F. Kennedys: »Frage nicht, was dein Land für dich tun kann, sondern frage, was du für dein Land tun kannst.« Dies muss wieder die Haltung unserer Eliten werden. Man regiert eine Demokratie nicht, man dient ihr. Diese Haltung verträgt sich nicht mit dem Status quo des Staats als Beute der Parteien und ihrer Pöstchenwirtschaft.

Wir müssen die Beliebigkeit der Werte beenden. Freiheit, Menschenrechte und Demokratie wurzeln in der Tradition der Aufklärung. Wer sie will, kann nicht ihre Wurzeln negieren.

Die Ideologie des 68er-Egoismus mit der Devise »erlaubt ist, was gefällt« hat in einem solchen Wertegerüst keinen Platz. Sie ist die Ideologie derer, die unsere Freiheit zu ihrem eigenen materiellen

Vorteil auch weiterhin verzocken möchte. Wir sollten sie auf dem Müllhaufen anderer fehlgeleiteter Ideologien entsorgen. Freiheit und Pflicht sind zwei Seiten einer Medaille. Liberalität ist nicht Libertinage.

Wir brauchen den Rollback des 68er-Marsches durch die von ihnen korrumpierten Institutionen.

Um das zu erreichen, muss das deutsche Bürgertum lernen, wie Revolution geht. Wer wissen will, wie das geht, kann sich bei unseren Mitbürgern in den jungen Bundesländern kundig machen. Die wichtigste Waffe dabei ist das Rückgrat. Der Bürger muss den Herrschenden frei nach Luther sagen: »Hier stehe ich! Ich kann noch ganz anders! Dann helfe euch Gott! Amen.«

Wir werden in der kommenden großen Krise die Sirenenstimmen des Sozialismus hören. Das grandiose Scheitern dieser völkermörderischen Ideologie hat seine Anhänger nicht vom Versuch abgehalten, ihn durch die europäische Hintertür wieder einzuführen. Michail Gorbatschow machte neulich die kluge Anmerkung, er könne nicht nachvollziehen, warum die Europäische Union die Sowjetunion in Westeuropa wieder auferstehen lassen will.

Das Scheitern des Geldsozialismus der Europäischen Zentralbank wird von diesen Rosstäuschern als angebliches Versagen der Marktwirtschaft verkauft werden. Selbst im totalen, von ihnen verschuldeten Scheitern werden sie diese Dreistigkeit noch aufbringen.

Als freie Bürger in einer freien Republik werden wir daher nur leben können, wenn wir auf diese große geistige und propagandistische Auseinandersetzung mit den Feinden der Freiheit vorbereitet sind. Sind wir das heute? Und wenn nein, was müssen wir tun?

Wir müssen glasklar die Ursachen und die Schuldigen dieser Krise benennen. Sie liegen in der planwirtschaftlichen Geldpolitik, der staatlichen Überregulierung, dem Stimmenkauf durch Umverteilung und dem verantwortungslosen Umgang der politischen Entscheidungsträger mit dem Geld anderer Leute.

Wir müssen Wahlgeschenke, die mit anderer Leute Geld bezahlt werden sollen, als das benennen, was sie sind, nämlich eine spezielle

Form der Korruption, die die Demokratie aushöhlt. Und wir müssen einen Gegenentwurf präsentieren, eine Republik der Freiheit, des Bekenntnisses zu den Werten der Marktwirtschaft, des Eigentums, der Werte der Aufklärung, der Familie als Keimzelle des Staates und des klugen und fleißigen Wirtschaftens.

Dieses Gegenmodell muss unser Ziel sein, und wir müssen es mit allen politischen Mitteln zu erreichen versuchen. Tun wir das nicht, enden wir in der Knechtschaft.

Im Jefferson Memorial in Washington befindet sich ein Schriftzug mit einem Zitat dieses Gründervaters der amerikanischen Demokratie: »Der Baum der Freiheit muss von Zeit zu Zeit mit dem Blut von Patrioten und der Tyrannen begossen werden. Dies ist der Freiheit natürlicher Dünger.«

In diesem Sinne möchte ich Ihnen heute sagen: Entweder verteidigen wir die Freiheit entschlossen oder Jefferson wird recht behalten.

Lassen Sie mich mit einem Liedtext schließen, der seinen Ursprung wie dieses Fest im deutschen Vormärz hat, einer Zeit des freiheitlichen Erwachens. Ein Text, der zur Hymne werden sollte für den Ruf nach Freiheit, der heute von diesem Ort ausgeht und der hoffentlich in Bälde ganz Europa erfassen wird!

Die Gedanken sind frei,
Wer kann sie erraten?
Sie rauschen vorbei
Wie nächtliche Schatten.
Kein Mensch kann sie wissen,
Kein Jäger sie schießen.
Es bleibet dabei:
Die Gedanken sind frei.«

Dank

Kein Buch und keine Idee wird Realität ohne die tatkräftige Unterstützung vieler. An dieser Stelle danke ich zunächst den vielen Lesern meines Buches *Der Draghi-Crash,* die durch ihre Kritik, ihre Fragen, ihre Unterstützung sowie durch die Frage »Wo gibt es bitte mehr davon?« den Hauptanstoß für dieses neue Buch gegeben haben.

Ich danke den Kollegen der schreibenden Zunft, die Buchrezensionen und Testimonials verfasst und so die Diskussion um unsere entgleiste Wirtschaftsordnung befördert haben.

Ich danke insbesondere den Kollegen der ökonomischen Lehre Prof. Max Otte, Prof. Thomas Mayer, Dr. Daniel Stelter, Prof. Martin Rhonheimer, Prof. Gunther Schnabl für ihre wertvollen Hinweise und Gedanken in den Diskussionen um die Geldpolitik und ihre Folgen, die insbesondere Kapitel 2 dieses Buches inspiriert haben.

Mein besonderer Dank gilt den Vertretern der von Hayek-Gesellschaft und der von Hayek-Clubs überall in Deutschland sowie der von Mises-Gesellschaft für die Einladungen zu Diskussionen über die Implikationen der Österreichischen Schule und ihre Bedeutung für die Erklärung der aktuellen und kommenden Phänomene.

Besonders danke ich den Verfassern der neuen Testimonials für dieses Buch, Roland Tichy, Klaus-Peter Willsch, Daniel Stelter, Willy Wimmer, Prof. Max Otte, Andreas Marquart und Prof. Peter Russo für ihre Beiträge.

Wieder einmal besonders angenehm hat sich die Zusammenarbeit mit meinem Verlag und dem Lektorat gestaltet, dessen Geduld ich hart auf die Probe gestellt habe. Mein besonderer Dank geht dabei an Georg Hodolitsch und Friederike Thompson.

Last not least danke ich meiner Frau, meiner Familie und meinen Freunden und Kollegen für ihre stetige Ermutigung und Unterstützung.

Glossar

AAA-Papiere
Von einer lizenzierten und anerkannten Rating-Agentur bewertete Anleihen oder Schuldverschreibung höchster Kreditqualität.

Adverse Selektion
Die systematisch falsche oder schädliche Auswahl von Personen oder Entscheidungen zum Schaden des Einzelnen oder der Gesellschaft aufgrund eines Konstruktionsfehlers im Auswahlprozess.

Asset Light
Ein Unternehmen, das nicht mehr auf große kapitalintensive Sachinvestitionen, große Bilanzen und hohe Kapitalbindung angewiesen ist, aber dennoch eine hohe Wertschöpfung aufweist.

Datenseen
Die systematische Sammlung von Daten aus Kunden- oder Nutzerbeziehungen. In der heute neu möglichen Größenordnung wurde die Sammlung extrem großer Datenmengen über das Verhalten von Konsumenten und Nutzern durch große Internetplattformen nach dem Vorbild von Google oder Facebook möglich.

Diskontinuität
Plötzlich eintretende, weitreichende und risikobehaftete Veränderung, die sich durch das langjährige Aufsparen von Risiken und Volatilität ergibt. Entladung eines auf diese Weise angestauten wirtschaftlichen, sozialen oder politischen Ungleichgewichtes.

Frankfurter Schule
In den 1920er-Jahren begründete Denkschule des Kulturmarxismus, die auf eine schrittweise Unterminierung der Fundamente einer

freien Gesellschaft abzielt, um sie so auf die sozialistische bzw. kommunistische Revolution und Machtübernahme vorzubereiten.

Gerontokratie
Der Begriff kommt aus dem Griechischen und bedeutet »Herrschaft der Alten«, das heißt, eine Herrschaft, in der hauptsächlich Menschen hohen Alters das politische Handeln bestimmen.

Gosplan
Zentrale Wirtschaftsplanungsbehörde in der Sowjetunion, war zuständig für Erstellung und Durchführung der sogenannten 5-Jahrespläne, legte Produktionsziele, Investitionen und Verwendung des Produktionsergebnisses für Konsum, Reinvestition und Militär fest.

Governance
System der politischen, sozialen oder wirtschaftlichen Entscheidungsfindung.

Hash-Algorithmus
Einweg-Verschlüsselung, die nicht rückgängig gemacht werden kann.

Kataklysmus
Katastrophenartige Umwälzung der politischen, sozialen, wirtschaftlichen, politischen oder physischen Verhältnisse.

Keynesianische Schule
Schule der Wirtschaftswissenschaften, die sich makroökonomischer Methoden bedient, um das aggregierte Verhalten der am Wirtschaftsleben teilnehmenden Gruppen (Konsumenten, Unternehmen, Staat usw.) zu erklären und deren Haupterklärungsansätze sich um die Einflussgrößen der aggregierten gesamtwirtschaftlichen Nachfrage drehen. Hauptvertreter war John Maynard Keynes.

Kondratieff-Zyklen
Langlaufende (50 bis 70 Jahre) wirtschaftliche Zyklen, die das Ergebnis großer Innovationsschübe und damit säkulärer kreativer Zerstörung sind.

Moores Gesetz
Beobachtung, nach der sich die Rechenleistung von Mikrochips alle 18 bis 24 Monate durch technischen Fortschritt verdoppelt.

Österreichische Schule
Wirtschaftsliberale Schule, die in Freiheit und Markt die Kernelemente eines erfolgreichen Wirtschaftslebens und einer erfolgreichen Gesellschaft überhaupt erkennt. Hauptvertreter sind Friedrich von Hayek, Ludwig von Mises, Murray Rothbard, Henry Hazlit, Eugen von Böhm-Bawerk.

Ponzi-Schema
Auch bekannt als Pyramidenschema oder Schneeballsystem. Es beruht auf einem unerfüllbaren Renditeversprechen für Anleger und der Verwendung neu hereinkommender Anlegergelder zur Erfüllung älterer Ansprüche. Das System muss exponentiell wachsen, um nicht illiquide und somit zahlungsunfähig zu werden. Damit ist sein Zusammenbruch programmiert, wenn sein Geldbedarf das angreifbare Geldvermögen übersteigt oder die Anleger das Vertrauen in das Betrugsschema verlieren.

Quantitative Easing
Geldpolitische Maßnahme, bei der die Zentralbank in großem Stil nominale Vermögenswerte aufkauft, um die Geldmenge zu erhöhen und den Zins nach unten zu manipulieren. Passiert vorgeblich zur Bekämpfung von Deflation, dient aber vor allem dem Zweck der Schuldner-Subvention.

Risiken: Glatte Risiken, Verklumpte Risiken
»Glatte« Risiken beruhen auf einer großen Anzahl von Datenpunkten und großer Häufigkeit von Risikoereignissen zur Darstellung einer Verteilung, die nicht nur theoretisch, sondern auch in der Praxis einen für das bloße Auge glatten Verlauf hat. »Verklumpte« Risiken sind seltener, schlechter messbar und in der Regel in ihren Auswirkungen deutlich stärker als glatte Risiken.

Schwarzer Schwan
Nicht vorhersehbares oder vorhergesehenes großes Risikoereignis.

Schumpeter'sche kreative Zerstörung
Überwindung alter wirtschaftlicher Strukturen durch neue Erfindungen, Innovation und technischen Fortschritt.

Skylla und Charybdis
Sagenhafte Seeungeheuer in der dem griechischen Dichter Homer zugeschriebenen *Odyssee*. Sprichwörtlich werden sie für die Beschreibung einer aussichtslosen Lage benutzt, in der jede Handlungsoption ins Verderben führt.

Ultra-Vires-Akt
Akt der Amtsanmaßung durch eine staatliche oder supranationale Behörde unter Umgehung oder Aushebelung der demokratischen Rechte des Souveräns, also des Volkes.

Vigilantismus
Selbstjustiz oder Brechung des Gewaltmonopols des Staates zur tatsächlichen oder vorgeblichen Aufrechterhaltung der öffentlichen Ordnung. Selbst ernannte Bürgerwehren oder Nachbarschaftswachen, die das Recht in die eigenen Hände nehmen, werden als Vigilanten bezeichnet.

Volatilität
Schwankungsbreite von Ereignissen wie zum Beispiel Aktienkursen, Zinsen, wirtschaftlichen Erfolgsgrößen usw.

Windfallprofit
Zufallsgewinn bzw. Mitnahmegewinn aus einem Ereignis, dessen Ziele und Vorteile ursprünglich einem anderen Zweck dienten, die aber einen zufälligen Profiteur positiv betreffen.

Anmerkungen

[1] Clark, Chrisopher: *Die Schlafwandler: Wie Europa in den ersten Weltkrieg zog.* Pantheon 2015

[2] MECE steht für »mutually exclusive, completely exhaustive«.

[3] TEOTFAWKI steht für »The End of The Firm as we Know It«.

[4] Siehe dazu auch Diogenes Rant (Pseudonym des Autors): *Verzockte Freiheit,* München: Finanzbuchverlag 2014

[5] Die aktuellen und historischen Zinsstrukturkurven können auf der EZB-Statistikseite nachgesehen werden. Lassen sie sich aber nicht von der scheinbar aufsteigenden aktuellen Kurve irreführen, dieses Bild ist das Ergebnis der Skalierungswahl für die Darstellung der Strukturkurve: https://www.ecb.europa.eu/stats/financial_markets_and_interest_rates/euro_area_yield_curves/html/index.en.html

[6] https://de.wikipedia.org/wiki/Giralgeldschöpfung

[7] https://www.wiwo.de/politik/konjunktur/kritik-am-papiergeldsystem-nur-gold-ist-geld-alles-andere-ist-kredit/10807948-2.html

[8] Es gilt die Identitätsgleichung Geldmenge x Umlaufgeschwindigkeit = Preisniveau x Transaktionen. Man kann leicht erkennen, dass die Umlaufgeschwindigkeit des Geldes gewissermaßen die »Fudge-Variable« ist, die den Zusammenhang falsch macht, wenn aus ihre eine direkte Beziehung von Geldmenge und Preisniveau postuliert wird. Es kommt wie so oft auf die Umstände an. https://de.wikipedia.org/wiki/Quantitätsgleichung

[9] Milton Friedman: *A Monetary History of the United States 1867–1960,* Princeton: Princeton University Press 1971

[10] Zur Kreditmargendynamik der Banken vgl. auch: Markus Krall: »Ein Weg aus der Margenerosion im Kreditgeschäft«, in: *Die Bank* Juni 2015

[11] Quelle: Deutsche Bundesbank 17.09.2018, https://www.bundesbank.de/de/aufgaben/themen/niedrigzinsumfeld-belastet-weiterhin-die-ertragslage-deutscher-banken-759626

[12] http://finanz-szene.de/exklusiv-deutsche-banken-erleben-ertrags-gau-im-firmenkundengeschaeft/

[13] Markus Krall: *Der Draghi-Crash. Warum uns die entfesselte Geldpolitik in die finanzielle Katastrophe führt,* München: Finanzbuchverlag 2017, S. 140ff.

[14] Zum Prozess der kreativen Zerstörung siehe vor allem: Joseph Schumpeter: *Theorie der wirtschaftlichen Entwicklung. Eine Untersuchung über Unternehmergewinn, Kapital, Kredit, Zins und den Konjunkturzyklus,* Leipzig: Duncker & Humblot 1912

[15] Der mathematische Zusammenhang der Ausfallraten und der regulatorischen Kapitalanforderungen nach Basel III ergibt sich aus dem Papier der Bank für Internationalen Zahlungsausgleich BIZ in Basel. Vgl. Hierzu: »Part 2: The First Pillar – Minimum Capital Requirements«, https://www.bis.org/publ/bcbs128b.pdf

[16] Zur Frage der Dividenden-Diskontmodelle gibt es umfangreiche Literatur. Eine Zusammenfassung der mathematischen Grundlagen findet sich bei: Frank J. Fabozzi:

Foundations and Applications of the Time Value of Mone, Hoboken, N.J.: John Wiley & Sons 2009; Markus Krall: *Das Kurs-Gewinn-Verhältnis am japanischen Aktienmarkt,* Berlin: Duncker & Humblot 1994

17 Daniel Stelter: *Die Billionen-Schuldenbombe. Wie die Krise begann und warum sie noch lange nicht zu Ende ist,* Weinheim: Wiley-VCH 2013 und *Eiszeit der Weltwirtschaft. Die sinnvollsten Strategien zur Rettung unserer Vermögen,* Frankfurt a.M./New York: Campus Verlag 2016

18 Eine Billion entspricht 1000 Milliarden, nicht zu verwechseln mit dem Sprachgebrauch im Englischen, dort steht »one billion« für eine Milliarde und »one trillion« für 1000 Milliarden.

19 Niels Bohr: *Atomphysik und menschliche Erkenntnis,* Braunschweig: Vieweg 1986

20 Ray Kurzweil: *Homo S@piens,* Econ: München 1999

21 https://www.huffingtonpost.com/2014/04/01/mind-reading-brain-reconstruct-face_n_5049255.html?guccounter=1

22 https://m.portal.hogrefe.com/dorsch/kybernetische-feedbackschleifenmodelle/

23 https://de.wikipedia.org/wiki/Kybernetik

24 http://large.stanford.edu/courses/2015/ph241/holloway1/

25 Marc Goodman: *Future Crimes – Inside the Digital Underground and the Battle for our connected World,* New York: Anchor Books 2016

26 https://en.wikipedia.org/wiki/History_of_cryptography

27 Secure Hash Algorithm mit 256-Zeichen Output

28 Race Integrity Primitives Evaluation Message Digest mit 160-Bit Output

29 https://de.wikipedia.org/wiki/Bitcoin

30 Ray Kurzweil: *Homo S@piens,* a.a.O.

31 Auf der Suche nach einer vergleichbaren Kasse bin ich tatsächlich auf einer Auktionsplattform fündig geworden: https://www.pamono.de/deutsche-vintage-kasse-von-national-1930er/?utm_medium=cpc&utm_source=google&utm_campaign=-PLA_DE_1519633602_56981826143&utm_content=288977479421_c_101&utm_term=pla-293946777986___EQB-311988

32 https://en.wikipedia.org/wiki/Quantum_computing

33 https://www.heise.de/newsticker/meldung/IBM-kuendigt-Quantencomputer-mit-20-Qubits-als-Web-Dienst-an-3888211.html

34 https://www.mpg.de/5008478/Quantenkorrelation_Geschwindigkeit_Quantencomputer

35 Roger Penrose: *The Emperors, New Mind,* Oxford: Oxford University Press 1999

36 Wie weit das gehen kann, zeigte ein skandalöser Fall in Kanada, wo ein Hersteller von Erotikprodukten diese mit einem versteckten Internetzugang ausgestattet hatte, der es ihm erlaubte, Häufigkeit und Art ihrer Benutzung zu überwachen und diese Daten einschließlich der persönlichen Daten der Käufer zu speichern, um deren sexuelle Gewohnheiten ohne deren Wissen auszuspionieren: https://www.theguardian.com/technology/2017/mar/14/we-vibe-vibrator-tracking-users-sexual-habits

37 »The tree of liberty must be refreshed from time to time with the blood of patriots and tyrants. It is its natural manure«, schrieb Jefferson in einem Brief an William S. Smith, Diplomat in London, am 13. November 1787.

38 https://de.wikipedia.org/wiki/Frankfurter_Schule

39 https://philosophia-perennis.com/2016/12/13/frankfurter-schule-deutschland/

40 Lenin, Werke, Band 25, Seite 393–507, Dietz Verlag: Berlin 1972
41 H. U. Thamer, in: *Recht und Justiz im Dritten Reich*, hrsg. von Ralf Dreier, Frankfurt a.M.:Suhrkamp 1989
42 https://de.wikipedia.org/wiki/Nürnberger_Gesetze
43 Lothar Gruchman: *Euthanasie und Justiz im Dritten Reich*, in: *Vierteljahrshefte für Zeitgeschichte* 1972, Bd. 20, Nr. 3, S. 235–279
44 Man muss nur die Begriffe »lebensunwertes Leben« der Nationalsozialisten mit dem Begriff »nicht lebenswertes Leben« zur Rechtfertigung der Behindertenabtreibung in Korrelation bringen, um die Geistesverwandtschaft zu erkennen.
45 https://www.welt.de/wirtschaft/article138326984/Merkel-will-die-Deutschen-durch-Nudging-erziehen.html
46 http://www.faz.net/aktuell/wissen/nobelpreise/wirtschaftsnobelpreis-geht-an-richard-thaler-15238055.html
47 Daran glauben immerhin 42Prozent der Deutschen. Quelle: Infratest
48 https://publikationen.sexualaufklaerung.de/index.php?docid=424
49 https://www.bundestag.de/blob/485866/978f0a3aeab437dc5209f5a4be9d458d/wd-8-071-16-pdf-data.pdf
50 https://www.katholisches.info/2017/01/fruehsexualisierung-nach-umstrittenen-sexualtheorien-lehrplanmaengel-1/
51 https://dieunbestechlichen.com/2018/02/fruehsexualisierung-fuer-kitas-murat-spielt-prinzessin-alex-hat-zwei-muetter-und-sophie-heisst-jetzt-ben/
52 Henry Kissinger: *Weltordnung – World Order*, München: Pantheon 2016
53 Dietrich Murswiek: *Die Ultra-vires-Kontrolle im Kontext der Integrationskontrolle*, in: *Europäische Grundrechte-Zeitschrift (EuGRZ)* 2017, Heft 11–16, S. 327-338
54 David W. Dunlap, »Without Fear or Favor«, in: *The New York Times*, 14.08.2015.
55 Details dazu finden Sie bei Michael Hörl: *Deutschland lügt sich links*, Düsseldorf: Lichtschlag Medien und Werbung, 2017
56 Sebastian Haffner: *Von Bismarck zu Hitler*, München: Kindler 1987, S. 256ff. (Neuaufl. 2015)
57 Glenn Greenwald: *Die globale Überwachung. Der Fall Snowden, die amerikanischen Geheimdienste und die Folgen*, München: Knaur 2015
58 Fairerweise muss ich anmerken, dass die Goebbels-Zuschreibung des Zitats umstritten ist.
59 https://www.aerztezeitung.de/medizin/krankheiten/neuro-psychiatrische_krankheiten/article/492343/hirnforscher-lesen-funktioneller-mrt-gedanken.html
60 https://www.galileo.tv/science/diese-maschine-liest-gedanken-und-weiss-an-welchen-menschen-du-denkst/
61 https://www.bmbf.de/de/zukunftsprojekt-industrie-4-0-848.html
62 https://www.bundesregierung.de/Webs/Breg/DE/Themen/Energiewende/_node.html
63 https://www.digitale-agenda.de/Webs/DA/DE/Home/home_node.html
64 https://www.bmvi.de/DE/Themen/Digitales/Breitbandausbau/Breitbandfoerderung/breitbandfoerderung.html
65 https://www.bmwi.de/Redaktion/DE/Pressemitteilungen/2018/20180718-gem-pm-eckpunkte-der-bundesregierung-fuer-eine-strategie-kuenstliche-intelligenz.html
66 https://www.bundesregierung.de/Content/DE/Artikel/2018/08/2018-08-21-digitalrat.html

67 https://www.bundeskanzlerin.de/Content/DE/Artikel/2018/06/2018-06-27-kabinett-ausschuss-digitalisierung.html
68 https://www.tagesspiegel.de/politik/die-kanzlerin-und-das-internet-merkels-neuland-wird-zur-lachnummer-im-netz/8375974.html
69 https://www.it-daily.net/analysen/16102-internet-geschwindigkeit-weltweit-deutschland-auf-platz-25
70 https://www.wilhelm-der-zweite.de/kaiser/grossersprungnachvorn.php
71 http://www.ubbo.ch/Verschiedenes/StaatsquoteProzent253A-Die-Grenze-zwischen-Staatlichem-und-Privatem.htm
72 https://www.welt.de/politik/deutschland/article163520613/Wir-haben-uns-in-der-Kolonialzeit-an-Afrika-versuendigt.html
73 https://www.welt.de/print-welt/article423170/Risiko-Deutschland-Joschka-Fischer-in-Bedraengnis.html
74 https://de.wikipedia.org/wiki/Nützlicher_Idiot
75 Details und Quellen dazu in Kapitel 5: »Das geostrategische Vakuum«
76 https://www.bz-berlin.de/welt/was-bedeutet-das-handzeichen-von-erdogan
77 https://www.tagesspiegel.de/politik/tuerkei-tuerkische-journalisten-wegen-bericht-ueber-waffenlieferungen-in-haft/12647170.html
78 https://www.welt.de/politik/deutschland/article145792553/Der-Werbefilm-fuer-das-gelobte-Asylland-Germany.html
79 www.faz.net/aktuell/politik/fluechtlingskrise/wie-der-fluechtlingsandrang-aus-syrien-ausgeloest-wurde-13900101.html
https://derstandard.at/2000008848109/UNO-stellt-Hungerhilfe-fuer-17-Millionen-syrischen-Fluechtlinge-ein
80 http://www.spiegel.de/politik/deutschland/einwanderung-ein-deutscher-traum-kolumne-a-1217379.html
81 https://www.tichyseinblick.de/meinungen/kriminalstatistik-pks-fuer-2017-kriminalitaet-asylbewerber/
82 https://deutsche-wirtschafts-nachrichten.de/2013/05/25/in-schweden-droht-der-buergerkrieg-buergerwehren-gegen-die-polizei/
83 https://www.welt.de/vermischtes/article181089290/Goeteborg-Jugendliche-zuenden-in-Schweden-fast-90-Autos-an.html
https://www.youtube.com/watch?v=ZZKK_w-ChgA
84 Anlass waren die rechtsextremen Ausbrüche in Chemnitz, zu denen es nach dem Tod eines Deutschen kam, der Opfer einer Messerstecherei wurde. Zwei Asylbewerber wurden festgenommen. Verfassungsschutzpräsident Maaßen hatte in einem Interview gesagt, Hinweise auf »Hetzjagden« auf Fremde in Chemnitz lägen seiner Behörde bislang nicht vor. Und ein Internet-Video, das einen gezielten Angriff auf Ausländer zeigt, sei noch nicht auf seine Authentizität geprüft. Womöglich handele es sich um eine Fälschung, die der Desinformation dienen solle. Daraufhin begann eine regelrechte Medien-Hetzjagd auf Maaßen, bis er seinen Posten als Verfassungsschutzpräsident räumte.
85 Richard Dawkins: *Das egoistische Gen*, Berlin: Springer 2014
86 http://www.hanswernersinn.de/de/themen/Energiewende
87 https://1-stromvergleich.com/strompreise-in-europa/
88 https://www.bmwi.de/Redaktion/DE/Artikel/Energie/eeg-2017-start-in-die-naechste-phase-der-energiewende.html

[89] http://www.3sat.de/page/?source=/nano/technik/154315/index.html
[90] https://www.bild.de/geld/wirtschaft/oeko-strom/dieser-windpark-wird-mit-diesel-betrieben-31754746.bild.html
[91] https://www.welt.de/politik/deutschland/article181636358/Migration-Was-Wolfgang-Schaeuble-in-seiner-Abschiebungsskepsis-vergisst.html
[92] https://www.mietpreisbremse.bund.de/WebS/MPB/DE/Home/home_node.html
[93] https://de.investing.com/rates-bonds/italy-10-year-bond-yield
[94] www.faz.net/aktuell/feuilleton/medien/vertrauen-in-medien-jeder-dritte-rechnet-mit-fake-news-15774256.html
[95] Thomas Mayer: *Die Ordnung der Freiheit und ihre Feinde*, München: Finanzbuchverlag 2018
[96] https://de.wikipedia.org/wiki/Theorie_der_Unternehmung
[97] Ray Kurzweil: *The Singularity is near*, New York: Penguin Books 2006; deutsch: *Menschheit 2.0: Die Singularität naht*, Berlin: Lola Books 2014
[98] Ein Garagen-Start-up mit 500 Dollar Kapital ist etwa 200 Millionen Mal kleiner als das 100-Milliarden-Dollar-Unternehmen GE oder Exxon in den Siebzigerjahren.
[99] https://en.wikipedia.org/wiki/Management_fad
[100] https://www.forbes.com/sites/lizryan/2015/07/27/five-brainless-management-fads-that-desperately-need-to-die/
[101] https://www.vci.de/themen/wirtschaft-handel/buerokratieabbau/detailseite-7.jsp
[102] Auf Deutsch 1999 erschienen unter dem Titel: Ray Kurzweil, *Das Zeitalter der spirituellen Maschinen*, später wurde auch die deutsche Ausgabe *Homo S@piens* betitelt.
[103] Das soll nicht unterstellen, dass ich Monopole für gut halte. Das sind sie in marktwirtschaftlicher Betrachtung nicht. Diese Hypothese ist rein deskriptiv als Erwartung zu verstehen, nicht normativ als Zielvorstellung.
[104] Michael Lüders: *Die den Sturm ernten – Wie der Westen Syrien ins Chaos stürzte*, München: C.H. Beck 2017
[105] Michael Lüders: *Wer den Wind sät – Was westliche Politik im Orient anrichtet*, München: C.H. Beck 2017
[106] https://gloria.tv/video/o6TY4CdWuxzZ2Ks7WFFxfXaot
[107] https://www.ynetnews.com/articles/0,7340,L-4663579,00.html
[108] https://www.stripes.com/news/middle-east/erdogan-reminds-turks-of-old-empire-with-his-eye-on-new-powers-1.438210
[109] https://foreignpolicy.com/2016/10/23/turkeys-religious-nationalists-want-ottoman-borders-iraq-erdogan/
[110] https://de.wikipedia.org/wiki/ATIB_Union
[111] http://m.heute.at/politik/news/story/43726663
[112] Meine Übersetzung; https://www.juedische-allgemeine.de/article/view/id/30998; https://diepresse.com/home/ausland/5372362/Wie-leicht-sich-Islamisten-nach-Europa-einschleichen;
https://www.welt.de/politik/ausland/plus173584396/Zvi-Jecheskeli-Wie-ein-Journalist-als-falscher-Islamist-deutsche-Behoerden-vorfuehrt.html;
https://www.tichyseinblick.de/daili-es-sentials/ein-gefaelschter-pass-reicht-fuer-eine-ganze-sippe-aus/
[113] https://www.merkur.de/politik/integrationsbeauftragte-ministerin-oezoguz-brueder-sind-islamisten-zr-3274550.html

114 https://www.welt.de/politik/deutschland/article160171830/Das-Bild-von-der-erfolgreichen-Migrantin-hat-Risse.html

115 https://www.military.com/daily-news/2018/03/13/op-ed-erdogan-magnificent-turkeys-neo-ottoman-revival.html

116 https://www.journalistenwatch.com/2018/07/09/undercover-journalist-die/

117 https://www.express.co.uk/news/world/936954/World-War-3-Turkey-Erdogan-army-of-Islam-Israel-war-attack-all-sides-latest-news

118 http://www.faz.net/aktuell/politik/ausland/erdogan-kuendigt-weiteren-vormarsch-tuerkischer-truppen-in-syrien-an-15658809.html

119 https://www.n-tv.de/politik/Irak-droht-der-Tuerkei-mit-regionalem-Krieg-article18788846.html

120 https://de.sputniknews.com/zeitungen/20160719311579610-putschversuch-in-tuerkei-loest-in-usa-atom-panik-aus/

121 https://de.wikipedia.org/wiki/Russischer_Militäreinsatz_in_Syrien

122 http://www.spiegel.de/wirtschaft/soziales/tuerkei-in-der-wirtschaftskrise-das-schlimmste-kommt-noch-a-1226698.html

123 https://www.n-tv.de/politik/Erdogan-hortet-angeblich-Millionen-article12346061.html

124 https://www.amazon.de/Todestrieb-Geschichte-Erscheinungsformen-Sozialismus/dp/3939562637/ref=sr_1_1?ie=UTF8&qid=1538295679&sr=8-1&keywords=igor+schafarewitsch

125 Stéphane Courtois, Nicolas Werth, Jean L. Panné et al: *Das Schwarzbuch des Kommunismus*, München: Piper 1998

126 https://www.businessinsider.com/the-shocking-case-for-legalizing-infanticide-2012-2?IR=T

127 Roland Baader: *Freiheitsfunken – Aphoristische Impfungen*, Düsseldorf: Lichtschlag Medien und Werbung 2012

128 Arnold Künzli: *Karl Marx – eine Psychographie*, Wien/Frankfurt a.M./Zürich: Europa-Verlag 1966

129 Dietrich Murswiek: »Die Mehrebenendemokratie in Europa – ein Ding der Unmöglichkeit?«, in: *Die Zukunft der Demokratie: Kritik und Plädoyer*, hrsg. von Friedrich Wilhelm Graf et al., München: C.H. Beck 2018